邓江祁 著

蔡锷思想研究

湖湘文库编辑出版委员会
湖南师范大学出版社

湖湘文库
乙编

出版说明

湖湘文化源远流长，博大精深，是中华文化中独具地域特色的重要一脉。特别是近代以来，一批又一批三湘英杰，以其文韬武略，叱咤风云，谱写了辉煌灿烂的历史篇章，使湖湘文化更为绚丽多彩，影响深远。为弘扬湖湘文化、砥砺湖湘后人，中共湖南省委、湖南省人民政府决定编纂出版《湖湘文库》大型丛书。

《湖湘文库》编辑出版以“整理、传承、研究、创新”为基本方针，分甲、乙两编，其内容涵盖古今，编纂工作繁难复杂，兹将有关事宜略述如次：

一、甲编为湖湘文献，系前人著述。主要为湘籍人士著作和湖南地区的出土文献，同时酌收历代寓湘人物在湘作品，以及晚清至民国时期的部分报刊。

二、乙编为湖湘研究，系今人撰编。包括研究、介绍湖湘人物、历史、风物的学术著作和资料汇编等。

三、乙编中的通史、专题史，下限断至1949年。

四、甲编文献以点校后排印或据原本影印两种方式出版。

五、除少数图书以外，一律采用简体汉字横排。

六、每种图书均由今人撰写前言一篇。甲编图书前言，主要简述原作者生平、该书主要内容、学术文化价值及版本源流、所用底本、参校本等。乙编图书前言，则重在阐释该研究课题的研究视角和主要学术观点等。

七、对文献的整理，只据底本与参校本、参校资料等进行校勘标点，对底本文字的讹、夺、衍、倒作正、补、删、乙，有需要说明的问题，则作出校记，一般不作注释。

八、甲编民国文献中的用语、数字、标点等，除特殊情况外，一般不作改动。乙编图书中的标点、数字用法、参考文献著录规则等均按现行出版有关规定使用和处理。

《湖湘文库》卷帙浩繁，难免出现缺失疏漏，热望社会各界批评指正。

《湖湘文库》编辑出版委员会

前 言

蔡锷（1882—1916）是中国近代史上著名的爱国主义者、军事家和资产阶级民主革命家。虽然他在世仅有短暂的34年，但他却成就了两大业绩：一是在辛亥革命时期，领导和发动了云南的反清武装起义，推翻了清政府在云南的封建统治，建立了民主革命的辛亥云南军都督府；二是在袁世凯复辟帝制时期，参与领导和发动了反袁护国战争，并立下特殊的功勋。这两大功绩，奠定了他在中国近代历史上的重要地位。

一

蔡锷，原名艮寅，字松坡，1882年12月19日出生于湖南省宝庆府邵阳县亲睦乡蒋家冲（今湖南省邵阳市大祥区蔡锷乡蔡锷村）的一个农民家庭。蔡锷从小聪颖好学，6岁时即入私塾读书，到10岁时就读完“四书五经”，能写流畅文章，在当地有“神童”之称。12岁起，蔡锷拜邵阳著名的维新派学者樊锥为师，读先秦诸子之书。1895年，13岁的蔡锷应院试，为湖南著名维新人士、督学江标所赏识，补为县生员；次年又应岁试，名列一等。

1897年底，经督学徐仁铸推荐，蔡锷以第三名的优异成绩考入湖南时务学堂，师从梁启超、唐才常、谭嗣同等维新志士研习《公羊春秋》、《孟子》及西学。戊戌变法失败后，湖南时务学堂解散，蔡锷到武昌欲入两湖书院学习，却以时务学堂旧生而被拒绝。1899年夏，蔡锷与唐才质、范源濂等人去上海，考入南洋公学。在等待入南洋公学时，蔡锷接到梁启超自日本来函相召，又得到唐才常等人资助，遂东渡日本，进入东京大同高等学校学习日语，研究政治、哲学，并补习普通学科，并以击椎生、孟博、奋翮生等笔名投稿于梁启超所办之《清议报》。1900年秋，蔡锷回国参加唐才常组织的自立军在两湖发动的武装起义，事泄失败后复返日本。1901年，蔡锷与黄兴、杨笃生、梁鼎甫等旅日湘人创立湖南编译社，创办《游学译编》，介绍西方资产阶级社会、政治学说及革命历史，宣传民主革命和民族独立。同年12月，蔡锷入日本陆军成城学校学习军事。1902年，蔡锷以奋翮生的笔名在《新民丛报》上发表长文《军国民篇》，鼓吹尚武主义，以抵御列强侵略。不久又编译了《国际公法志》、《支那现世论》两书。1903年，蔡锷与黄兴等人组织拒俄义勇队，反对俄国提出强占中国东北"七项要求"，要求回国参战，因清政府极力阻挠而未果。同年5月，蔡锷毕业于成城学校，7月入日本仙台骑兵第二联队，12月入日本陆军士官学校第三期，并于次年10月毕业。

1904年11月，蔡锷离日回国，经上海时，参加爱国协会（华兴会的外围组织）。旋应江西巡抚夏时之聘，任江西续备左军随营学堂监督，后改任材官学堂监督。1905年2月，蔡锷应湖南巡抚端方之聘，任湖南教练处帮办，兼武备、兵目两学堂教官。6月，又应广西巡抚李经羲之聘，赴广西先后任随营学堂总理官、测绘学堂堂长、陆军小学总办、新练常备军第一标标统、讲武堂监督、广西督练公所兵备处总办、广西陆军干部学堂监督兼学兵营营长等职。1911年春，蔡锷应云贵总督李经羲电召入云南昆明，任总督府参议，不久被任命为新军第19镇第37协协统。同年10月30

日，蔡锷率新军发动反清武装起义，一举光复昆明，次日即被推举为云南军政府都督。1913 年 10 月，蔡锷奉调入京，任陆军部编译处副总裁，后又任陆海军大元帅统率办事处办事员、政治会议议员、参议院参议、全国经界局督办，并被授予“昭威将军”头衔。1915 年 5 月，袁世凯接受日本“二十一条”，蔡锷大为反感。8 月，袁世凯复辟帝制的阴谋公开化，蔡锷表示坚决反对。他利用去天津的机会，和梁启超等人密商反袁计划，并于 11 月下旬秘密离京，绕道日本、越南，潜回云南，于 12 月 25 日与唐继尧等联名宣布云南独立，拥护共和，组织护国军武装讨袁。反袁护国战争于是爆发。1916 年 1 月，蔡锷带病亲任护国第一军总司令，率军进入四川与数倍于己的袁军激战。3 月，蔡锷率护国军在四川纳溪大败袁军，取得护国战争的决定性胜利，迫使袁世凯取消帝制，成为再造民国的功臣。袁世凯死后，蔡锷被北京政府任命为四川督军兼省长，旋因病重请假离任。9 月，蔡锷赴日本治病，11 月 8 日，病逝于福冈大学医院，终年 34 岁。蔡锷逝世后，北京政府决定，追赠蔡锷为陆军上将，拨 2 万元治丧，并予以国葬。次年 4 月，蔡锷遗体葬长沙岳麓山。

二

行动是思想的反映，思想是行动的先导。蔡锷在清末民初之所以能成就彪炳青史的两大功绩与他思想的不断进步是分不开的。

在进入湖南时务学堂之前，蔡锷基本上是接受以儒家思想为主要内容的中国封建传统教育，在父母的安排和引导下，走的是一条希望通过科举成就功名、光宗耀祖的道路。因此，10 年的封建传统教育，在蔡锷幼小的心灵打下了传统思想的烙印，并在潜移默化之中对他思想的形成产生了重要的影响。虽然后几年师从樊锥，并有幸偶遇江标，受到过其维新思想的影响，为以后思想的发展变化打下了一些基础，但总的看来，这段时期，蔡锷的思想主要是封建传统思想。进入湖南时务学堂之后，在梁启超等维新人士的耐心教育和中国因列强入侵而面临亡国灭种危机的刺激下，蔡锷的思想迅速发生了变化，萌发了爱国热情，逐渐形成了维新变法思想，主张效法西方，开民智、兴民权，实行维新变法，以救亡图存。这种思想在他的学习札记，特别是在《湘报》上发表的《〈后汉书·党锢传〉书后》和《秦始皇功罪论》二文中明显地反映出来。到日本留学后，蔡锷在大同高等学校比较系统地学习了英法自由平等、天赋人权等资产阶级民主理论，进一步受到了西方资产阶级民主革命思想的熏陶，耳目为之一新。他与友人积极创办《游学译编》等进步刊物，介绍西方资产阶级政治学说和革命历史，宣传民主革命和民族独立，并与刘百刚、吴禄贞等人创设“励志会”，以联络情感，策励志节。1900 年秋，蔡锷回国参加唐才常组织的自立军起义，但因事泄起义失败，唐才常等师友十余人殉难。此事给蔡锷以强烈的刺激。经过痛苦的反思，蔡锷觉悟到要救亡图存，必须革命；要革命，必须用武力推翻腐败的清政府。因此，蔡锷决定投笔从戎，改学军事，立志“流血救民”，并将原名艮寅改为锷，取其“砥砺锋锷，重新做起”之意。这表明他的思想已经产生了新的飞跃，从维新变法逐步转向民主革命。

1904 年冬，蔡锷回国后在民主革命思想的引导下投入革命实践。在复杂多变的政治环境和清政府控制严密的清军营垒中，为了有效地保存和发展革命力量，蔡锷坚持谨慎小心、迹求隐晦的原则，秘密从事反清革命活动。蔡锷在广西任职期间，正值同盟会在东京成立，并积极部署在以粤、桂为重点的西南边境武装起义。蔡锷对同盟会的革命活动暗中予以支持，不仅先后邀请湘籍同盟会员石陶钧、杨源浚、袁华选、曾广轼、岳森、梅蔚南、雷飙以及谭人凤、李燮和等人赴桂在新军和军事学堂中担任要职，而且先后两次与来桂策动反清武装起义的黄兴秘密相会，并对起义给予武器等方面的支持。1911 年秋蔡锷担任云南新军第 19 镇第 37 协协统后，正值全国革命浪潮风起云涌，为了迎接革命高潮的到来，蔡锷沉着冷静，利用云贵总督李经羲的信任，暗中保护新军中的革命党人，撤换和调整了一批北洋派军官，并有意识地安排了一大批同盟会员军官和深受革命思想熏陶的云南讲武堂毕业生到 37 协各标、营、连、排中任职，使指挥权牢牢地掌握在革命党人手中。武昌起义爆发后，云南的同盟会员和革命人士准备在昆明发动起义予以响应，并连续召开了五次秘密会议。蔡锷被邀请参加了后四次会议并在最后一次会议上被推举为起义总指挥，成功地领导和发动了云南重九起义，一举推翻了清政府在云南的封建统治，建立了具有资产阶级民主革命性质的中华民国云南军政府。任云南军政府都督后，蔡锷按照资产阶级民主革命理论对云南的政治、经济、文化等进行了一系列改革和整顿，使云南经济快速发展，社会秩序井然，人民生活安定，堪称模范之省。与此同时，蔡锷还关心全国革命形势的发展，坚决反对袁世凯以“国民会议”“公决”国体问题的方案，主张“长驱北伐，直捣虏廷”；坚决反对君主立宪，主张定国体政体为民主立宪制度，定国名为中华民国。以孙中山为首的南京临时政府成立后，蔡锷坚决拥护，积极主张以北伐统一全国，建立强有力的中央政府，加快民国的建设和发展。所有这些都是蔡锷爱国主义精神和民主主义思想的具体体现。

民国成立之后，蔡锷深为革命形势的发展所鼓舞，他认为民族主义、民权主义的任务已经完成，接下来就是全国上下一心，加快民国建设，使中国早日跻身于世界强国之林。基于这一思想，加之受袁世凯表面现象的迷惑，蔡锷把稳定民初社会、加快经济发展、实现强国富民理想的希望寄托在袁世凯身上，对袁世凯的独裁专制缺乏警惕，一度走上了拥袁之路，以致在民初激烈的政争、党争中，多有客观上支持袁世凯集权统治，反对抵制袁世凯专制的言行。但是，蔡锷毕竟是一位具有强烈的爱国主义思想和民主革命思想的斗士。他拥袁绝不是出于个人的私利，而是基于国家民族的根本利益。因此，当袁世凯帝制自为的真实面目逐渐暴露后，蔡锷就义无反顾地走上了反袁之路，抱着重病之躯，坚决果敢地与梁启超等人策划反袁斗争，并联合各派发动了云南护国起义，经过艰苦卓绝的努力，终于彻底粉碎了袁世凯的封建帝制，维护了共和制度，并为此献出了宝贵的生命。

纵观蔡锷的思想，我们不难看出，他的思想和他那个时代的中国历史一样，非常复杂曲折，有正确的，也有错误的；时而前进，又时而落伍。但总的来看，他的思想随着中国近代历史一道，在前进中有曲折，在曲折中不断前进，其中，爱国主义是贯穿始终的一根红线，民主革命思想是占主导地位的。这是他在清末民初成就两大伟业最为重要的因素。

三

由于蔡锷在中国近代史上占有重要地位，自其逝世以来，学术界对蔡锷的介绍和研究一直没有中断，并取得了一大批重要的成果。笔者在对蔡锷及其研究作了较为全面的考察后感觉到，90多年来，学术界对蔡锷的研究虽然一直不断，但还有进一步梳理、发掘、总结，使之更加系统、全面、丰满的必要。基于这一考虑，笔者比较系统地阅读了蔡锷的著作以及有关他的论著和文章，并在充分吸取前人研究成果的基础上，从蔡锷思想研究的角度切入，分七个专题对蔡锷的维新变法思想、民主革命思想、国权思想、政党思想、宪政思想、军事思想、经济思想进行了比较系统深入的分析和研究，粗略地勾画了蔡锷在清末民初复杂的历史背景之下的心路历程，以期在前人研究的基础上进一步系统、深入地探讨蔡锷思想的基本内容、发展变化的轨迹及其变化的原因，以增进对蔡锷的认识，推动蔡锷研究的深入。

目 录

引论　蔡锷研究综述

一、蔡锷研究概况

蔡锷（1882—1916）是中国近代史上著名的军事家和政治家。他虽然在世仅有短暂的34年，但却做了在中国近代史上具有重大影响的两件大事：一是在辛亥革命时期，领导了云南重九反清武装起义，结束了清政府在云南的封建专制统治，建立了辛亥云南军都督府；二是在袁世凯复辟帝制时期，参与发动和领导了反袁护国战争，为“再造民国”建立了不朽的功勋。对于这样一位在中国近代史上具有重要地位的历史人物，长期以来学术界研究者较多，产生了一大批研究成果。总的看来，90多年来，蔡锷研究大致可以分为以下四个阶段：

第一阶段：蔡锷逝世不久。1916年11月，护国战斗的隆隆炮声刚刚停息，蔡锷在日本悄然逝世。噩耗传来，举国悲痛，各界人士对这位英年早逝的爱国将军感到深深惋惜，同时也引起他们对这位叱咤风云的传奇式英雄的深切怀念。于是，蔡锷生前的亲朋故友、先师部属纷纷撰文赋诗，记其轶闻旧事，述其反清护国之劳，形成了第一次研究蔡锷的热潮，并产生了一批较为重要的成果。主要有：《蔡黄追悼录》（云南国是报社辑）、《黄克强蔡松坡轶事》（天忏生等编）、《蔡松坡先生荣哀录》（上海中华书局，1918年）、《松坡军中遗墨》（上海中华书局，1918年）和《护国军神蔡公传略》（庾恩旸著，1917 年云南图书馆印行）。这些诗文大都带有纪念、回忆性质，为蔡锷研究开辟了道路。

第二阶段：抗日战争时期。抗日战争时期，随着民族矛盾上升，作为青年爱国将领而受人赞誉的蔡锷更加引人注意。为激发中国青年投身抗日斗争的爱国主义情怀，南京青年出版社编辑出版了《青年模范丛书》，李旭编著的《蔡松坡》被列入本丛书第二辑“革命先烈奋斗牺牲之事迹”之中，广为流传。同时，李文汉的《蔡邵阳年谱》（1943 年），刘达武、石陶钧的《蔡松坡先生遗集》（1943 年）也分别出版。前者简要介绍了蔡锷一生的主要经历，使人们对蔡锷的了解更为全面；后者则是蔡锷的文集，经刘达武、石陶钧历时 7 年搜集编纂而成，共 12 册，约 50 万字。其中包括：《曾胡治兵语录》二卷，《军国民篇》一卷，《军事计画》三卷，《军政文电》三卷，《各国经界纪要》三卷，《中国历代经界纪要》三卷，《经界法规草案》三卷，还有蔡氏年谱、文告、演说词、誓词、函札、序跋、碑铭、诗词联语等，集末收其逝世后之恤令、唁电、祭词、挽诗等。总的看来，这一时期蔡锷研究取得了重要成果，出版了关于蔡锷的第一部研究专著和第一部文集，为蔡锷研究的深入开展奠定了基础。但由于当时社会长期处于战乱之中，缺乏一个安定的环境，这一时期真正的学术性研究成果尚少，基本上处于介绍和追忆阶段，所涉及的范围仅限于蔡锷的丰功伟绩、爱国精神等等。

第三阶段：建国以后到“文化大革命”前夕。这一时期，蔡锷研究随着辛亥革命史研究的高潮一度兴盛，主要有以下三个方面的特点：一是史料挖掘较多。云南是蔡锷走上政治之途的起点，蔡锷治滇两年，有关文献资料较多。建国后，这些文献资料陆续被整理出版。云南省政协文史资料研究委员会根据云南省图书馆所藏周钟岳等辑抄本，在《云南文史资料选辑》刊载了经蔡锷订正的《云南光复纪要》。该《纪要》分《光复起源篇》、《建设篇》、《迤南篇》、《援蜀篇》、《西征篇》，详细记载了蔡锷领导和发动云南重九起义始末，蔡锷督滇时在军事、政治、经济、文化等方面的举措以及滇军援蜀（川）、援黔、援藏的经过等。谢本书还整理发表了蔡锷主持起草的《滇省光复始末记》。此外《近代史资料》也刊发了一些蔡锷生前的文电及书信。这些史料的整理和发表对蔡锷研究的深入起了积极的作用。二是有关蔡锷的回忆录日渐增多。蔡锷生前结交甚广，亲朋好友、部属同僚较多，对蔡锷的回忆文章越来越多。建国后，《辛亥革命回忆录》等文史资料陆续发表了朱德、李根源、刘云峰、李曰垓、李文汉、刘存厚等人关于蔡锷的回忆文章。作者都是当时的参与者、见证人、当事人，因此他们的回忆文字对研究蔡锷具有重要价值。三是一些研究文章和专著陆续发表和出版。全国文史资料和云南、湖南、贵州、四川等地文史资料以及其他刊物上陆续刊登了一批有关蔡锷的研究文章。1951 年，北京云海书店出版了宗泽编著的《蔡锷与护国运动》一书。从整体看，这一时期，人们着墨较多的仍然是蔡锷在辛亥云南重九起义和护国运动时期的思想与实践，还没有开始对其生平事业和思想进行系统、深入的研究。

第四阶段：十一届三中全会以后。在 1966—1976 年“文化大革命”的 10 年浩劫中，一切正常的学术活动受到破坏，蔡锷研究也几乎处于停滞状态。“文革”结束，特别是中共中央十一届三中全会之后，中国进入改革开放的新时期，广大史学工作者精神上获得空前的解放，迎来了科学的春天，从而开创了史学研究的新局面，蔡锷研究也开始走向复苏和发展。1979 年，谢本书在《历史研究》第 11 期上发表了《论蔡锷》，打破了长时期蔡锷研究的沉寂。1981年，辛亥革命70周年前后，全国各地陆续上映了描写蔡锷机智逃出北京、辗转云南发动护国战争的电影《知音》。围绕电影《知音》的讨论，人们就蔡锷与小凤仙的“萍水姻缘”发表了不少短文。文艺界的“蔡锷热”又推动了史学界的研究，有关蔡锷的专著和论文不断涌现，蔡锷研究呈现出空前高涨的新景象。这一阶段的蔡锷研究，有以下几个方面的新特点：1. 发掘和整理了一批新的研究资料。1979年4月出版的《云南文史资料选辑》第10辑发表了《蔡锷一九一五年在北京与西南各省密电稿》，《湖南历史资料》1980年第1辑也发表了《护国运动期间蔡锷的电稿八通》。随着新史料的发掘和蔡锷研究的需要，蔡锷文集的编辑整理工作也受到重视。1982年，蔡端编辑的《蔡锷集》由文史资料出版社出版。次年，毛注青等人编辑的《蔡锷集》由湖南人民出版社出版。1984年，曾业英编辑的《蔡松坡集》由上海人民出版社出版。此外，李希泌、曾业英、徐辉琪编辑的《护国运动资料选编》和由云南、贵州两省社科院历史研究所合编的《护国文献》中也辑入了有关蔡锷的资料。上述文集和资料集的相继问世，为研究蔡锷提供了更为全面、系统的史料，促进了蔡锷研究的深入开展。2. 召开了以蔡锷为主题或与蔡锷有关的学术研讨会。1982年，蔡锷诞辰100周年之际，云南历史学会和护国运动史研究会在昆明组织召开了“蔡锷评价学术讨论会”，对蔡锷的政治思想倾向及其在护国战争中的地位等问题展开了讨论和研究。1996年，蔡锷逝世80周年之际，邵阳市政府、市政协以及中国社科院近代史研究所等23个单位联合发起，在蔡锷家乡邵阳市召开了“纪念蔡锷逝世80周年国际学术研讨会”，会议共收到论文105篇，其中，79篇入选会后出版的论文集《蔡锷新论》。同年，邵阳市诗词协会和楹联学会还举办了蔡锷杯全国诗联大赛，共收到应征诗词曲联作品近7000件，是一次规模最大的全国性的纪念和研究蔡锷的盛会。此外，在云南重九起义70周年和护国起义80周年的学术讨论会上，蔡锷也是研讨的重点对象。这些学术研讨会的召开和纪念活动的开展对蔡锷研究起到了积极的推动作用。3. 出版和发表了一大批新的学术专著和论文。谢本书的《蔡锷传》于1983年由天津人民出版社出版。这是建国以来全面研究蔡锷的第一部学术专著，约12万字，对蔡锷一生重大活动均有较翔实的评述，并对其思想发展也多有剖析。稍后，刘福祥、赵矢元合著的《蔡锷》，丁凤麟、施宣圆合著的《护国运动主将蔡锷》，毛振发的《蔡锷》也相继问世。张敏孝的《中国民主革命时期人物简介》、吉林省历史学会编辑的《中国近代爱国人物传》、南京大学历史系编辑的《中国历代名人辞典》、姚寅生与袁雪英主编的《历史故事精华》、黄英真的《中华民国史事件人物录》等综合性图书均对蔡锷作了专章评介。进入90年代以后，任光椿的《将军行（蔡锷传）》、朱宗震与朱惠彬的《蔡锷》、谢本书的新著《讨袁名将——蔡锷》、陈华的《蔡锷的故事》和蒋莉的《蔡锷》又陆续与读者见面。卞孝宣与唐文权的《辛亥人物碑传集》、施渡桥的《名将成长探秘》、黄近仁的《中国近代爱国名人》、辛平的《民国将领录》、叶成林的《中华骄子辛亥烈士》、魏洛的《叱咤风云的百名中外军事名将》、刘华锦的《中华风云人物通览》、苑士军的《中华名将》等著作中也辟专章对蔡锷进行了介绍和研究。这一时期，报刊和各类出版物中公开发表的有关蔡锷的回忆介绍、研究论文、调查报告等各种文章至少在200篇以上，其中学术论文约180多篇，充分展示了这一时期蔡锷研究的活力。此外，这一时期出版的有关中国近代史专著，如章开沅、林增平主编的《辛亥革命史》，金冲及、胡绳武编撰的《辛亥革命史稿》，李新、李宗一主编的《中华民国史》等，在有关章节中也对蔡锷做了介绍和评述。4. 研究领域开阔，聚讼纷纭。改革开放以来，由于思想解放，学术空气活跃，研究者敢于突破旧的观念，提出新的见解，加之蔡锷生前思想驳杂，含而不露，因此在蔡锷研究中人们对其投身辛亥革命和护国战争的动机，对其在云南重九起义和护国战争中的地位和作用，云南省军政府对滇西军都督府的态度、滇军入川进黔以及蔡锷与梁启超、袁世凯、孙中山、黄兴等人的关系等问题产生了许多不同的看法和争论。这虽然是由于论者对材料的取舍和观察问题的角度不同而得出的不同结论，但也反映蔡锷研究有待进一步加强和深入。

台湾对蔡锷的研究虽未出现热潮，但也一直没有中断过。20 世纪 50 年代初至 90 年代，《蔡松坡先生遗集》、《松坡军中遗墨》和《曾胡治兵语录》等有关蔡锷的文集，由台湾多家出版社一版再版。此外，还陆续出版了魏伟琦的《风云长护——蔡松坡传》、朱传誉的《蔡锷传记资料》以及"国家"出版社编辑出版的《护国名将蔡松坡》、《一代英才蔡松坡》等 8 种蔡锷传记，在《革命人物志》、《中国历代名人传略》、《中国现代人物》、《民国政治人物》、《历史人物故事》等书中也都有专章介绍蔡锷。12 月 25 日在台湾有三重意义：一是圣诞节（耶稣降生日）；二是所谓的"民族复兴节"，即蒋介石西安脱险返抵南京日；三是"云南起义、再造共和"日，加之蔡锷生于 12 月 19 日，死于 11 月 8 日，因此，每年 12 月前后，台湾有关报纸杂志上就有大量对蔡锷的介绍、回忆和研究文章。总的看来，台湾对蔡锷的回忆、介绍、纪念性文章较多，系统、深入的学术研究成果相对较少。主流看法是，他是一代英才、模范军人、一代完人、民国的再造者、一代人杰、护国军神。例如，有人认为孙中山、黄兴、蔡锷是中华民国开国

"三杰"。① 还有人认为蔡锷与孙中山有共同的见解：蔡锷办《国民报》，主张排满革命，与孙中山"民族主义"相同；编《支那现世论》描写中国专制政体的黑暗，主张实行民权革命，与孙中山"民权主义"相合；编《经界三书》与孙中山的"民生主义"相通；编《国际公法志》，倡导世界和平，并维护正义与公理，与孙中山"世界大同"的主张相近。②

需要指出的是，随着中国的改革开放和海峡两岸民间交往、学术交流的增进，两岸间有关蔡锷的研究资料和信息交流得以加强。大陆20世纪80年代出版的蔡锷文集很快出现在台湾的公共图书馆和高等院校的图书馆，同样，台湾出版的蔡锷传记和其他研究成果也很快进入大陆的一些图书馆。海峡两岸学者的往来和联系也日益密切。所有这些，对于蔡锷研究的深入都起到了积极的作用。

二、近20多年来蔡锷研究的新进展

1980年以来的20多年，是蔡锷研究取得了显著进步的时期，其间产生了一批新的重要成果，提出了一些有重要学术价值的观点。这主要反映在以下几个方面：

1. 关于蔡锷的军事思想研究。蔡锷作为中国代近史上一位传奇式的爱国英雄和杰出的军事家，在清末民初错综复杂的政治斗争漩涡中，以其坚定的革命胆略和卓越的军事才干，为中国的民主革命运动作出了重要贡献。但长期以来，人们往往侧重于叙述其军功，而对其颇具特色的军事思想研究不够深入。近年来，不

① 张益弘. 蔡松坡先生对中华民国之贡献. 湖南文献季刊（台湾). 1972(6, 7)：99.

② 张涤新. 蔡锷//历史人物故事. 台北：正中书局，1972：664.

少学者致力于蔡锷军事思想的研究，取得了一批重要成果。关于蔡锷军事思想的来源问题，李双璧认为是蔡锷在中西军事思潮影响下，博采中西、融合古今而形成的。① 成晓军则从《曾胡治兵语录》分析考察了蔡锷对曾国藩治军思想的继承和发展，认为蔡锷的治军思想在很大程度上来源于中国传统文化。② 许康也认为，蔡锷的军事管理思想固然有不少是通过日本而窥知的西方近代军事管理知识，但更多的是朝中国传统的复归。……他本人所作的贡献，可说是学习和融合了东西方兵学知识，并有所发展。③ 丁平一则从湖湘文化的角度来阐述蔡锷军事思想的来源，指出蔡锷与许多湖湘士子一样，很明显受到尚武任侠、勇于任事、卓励敢死、百折不挠、践履笃实的湖湘学风熏染，这对他军国民思想的形成有不可低估的影响。④关于蔡锷军事思想的具体内容，刘伟顺归纳了四个方面：一是国家兴亡，系于军事；二是爱国尚武，国之大端；三是义务服役，全民皆兵；四是为国捐躯，视死如归。⑤董亚文将蔡锷的治军思想归纳为慎重选将、养战一致、严明法纪、爱兵爱民等四个方面。⑥奚纪荣还通过对蔡锷在护国战争中军事实践的分析，归纳了蔡锷的战略战术思想。⑦ 关于蔡锷军事思想的意义

---

① 李双璧．论蔡锷的军事思想．贵州文史丛刊，1987（4）．

② 成晓军．从《曾胡治兵语录》看蔡锷对曾国藩治军思想的继承和发展∥郭汉民，严农主编．蔡锷新论．长沙：湖南人民出版社，1997：243－249.

③ 许康．蔡锷的军事管理思想∥郭汉民，严农主编．蔡锷新论．长沙：湖南人民出版社，1997：264－270.

④ 丁平一．湖湘学风对蔡锷军国民思想形成的影响∥郭汉民，严农主编．蔡锷新论．长沙：湖南人民出版社，1997：157－161.

⑤ 刘伟顺．从《军国民篇》看蔡锷的爱国尚武思想∥郭汉民，严农主编．蔡锷新论．长沙：湖南人民出版社，1997：162－168.

⑥ 董亚文．浅谈蔡锷的治军思想．军事历史，1987（1）.

⑦ 奚纪荣．护国战争中蔡锷的战略战术思想．军事历史研究，1987（2）.

和地位问题，丁凤麟、施宣圆从蔡锷的三部重要军事著作《军国民篇》、《曾胡治兵语录》和《军事计画》入手，探讨了蔡锷军事救国思想的形成和发展过程，并指出蔡锷毕生追求的军事救国思想，尤其是他为建设中国强大国防军而提出的种种有益的见解，不但在近代爱国主义斗争史上，而且在近代军事史上，都应占有一席之地。①奚纪荣通过对蔡锷军事思想形成的基础、演变过程和基本内容的分析，认为蔡锷的军事思想具有时代开拓性，深化了中西军事思想的交汇，把中国近代军事思想推向了一个高潮。②余子道通过对蔡锷《军事计画》和蒋百里《军事常识》的比较研究后指出，它们系统地表达了我国民主主义者对军事和国防问题的基本观点和主张，是民国初期中国一代军事学权威的代表作，代表了我国马克思主义军事学诞生前军事思想发展中的高峰。③ 黄中认为，蔡锷的三部军事著作，内容包括为人处世之道、治国平天下之义，既可用以治军，亦可用以治人治世。④ 薛学共认为，蔡锷的军事教育思想开始真正突破了传统的樊篱，在中国近代军事教育史上占有十分重要的地位，对于我国的国防建设和人民军队建设，都仍有不少可供借鉴之处。⑤

2. 关于蔡锷的政治、经济和外交思想研究。蔡锷不仅是一位杰出的军事家，而且是一位颇有建树的政治家。对蔡锷政治、经

① 丁凤麟，施宣圆. 蔡锷的军事救国思想初探. 求索，1987（5）.

② 奚纪荣. 蔡锷军事思想研究. 军事历史研究，1996（4）.

③ 余子道. 蔡锷《军事计画》和蒋百里《军事常识》两本书的军事思想. 复旦学报（社会科学版），1990（6）.

④ 黄中. 蔡锷的志业//郭汉民，严农主编. 蔡锷新论. 长沙：湖南人民出版社，1997：486－492.

⑤ 薛学共. 蔡锷军事教育思想论略//郭汉民，严农主编. 蔡锷新论. 长沙：湖南人民出版社，1997：227－235.

济和外交思想的研究，也是近20多年来蔡锷研究的一个重要方面。阳信生的《蔡锷的政治思想及其演变》是蔡锷政治思想研究领域中的一篇力作。此文在深入挖掘资料的基础上，分阶段对蔡锷的政治思想作了比较全面、系统的探讨，剖析了其变法维新思想、军国民教育思想、民主革命思想、建立强有力政府思想、反复辟思想的形成及其发展脉络，凸现其演变的历史轨迹和内在逻辑，并归纳出爱国主义是其政治思想的主流和归宿，与时俱进是其政治思想的基本走向，兼采中西是其政治思想的双重特征，以及脚踏实地、务实求真，以建立一个统一的和强大的资产阶级民主共和国是其政治思想的出发点等4个方面的基本特征。[①] 陈邵桂、鲜于浩、谭献民等也从不同的侧面，分别研究了蔡锷的国权思想、“统一集权”思想、国家主义思想，提出了许多有益的见解，丰富了蔡锷政治思想研究。[②]

此外，随着近20多年来改革开放和以经济建设为中心政策的推行，蔡锷的外交思想和经济思想研究受到空前的重视，产生了一批具有开创意义的研究成果。莫宏伟、刘淑均通过对蔡锷的有关外交言论和参与的一些外交活动分析后指出，和平是蔡锷外交思想的一个重心和外交活动的准绳之一，但其和平外交不是以牺牲中国的主权领土为代价，而是在与列强保持和平的大前提下，保持国内的安定，赢得国内的和平建设，增强国防力量，增强对外交涉的砝码，以维护领土和主权。蔡锷这种外交思想主观愿望

---

① 阳信生．蔡锷的政治思想及其演变//饶怀民主编．辛亥人物论集．兰州：甘肃人民出版社，2001：314．

② 陈邵桂．蔡锷国权理论探析//郭汉民，严农主编．蔡锷新论．长沙：湖南人民出版社，1997：194－200．

是爱国的，客观上也收到了一定效果，但也夹带着迁就妥协的因素。[①]王树槐在《蔡锷与云南财政》中探讨了蔡锷督滇期间在中央无拨款、邻省无协饷情况下所采取的开源节流财政措施，对维持云南财政收支平衡、发展云南经济的贡献。[②]黄中认为，蔡锷最重要的经济政策是开发国家资源。[③]张艳通过剖析蔡锷对善后大借款的态度，认为蔡锷支持善后大借款的最初动机是为了发展实业和解决财政问题，并非为了支持袁世凯消灭革命力量。[④]

3. 关于蔡锷与相关人物的比较研究。以往对人物的研究，就人物论人物的单线研究比较普遍。但是一个人物的成长及其历史功绩都离不开他人的教育、影响和支持。从这个角度来说，蔡锷与相关人物的比较研究应是蔡锷研究的一个重要方面。近年来，不少文章探讨了蔡锷与各方人物的关系，使蔡锷研究由个案研究转向多元群体研究，开辟了蔡锷研究的新途径、新领域。尚明轩通过考察蔡锷与孙中山在辛亥革命时期的交往，认为以建立富强新国家为核心的爱国主义思想，是他们联系的纽带。[⑤]段云章比较了蔡锷、孙中山有同有异，有殊途亦有同归的救国之路，考察了这两种具有典型性的救国之路及其外延以及二者对近代中国历史

---

① 莫宏伟，刘淑均．蔡锷的外交思想和涉外活动初探//郭汉民，严农主编．蔡锷新论．长沙：湖南人民出版社，1997：279－286．

② 王树槐．蔡锷与云南财政//郭汉民，严农主编．蔡锷新论．长沙：湖南人民出版社，1997：381－392．

③ 黄中．蔡锷的志业//郭汉民，严农主编．蔡锷新论．长沙：湖南人民出版社，1997：486－492．

④ 张艳．蔡锷与“善后大借款”//郭汉民，严农主编．蔡锷新论．长沙：湖南人民出版社，1997：271－278．

⑤ 尚明轩．蔡锷与孙中山//郭汉民，严农主编．蔡锷新论．长沙：湖南人民出版社，1997：287－294．

进程影响的异同。① 萧致治通过对蔡锷与黄兴的比较研究，认为在推翻清朝专制统治的斗争中，他俩走的道路不同，但相互支持，配合默契，收到了殊途同归之效。②迟云飞对蔡锷、宋教仁、杨度在民国初年时的政治理念和治国方策作了比较，认为主张行政统一、集权政府是他们一致的看法，但在如何统一和集权上存在分歧，并因此导致对袁世凯的不同态度。③饶怀民、阳信生比较了梁启超、蔡锷参加护国战争的主观动机，认为梁是为进步党争地盘，蔡是为四万万人争人格。④此外，不少学者还将蔡锷与袁世凯、朱德、唐继尧、罗佩金等人进行了比较研究，拓宽了蔡锷研究的领域。

4. 关于蔡锷的品德和人格研究。蔡锷一生所体现出来的高尚品格和伟大人格力量历来为人称道，也是蔡锷研究的一个重要方面。近年来，随着对社会主义精神文明建设的重视和加强，对蔡锷品德和人格的研究不断深入，出现了一批新的成果。刘泱泱认为，蔡锷于个人人格之外提出了一个全体国民共有的人格问题，这个共有的人格就是我们常说的国格。这种关于人格与国格相统一的观点，是蔡锷炽热爱国主义的集中表现。他进一步指出，蔡锷还将人格与时代紧密联系起来，把反对封建专制、维护民主共和国与提倡个人不争权力的道德结合起来，将道德建设作为实现

---

① 段云章．蔡锷与孙中山救国心路的比较∥郭汉民，严农主编．蔡锷新论．长沙：湖南人民出版社，1997：295－305．

② 萧致治．领袖与群伦——黄兴与各方人物．武汉：武汉大学出版社，1991：77．

③ 迟云飞．民初蔡锷与宋教仁政治理念与治国方策的比较∥郭汉民，严农主编．蔡锷新论．长沙：湖南人民出版社，1997：311－319．

④ 饶怀民，阳信生．蔡锷与梁启超∥郭汉民，严农主编．蔡锷新论．长沙：湖南人民出版社，1997：330－337．

民主的重要途径和保障，不仅表现了坚定的民主主义思想，而且很有见地。①欧阳粹指出，蔡锷有过人之“忍功”和“耐力”，这种雍容大度的气质和良好的品格修养对蔡锷的政治军事生涯影响极大。他光明磊落、坚毅刚正，是智、仁、勇的表率，是中国知识分子的形象，是爱民体国的政治家。② 曾宇辉指出，蔡锷的“勤政”、“廉政”精神几乎贯穿于他所有的实践之中，正因为如此，他在云南重九起义胜利以后又取得了护国战争的巨大成功。他那种励精图治、廉洁奉公、以身殉国的优良品德在其历史画卷中写下了最为光辉灿烂的一页。③ 蓝庆祥则把蔡锷的优秀品质概括为“忠、勇、廉”，并指出，蔡锷的人格是其事业上屡建奇功的关键所在。④

三、蔡锷研究中争论较大的几个问题

蔡锷一生虽然短暂，但由于其经历和思想较为复杂，加之蔡锷为人谨慎，为适应当时复杂多变的政治形势，有时其言行的真正意图难以捉摸。因此，在蔡锷研究中，由于研究者看问题的角度不同，所占有的历史资料不同，因而观点不尽相同，存在许多争议。主要有以下几个问题：

---

① 刘泱泱. 简论蔡锷的人格观//郭汉民，严农主编. 蔡锷新论. 长沙：湖南人民出版社，1997：452－459.

② 欧阳粹. 蔡锷的文韬与武略//郭汉民，严农主编. 蔡锷新论. 长沙：湖南人民出版社，1997：493－499.

③ 曾宇辉. 论蔡锷的廉政精神//郭汉民，严农主编. 蔡锷新论. 长沙：湖南人民出版社，1997：468－472.

④ 蓝庆祥. 浅议蔡锷的崇高品格//郭汉民，严农主编. 蔡锷新论. 长沙：湖南人民出版社，1997：481－485.

1. 关于蔡锷的出生地。关于这个问题，曾有三种说法：一是宝庆府邵阳县亲睦乡蒋家冲；二是武冈州山门镇黄家桥；三是宝庆县资江北。谢本书经多方考证和调查，认为蔡锷的出生地为邵阳县亲睦乡蒋家冲（今邵阳市大祥区蔡锷乡蔡锷村），而武冈州山门镇黄家桥（今邵阳市洞口县山门镇），则是蔡锷5岁后随家迁往并生活11年之地。至于宝庆县资江北则纯系误会。① 马少侨通过考证，也认为蔡锷出生在邵阳县亲睦乡蒋家冲蔡桥头，并进一步指出，蔡锷随家迁山门是在其出生的第二年，先是在山门大坝上生活了两年多，蔡锷4岁时又迁到一个叫洪庙的地方，6岁时才再迁到黄家桥的。② 雷连生和刘伟顺则不同意谢、马的观点。雷连生根据山门镇一些蔡锷邻居、亲属的回忆，认为蔡锷应出生在大坝上（今洞口县山门镇水东乡境内）。③ 刘伟顺根据2001年5月在原武冈山门（即今邵阳市洞口县山门镇）发现的一块与蔡锷有关的“分路碑”，认为：该碑以“信士蔡正陵男艮寅”之名于1883年2月（光绪九年二月）立，距蔡锷出生仅两个多月，而且碑上所指的“左走山门，右走石下江”与当地地理位置完全符合，这就为1929年《邵阳蔡氏三修族谱·松坡公家传》中关于“其先世业农……洪杨之变，流离转徙于邑东及武冈山门。光绪八年生君”的记载提供了物证。因此，“蔡锷的出生地应该在今洞口县水东乡杨湾村大坝上，而不是在今邵阳市大祥区蔡锷乡蔡锷村。”④ 对此，涂玉书则著文提出异议。他认为，“分路碑”只能证明蔡锷小时有病借树碑消灾，不一定是生下来打碑，什么时候都可立。因此，

---

① 谢本书. 讨袁名将——蔡锷. 兰州：兰州大学出版社，1997：10－12.

② 马少侨. 邵阳历史钩沉. 长沙：湖南省文史馆，1999：28－30.

③ 雷连生. 蔡锷出生地考. 湖南文化报，1991－11－22.

④ 刘伟顺. 蔡锷出生地补证. 邵阳学院学报（社会科学），2002（1）.

蔡锷的出生地只能是现在的邵阳市大祥区蔡锷乡蔡锷村。①

2. 关于蔡锷的总体评价。关于这一问题主要有五种观点。第一种观点认为，蔡锷是近代中国杰出的资产阶级民主革命家和军事家。持此观点者以谢本书、骆正光为代表。谢本书认为，蔡锷是近代中国杰出的革命家、军事家，他在辛亥革命时期，领导了云南的反清武装起义，袁世凯复辟帝制时期，他领导了反袁护国战争。这些在当时是进步的，值得肯定的。②骆正光认为，无论从思想上还是政治上看，从1911年辛亥革命以后，蔡锷的民主共和思想占主导地位，从而导致他在云南重九起义和护国战争这两次斗争起了重要作用。特别是护国战争中，他高举反袁护国的旗帜，为重建民国创建了卓越功绩。因此，蔡锷是无愧于杰出的资产阶级民主革命家的称号的。③林荃考察蔡锷一生后认为，蔡锷既不是改良派，也非立宪党人，应作为著名的民主主义者、共和派军事家载入资产阶级民主主义革命的史册。④ 第二种观点认为，蔡锷是资产阶级改良派。持此观点者以杨维骏、曾业英为代表。杨维骏认为，“蔡锷深受康梁维新思想的影响，误以为改良主义可以救中国，此后，虽然曾在辛亥和护国中作出积极贡献，但也给这两次革命带来不少损害。他长期同改良派一道支持反动派，与革命派为敌，虽不等同梁启超，却忠心耿耿为改良主义奋斗终生。在大量事实面前，我们不能不极其惋惜地指出，他不是革命派，更不是‘杰出的革命家’，他的主要政治倾向是改良主义。”⑤曾业英也

① 涂玉书．也谈蔡锷祖籍与出生地．邵阳学院学报（社会科学），2004（2）．

② 谢本书．论蔡锷．历史研究，1979（11）；谢本书．再论蔡锷．求索，1984（2）．

③ 骆正光．试评蔡锷．云南历史研究所集刊，1981（3，4）．

④ 林荃．蔡锷是改良派、立宪党人吗．云南社会科学，1984（1）．

⑤ 杨维骏．蔡锷的政治倾向．云南社会科学，1983（2）．

认为，无论“从哪方面说，蔡锷都算不上孙中山革命派，而只能是梁启超改良派”①。第三种观点认为，蔡锷是资产阶级中间派的代表人物。持此观点者以林建曾、杨念群为代表。林建曾认为，由于蔡锷所处的时代和所受的教育，形成了他以改良主义思想为核心，兼收并蓄其他思想主张的典型的中间派思想，而这种思想往往以“对保守派是革命的，对革命派是保守的”为其特征。②杨念群也认为，蔡锷的思想发展有其特殊性，他既不属于纯粹的立宪派，也不同于激进的革命党人，而是属于游离于两者之间的地方实力派，即中间派。③第四种观点认为，蔡锷是一个爱国将领。刘云波认为，民国初年的蔡锷只是一个信奉“武力救国”、“军事至上”的职业军人和凭自己的“良心血性”而行事的杰出的爱国主义者。④丁凤麟、施宣圆也认为，蔡锷毕生追求军事救国理想，是中国近代史上一位叱咤风云的爱国将领。⑤第五种观点认为，蔡锷一生“过大于功”。持此观点者为张贡新。他认为，蔡锷一生的政治实践，可以概括为六个字，即保清、附袁、反孙。具体而言，“辛亥革命前，著文反对民主革命，为光绪帝勤王”；革命后，“残酷镇压”张文光领导的滇西民主革命军，“帮助”贵州和四川的立宪党人“从同盟军中夺取权力”，使云、贵、川三省基本上落入了立宪党人之手，倒转了历史车轮。并大唱“非袁莫属论”，排挤打击孙中山，支持袁世凯迁都北京，攻击孙中山是“乱党”，镇压二

① 曾业英．关于蔡锷研究中的几个问题//郭汉民，严农主编．蔡锷新论．长沙：湖南人民出版社，1997：25．

② 林建曾．中国资产阶级中间派的一次政治崛起．贵州社会科学，1983（6）．

③ 杨念群．蔡锷与梁启超关系初探．云南社会科学，1985（6）．

④ 刘云波．析民初蔡锷的政治表现//郭汉民，严农主编．蔡锷新论．长沙：湖南人民出版社，1997：103．

⑤ 丁凤麟，施宣圆．蔡锷的军事救国思想初探．求索，1987（5）．

次革命，拥袁称帝，同意接受“二十一条”。袁世凯被迫取消帝制后，主张“留袁”。同时他还认为，蔡锷在军事上也存在一些重大错误，导致纳溪惨败、叙府失陷，几乎造成全线崩溃的危险局面。①

3. 关于蔡锷与辛亥云南重九起义。对于蔡锷参加起义的动机及在起义中的作用，有两种不同的观点：一种观点认为，蔡锷参加云南辛亥起义是投身革命，并起到了发动和领导作用。骆正光认为，蔡锷在历史转变的重要关头，毅然投身革命，并成为杰出的组织者和领导者，出色地完成了起义和建设新政权的重任，为革命建树了光辉业绩。②谢本书也认为，蔡锷“暗中参与了辛亥云南起义的策画（策划）工作，并担任了起义军的临时总司令，亲自指挥了昆明起义的英勇战斗，立下了不可磨灭的功绩。”③另一种观点则认为，蔡锷在起义中起过一定积极作用，但并非起领导作用。杨维骏认为，云南起义前，蔡锷置起义成败安危不顾，派人通知云贵都督李经羲“迁避法领府”。李被俘后，蔡跪请李“出维大局”，“劝充都督”，要把领导权拱手奉送给旧统治者。因此，他参加起义是否真为了改变旧统治，也就可疑。同时他还认为，云南辛亥革命是在云南同盟会领导下发动的，在第一线直接指挥作战的是李根源、罗佩金、唐继尧等同盟会员，蔡锷只是因为军阶较高而被推为临时总司令，在军事指挥上并没有表现出很大的作用。因此，虽有一些贡献，但不能说他领导了这场革命。④ 张贡新也认为，辛亥云南起义，经历了长期的艰苦的准备过程。蔡锷是

① 张贡新. 论蔡锷的历史地位及其功过. 民族文化，1982（6）.
② 骆正光. 试评蔡锷. 云南历史研究所集刊，1981（3，4）.
③ 谢本书. 蔡锷传. 天津：天津人民出版社，1983：33.
④ 杨维骏. 蔡锷的政治倾向. 云南社会科学，1983（2）.

1911年才调到云南的，因此，蔡锷虽然参加了辛亥云南起义，“起过一定的积极作用”，“但他既不是发动者，也不是领导者”。①

4. 关于蔡锷派滇军入川、入黔问题。这一问题主要有三种不同的观点：一种观点基本肯定。谢本书认为，滇军无论是援川或援黔，起因都是为了支援湖北首义之区的革命形势，即所谓“北伐”。这个“北伐”是师出有名的革命行动，本身具有合理性。但他对援川过程中滇军杀害川南军政分府司令部长黄方一事为滇军辩护，“难辞其咎”。不过，事后，他又三令五申要援川滇军“和平协商，顾全大局，切勿轻开衅端”，并遵守诺言，令滇军有纪律地撤出川境。至于援黔过程中出现的大规模屠杀贵州自治学社领导人和人民群众的血腥事件，蔡锷虽然不能推卸对唐继尧的支持所承担的间接责任，然而更多的责任很难由蔡锷个人来承担。②一种观点是基本否定。刘毅翔认为，蔡锷派滇军援川、援黔，荡平匪乱，确有出自安定西南各省社会秩序、巩固反清革命后方、防止外国入侵等为国为民的良好目的，应该给予一定的肯定，但在荡平匪乱的具体过程中，蔡锷及滇军许多将领却往往把积极参加革命、以社会下层民众为主体的哥老会组织视为“匪”而横加挞伐，这就使他们为国为民的丰碑上，不能不蒙上一层镇压群众的灰尘。所以，蔡锷派滇军援川、援黔的结果是错误的，而蔡锷本人应该承担其主要的责任。③一种观点是全盘否定。杨维骏认为，蔡锷派滇军援川、援黔，矛头都指向革命派，援川“变为平乱控

---

① 张贡新．论蔡锷的历史地位及其功过．民族文化，1982（6）．

② 谢本书．再论蔡锷．求索，1985（3）．

③ 刘毅翔．也谈蔡锷派滇军援川、援黔的动机和责任．贵州社会科学，1983（4）．

川”，援黔使得贵州革命党人经过艰苦斗争发动的辛亥革命归于失败。①张贡新也认为，滇军援川、援黔的动机，是为了帮助贵州和四川的立宪党人，从同盟军中夺取权力，倒转了历史车轮。②

5. 关于蔡锷在护国运动中的地位和作用问题。这一问题主要有四种观点。第一种观点认为，蔡锷在护国运动中起了发动和领导作用。谢道锡和谢本书认为，蔡锷作为护国运动的主要领导人，在发动、领导和指挥战争的过程中，坚决果断，运筹帷幄，艰苦奋斗，对于粉碎袁世凯复辟活动，保卫共和制度，起到了巨大的积极作用。③吴建华也认为，由于蔡锷有坚定的反对帝制的决心，又有深厚的群众基础，所以他才能在护国战争中起积极的领导作用，和人民一起把历史推向前进。④第二种观点认为，蔡锷在护国运动中有贡献但没起领导作用。杨维骏认为，护国起义是云南革命党人响应孙中山号召，经过长期酝酿，并在孙中山派来的吕志伊策动下发动起来的。蔡锷不来，云南也照样在唐继尧率领下起义。蔡之到来，壮大了声势，但并非蔡发动护国起义。⑤张贡新认为，蔡锷参加护国运动，起过一定的积极作用，但他既不是发动者，也不是领导者。⑥章开沅、林增平主编的《辛亥革命史》中也认为，“蔡锷入滇，只是顺其大势，用其心，加速了护国战争的发动而已。”⑦第三种观点认为，蔡锷在护国运动中起了纽带和促进作

---

① 杨维骏. 蔡锷的政治倾向. 云南社会科学，1983（2）.

② 张贡新. 论蔡锷的历史地位及其功过. 民族文化，1982（6）.

③ 谢道锡. 蔡锷参加护国的思想基础//云南省政协编. 爱国·团结·胜利. 昆明：云南大学出版社，1996：153；谢本书. 蔡锷述评. 云南历史研究所研究集刊. 1982（1，2）.

④ 吴建华. 护国战争中的蔡锷. 黄石师范学院学报，1982（4）.

⑤ 杨维骏. 蔡锷的政治倾向. 云南社会科学. 1983（2）.

⑥ 张贡新. 论蔡锷的历史地位及其功过. 民族文化，1982（6）.

⑦ 章开沅，林增平. 辛亥革命史（下册）. 北京：人民出版社，1981：503.

用。谢本书认为，蔡锷在护国运动中对于反袁各派的联合起了关键性的纽带作用。没有蔡锷所起的纽带作用，反袁联合战线的形成将是更加松散的，以至是不大可能的。① 顾大全也认为，云南起义是在孙中山的民主共和旗帜下，由资产阶级革命派与改良派联合发动的。蔡锷因其所处地位，起了资产阶级两派联合的纽带作用。②第四种观点认为，蔡锷在护国运动中起了多方面的重要作用。林荃认为，蔡锷在护国运动中起了三方面的重要作用：一是实现蔡、唐联合，促进唐继尧下决心举义；二是起了联合各派政治、军事力量的纽带和核心作用；三是作为主要领导者之一，率护国军主力奋战在四川战场上，为推翻洪宪帝制立下了不朽的功绩。③高光汉也认为，蔡锷积极参与酝酿、组织、领导和指挥了护国战争，一方面，他是资产阶级革命派与改良派联合的纽带，另一方面，他又是一个备尝艰辛的军事指挥员，领导护国军官兵，英勇战斗，迫使北洋军不得不请求停战议和。④

90 多年来，特别是近 20 年来，蔡锷研究已取得了较大的成绩，但总体上看来仍有不足之处。第一，有关蔡锷的资料有待进一步发掘和整理。蔡锷的大型文集虽有 4 种，但仍有大量蔡锷重要的文章、书信及电报，至今没有发现，这制约了蔡锷研究的深入。第二，研究方法有待进一步更新。长期以来，在历史人物的研究中存在的以人划线、以党派论功过是非的思维定势，影响了对蔡锷这种具有复杂经历的历史人物的实事求是的分析和评价。只有

---

① 谢本书．论反袁大联合∥护国文集编辑组编．护国文集．石家庄：河北教育出版社，1988：13．

② 顾大全．蔡锷与云南护国起义．贵州社会科学，1983（3）．

③ 林荃．蔡锷是改良派、立宪党人吗．云南社会科学，1984（1）．

④ 高光汉．略论蔡锷在护国战争中的作用．民族文化，1982（6）．

解放思想，彻底改变陈腐的线性分析方法，真正把蔡锷放到近代中国所要解决的历史课题上，去重新认识蔡锷，并进行多角度、多方位、多层次的考察，才能促使蔡锷研究取得更新、更全面的进展。第三，某些研究领域有待进一步拓展。蔡锷留学日本4年是其直接受西方文化熏陶、形成民主革命思想的重要时期，但由于资料的原因这方面的研究还不够深入。第四，对蔡锷与相关人物的研究，目前仅集中于孙中山、黄兴、梁启超、唐继尧等人，而对蔡锷与杨度、樊锥、石陶钧、蒋百里、张孝准、刘世显、戴戡、雷飙、曾广轼等人关系的研究，至今尚无人问津。第五，对蔡锷全面、系统、深入的研究也有待进一步加强。蔡锷是一位处于20世纪之交中国新旧社会激烈转型时期的历史人物，他的思想糅合着传统与近代、中国文化与西方文化、进步与落后的多重因素，深深地打下了清末民初那个转型时代的烙印。因此，对蔡锷进行全面、深入的研究具有重要的时代意义和学术价值。虽然有关蔡锷研究的专著和文章已经不少，但从总体上考察，对其生平事功介绍的很多，而对其思想研究的较少，所以，仍然需要在系统、深入、全面等方面继续下工夫。

第一章　维新变法思想

第一节　早期的经历和思想

一、早期的经历

蔡锷于 1882 年 12 月 18 日（清光绪八年十一月初九）出生于湖南省宝庆府邵阳县亲睦乡蒋家冲（今湖南省邵阳市大祥区蔡锷乡蔡锷村）一个贫寒的农民家庭。据李传补考证，蔡锷远祖叫元七公，是元末明初从河南迁邵阳的蔡氏开基鼻祖。以元七公为第一代，蔡锷就是第十八代。①蔡锷的父亲叫蔡正陵，为人聪明机灵，勤快能干，粗通文墨算术。蔡锷的母亲王氏，两三岁的时候就被父母带着在外逃荒，后来情况越来越困难，她又是一个女孩，不久就被遗弃在一棵大树下。幸有王家老人路过那里，见她可怜，将她救下，带回家去，抚养成人，所以也就姓王了。一直到她去世，也没有一个名字。②蔡正陵和王氏结婚后以务农为生，躬耕自食。蔡锷出生后，原名为艮寅，字松坡。据说，取这个名和字是有来历的。王氏分娩之前，做了一个梦，梦见她在一个长有翠松的山坡上，遇见一只白虎，温驯地跑到自己身边。一觉醒来，蔡锷就呱呱坠地。因艮为山，寅属虎，故名艮寅；又因虎出松林之

---

① 李传补. 蔡锷与隆回//田伏隆主编. 忆蔡锷. 长沙：岳麓书社，1996：119.
② 蔡端编. 蔡锷集. 北京：文史资料出版社，1982：247－248.

坡，故字松坡。①

1883 年，蔡正陵因生活困难，举家由邵阳迁居武冈山门大坝上（今邵阳市洞口县水东乡杨湾村），在那里住了两年后又迁洪庙。1887 年，蔡锷 5 岁多时，蔡正陵又举家迁居黄家桥。到黄家桥后，蔡正陵先是在家接活为人缝纫，后在镇上一家商店当店员，还做过一些小生意。蔡锷母亲王氏则在家煮酒、磨豆腐，操持家务。尽管如此，蔡正陵一家生活仍相当困难。蔡母王氏谈到蔡锷幼年出门上学的一段情况时说，那时要走三天旱路，家里没钱，给他带了一个咸鸭蛋，在路上只买饭不买菜，一个咸鸭蛋就吃了三天。②蔡锷后来“一日述幼年贫苦之状有动于中，以致泪盈于眶”③。

1888 年，蔡正陵自办私塾教授学生，以所收“束脩”维持生活。其时，蔡锷刚满 6 岁，也由乃父亲自启蒙。蔡正陵对蔡锷期望甚殷，“认为这个孩子聪颖好学，遂加意培养，督导严格”。④ 次年，蔡锷受当地大地主刘辉阁知爱，被免费接到刘家所设的私塾，与刘家子弟一同接受旧式教育。在刘家私塾，蔡锷“首先是读《三字经》、《论语》，然后《孟子》、《大学》、《中庸》顺序读上去”。年幼的蔡锷勤奋好学，“每日别人背书一回二回，他常是背四回五回，或者更多”，因此，他对所学内容，“读得纯熟，背诵如流，一字不错”。⑤到 10 岁时，蔡锷就读完了四书五经，并能够写出比较流畅的文章，在当地有“神童”之称。

---

① 刘再生．蔡松坡的童年//田伏隆主编．忆蔡锷．长沙：岳麓书社，1996：126.
② 蔡端编．蔡锷集．北京：文史资料出版社，1982：247.
③ 蔡端编．蔡锷集．北京：文史资料出版社，1982：41.
④ 蔡端编．蔡锷集．北京：文史资料出版社，1982：17.
⑤ 刘再生．蔡松坡的童年//田伏隆主编．忆蔡锷．长沙：岳麓书社，1996：127.

蔡锷的童年时代，正值中国灾难深重时期。1840 年鸦片战争后，随着一系列不平等条约的签订，中国逐步由一个独立的封建国家，一步一步沦为一个半殖民地半封建的国家。面对这“数千年来未有之变局”，以林则徐、魏源为代表的先进中国人，提出了“师夷之长技以制夷”的主张。随后，清朝统治集团中的一部分当权人物和某些开明的士大夫为了“自救”，继承林则徐、魏源的“师夷长技”思想，并且极力把这一思想主张付诸实践，开展了旨在“自强”的洋务运动。1883 年 12 月，法国发动了侵略中国的中法战争。战争的结果，中国“不败而败”，被迫签订了《中法新约》，承认法国对越南的殖民统治，允许在越边境的“保胜以上”和“谅山以北”两处通商，法国商人可在此居住，使法国取得了侵略中国的基地，打开了中国西南的门户，进一步助长了东西方列强吞并中国的野心。1894 年，日本发动了侵略中国的中日甲午战争，结果，中国惨败，清政府又被迫与日本签订了丧权辱国的《马关条约》，规定：割中国的领土辽东半岛、台湾、澎湖及其附属岛屿给日本；中国赔偿日本战费二万万两白银；允许日本在中国通商口岸开设工厂；开放沙市、重庆、苏州、杭州为通商口岸等。《马关条约》的签订，给中国人民套上了新的枷锁，加剧了帝国主义列强瓜分中国的民族危机，使中国半殖民地化的程度进一步加深。

随着中国在中法战争和中日甲午战争中的惨败，洋务运动也宣告破产。在民族危机空前严重的情况下，由早期维新思想家发展而来的一批新式知识分子，在内忧外患的冲击和中西文化的碰撞过程中，逐步形成了一个共识：要救国，只有维新；要维新，只有学外国。1888 年，康有为趁入京参加顺天乡试的机会，第一次上书光绪皇帝，陈述变法图强的必要性和紧迫性，并指出，在面临“强邻四逼于外，奸民蓄乱于内”的严峻形势下，唯一的办法就是改变成法，力图自强，“内修政事，外攘夷狄，雪列圣之仇耻，固万年之丕基”。① 由于顽固派的阻挠，这封上书没有递到光绪皇帝的手中。第一次上书不达，康有为并不灰心，继续从事维新变法活动，在陈千秋、梁启超等人的协助下，于1891年和1892年相继写出了《新学伪经考》和《孔子改制考》，为维新变法提供了重要的理论根据。1895年4月，康有为在北京参加会试期间，传来了日本逼签《马关条约》的消息。康有为万分愤慨，奔走呼号，发动1300多名举人联名上书清廷，警告光绪皇帝：如按条约规定对日割地赔款，必将丧失民心，引起列强接踵而来、瓜分豆剖的严重后果，并提出“拒和、迁都、变法”的主张。这次上书请愿，虽然未能阻止《马关条约》的签订，却标志着酝酿多年的资产阶级维新变法思潮已经和爱国救亡运动有机联系在一起，产生了广泛的社会影响，得到了全国各地进步人士的响应。樊锥就是其中之一。

樊锥，字春渠，1872年2月16日生于邵阳一个贫困家庭，少年时就志存高远，发愤读书。13岁时就“通群经，旁及诸子，工为文，奥折自熹，师抑之，益奇恣不受制科轨范”。15岁时，他遍访城邑藏书，“悉读之”。② 年轻的樊锥自视颇高，而又生平豪迈，曾自署楹联曰：“顶天立地三间屋，绝后空前一个人”③，在当地有“狂生”之称。1893年，樊锥与同乡石建勋、石守成等到长沙城南书院学习，受知于湖南学政江标。中日甲午战争后，在民族危亡的刺激和维新运动的影响下，樊锥的思想也发生了变化，他

① 谢遐龄编．康有为文选．上海：上海远东出版社，1997：258－259．
② 樊锥集．北京：中华书局，1984：68．
③ 樊锥集．北京：中华书局，1984：69．

倡言“揽子墨之流，证欧罗之续，总绝代之殊尤，辩章乎宏箓”①，受到封建卫道士的指责。1897年，樊锥上书湖南巡抚陈宝箴，提出中国“为今之计，则不能不开拓用才之术”，培养能实现新政的各类人才。② 1898年2月，维新派在湖南创建南学会。樊锥立即响应，在邵阳组织南学分会，被推为分会长。谭嗣同、唐才常主持的《湘报》创刊后，樊锥又积极赞助，并作为主要撰稿人之一，先后在该刊发表了《开诚篇》、《发锢》和《劝湘工》等针砭时弊的文章，猛烈抨击封建顽固派的因循守旧，宣传资产阶级的民权平等学说，提倡发展民族工业，并呼吁维新变法、全面学习西方，因而成为湖南维新派的重要代表人物之一。戊戌变法失败后，樊锥与石建勋等“匿处山间”，幸免于难。1900年，唐才常组织自立军起义，樊锥曾参与其事。起义失败后，唐才常遇害，樊锥逃往上海，协助办理《苏报》。《苏报》案发生后，樊锥与石建勋等20余人赴日本，与陈天华、杨毓麟等人奔走革命，倡言汉、满不并立，后入成城学校学习军事，因体格虚弱，又改学政法。在此期间，樊锥与黄兴、陈天华等人创办《游学译编》，历述列强侵华之阴谋，揭露清廷之腐败，介绍国人以新学科，号召青年出国留学。同时创办湖南编译社，出版多种痛击时弊、宣传西学、呼吁国人猛醒的读物。由于一次不慎坠马，樊锥肺部受伤，不得不辍学回国。回国后，樊锥继续积极从事革命活动，先是改名到南京军校任教，“时时以民族主义诱导后进”，后又到广西陆军小学任教。1907年因肺病复发，樊锥在邵阳逝世，年仅35岁。

1893年，樊锥见到11岁的蔡锷，“一见奇之，携而授之读，

---

① 樊锥集. 北京：中华书局，1984：61.

② 樊锥集. 北京：中华书局，1984：23.

衣之食之，有所适，辄徒跣从，昕夕讲授不辍”①。樊锥学识渊博，又富有维新思想。在他的悉心指导下，蔡锷研习周秦诸子之学，尤好读《韩非子》、《老子》之书，不仅学业大有长进，而且初步受到其维新思想的影响。1895 年，13 岁的蔡锷应院试。学政江标很赏识蔡锷的文章，将他补为县生员（秀才）。江标也是著名的维新人士，他青年时期曾受业于朴学大师潘祖荫，好治今文经学，留心经世致用，鄙弃八股。1894 年，江标出任湖南学政后，大力整顿校经书院，注重引进新学，致力以新学课士，并创办《湘学报》，给湖南社会带来了一股清新之风，对于湖南近代教育的改革以及维新运动的蓬勃开展，起到了至关重要的作用。这次院试后，江标特意约见了这次中试的蔡锷、石陶钧、李本深等人，对他们说："邵阳先辈魏源，你们得知吗？读过他的书吗？你们要学魏先生讲求经世之学。中国前途极危，不可埋头八股试帖，功名不必在科举。"江标的这一席话，对蔡锷等人无疑震动很大。石陶钧后来忆及此事时说："（江标的）这一段话，把生长在静水湾的我，忽然启示了一个新的宇宙……因为邵阳只知道八股应试，而佳客（指江标——引者）反以抛弃八股，不必应试指导其新入门的学生。我当然'欲罢不能'的接受他的指导。"②虽然未见蔡锷对此事发表过感受，但从他后来毅然抛弃科举之路，投考湖南时务学堂的举动，我们不难看出江标这一席话对他思想产生的重大影响。1896年，蔡锷应岁试，名列第一。次年，蔡锷又跟随樊锥赴秋闱。

由此可以看出，15 岁以前，蔡锷所接受的是以儒家思想为主要内容的中国传统教育，在父母的安排和引导下，走的是一条科

① 樊锥集. 北京：中华书局，1984：69.

② 石陶钧. 六十年的我∥湖南历史资料（第 2 期）. 长沙：湖南人民出版社，1981：18.

举考试、光宗耀祖的道路。10 年的封建传统教育，不仅使蔡锷打下了比较深厚的古文功底，而且也使封建社会的传统思想在他幼小的心灵打下了深深的烙印，并在潜移默化之中对他思想的形成产生了重要的影响。虽然后几年师从樊锥，并有幸偶遇江标，受到过其维新思想的影响，为以后思想的发展变化打了一些基础，但总的看来，这段时期，蔡锷的主导思想是封建传统思想。

二、传统思想的影响

考察蔡锷短暂一生的思想，我们不难发现，早年他所接受的以儒家思想为主要内容的中国传统思想对他的思想的发展和变化有着重要的影响。这主要反映在以下几个方面：

1. 爱国忠君思想。中国古代以维护国家统一、反对分裂和捍卫民族独立、反对外来侵略为主要内容的爱国思想，是由儒家“大一统”、“华夷之辨”、“尊王攘夷”等思想演变而来的。孔子讲：“天无二日，士无二王。”（《礼记·孔子闲居》）这里的“王”指的是周王。为了维护周天子的独尊地位，孔子作《春秋》，“不书楚越之王丧”，即不承认楚国和越国这两个诸侯国君自立为王的事实，其用意是“示民有君臣之别也”。孔子还讲过“天下有道，则礼乐征伐自天子出；天下无道，则礼乐征伐自诸侯出”。（《论语·季氏》）这里的天子指的也是周王。甚至在讲其仁学理论时，孔子也没忘记维护周天子的天下共主地位：“克己复礼为仁。”这里的“礼”自然指的是周礼。孔子的上述思想后被孟子、董仲舒等人继承和发挥为大一统思想。自此以后，随着儒家独尊地位的确立，孔子的“大一统”思想日益深入人心，并成为后世维护国家统一和反对分裂的强大思想武器。春秋时期，东周王室卑弱，“四夷”侵凌，周边的少数民族时常扰犯中原。齐桓公任管仲为相，以“尊王攘夷”相号召，齐国强大起来，局势得以稍定。孔子后来论及这一情况时说：“微管仲，吾其被（披）发左衽矣。”（《论语·宪问》）孔子赞赏管仲是怕成为“披发左衽者”（外族侵略者）的亡国奴。孔子对管仲的评价所反映出来的思想被后人概括为“尊王攘夷”，并成为捍卫民族独立、反对外来侵略的强大思想武器。但在“朕即国家”的古代，人们所说的国家是指一家一姓的王朝政权，民族也主要指汉族，因此，古代爱国思想就与爱国君、爱王朝、爱汉民族紧密地联系在一起，忠君与爱国也就成了中国古代爱国思想两个密不可分的核心。中国古代的忠君爱国思想对深受儒家思想浸染的蔡锷产生的积极和消极影响是显而易见的。从积极方面而言，它对蔡锷后来鼓吹军国民主义、反对列强侵略、争取民族独立的反帝思想和主张国家统一、反对分裂的思想的形成起到了重要的作用；从消极方面而言，它也使蔡锷后来一度产生了保皇思想、拥袁思想。

2. 以天下为己任的责任意识。中华民族在漫长的历史发展长河中，从传说中的尧舜禹公天下开始，到夏商周家天下的巩固发展，形成了一整套处理人与人、君与民、家庭成员之间关系的道德准则。这些道德准则起着导民化俗、稳定社会秩序、保障国家长治久安的巨大作用。但随着生产力的发展，社会财富的增加，周王朝历经数百年，旧有的这些道德准则受到冲击、突破，最后出现春秋战国时期“礼乐崩坏”、天下大乱的局面。在这种情况下，出现了一大批思想敏锐、关心时局、各立新说的思想家。孔子、孟子、荀子、墨子、庄子、韩非子、孙子等就是其中的代表性人物。他们从当时礼乐崩坏、天下大乱、兵连祸结、生灵涂炭的残酷现实出发，忧心如焚地分别从不同的角度提出各自的“济世”主张。有的呼吁“复礼”，有的主张“仁政”，有的力行“兼爱”、“非攻”，有的提倡“无为”，有的力主“法治”，还有的醉心“兵事”。与此同时，孔子、孟子还注重对古代知识分子——士的政治意识和政治性格的培养。孔子提出“士忠于道”，要求知识分子自觉地致力于“王道”政治理想的实践。孟子表示，“如欲平治天下，当今之世，舍我其谁”，体现了古代知识分子政治自觉性与社会责任感。他们的政治实践和追求成为儒学最重要也是最基本的方面，对后世产生了深刻的影响。儒家这种以天下为己任的责任意识对蔡锷的影响也是显而易见的。无论是时务学堂时期表示出“贡献自己一切力量，以挽救国难”的决心，还是留日期间提出军国民主张，以抵抗列强入侵；无论是抱着塑造“中国的普鲁士”的愿望去广西练兵，还是面对英军入侵云南片马地区，发出“非大发志愿，以救国为目的，以死为归宿”的吼声；无论是力排众议，毅然发动云南重九起义，还是决然发动护国战争，无一不透露出强烈的忧国忧民、以救天下为己任的责任意识。

3. 民本思想。重民，是中国古代政治思维的重要特征之一。春秋战国之前，就有盘庚的“重民”、周公的“保民”思想。春秋到战国，孔子、孟子等思想家从不同的层面和角度对民本问题提出了自己的见解和主张，使中国的民本思想不断被充实和丰富。孔子思想的核心是他关于仁的理论。他认为，仁就是爱人，主张社会的各个等级之间都应该相互仁爱，特别是对于居于统治地位的等级来说，爱人尤其重要，用孔子的话说，就是“君子学道则爱人”（《论语·阳货》）。孟子继承和发展了孔子的仁学，提出了著名的“民为贵，社稷次之，君为轻”的思想，强调民在国家中的重要地位和作用。荀子则把君民关系比作舟与水。他说：“君者，舟也；庶人者，水也。水则载舟，水则覆舟。”（《荀子·王制》）春秋战国之后，民本思想又进一步被历代思想家所继承和发展，使之更加充实和丰富，不仅被历代王朝奉为统治思想，也被历代先进人士用作批判暴君暴政的重要武器之一。中国传统思想中的民本思想也对来自社会底层、对劳动人民的疾苦有较深刻了解和感受的蔡锷产生了深刻的影响。他批判秦始皇“不智民，而愚民”，对历代封建统治者对人民“靡不出死力以剥之”提出强烈的抗议，他主张发展民权，维护民利以及要求军队以安民、爱民为本的思想，都体现了对儒家民本思想的继承与发展。

4. 修齐治平思想。儒家十分重视修身对个体成长的作用，尤其重视修身对社会兴衰的重要作用，把修身视为治国、平天下的根本。从孔子开始，“修身”即成为“士”（知识分子）的必要条件。修身是一种内在的道德实践，但儒家修身的目的和作用都是指向外在的政治和社会，“内圣”的终极目标还是“外王”。《论语·宪问》中有一段关于君子修身的对话：“子路问君子。子曰：修己以敬。曰：如斯而已乎？曰：修己以安人。曰：如斯而已乎？曰：修己以安百姓。修己以安百姓，尧舜其犹病诸。”这里，孔子最初是把“修己以敬”作为一个普通命题提出的，但子路却不以此为满足，进一步追问“修己”到底有什么目的和作用，孔子最后只好说明“修己”始能“安人”、“安百姓”。可见，儒家修身是以建立社会政治秩序中的“道”为鹄的的。孟子把孔子关于修身作用的思想发挥得更为透彻。《孟子·尽心上》指出：“士穷不失义，达不离道。穷不失义，故士得己焉，达不离道，故民不失望焉。古之人，得志，泽加于民，不得志，修身见于世。穷则独善其身，达则兼济天下。”《孟子·离娄上》认为：“人有恒言，皆言‘天下国家’。天下之本在国，国之本在家，家之本在身。”“其身正而天下归之。”儒家经典《大学》把修身的作用发挥得更加淋漓尽致，认为：“欲治其国，先齐其家；欲齐其家者，先修其身；欲修其身，先正其心。……心正而后身修，身修而后家齐，家齐而后国治，国治而后天下平。”儒家代表人物不仅提出了修身的重要作用，而且还创造了一整套修身的原则和方法。例如，孔子说：“见贤思齐焉，见不贤而内自省也。”（《论语·里仁》）这是强调要克己内省。《中庸》指出：“莫见乎隐，莫显乎微，故君子慎其独也。”这是要求慎独。孔子主张“志于道”、“乐道”，“朝闻道，夕死可也”，并说：“三军可夺帅也，匹夫不可夺志也。”（《论语·子罕》）这是要求确立人生的远大理想与奋斗的宏伟目标，把握前进的方向，坚定不断进取的信念。孔子说：“士志于道，而耻恶衣恶食者，未足与议也。”（《论语·里仁》）这里强调为了远大志向，不能迷恋当前的物欲，要见利思义，甚至舍生取义，杀身成仁。孟子倡导“富贵不能淫，贫贱不能移，威武不能屈”。这是强调只有经过艰苦磨炼，才能坚定志向，担当大任。孔子说：“君子耻其言而过其行。”（《论语·宪问》）“君子欲纳于言而敏于行。”（《论语·里仁》）“言忠信，行笃敬。”（《论语·卫灵公》）这是强调道德知识与道德实践的紧密结合，提倡身体力行和言行一致。在儒家修身思想的熏陶下，蔡锷自幼就十分注重修身，努力实践儒家修齐治平思想。他注重立志，从小就树立了救国的志向，表示要“淬励品德，做一个堂堂正正的男子，决不可随俗沉浮以自污”①。他十分敬仰孟子“四十不动心”的精神，为实现救国图强的远大理想不断进取，甚至不惜舍生取义，杀身成仁。他非常重视意志的磨砺，在时务学堂“悍鼠斗□□，寒风冲破壁。秃笔硬如铁，残灯光寂寂”②的艰苦条件下，他自强不息，坚持刻苦学习救国理论。在护国战争的前线，带病与十倍于己的敌军鏖

① 唐才质．唐才常与时务学堂．湖南文史资料，1958（3）．
② 曾业英编．蔡松坡集．上海：上海人民出版社，1984：1237．

战数月，他习劳忍苦，艰险备尝，却依然坚强不屈，不达目的誓不罢休。他公正刚直，治军为政，纪律严明，赏罚分明，讲求"以菩萨心肠，行霹雳手段"，以挽回颓风。他清洁自持，常以"澹泊明志，夙夜在公"而自勉，为官一身正气，两袖清风，两次带头减薪，以致"身后萧条，不名一钱，老幼茕茕"。①他严于律己，视名利如浮云，为国家的统一大业，拥兵不自重，功高不居功，临终前还遗电表示："锷以短命，未克尽力民国，应行薄葬。"②所有这些无不反映出儒家修齐治平思想对他的深刻影响。

三、湖湘文化的熏陶

除了儒家思想之外，湖湘文化对蔡锷思想的形成也有重要的影响。

湖湘文化发源于以屈原为代表的楚文化传统。北宋开宝九年(976)，潭州太守朱洞在长沙岳麓山下创立岳麓书院。由于书院教学有方，受到宋真宗的召见与勉励。宋真宗还亲赐御书"岳麓书院"匾额，从而使书院声名远播，成为培育湖湘人才的"千年学府"。稍后，湖南道州人周敦颐（1017—1073）创立宋明理学，把北宋道士陈抟的《先天图》改造为《太极图》，以"无极"作为世界的本体，描绘了从无到有、阴阳对立、五行相生、变化无穷的宇宙生成图式，进而以博大精深的哲理思维，提出了自己的《太极图说》，从而启迪了程朱理学与陆王心学的分流发展，对湖湘文化的形成产生了深远的影响。南宋时期，福建崇安人胡安国及其季子胡宏在建炎之乱以后，由湖北迁移到湖南，在衡山一带

① 曾业英编．蔡松坡集．上海：上海人民出版社，1984：1440.
② 曾业英编．蔡松坡集．上海：上海人民出版社，1984：1236.

著书立说并创建碧泉书院，聚徒讲学，开创了湖湘学派。嗣后，胡宏的高足张栻和著名学者、教育家朱熹以岳麓书院为基地，授徒讲学，使湖湘学派空前扩大，湖湘文化独树一帜，在全国区域文化群中颇具影响。元、明两代，由于统治阶级加强了对科举和书院的控制，从而造成湖湘学长期冷落的局面。后经明末清初王船山和清朝的陶澍、贺长龄、魏源、曾国藩等人的不断承继和阐发，湖湘文化又重新发扬光大，成为中华民族文化中一颗璀璨的明珠。经过长期的传承和发展，湖湘文化形成了如下几个基本的特征：

第一，反对外来侵略，维护国家统一。湖湘文化中反对外来侵略，维护国家统一的爱国主义传统一直弦歌不绝。战国时期，屈原极力主张楚国联齐抗秦，坚决反对对秦妥协媾和。宋代，面对金兵入侵，胡安国、胡宏“父子兄弟力排和议，直声振于一时，百折不回，决不受秦桧牢笼”①。张栻、朱熹也以力主抗金闻名于世。在他们的爱国思想和行动的影响下，湖湘学子中涌现出吴猎、赵方、游九言、游九功等一批爱国抗金将领。清兵入关后，王船山高倡民族爱国主义，坚决抗清。进入近代，当西方列强用大炮打开了中国紧闭的大门，强迫清政府签订了一系列不平等条约，使中国由一个独立主权国家逐渐沦为半殖民地半封建国家之时，为了救亡图存，魏源发出了振聋发聩的“师夷长技以制夷”的呼声，震惊了千千万万爱国之士。曾国藩、左宗棠则是首先将“师夷长技以制夷”付诸实践的先行者。曾国藩于1861年创办了近代中国第一个军工企业—— 安庆内军械所，左宗棠于1866年筹办了近代中国第一个造船厂——福州船政局。与此同时，他们大力支持兴办新式学堂、翻译西方科学著作，成为洋务运动的领袖人物。

---

① 胡宏集. 北京：中华书局，1987：342.

尽管他们的爱国与忠君是联系在一起的，但我们不能因其忠君而抹掉其爱国的一面。

第二，反对烦琐空疏，注重经世致用。湖湘学派的创始人胡宏就非常强调学以致用的重要性，他说：“学圣人之道，得其体，必得其用，有体而无用，与异端何辨?”主张：“学也，行之也，行之行之而又行之。”①张栻也强调“致知行力，互相发也。盖致知以达其行，而力行以精其知”，主张“儒者之政，一一务实”。②王船山则说：“知而不行，犹无知也”；“君子之道，力行而已”。③他们这种“经世致用”的实学思想为近代学者所继承发展，并在新的历史条件下赋予了它新的时代内容。陶澍在两江总督任上大力推行漕政、盐政、河工、吏治等方面的改革，都是讲求实学、注重经世致用思想的体现。以后，“胡林翼、曾国藩、左宗棠、刘蓉、郭嵩焘，一代名臣，声施四海；王闿运、阎镇珩，老儒暗修，独抱遗经。遭际不同，出处攸异。然学不仅占毕，志在于匡俗；通经欲以致用，文章蕲于经国，则固不同而同”④。

第三，忧国忧民，求新求变。屈原在其文学创作中表达了“长太息以掩涕兮，哀民生之多艰”的悲怆和“路漫漫其修远兮，吾将上下而求索”的壮怀，后因忧国忧民，坚决主张改革内政而遭谗流放。胡安国、胡宏父子在宋室半壁江山风雨飘摇、阶级矛盾与民族矛盾交织、社会出现严重危机之时，心忧天下，期望通过变革图强来收复中原，保国安民。生活在明末清初“天崩地解”大动荡时代的王船山，在深刻的社会危机面前，出于一种强烈的

① 胡宏集. 北京：中华书局，1987：146.
② 张南轩先生文集. 北京：商务印书馆，1937：21.
③ 船山全书：第7册. 长沙：岳麓书社，1990：999.
④ 钱基博. 近百年湖南学风. 长沙：岳麓书社，1985：54.

忧患意识，通过自然界的生化运动指出“变革”是历史发展的必然规律。魏源高举王船山主张变革的旗帜，冲破顽固派叫喊的“天地之理不可变”、“祖宗之法不可变”的束缚，提出了“师夷长技以制夷”的主张。郭嵩焘面对洋务派以为造几艘铁甲船，购置几支洋枪洋炮，便可以巩固海防，杜绝洋人之觊觎，国家遂可以得自主而致富强的想法和做法，再三强调指出：“西洋立国，有本有末。其本在朝廷政教，其末在商贾，造船、制器，相辅以益其强，又末中之一节也。故欲先通商贾之气以立循用西法之基，所谓其本未遑而姑务其末者。”① 这就是说，没有好的朝廷政教（即政治制度），再好的商贾也不可能尽展其长。因此，改革图强之本也正在朝廷政教，而洋务派之练兵、制器、造船等所为，不过是舍本逐末，其成功的可能性微乎其微。这实是主张变法之先声，在当时可以说是振聋发聩。维新运动期间，谭嗣同、唐才常、熊希龄等维新志士力倡变法，积极举办时务学堂，创设南学会，创办《湘报》，使湖南成为当时全国最具有维新朝气的省份。康有为说：“中国变法，自行省之湖南起。”②梁启超也在《时务学堂札记残卷·序》一文中说：“新旧之哄，起于湘而波动于京师。”所以，钱基博认为，湖南士子大都有“独立自由之思想，有坚强不磨之志节。湛深古学而能自辟蹊径，不为古学所囿。义以淑群，行必厉己，以开一代之风气”③。

第四，勇于任事，卓励敢死。南宋时，金军南下，胡安国就上书朝廷“必志于扫平仇敌”。胡宏也坚辞秦桧召见，宁可隐居衡山，过清贫生活。张栻的高足吴猎在金兵围困襄阳、德安，进军

---

① 陆玉林. 使西纪程——郭嵩焘集. 沈阳：辽宁人民出版社，1994：95.

② 汤志钧编. 康有为政论集：上. 北京：中华书局，1981：627.

③ 钱基博. 近百年湖南学风. 长沙：岳麓书社，1985：1.

竟陵时，临危不惧，指挥若定，还敢于冒死直谏；张栻的另一弟子赵方率部一而再、再而三地击退兵力强盛的金军；南宋湖南安抚使、衡阳士人李芾与长沙城共存亡，壮烈殉难；王船山高举义旗，与清军奋战，事败，乃绝迹人间，含辛茹苦著述40年而不移其志；左宗棠年近古稀，仍壮志不减当年而出兵新疆，誓与沙俄侵略军血战到底。他们靠的就是敢于任事和勇猛顽强的精神。对于湖南人的这种勇于任事、卓励敢死的精神，梁启超曾感叹道："湖南之士之志不可夺矣。"①陈独秀也在《欢迎湖南人底精神》一文中说："湖南人底精神是什么？'若道中华国果亡，除非湖南人尽死。'无论杨度为人如何，却不能以人废言。湖南人这种奋斗精神，却不是杨度说大话，确实可以拿历史作证明的。二百几十年前底王船山先生，是何等艰苦奋斗的学者！几十年前底曾国藩、罗泽南等一班人，是何等'扎硬寨'、'打死战'的书生！黄克强历尽艰难，带一旅湖南兵，在汉阳抵挡清军大队人马；蔡松坡带着病亲领子弹不足的两千云南兵，和十万袁军打死战；他们是何等坚毅不拔的军人！"②

作为一个生于斯、长于斯的湖南人，蔡锷自幼就受到湖湘文化的熏陶。蔡锷的三位老师——樊锥、谭嗣同、唐才常都是湖湘文化精神的典型代表。樊锥大声呼喊，"不变则不通，不通则不久"，主张中国要改革，"奋然而起"、"摩顶放踵"，"不惜履汤蹈火"，"起民权"、"撰议院"、"开国会"，使"人人有自主之权，人人以救亡为是"，以致遭邵阳守旧人士围攻、驱逐。鄂督张之洞甚至驰电叫嚣要杀樊锥，以谢天下。谭嗣同激烈抨击三纲五常封建思想，积极投身湖南的维新变法活动，参与浏阳算学社、时务

① 中国史学会编．戊戌变法：一．上海：上海书店出版社，2000：304.

② 陈独秀文章选编：上．北京：三联书店，1984：480.

学堂、湘报、南学会、矿务、机器制茶等新政筹办，最后从容赴死、慷慨就义。唐才常大力宣传变法图强，提出“君民共和”、“君主立宪”、“议会政治”、“经商自由”，学习西方工艺，采用新法练兵，建新式陆军和海军，派员出洋留学等一系列改革主张，后因发动自立军起义失败英勇就义。他们的言行对蔡锷思想的形成产生了直接而又重要作用。从三位老师身上，蔡锷强烈地感受到湖湘文化的传统精神，并自觉地以他们为学习的榜样。自立军起义失败后，蔡锷悲痛作诗：“前后谭唐殉公义，国民终古哭浏阳。湖湘人杰销沈未，敢谕吾华尚足匡。”①表示要继承谭嗣同、唐才常的遗志，发扬光大湖湘士子优秀传统精神。此外，同龄的湖湘精英也对蔡锷产生影响。早年，蔡锷结识了石陶钧、李本深等人，一同受到江标的教诲；时务学堂期间，蔡锷与李炳寰、唐才质、林圭、李炳寰、田邦璇、蔡钟浩朝夕相处，切磋学问；留日期间，蔡锷结交黄兴、杨毓麟、宋教仁等湘籍革命志士，与他们共同创设湖南编译社，编辑出版《游学译编》，宣传民主革命思想。总之，通过老师和同龄人的影响，蔡锷直接感受到湖湘文化的传统精神，对湖湘文化精神有着强烈的认同感。他曾在一篇文章中自豪地写道：“湖南素以名誉高天下，武命自湘军占中原之特色，江、罗、曾、胡、左、彭沾丐繁多，人人固乐从军走海上，以责偿其希冀矣。文想则自屈原、濂溪、船山、默深后，发达旁魄，羊角益上，駸駸驶入无垠之哲界矣。”②在湖湘士子代代相传的传统精神影响下，蔡锷与时俱进，积极践行湖湘文化的传统精神，并最终以自己的实际行动成为近代湖湘人才群体中又一个光辉的典范。

---

① 曾业英编. 蔡松坡集. 上海：上海人民出版社，1984：13.

② 曾业英编. 蔡松坡集. 上海：上海人民出版社，1984：40.

第二节　维新变法思想的形成

一、认识孔夫子

中日甲午战争后，资产阶级维新派为了救国图存，提出了“教育救国”的口号。1896 年，刑部侍郎李端棻上书清廷，主张自京师以下及各省州县皆设学堂。在此背景下，熊希龄、蒋德钧等湖南士绅会议设立宝善成制造公司，并提出在公司内设一所工艺学堂。这一提议得到湘抚陈宝箴的赞同，并亲自命名为时务学堂。经过紧张的筹备后，1897 年 9 月 17 日，陈宝箴在《湘学新报》上刊出《招考新设时务学堂学生示》，并在长沙的大街小巷广为张贴。该招考示说：为了培养“任匡救之重，以图报国家”之人才，时务学堂拟分两期招收 14 岁至 20 岁的学生 120 名（其中宝庆府 10 名）。学习功课为：“中学：《四子书》、《左传》、《国策》、《通鉴》、《小学》、《五礼通考》、《圣武经》、《湘军志》各种报及时务诸书，由中文教习逐日讲传。西学：各国语言文字为主，兼算学、格致、操演、步武、西史、天文、舆地之粗浅者，由华人教习之精通西文者逐日口授。”还说：“凡取录诸生每名按月发膏火湘平银三两，不另发膳费。勤敏者由教习察验功课，加给奖赏。”“诸生入学三四年后，中学既明，西学习熟，即由本部院考取数十名，支发川资，或咨送京师大学堂练习专门学问，考取文凭；或咨送外洋各国，分住水师、武备、化学、农商、矿学、商学、制造等学堂肄业。俟确有专长，即分别擢用。……即有愿由正途出身者，且可作为学生监，一体乡试，中国自强之基，诸生自立之道，举莫先于此矣。”[①] 由于宣传到位，时务学堂第一期招生盛况空前。9月24日，时务学堂举行第一期入学考试。15岁的蔡锷经督学徐仁铸的推荐从邵阳赶到长沙参加了这次考试，并以优异成绩被录取为头班学生。

1897年11月14日，梁启超应湖南巡抚陈宝箴和时务学堂提调熊希龄之聘来到长沙，担任时务学堂中文总教习。他到任后所办的第一件事就是拟定《学约》。《学约》共十章：一曰立志。要求学生师法孟子、范仲淹、顾亭林，以天下为己任，“思国何以蹙，种何以弱，教何以微”，立“欲平治天下，当今之世舍我其谁”之救世安民的志向。二曰养心。要求学生不以“富贵利达，耳目声色游玩”而夺其志，将个人的生死、毁誉、苦乐置之度外。养心之法，主要为静坐反思与阅历世事。学生无阅历，不妨虚拟一种艰难困苦的环境去体验，以便养成百折不回、视死如归的心力。三曰治身。要求学生仿古圣先贤每日三省自身，每日就寝之前，默思一日之言行，将有失检点者一一记下，以便改过自新，日近圣贤。四曰读书。要求学生不能“只通一国之书”，而应“通古今中外能为世益者”之书，并将学生应读之书分为经、史、子、西籍四科，间日为课，学生须以数年之力，通彻经史大义，然后以其余日，肆力西学。五曰穷理。要求学生对每日功课所涉及的问题，反复琢磨，深入思考，务明其理。六曰学文。要求学生学会写文章，每日课卷一次，并写出自己的心得，所写之心得要条理清晰、语言畅达，但不拘形式。七曰乐群。要求学生重友朋，重师谊，“以文会友，以友辅仁”，“但相爱，毋相妒；但相敬，毋相慢；集众思，广众益”。八曰摄生。要求学生注重养生之道，学

---

① 舒新城编．中国近代教育史资料：上册．北京：人民教育出版社，1961：148－150．

习有张有弛，“起居饮食，皆有定时”；“体操之学，采习一二”。九曰经世。要求学生须深通六经及周秦诸子，以求治天下之理，同时必须博览历代制度沿革及泰西宪法官制，以求治天下之法。十曰传教。规定学生“以宗法孔子为主义”，共矢宏愿，“传孔子太平大同之教于万国”。不久，梁启超又主持制定了学生功课章程，为学生开列必读书籍数十种，其中包括《万国公法》、《万国史记》、《日本国志》、《格致汇编》、《几何原本》、《化学鉴原》等十几部西学书籍。除要求学生完成日课之外，梁启超还十分强调学以致用，要求学生勤读报纸，关心时务，了解国内外大事。从时务学堂招考示和梁启超所订《学约》以及学生功课章程看，时务学堂就是要把学生陶铸成有理想、有抱负、有学问、懂礼貌、务实笃行、经国济世的干才，以便将来投身于救国救民的维新变法事业。

11 月 29 日，时务学堂在临时租用的长沙小东街刘文恪的旧邸开学。在时务学堂，梁启超按照既定的教育方针，“借公羊、孟子发挥民权之政治论”①，向学生大力宣扬孔子改制学说，鼓吹变法维新。在梁启超、唐才常、谭嗣同等维新思想家的耐心启发和教导下，蔡锷逐步接受了维新变法的理论。

孔子改制说是维新变法的重要理论根据之一。孔子改制说是公羊学口说微言，也是公羊学的核心思想。在公羊家看来，孔子在《春秋》经中，通过讥、贬、诛、绝等条例和春秋制、太平制以及三世等书法来表明改周之旧制，立《春秋》之新制。因此，孔子在《春秋》中所讥之世卿、不亲迎、以妾为妻和所贬之君殡用师等皆为其所改之旧制，而大一统、选举、天子亲迎、不以妾为妻、君殡不用师等则皆为其所立之新制。考虑到在孔子之前改

---

① 湖南省政协编. 湖南文史资料选辑：第 2 辑. 长沙：湖南人民出版社，1981：56.

制创制均为天子之事，庶民无权参与政治，更遑论改制立法，而孔子乃一布衣，若以一庶民身份改立新制，不但有僭越之罪，而且也不能使人尊信，因此，公羊家又指出，孔子改制往往通过“托古”的方式来表达，即将其所立之新制说成是尧舜文武之时已施行之制，是“古已有之”。公羊家还提出了孔子素王说，认为孔子虽无帝王之位，却有圣王之德，能够代天立法，为后世制定法度。这就解决了孔子改制的合法性问题。19 世纪 90 年代，为给维新变法提供合理的依据，康有为受晚清经学大师廖平的启发，怀着对“祖宗之法，莫敢言变”的强烈不满，写出巨著《新学伪经考》，详细论证了东汉以来被封建统治阶级奉为经典的古文经，如《周礼》、《逸礼》、《毛诗》、《左氏春秋》等，都是刘歆为帮助王莽篡汉而伪造的，湮没了孔子“托古改制”的“微言大义”，并进一步指出这些经典的古文经都是伪经。这在当时的思想界产生了一场大的飓风。接着，康有为又写出《孔子改制考》，继承公羊学的观点，从正面阐发孔子改制的“微言大义”，把孔子打扮成托古改制的先驱，并进一步把资产阶级的民权、议院、选举、民主、平等等都附会于孔子身上，称其均为孔子所创之制，以孔子的名义提出其维新变法的主张。长期以来，孔子被认为是述而不作、信而好古的守旧者，而康有为却把他塑造成一个“托古改制”的先驱，其目的是为了给变法维新的主张挂上“孔圣人”的招牌，让孔老夫子念着“民主”、“平等”的新名词为变法改制呐喊，这样“既不惊人，且可避祸”①，借助人们对孔子的迷信，来堵住顽固派的嘴，开辟改良主义的通道。这与 16 世纪德国马丁·路德发动宗教改革运动来反映资产阶级要求有着历史的惊人相似之处。

---

① 康有为. 孔子改制考. 北京：中华书局，1958：267.

正如马克思所指出的："人们自己创造自己的历史，但是他们并不是随心所欲地创造，并不是在他们自己选定的条件下创造，而是在直接碰到的、既定的、从过去继承下来的条件下创造。一切已死的先辈们的传统，像梦魇一样纠缠着活人的头脑。当人们好像只是在忙于改造自己和周围的事物并创造前所未有的事物时，恰好在这种革命危机时代，他们战战兢兢地请出亡灵来给他们以帮助，借用它们的名字、战斗口号和衣服，以便穿着这种久受崇敬的服装，用这种借来的语言，演出世界历史的新场面。"①

初到时务学堂时，深受封建守旧思想影响的蔡锷，对维新派所宣扬的孔子改制学说及其深意并不理解，在一篇学习札记中，蔡锷按照他所接受的传统封建思想对康有为的孔子改制说提出质疑。他说："《春秋》非改制度之书，用制度之书也，固自言之矣。曰：述而不作，信而好古。又曰：非天子不议礼，不制度，不考文，虽有其位，苟无其德，虽有其德，苟无其位，不敢作礼、乐焉……如视其书为改制度之书，视其人为改制度之人，则孔子不能逃僭越之罪矣……故孔子曰：知我者其惟《春秋》乎；罪我者其惟《春秋》乎！知我者何？知其为因制度之书，非改制度之书也。知其为不得已之苦心，非自好自用之人也。罪我者何？罪其为改制度之人，改制度之书也，为自用自专之人也，此孔子所以惧也。如曰孔子惧罪彼者罪我，则更相刺谬矣。《春秋》乃劝惩之书，非罪人之书也。"②

对于蔡锷这种与康有为极力鼓吹的孔子改制说直接相矛盾的观点，梁启超批道："此论犹属似是而非。"接着，他从四个方面详细阐述了自己的观点：第一，他认为孔子确是改制之人。他指

① 马克思恩格斯选集：第1卷下．北京：人民出版社，1972：603.

② 曾业英编．蔡松坡集．上海：上海人民出版社，1984：6.

出，“大约孔子《春秋》之制，可分为四种：一、周之旧制。二、三代旧制。三、当时列国沿用之旧制。四、孔子自创之制。即以讥世卿一条考之，内有伊尹、尹陟，是三代乃世卿也。周有尹氏、刘氏等，是周乃世卿也。晋有六卿、鲁有三桓、郑有七穆，是当时列国世卿也。若讥世卿，则主选举者，乃孔子所改之制也。以此细推之，不一而足，何得谓孔子非改制度乎？”第二，他认为改制是历史的必然，改制者不可罪。“制度者，无一时而不当改者也。西人惟时时改之，是以强；中国惟终古不改，是以弱。盖一时之天下，有一时之治法，欲以数千年蚩蚩之旧法，处数千年以后之天下，不能一日少安也。”并指出，“汝谓改制度为可罪者，是犹有极守旧之见存耳”。第三，他认为创制者不必为天子。针对蔡锷关于孔子乃布衣不得创制的“迂谬守旧之言”，他指出，“虎哥也，果鲁士西亚也，皆布衣而创万国公法，天下韪之，未有以为不当者也。……夫天下之事理、制度，亦问其当与不当而已，不问其出于何人也。苟其当也，虽樵夫、牧竖之言，犹为有功而可采矣，况孔子虽布衣而实圣人乎！如其不当也，虽一王之制，历朝相传之法，而樵夫、牧竖亦可从而议之，而况于圣人乎！”第四，他认为孔子托古改制乃不得已而为之。“孔子言：‘天下有道，则庶人不议。’又曰‘天下有道，某不与易也。’此言天下有道时，可以如是而已。惟周末极乱，孔子故托于庶人之议，思以易天下，所谓知其不可而为之者也。譬之今之豪杰，使生于康、乾无外患时，何必为此激昂慷慨之言哉？然则孔子之改制度，乃极不得已之苦心，而无一毫不可为训之处明矣。所谓罪我者，正恐后世迂谬守旧之瞀儒，以改制为罪而已。”最后，梁启超还要求蔡锷对他的这番话语“试熟思之”，“如尚不谓然，下次可详辨”。①

---

① 曾业英编．蔡松坡集．上海：上海人民出版社，1984：6－7．

在梁启超的耐心教导和启发下，蔡锷逐步懂得了孔子改制说的深意，思想豁然开朗。在以后的一篇研习《春秋公羊传》的札记中，蔡锷写道："庄元年不言即位；'夫人孙于齐'，不言反，不言姜氏；'单伯逆王姬'不言使；'齐侯迁纪，邢、鄑、郚'，不言取；'公子庆父帅师伐于馀丘'，馀丘不击乎邾娄；'纪侯大去其国'，不言齐灭之；'公及齐人狩于郜'，不言齐侯；'公会齐人、宋人、陈人，蔡人伐卫'，不言纳朔，皆孔子既修之《春秋》也。未修之《春秋》，则言反；言姜氏；言使；言取；言邾娄之馀丘；言齐灭之；言齐侯；言纳朔矣。"① 这说明蔡锷已经从《春秋公羊传》中理会了孔子改制的手法。在另一篇学习札记中，蔡锷谈到读《春秋》的感受："读《春秋》，如测恒星，孩提只知其为萤火，长则知其为星。读天文书，则知其星之名号。以几何之法算之，以显微之镜测之，则知其为不可思议之地球，则知其内之动、植物件之多，且庶且备。《春秋》犹是也。俗儒只知其为字为取功名之用，妄儒只知其为断章烂报，皆不知几何之法、显微之镜也。几何法何？三世之义也。显微镜何？既修之《春秋》、口说之《春秋》也。以此法测之，则知其中有多少之道，多少之理，多少之人，多少之用，多少之益。此太史公所以云'文成数万，其指数千也'。"②

对于蔡锷思想上的进步，梁启超十分高兴，及时给予鼓励，批道："通极。就此例以读全书，可见记号之间，无一字无深意。真所谓万物散聚，皆在《春秋》也。"③对于蔡锷将读《春秋》与测恒星的比喻，梁启超尤为赞赏，认为"比例精当，见地莹澈"。

---

① 曾业英编．蔡松坡集．上海：上海人民出版社，1984：7－8.
② 曾业英编．蔡松坡集．上海：上海人民出版社，1984：8.
③ 曾业英编．蔡松坡集．上海：上海人民出版社，1984：8.

并进一步发挥道："用粗粗之天文镜，则可以知恒星之为太阳，行星之为地球矣。用稍精之天文镜，则能知天河之皆为星，其星皆为日球矣。用更精者，则知无量数之星云星气，皆为天河，皆为恒星，皆为日球矣。用粗镜者，自以为知，非真知也；用精镜自以为知过于粗镜，然亦非真知也。镜之界无限，然则吾之学亦无限。"①

二、认同三世说

"三世"说是维新派推行维新变法的又一重要理论依据。它同样源于公羊学。董仲舒在《春秋繁露·楚庄王》中将《春秋》分为十二世，其中有见三世，有闻四世，有传闻五世。到了东汉，何休解释《春秋公羊传》时，以"传闻世"为"衰乱"，"所闻世"为"升平"，"所见世"为"太平"。这样，便有了"衰乱"、"升平"、"太平"的"三世"名词，孕育了由乱到治，由"衰乱"、"升平"到"太平"的庸俗历史进化观念。康有为从传统的儒家今文经学中汲取营养，在《孔子改制考》中发挥"公羊三世"说，将其与《礼记·礼运》篇的"大同"、"小康"相糅合，构成一个人类社会从"据乱世"发展到"升平世"（小康）再发展到"太平世"（大同）的"三世"系统。同时，为了给维新变法提供理论依据，他进一步将君主制、君主立宪制、民主共和制这三种不同的政治制度分别与"据乱世"、"升平世"、"太平世"相比附，认为文王拨乱行君主之仁政是君主立宪制，即"升平世"；尧舜行民主之太平，是民主共和制，即"太平世"。由于思想的局限，康有为又认为，当时的中国处于"据乱世"之中，应当变革

---

① 曾业英编．蔡松坡集．上海：上海人民出版社，1984：9．

为君主立宪制，向“升平世”进化，而民主共和制还为时过早，不是当前的任务。这样，经他诠释的“三世说”就成了维新变法理论依据。梁启超认为，三世说“在达尔文主义未输入中国以前，不可谓非一大发明也”①。

在康有为、梁启超等维新变法思想代表人物的影响下，蔡锷接受了他们所宣扬的“三世”说，开始认识到人类社会是不断发展变化的，有一个由据乱世到升平世再到太平世的历史发展过程。这在他的学习札记中明显反映出来。在读到《春秋公羊传》中对鲁庄公八年秋撤军所用“还”这一善词，以表明怜悯疲惫军队的意思时，他认为这“可以劝据乱世之穷兵者”②。他还认为“《春秋》不记诸侯与大夫盟者，为太平世设也”。并进一步认识到“三世”说是《春秋》的核心，“无三世之《春秋》以读《春秋》，则《春秋》为数本古传而已”。③

在时务学堂这所培养维新人才的新式学堂，经过梁启超、谭嗣同、唐才常等维新思想家的启发和教导，蔡锷接受了维新变法理论的洗礼，最终完成了由封建守旧思想向维新变法思想的转变。他开始认识到：“我们求学，是为了探孔教之精蕴，以匡济时艰。”④因而，在思想和学业上进步很快，“每月月考，皆居前列。英气蓬勃，同学皆敬慕之”。在努力学习维新变法理论的同时，蔡锷还注意联系实际，关心时政，“谈到当前政治败坏，声情激越，决心贡献自己一切力量，以挽救国难”。⑤不久，年仅16岁的蔡锷

① 梁启超．饮冰室合集：文集之七．北京：中华书局，1989：99.

② 曾业英编．蔡松坡集．上海：上海人民出版社，1984：8.

③ 曾业英编．蔡松坡集．上海：上海人民出版社，1984：8.

④ 唐才质．唐才常与时务学堂．湖南文史资料，1958（3）.

⑤ 唐才质．追忆蔡松坡先生//田伏隆主编．忆蔡锷．长沙：岳麓书社，1996：136.

就在湖南维新派创办的《湘报》上先后发表了《〈后汉书·党锢传〉书后》和《秦始皇功罪论》两篇文章，表达出他的维新变法思想。他认为，封建专制统治是造成中国落后衰弱的根本原因，由于封建统治者对人民的自由和权利“靡不出死力以剥之”，致使像古代“片语而复汶阳之田”的曹沫那样的心侠和“四十不动心”的孟子那样的气侠，“至今其种无一存也，以致外人欺伺”，造成“无面不祸，无地不祸，无日不祸”的悲惨局面。尤其是对于清政府在初挫于英、再挫于法、三挫于日而面临国破、种灭、教亡的空前危机之时，仍然“不知振”，蔡锷感到十分愤怒，认为中国若不幡然猛省，变法图强，“再阅百年，则黄种成豕马，成木石，听人舞弄而不知矣”。①他呼吁人们“心不死，气不销”，团结起来，组成“心党”和“气党”，以保教、保种、保国。蔡锷还对封建统治阶级“不智民，而愚民”的愚民政策和“生非贵族，不可以闻国事”的剥夺人民参政权利的专制制度提出批评，认为这是造成“君之令不可及民，民之愿不可闻上，上下相锢”，以致“开荷戈之衅”，“生犯上之祸”的根本原因。他主张“益之以西人之法”，行议院之制，以“混天下为一心，庶无扞格之虞”。②

三、认从光绪帝

戊戌维新派虽然大力宣传“兴民权”，激烈抨击两千年来的封建君主专制，但他们却并没有，也不愿意逻辑地得出推翻整个封建制度、废除封建君权的结论。他们对于清政府的许多政策，虽然不时发出怨言，但他们只是希望和要求清政府在当时中国民族

① 曾业英编. 蔡松坡集. 上海：上海人民出版社，1984：9.

② 曾业英编. 蔡松坡集. 上海：上海人民出版社，1984：4－5.

危机极端严重的情况下，能有所振作，能革除积弊，对官制、军制、求才取士和经济制度等进行一些除旧布新的改革，例如设立议院、兴办学校、允许和奖励民族工商业发展等等。所有这些，都不会根本触动封建统治的基础。恰恰相反，维新派要求清政府这样做的目的之一，正是为了给这个政府“筹自强之策，计万世之安”。[①]对于当时的清朝皇帝光绪帝，维新派更是几乎无一例外地大肆颂扬。他们在各种场合尽力为光绪帝涂脂抹粉，称之为“圣明天纵，求治若渴，洞万国之故，审时变之宜”的“圣主”[②]，是对人民“沛以殊恩”、值得人民“戴山知重，感激涕零”的“圣天子”。[③] 在维新派看来，尽管历史上的封建君主多数为“民贼”、“大盗”，但他们当今的君主却不但不应入“民贼”、“大盗”之列，而且还是举世无双的“救世主”。

与康有为、梁启超等维新派代表人物一样，年轻的蔡锷也主张实行自上而下的改革，并把维新变法的希望寄托在光绪帝身上。在《秦始皇功罪论》一文中，蔡锷通过对秦始皇的功过及其原因的评述，借古喻今，希望光绪帝慎听言、慎用人。蔡锷指出：“千古之罪，未有一人成之者；千古之功，未有一人树之者。”这就是说，一个人的事业成功抑或失败，除了个人的主观因素和努力之外，还要受外在客观因素影响。接着，他用中国历史上正反两方面的例子加以论证：“尧不得舜，必为鲧惑已；舜不得皋陶，必为瞽瞍惑已；武王不得姜、召，必为管、蔡惑已；桓公不得仲，必为竖、刁诸人惑已。纣有飞廉，故其暴成；平有无费，故其奸成；蜀有黄皓，故其亡成；魏有司马，故其篡成；宋有京、桧，故其

① 中国史学会编. 戊戌变法：二. 上海：上海书店出版社，2000：140.
② 中国史学会编. 戊戌变法：二. 上海：上海书店出版社，2000：214－215.
③ 谭嗣同全集. 北京：三联书店，1954：116.

和成。秦得非然欤？有商鞅，而井田废成，诗书燔成，宦游禁成；有穰侯，而奢侈成，吞噬成；有白起、蒙恬，而杀戮成，残酷成。”他指出，秦始皇所以功不成功，罪不成罪，都是因为“被臣下之锢蔽”，以致“不获已之势成之也”。因此，他提出，要借鉴秦始皇等历代人物的经验教训，师其所以兴，革其所以亡，“听言不可不慎也，用人不可不慎也”①，也就是希望光绪帝听维新变法之言，用维新变法之人，以成维新变法之业。在《〈后汉书·党锢传〉书后》中，蔡锷认为，“今之计也，四万万人不足恃，足恃者自一人而已”②，天真地希望光绪帝像德国的俾斯麦和美国的华盛顿那样，带领四万万同胞，战胜列强，成就中国独立统一的大业。在另一篇文章中，蔡锷还表达了对光绪帝赞扬之情。他说：“昔康南海（即康有为——引者）曾编《彼得传》及《日本变法记》，以进呈今上，遂致有赫然奋发，力图自强之举。”③ 1900年，已在日本留学的蔡锷还毅然回国参加了武装勤王的自立军起义。事败后，蔡锷在控诉清政府镇压起义的同时，还称光绪西逃为“圣躬西狩”④。这些都说明，蔡锷当时对光绪帝是有幻想的。

客观而论，被维新派称为“圣主”的光绪帝也确是满洲皇族中一位“比较能接受新思想”、“颇想有所作为”⑤ 的青年皇帝。中日甲午战争期间，光绪帝公开主战，坚持反对依赖外国的“调停”和许诺，决心立足本国，积极备战设防，倾国力以御外敌。但由于清王朝的实权牢牢地控制在以慈禧太后为首的后党和地方

---

① 曾业英编. 蔡松坡集. 上海：上海人民出版社，1984：12.

② 曾业英编. 蔡松坡集. 上海：上海人民出版社，1984：11.

③ 曾业英. 关于蔡锷研究中的几个问题//郭汉民，严农主编. 蔡锷新论. 长沙：湖南人民出版社，1997：30.

④ 曾业英编. 蔡松坡集. 上海：上海人民出版社，1984：13.

⑤ 范文澜. 中国近代史：上册. 北京：人民出版社，1962：264.

实力派首领李鸿章的手里，甲午战争最后以中国惨败，被迫割地、赔款而告终。甲午战败，特别是继之而来的德、俄强占胶州、旅大事件，使光绪帝的思想受到强烈的震动，他沉痛地意识到“国势艰难”而“殷忧危亡”①，产生了奋起“图强”的迫切感。1895年5月，为反对《马关条约》，康有为发起“公车上书”，掀起了维新变法的第一个高潮。但是，由于顽固派官僚的阻挠，光绪帝对“公车上书”和康有为在甲午战后的前两次上书均未得见。尽管如此，他还是通过师傅翁同龢、给事中高燮曾的居间传介，大致知道了康有为的主张。1895年7月初，光绪帝在偶然中首次看到康有为激励他“赫然愤发扫除更张”，以“雪仇耻而扬天威”的《上清帝第四书》后，“览而喜之”②，引起了强烈的共鸣。1898年3月，光绪帝看到了康有为进呈的《上清帝第六书》后更是大加赞赏，立即“命总署诸臣，自后康有为如有条陈，即日呈递，无许阻格”③，终于打通了一条与资产阶级维新派公开联系的渠道。1898年春，康有为等人在北京成立的“保国会”，响亮地提出了“保国、保种、保教”的口号。但它成立后，封建顽固派感到惶恐不已，纷纷跳出来拼命攻击康有为和“保国会”是“聚众不道”。④御史文悌更是气急败坏地上奏“弹劾”康有为“招诱党羽，因而犯上作乱”，甚至说什么这是“名为保国，势必乱国”⑤，恭亲王奕䜣和军机大臣刚毅，还气势汹汹地喧叫要追查入会之人。在此紧急时刻，光绪帝又对这些顽固派人物针锋相对地指出：“会

① 梁启超．戊戌政变记．北京：中华书局，1958：156.
② 中国史学会编．戊戌变法：四．上海：上海书店出版社，2000：131.
③ 梁启超．戊戌政变记．北京：中华书局，1958：10.
④ 中国史学会编．戊戌变法：四．上海：上海书店出版社，2000：143.
⑤ 中国史学会编．戊戌变法：二．上海：上海书店出版社，2000：485.

为保国，岂不甚善!”①并驳回了其他顽固派官僚的“弹劾”奏折，回击了顽固势力的嚣张气焰，公开支持了康有为和“保国会”。接着,光绪帝又催索康有为作的《日本变政考》、《俄彼得变政记》以及英人李提摩太编译的《泰西新史揽要》、《列国变通兴盛记》等书。翁同龢代为进呈后,光绪帝如获至宝,对康有为介绍明治维新的《日本变政考》一书特别欣赏。随后,他又通过各种途径大购西人政书加以阅读,“日昃不遑”,表现出越来越浓厚的兴趣。通过细心研读这些介绍外国情况的“新书”,光绪帝眼界大大地开阔了,“于万国之故更明”②,遂决意变法。为推行变法,他首先向慈禧太后要权,表示:“我不能为亡国之君,如不与我权,我宁逊位。”③在得到慈禧太后的“让权”后,光绪帝立即接受康有为的建议,于6月11日颁布《明定国是》诏,正式向中外宣布,进行变法革新。这是光绪帝和以康有为为首的资产阶级维新派在变法图强的轨道上从思想到行动进一步合拢的集中表现。在颁布《明定国是》诏之后的第六天,光绪帝召见了康有为,并命康有为“在总理各国事务衙门章京上行走”,许其有“专折奏事”的权力。之后,光绪帝又先后召见黄遵宪、严复、杨锐、刘光第、林旭、谭嗣同等人,并授杨锐、刘光第、林旭、谭嗣同四人四品卿衔,在军机章京上行走,参与新政事宜;授梁启超六品衔,管理译书局事务。从1898年6月11日,光绪帝颁布《明定国是》诏正式宣告推行变法新政为起点,到当年9月21日,慈禧太后重新“训政”,宣布变法维新为非法时为止的“百日维新”期间,光绪帝先后发布的有关改革的各种上谕,计有180条左右。按103天计算,平均每天颁发1.7条,最多者,如在9月12日的一天中,即颁发了11条维新谕旨。这些

---

① 中国史学会编. 戊戌变法：四. 上海：上海书店出版社，2000：143.

② 梁启超. 戊戌政变记. 北京:中华书局,1958:15.

③ 中国史学会编. 戊戌变法:四. 上海:上海书店出版社,2000:143.

变法维新的上谕包括选拔、任用"通达时务"和有志维新的人才；废除八股，发展近代教育，培养新人；改革行政规则，裁减机构、冗员，整顿吏治；鼓励上书言事，广开言路；提倡办报、译书和出国游学；振兴近代工、农、商业及交通事业，奖励发明创造；整顿民事，改革财政；整建陆、海军，富国强兵，等等。这些维新改革措施，无论其广度和深度，都远远地超出了洋务运动的范围。于是，在短短的两三个月内，在死气沉沉的清王朝的政治界，卷起了一个空前的"除旧更新"的维新变法波澜。由此可见，中日甲午战争后，在民族危机空前严重的刺激下，经康有为的推动和影响，光绪帝的思想和政治态度确实顺应了救亡图存、改变中国落后地位的时代要求。尤其可贵的是，他坚定地站在资产阶级维新派一边，公开支持康有为、梁启超宣传、组织和发动变法维新运动，并在近代中国史上绘制了一个较为全面、系统的近代化图案。这充分表明，尽管光绪皇帝身上存在着封建阶级的深刻烙印，但他无疑是一个维新变法运动的实际推行者和"百日维新"的公开领导者。

因此，蔡锷对光绪帝有幻想是有客观原因的。他把维新变法的希望寄托在光绪帝身上，在当时的历史条件下也有积极和进步的一面。正如曾业英所指出的那样："蔡锷保的这个皇，已经不是原来意义上的封建之皇，而是俄罗斯彼得大帝和日本天皇式的皇，是'国民之共立'、'国民之代表'的皇。他的'保皇'，并不等于守旧和落后，而是革新和进步的反映。"①

---

① 曾业英．关于蔡锷研究中的几个问题//郭汉民，严农主编．蔡锷新论．长沙：湖南人民出版社，1997：30.

第二章　民主革命思想

与当时多数革命青年一样，蔡锷民主革命思想的形成经历了一个由封建守旧思想转向维新思想，再由维新思想转向革命思想的曲折过程。

蔡锷的民主革命思想是其反对封建专制制度、向往资产阶级民主政治制度思想的集中反映，也是促使蔡锷领导和发动辛亥云南重九起义、推动云南实施民主改革以及后来积极参与发动反袁护国战争，从而成为中国近代史上风云人物的重要因素。

第一节　反清革命思想

一、从维新转向革命

蔡锷的反清革命思想萌发于求学湖南时务学堂时期。时务学堂时期的梁启超虽然继续宣传维新变法思想，但思想偏于激进，“所言皆当时一派之民权论，又多言清代故实，胪举失政，盛昌革命”①。谭嗣同也在授课中发挥其在《仁学》中的激进民权主义政治观点，猛烈抨击清王朝，主张暴力反清。而中文教习唐才常则

① 丁文江，赵丰田．梁启超年谱长编．上海：上海人民出版社，1983：83.

在堂上重点讲《明夷待访录》、《日知录》等书，以明末清初的爱国思想家顾炎武、黄宗羲、王船山的高尚情操启迪学生。梁启超等人还秘密摘印《明夷待访录》和《扬州十日记》，并加以按语，广为散布，传播革命思想。①这两本书，前者为黄宗羲批判封建君主专制的名著，后者为王秀楚所著，记的是清军南下扬州时对当地人民残酷屠杀的情况，都具有反清的思想。同时，梁启超还"常秘诏诸生，谓昔粤人起义而败于湘，今湘、粤联合，满清不足亡"②。

在梁、谭、唐等人的宣传和影响下，蔡锷的民族意识觉醒，在接受其维新变法思想的同时，也受到其激进思想的影响，萌发了反清革命思想。这在他1898年7月和9月先后在《湘报》上发表的两篇文章中初步反映出来。在《〈后汉书·党锢传〉书后》中，蔡锷有感而发，对中国历史上"合大群、立大功、成大业、救大危、释大难"的心党和"揭大义，号召天下，挺然其独立也，莽然其众适也，万枪不敢逼，万挫不可钝，视人之仇，如人之恨，破身烂肉，以伸大义"的气党表示向往之情，并指出，由于秦始皇以来，历代民贼"靡不出死力以剥之"，心党和气党不复存在，"以至有匈奴之祸，五胡之祸，突厥、吐番之祸，契丹、回回之祸，金、辽、蒙古之祸，今则无面无祸，无地不祸，无日不祸"。③从而对包括清王朝在内的历代封建统治阶级残酷镇压民众反抗、实行封建专制统治进行了猛烈的抨击。在《秦始皇功罪论》中，蔡锷又借古喻今，对历代封建统治者的愚民政策进行了有力的批判。

① 丁文江，赵丰田．梁启超年谱长编．上海：上海人民出版社，1983：83.
② 曾业英编．蔡松坡集．上海：上海人民出版社，1984：504.
③ 曾业英编．蔡松坡集．上海：上海人民出版社，1984：10.

戊戌变法失败后，时务学堂交由守旧人士接管并易名为求实书院，原来的学生皆离散。蔡锷、唐才质、范源濂等十多人打算到湖北武昌两湖书院继续学习，但以时务学堂旧生而被拒绝。蔡锷等人只得前往上海，投考南洋公学。在等待入学之时，他们接到逃亡日本的梁启超来函相召，并得到唐才常等人的资助，遂东渡日本，开始了为期四年的留学生涯。留日期间，蔡锷的思想逐步完成了由维新到革命的转变。促使这种转变的主要因素是：

第一，西方资产阶级民主革命思想的熏陶。蔡锷到日本后，即进入梁启超创办的东京大同高等学校学习。梁启超后来回忆说："他们来了之后，我在日本小石川久坚町租了三间房子，我们十几个人打地铺，晚上同在地板上睡，早上卷起被窝，每人一张小桌，念书。那时的生活，物质方面虽然很苦，但是我们精神方面异常快乐，觉得比在长沙时还好。"①东京大同高等学校的教材"多采用英法名儒之自由平等天赋人权诸学说"，蔡锷等人比较系统地学习了西方资产阶级民主革命理论，受到了西方资产阶级思想的熏陶，"由是高谈革命，多以卢骚、福禄特尔、丹顿、罗伯斯比尔、华盛顿相期许"。② 在资产阶级民主革命理论的启发下，蔡锷对中国社会的认识较时务学堂时期更加深刻。在一篇文章中，蔡锷指出，"吾国民一受列强之压制，一受满人之钳禁，则为两层奴隶之势成矣。居今日而捐躯弃家，出万死不顾，摩顶放踵，以供天下牺牲，图国民之自立，故吾中国人人应尽之责耳。"③并慷慨激昂地表示："大丈夫当视国如家，努力进行，异日列吾国于第一等强国

---

① 丁文江，赵丰田．梁启超年谱长编．上海：上海人民出版社，1983：186.

② 冯自由．革命逸史初集．北京：中华书局，1981：72.

③ 蔡锷．开智录序//中国文化研究集刊：第四辑．上海：复旦大学出版社，1987：330.

之列，方不负此七尺躯也。”①这说明，蔡锷已经认识到，帝国主义列强的侵略和清政府的封建专制统治是导致中国落后、中国人民受难的两大原因，正确地把握到了中国半殖民地半封建的社会性质，同时也说明他投身民主革命的目的就是要结束帝国主义列强的侵略和清朝的封建专制统治。

第二，梁启超激进思想的影响。流亡日本最初的几年里，由于经历了戊戌变法失败的痛苦，加之到日本后，亲眼看到日本社会及政治的欣欣向荣，又阅读了大量西方译著和日本思想家的著作，梁启超视野更加拓宽了，“思想为之一变”②，比时务学堂时期更趋激进。他先后创办了《清议报》和《新民丛报》，广泛宣传西方资产阶级自由平等、主权在民等政治学说，猛烈抨击封建专制制度，倡言革命排满。他甚至认为救中国的唯一出路就是大革命、大破坏。他在东京大同高等学校讲课时称：“今日之中国，又积数千年之沉疴，合四百兆之痼疾，盘据膏肓，命在旦夕者也。非去其病，则一切调摄、滋补、荣卫之术，皆无所用。故破坏之药，遂成为今日第一要件，遂成为今日第一美德！……破坏主义者，实冲破文明进步之阻力，扫荡魑魅魍魉之巢穴，而救国救种之下手第一著也。”③与此同时，梁启超开始谋求与孙中山等革命党人的合作。1899 年春，日本进步党领袖犬养毅应梁启超的要求，在私邸安排梁启超与孙中山、陈少白等人见面，梁启超“对于总理言论，异常倾倒，大有相见恨晚之慨”。此后，梁启超与孙中山往来日密，“渐赞成革命。……于是有孙、康两派合并之计划。拟

① 蔡松坡先生之略史. 长沙日报，1916－11－15.
② 丁文江，赵丰田. 梁启超年谱长编. 上海：上海人民出版社，1983：175.
③ 李喜所，元青. 梁启超传. 北京：人民出版社，1994：149.

推孙中山为会长，而梁副之”①。客观地讲，在1903年之前，梁启超的思想激进程度几乎可以和革命派划等号。他讲“革命”，谈破坏，较那时的革命党人的影响面还要大一些。梁启超日趋激进的思想与主张，在蔡锷等同学们中间也产生了很大影响。梁启超带着蔡锷等人“一块儿做学问，做了差不多一年，我们那时候天天磨拳擦掌要革命”②。据冯自由回忆：在1902年间，蔡锷经沈云翔引见，谒孙中山，“共商天下大事，总理深得其助”③。蔡锷后来毅然参加自立军起义，也是直接受梁启超激进思想影响的必然结果。

第三，自立军武装起义失败的刺激。1900年秋，唐才常组织自立军，准备在湖北、湖南、安徽等省发动武装起义。唐才常等人动身返国准备起义事宜时，蔡锷并未参加，但“同学既行之后，松坡心不自安，旋亦毅然变计，只身回沪转汉，参与武汉起义”④。这次起义因事泄失败，唐才常、林圭等师友18人同时殉难，而蔡锷因受命送书湖南黄忠浩发动响应起义而幸免于难。之后在樊锥帮助下，蔡锷重返日本。这次起义的失败和师友的殉难，给蔡锷以强烈的刺激，彻底打破了他对清政府的幻想。返日后不久，蔡锷以奋翮生的笔名在《清议报》上发表《杂感十首》⑤，在沉痛追思死难师友的同时，表达了强烈的反清情绪。在第一首中，蔡锷写道：“拳军猛焰逼天高，灭祀由来不用刀。汉种无人创新国，致将庞鹿向西逃”，对义和团等起义表示赞赏，对汉族未能推翻清廷

---

① 冯自由．革命逸史初集．北京：中华书局，1981：50.

② 丁文江，赵丰田．梁启超年谱长编．上海：上海人民出版社，1983：185.

③ 冯自由．革命逸史初集．北京：中华书局，1981：81.

④ 唐才质．追忆蔡松坡先生//田伏隆主编．忆蔡锷．长沙：岳麓书社，1996：137

⑤ 曾业英编．蔡松坡集．上海：上海人民出版社，1984．13－14.

专制统治、开创“新国”发出了慨叹。在第二首中，蔡锷写道：“前后谭唐殉公义，国民终古哭浏阳。湖湘人杰销沈未，敢谕吾华尚足匡”，表示要继承谭嗣同、唐才常的遗志，匡救中华。在第八首中，蔡锷写道：“贼力何如民气坚，断头台上景怆然。可怜黄祖骄愚剧，鹦鹉洲前戮汉贤”，并自注“法国革命断民贼之首于台，以快天下”，声讨清政府镇压起义的罪行，号召国人效法法国革命，以暴力推翻清王朝。在第十首中，蔡锷写道：“而今国士尽书生，肩荷乾坤祖宋臣。流血救民吾辈事，千秋肝胆自轮菌”，表达了自己立志“流血救民”，为国为民贡献自己一切的远大抱负和坚强决心。

思想转变后，蔡锷“倡排满革命，言论与行动并进”①，“所游者皆革命党人，黄兴、陈天华、宋教仁为其最契者”②。他与刘百刚、吴禄贞等人创办“励志会”，以联络情感，策励志节。他又与湖南、湖北、浙江部分留日学生“秘密结社，歃血誓盟，以倾倒清廷，建设新国家为宗旨，以死为期”③。在1903年的拒俄运动中，蔡锷与黄兴等人组织拒俄义勇队，“名为拒俄，实而进行反清革命”④。在积极投入革命活动的同时，蔡锷十分重视对西方自由民主思想的宣传，不仅以奋翮生、击椎生等笔名在梁启超主编的《清议报》、《新民丛报》上发表文章，“以唤醒国人”⑤，而且还与其他革命志士创办刊物，宣传民主革命理论。1900年冬，蔡锷与

---

① 石陶钧. 六十年的我//湖南历史资料：第2期，长沙：湖南人民出版社，1981：23.

② 杨思义. 蔡锷轶事//田伏隆主编. 忆蔡锷. 长沙：岳麓书社，1996：139.

③ 赵式铭. 蔡松坡先生事略//田伏隆主编. 忆蔡锷. 长沙：岳麓书社，1996：89.

④ 陈新宪. 蔡松坡在日本//田伏隆主编. 忆蔡锷. 长沙：岳麓书社，1996：141.

⑤ 蔡端编. 蔡锷集. 北京：文史资料出版社，1982：23.

郑贯一等人共同组织“开智会”，并创办会报《开智录》，其宗旨为“倡自由之言论，伸独立之民权，启上中下之脑筋，采中、东、西之善法”。有人认为，“当时除了在香港出版的《中国日报》外，《开智录》可说是反清革命的最早公开鼓吹者”。[①]蔡锷在为《开智录》所作的序中指出，“吾国之沦亡，沦亡于国民之智不开”，“中国所有一切之权，中国民不欲授之于人，则人无得而受之，盖其权操纵在己。然智力孱弱，则人得而夺之，是以争权之道，必在充足吾国民智力也。智力既充，则虽一时瓜分，不能绝吾国民之华盛顿也。片时受两层奴隶之辱，不能使吾国民之自由钟息声也。一言以蔽之曰：中国之亡，非随今日政府以亡，乃国民之智未拓，则一亡之后，无建新政府之日耳”。[②]在这里，蔡锷强调了对国民进行民主启蒙的极端重要性。在他看来，只要人民具有民主自由意识，中国人民受帝国主义列强的侵略和清政府的专制统治的“两层奴隶之辱”迟早都可得到去除。随后，蔡锷又与沈虬斋、杨圃堂等人创设《国民报》，阐述民族主义。[③] 1902 年冬，蔡锷又与樊锥、黄兴、杨笃生等创办《游学译编》月刊和“湖南编译社”，“专以输入文明，增益民智为本”，翻译介绍西方社会科学名著，宣传民主革命和民族独立。对于湖南编译社和《游学译编》月刊的创办，蔡锷十分积极，1902 年冬，还回国到湖南的长沙、湘潭、常德和湖北的沙市等地为编译社筹集社股资金，拟招十万金。[④]

---

① 陈匡时．开智录：上∥中国文化研究集刊：第四辑．上海：复旦大学出版社，1987：326.

② 陈匡时．开智录：上∥中国文化研究集刊：第四辑．上海：复旦大学出版社，1987：330.

③ 赵式铭等．蔡松坡先生事略∥田伏隆主编．忆蔡锷．长沙：岳麓书社，1996：90.

④ 毛注青等编．蔡锷集．长沙：湖南人民出版社，1983：39.

1903年，蔡锷以“湖南留学生”的名义，在《游学译编》上发表《致湖南士绅诸公书》，在介绍日本由于改革由弱变强历史的同时，以日本的萨摩喻湖南，呼吁湖南向日本萨摩那样在全国率先变革，“湖南一变，则中国随之矣”。[①] 值得一提的是，蔡锷还参与了邹容《革命军》一书的起草工作。据刘成禺回忆，“邹容字幼丹（应为蔚丹）。当吾等入成城学校习陆军预备时，幼丹每日必来谈。予携新会腊肠数斤，课毕围炉，大谈排满。每人每谈一条，幼丹书之，书毕，幼丹则烘腊肠为寿。月余，所书寸余，腊肠亦尽。胡景伊、蔡锷、蒋百里，皆当时围炉主谈人也。松坡签其稿面，曰腊肠书。”[②]邹容的《革命军》，以资产阶级的“自由、平等、博爱”和天赋人权学说为根据，淋漓尽致地揭露了清朝200多年来残酷压迫全国各族人民的罪行，比较系统地阐述了资产阶级民主革命的理论，鲜明地提出了建设资产阶级共和国的方案，因而成为鼓吹革命、唤醒人民起来战斗的号角。蔡锷参加此书的起草，说明其反清革命思想已基本成熟。

二、践行军事救国

戊戌变法和自立军起义的相继失败给蔡锷以血与火的深刻教育和刺激。自立军起义失败后，经过痛苦的反思，蔡锷认识到，“今日而言救国，拿枪杆比拿笔杆子更重要”[③]，遂不顾身体瘦弱单薄，决定投笔从戎，改学军事，立志“流血救民”，走军事救国的道路，并将原名艮寅改为锷，取其“砥砺锋锷，重新做起”之意。

① 曾业英编．蔡松坡先生事略∥田伏隆主编．忆蔡锷．长沙：岳麓书社，1996：41．

② 刘禺生．世载堂杂忆．北京：中华书局，1960：149．

③ 陶菊隐．筹安会“六君子”传．北京：中华书局，1981：131．

梁启超见蔡锷身体瘦弱，曾对他说："汝以文弱书生，似难担当军事之重任。"蔡锷坚定地表示："只须先生为我想方法，得学陆军，将来不做一个有名之军人，不算先生之门生。"① 为锻炼身体、磨砺意志，在横滨期间，蔡锷坚持作海水浴，"未尝一日间断"。他对友人说："凡作海水浴者，原为锻炼身体，非仅为水上游乐也。须以烈日晒之，海水浸之，时晒时浸，日久不怠。久之，皮肤焦黑，便成铜筋铁骨矣。"②

在梁启超的支持和帮助下，蔡锷终于在1901年12月进入日本陆军成城学校习陆军，至1903年5月毕业。同年7月，蔡锷进入仙台骑兵第二联队习骑兵。12月，又进入日本陆军士官学校第三期学习。1904年11月，蔡锷毕业于日本东京陆军士官学校，在100多名毕业生中，蔡锷成绩优异，与蒋百里、张孝准一起被称为"中国士官三杰"。在努力学习军事理论的同时，蔡锷形成了比较完整的军事救国思想。这在他1902年发表在《新民丛报》上的《军国民篇》一文中反映出来。在此文中，蔡锷批评封建专制制度，鼓吹军国民主义，呼吁陶铸尚武的国魂，希望借此达到抵御列强侵略、富国强兵的目的。此文发表后在留学生中产生巨大影响，促使大批留学生习武从军，对军国民思潮的形成和军国民教育思想的勃兴起到了积极的推动作用。

1904年末，蔡锷抱着"期握统御并训练国民之实权，而后于国事有济"③的理想回国，投身军事救国实践。1905年初，蔡锷先

---

① 唐才质．追忆蔡松坡先生∥田伏隆主编．忆蔡锷．长沙：岳麓书社，1996：137－138.

② 唐才质．追忆蔡松坡先生∥田伏隆主编．忆蔡锷．长沙：岳麓书社，1996：138.

③ 蔡端编．蔡锷集．北京：文史资料出版社，1982：21－22.

是应江西巡抚夏时之邀，担任江西续备左军随营学堂监督。后又应湖南巡抚端方之聘出任湖南教练处帮办兼武备、兵目两学堂教官。当时在岳麓山高等学堂任教务长的周震麟回忆：此时蔡锷经常来访，“积极赞成排满革命。……革命情绪异常激昂，跃跃欲试。我每劝他韬晦蓄势，目前应该加意培养革命青年，等到掌握了实力再动”。①周震麟的这番话对蔡锷是有影响的。在此后复杂多变的政治环境中，蔡锷“规久远，以攫取清廷兵权为第一步”，“志存颠覆，而迹求隐晦，平日谨言辞，慎交游，常恐以意外之疏忽，而招来本事之损害”。②在此期间，蔡锷曾登长沙岳麓山并赋七绝一首：“苍苍云树直参天，万水千山拜眼前。环顾中原谁是主，从容骑马上峰巅。”③抒发了澄清中原、救国救民的宏伟抱负。

1905 年 6 月经广西巡抚李经羲的奏调，蔡锷赴桂从事新军编练和军事教育工作。对于去广西，蔡锷是经过一番深思熟虑的。他曾对友人说：“我选择广西是有原因的。这些天，我一直在考虑，至少有五点，使我坚定意志。第一，广西的风土民情，我比较了解。第二，广西的人民具有刻苦耐劳的本性，而且也有团结精神。第三，因为地理形势的关系，使广西得以保持注意朴实忠厚的社会习尚，人民都很朴素善良。第四，它虽然只是个穷乡僻壤，但是，据我们了解，它境内所储藏的枪炮、弹药及各种军事装备却很齐全。最后一点（第五），就是它地处边区，反而具有非常重要的军事地势价值。这五个因素，是构成广西很可能成为‘中国普鲁士’的先决条件。只要假以时日，广西一定能够被塑成

① 蔡端编．蔡锷集．北京：文史资料出版社，1982：26.
② 蔡端编．蔡锷集．北京：文史资料出版社，1982：24.
③ 曾业英编．蔡松坡集．上海：上海人民出版社，1984：1238.

'中国的普鲁士'!"[1]据石陶钧回忆，蔡锷也曾向他谈及广西练兵的主旨："一、为求中国独立自由，必须战胜至少一个帝国主义国家，以此为最高目的；二、为达此目的，必须全国一致；三、广西必须为把握全国之枢纽，为完成此事，要密切团结新人。"[2]由此可见，蔡锷是抱着把广西塑成"中国的普鲁士"，进而以此为基础，夺取全国革命胜利的愿望去广西从事军事工作的。

到广西后，蔡锷先后被任命为新军总参谋官兼总教练官、随营学堂总理官、陆军测绘学堂堂长、陆军小学堂总办、新军督练公所兵备处会办及总办、讲武堂监督、陆军干部学堂监督兼学兵营营长等重要职务。尽管广西"财政支绌，军事难望大有起色"，但为了实现其军事救国的理想，蔡锷以"澹泊明志，夙夜在公"激励自己，对于"力所能及之事，无不尽力而已"。[3]在蔡锷的努力下，随营、测绘两校学生"积极教育训练，进步甚快"[4]。随营学堂停办后，蔡锷又受命创办陆军小学。为办好陆军小学，他不仅亲自踏选校址、规划和督建校舍，而且还注意运用近代先进知识和方法教育训练学生。"教职员大多是松坡先生认真选择的，才学兼优，富有革命思想，都热心教学，循循善诱，深得同学们的爱戴"[5]。师生教学所用书籍、仪器及各种军用物品是蔡锷派雷飙从广东、香港、上海、日本等地采购而来，学校所开课程也完全是日本式的，除军事知识和操练外，学生还需必修高小初中的数、理、化、史、地、文以及外语等。对于学生的生活，蔡锷十分关

① 魏伟琦. 风云长护——蔡松坡传. 台北：近代中国出版社，1983：41－42.

② 蔡端编. 蔡锷集. 北京：文史资料出版社，1982：31.

③ 曾业英编. 蔡松坡集. 上海：上海人民出版社，1984：43.

④ 雷飙. 蔡松坡先生事略//田伏隆主编. 忆蔡锷. 长沙：岳麓书社，1996：56.

⑤ 唐希抃. 回忆蔡松坡先生创办广西陆军小学//田伏隆主编. 忆蔡锷. 长沙：岳麓书社，1996：149.

心，“时常亲到厨房，检查膳食；并要求教职员与学生同在食堂用膳，借以加强师生之间的联系”。[①]在蔡锷的苦心经营下，学生“学术训练与德性熏陶的进步，可说是一日千里”[②]，陆军小学声誉远在其他学校之上，培养了一批军事才干。李宗仁、黄绍闳、白崇禧、李品仙等名倾一时的桂系将领，都渊源于这所学校。任广西讲武堂监督兼学兵营营长期间，蔡锷对“所聘某国教习跋扈恣肆，员司学生以及兵夫辄轶出范围之外”的讲武堂和学兵营分别进行了大刀阔斧的改革，“严伸纪律，将中外司员之不尽职者，悉予黜退。学兵营官长以下概行遣散，另行编组，申儆而教练之。堂营章制，重新厘订，期月之间，壁垒一新，广西陆军实以该堂植其基”。[③] 广西地处西南边陲，对于广西的边防，蔡锷也予以极大的关注。他曾陪同巡抚张鸣岐视察边防，“并调查沿边及安南、谅山、高平等省地势民情。短衣匹马，巡行四千余里，于边情地势，均经逐一札记，并草绘略图。前张抚奏请修筑邕铁路，分别修撤沿边炮台，改良对汛，整顿边防军备各条，采锷议也”。[④] 总之,在广西的五年多,蔡锷为实现自己的军事救国理想作出了艰辛的努力。正如他在给曾广轼的信中所言:“扪心自问,兄之对于西省毫未吃半点冤枉饭,可以质诸鬼神者也。”[⑤]

居桂期间，蔡锷在认真从事新军编练和军事教育工作，培养

① 唐希抃．回忆蔡松坡先生创办广西陆军小学//田伏隆主编．忆蔡锷．长沙：岳麓书社，1996：150.

② 李宗仁．李宗仁回忆录．南宁：广西人民出版社，1988：33.

③ 赵式铭．蔡松坡先生事略//田伏隆主编．忆蔡锷．长沙：岳麓书社，1996：91.

④ 赵式铭．蔡松坡先生事略//田伏隆主编．忆蔡锷．长沙：岳麓书社，1996：90.

⑤ 曾业英编．蔡松坡集．上海：上海人民出版社，1984：53.

军事人才的同时，还频繁与革命党人秘密联系，邀请石陶钧、杨源浚、袁华选、曾广轼、岳森、梅尉南、雷飙以及谭人凤、李夔和等人赴桂，安排到新军和军事学堂等部门担任要职，培植革命势力，并支持和掩护他们的反清革命活动。据谭人凤回忆，1905年初，他配合黄兴、宋教仁的华兴会在湘西、桂、黔一带联络会党，从事反清活动，并成为首领。是年7月，蔡锷与曾广轼电邀他赴桂，他“因广西与湘有密切之关系，且随营学生多同乡俊彦，可资联络”，“于是带罗儒烈、彭笏卿、邹元和三学生往”，“询悉教员学生多同志，心甚喜。偶夜深与松坡、叔式（曾广轼）、梅霓生（梅尉南）等谈心事，英雄肝胆，披沥相陈，颇幸遇合非偶”。10月下旬，宝庆（邵阳）会党举事，谭人凤由桂返湘襄助，临行前，蔡锷、郭人漳赠手枪20枝，郭派卫兵4人，荷枪护送，蔡亦遣岳森与谭同归。①谭人凤走后，蔡锷“日夜率学生操演行军，准备以待”，得知事败消息后，即派曾广轼前去再邀谭人凤返桂，令谭“心甚感焉”。②对于同盟会以粤、桂为重点的西南边境武装起义，蔡锷也暗中响应并给予积极配合。1905年11月，蔡锷等人购运枪支到桂，密谋乘藩司余诚格母寿日起事，因“势格未果”，遂派岳森、谭人凤将所购短枪100枝及弹药，密送宝庆交党人藏用。③ 1906年，黄兴到桂林联络军界时，“黄（兴）以在桂林成立同盟分会相告，征其同意。松坡允之，并择学生中之意志坚强者介之加入”。蔡锷对于黄兴的诚笃果毅，“倾心悦服，订为生死交，终身无间言”。④ 1907年，同盟会在广西镇南关发动反清武装起义

① 石芳勤编．谭人凤集．长沙：湖南人民出版社，1985：324－325.
② 石芳勤编．谭人凤集．长沙：湖南人民出版社，1985：327.
③ 蔡端编．蔡锷集．北京：文史资料出版社，1982：26.
④ 杨思义．蔡锷轶事//田伏隆主编．忆蔡锷．长沙：岳麓书社，1996：140.

前夕，黄兴化名张愚诚，偕同赵声，曾秘密访问了蔡锷，希望他相机支持起义。在镇南关起义前，蔡锷曾命岳森秘密运送了一批武器交革命党人使用。①

由于蔡锷在桂期间十分注意隐而不露，以致一些革命党人对他产生误解。1910 年，负责广西同盟会支部的耿毅、何遂等人赴桂前夕曾去香港拜访黄兴，黄兴告诉他们，蔡锷也是革命同志，并给他们一封介绍信，要他们多与蔡锷联系。耿毅、何遂到桂后，见蔡表面没有什么革命味道，也没有按他们的要求赴约，“估计蔡锷曾在长沙时务学堂学习，和梁启超有师生之谊，可能是立宪派，因此就决定设法对付他了”。恰好此时广西由于财政紧绌，将已编成的一个师缩编为一个混成协，使广西干部学堂第二期培养的 200 余名军官就无法全部安插。时任该堂监督的蔡锷报经护理广西巡抚魏景桐批准，决定采取考核品行和考试语文的办法对毕业生进行甄别，留优汰劣。由于湘籍学生文化水平普遍较高，结果被录用的 120 人中湘籍学生占了 90 多人，这就引起了广西籍学生的强烈不满，认为蔡锷袒护同乡，排斥广西人。耿毅、何遂于是利用广西干部学堂风潮事件，掀起了“驱蔡”浪潮。②加之，蔡锷在广西军界位高权重，又“力扫颓风，廓清积弊，不惜以一身府怨”，“致遭众嫉”，致使风潮愈闹愈大。③尽管后来查实蔡锷于此事并无不公之处，但蔡锷经此事后也不想再留广西了。正在蔡锷彷徨犹豫之时，云贵总督李经羲电邀蔡锷去云南担任新职。蔡锷乃决意离桂赴滇。临行前，蔡锷特意请同盟会广西支部的何遂等人吃饭，

① 蔡端编．蔡锷集．北京：文史资料出版社，1982：27.

② 何遂．蔡锷与广西陆小//田伏隆主编．忆蔡锷．长沙：岳麓书社，1996：154－155.

③ 蔡端编．蔡锷集．北京：文史资料出版社，1982：33.

席间语重心长地对何遂等人说，“你们何苦撵我，你们是革命党，我比你们资格更老。你们太年青，浑身带刺儿，不小心将来难免杀身之祸。我在此尚可为你们敷衍，我走后你们更须自爱，千万不可拔苗助长。”蔡锷临走时，还推荐革命党人方声涛继任兵备处帮办，使广西的革命活动更便于开展了。①总之，蔡锷在广西五年多的时间里，为广西引进了一批革命人才，培养了一批军事人才，并暗中支持了革命党人的反清活动，对于广西反清革命事业做出了贡献。因此，有人认为，蔡锷“富有革命思想，与孙中山先生一般革命人士，同作革命活动。革命思想传播到桂林，蔡松坡就是其中最有力的一个人，广西宣布独立时，蔡虽不在桂林，拿他‘种因’这一点来说，不能否认他是广西响应武昌起义的主要人物”。②

1911年春，蔡锷应云贵总督李经羲的邀请去云南任职。李经羲调蔡锷到云南除了他曾是蔡锷的老上级，对蔡锷的才干赏识之外，还由于云南陆军讲武堂总办李根源和云南陆军小学校长罗佩金的大力推荐。李、罗二人均为日本陆军士官学校第六期毕业生，同盟会会员，在日期间与蔡锷曾有过交往。毕业回国后，罗佩金曾担任过广西随营学堂总办，李根源也应广西提督龙济光之邀到南宁住了半个月，与当时在广西的蔡锷有进一步的接触。③ 李、罗二人向李经羲推荐蔡锷来云南，说明他们对蔡锷是了解和放心的。蔡锷刚到云南时，由于无职务安排，被李经羲暂留在总督署当参议。此时正值英军侵犯云南西部的片马地区，激起边疆各族人民

---

① 何遂．蔡锷与广西陆小//田伏隆主编．忆蔡锷．长沙：岳麓书社，1996：155.

② 刘信敬．辛亥革命时的桂林//桂林市政协编．桂林文史资料：第16辑．桂林：漓江出版社，1991：109.

③ 谢本书，李成森．民国元老李根源．昆明：云南教育出版社，1999：68－69.

的愤怒和反抗，加之云南陆军第 19 镇统制钟麟同嘱蔡锷编对新军官兵的“精神讲话”，蔡锷借此机会辑录了曾国藩、胡林翼有关治兵语录，并结合自己在江西、湖南、广西等地编练新军和从事军事教育实践体会心得加上按语，编成《曾胡治兵语录》。在这部著作中，蔡锷运用述古论今的方法，一方面把曾胡的军事思想分将材、用人、尚志、诚实、勇毅、严明、公明、仁爱、勤劳、和辑、兵机、战守等 12 章作系统简明介绍；另一方面，将曾胡的军事思想与西方近代军事思想进行比较研究，结合近代战争的特点和中国的国情，采用“按语”的方式，阐发他自己的军事救国思想。值得注意的是，在“尚志”一章中，蔡锷对当时清军中普遍存在的将校“以跻高位享厚禄安富尊荣为志”，目兵“以希虚誉得饷糈为志”的状况提出了严厉的批评，认为这是“人心之陷弱”，“志节之不振”的表现，并指出，“今日时局之危殆，祸机之剧烈，殆十倍于咸、同之世。吾侪身膺军职，非大发志愿，以救国为目的，以死为归宿，不足渡同胞于苦海，置国家于坦途。须以耿耿精忠之寸衷，献之骨岳血渊之间，毫不返顾，始能有济”。[①]在这里，蔡锷明确提出了“渡同胞于苦海，置国家于坦途”的建军思想，否定了封建统治阶级的勤王忠君和捍卫礼教的建军宗旨，使其军事救国思想进一步完善，反帝反封建的内涵更加突出。因为在当时中国已完全沦为半殖民地半封建社会，清政府已成了“洋人的朝廷”的情况下，要“置国家于坦途”就意味着必须反对外国的侵略，要“渡同胞于苦海”就意味着必须推翻清政府的封建专制统治。

1911 年秋，蔡锷被任命为驻云南省城昆明的新军第 19 镇第 37

① 曾业英编. 蔡松坡集. 上海：上海人民出版社，1984：1245.

协协统。协司令部设在云南陆军讲武堂内。该堂是1909年护理云贵总督沈秉堃为培养清政府的军事人才创办的。同年冬，云贵总督李经羲到昆明上任后，又并入了第19镇的随营学堂。当时，李根源为讲武堂总办，教官有方声涛、赵康时、李烈钧、罗佩金、唐继尧、刘祖武、顾品珍等人，他们都是日本士官学校毕业生，其中大多数人在留日期间加入了同盟会。因此，他们在讲武堂中秘密建立了同盟会组织，是云南革命力量的重要据点。蔡锷当时还兼任讲武堂教官。朱德就是蔡锷在讲武堂的学生之一。在滇期间，蔡锷仍注意保持沉着稳健，不轻易表露任何态度。据朱德回忆，蔡锷在公开场合，“对于清廷从来没有不满之意”，而且“在任何讲义中从不注入革命思想”，但他在蔡锷的办公室里却看到了很多有关民主革命书报，有孟德斯鸠的《法意》，有介绍华盛顿生平的，有介绍近代意大利和俄国改革的，还有一些来自香港和东京的共和派的秘密报纸，“这些报纸大声疾呼，猛烈攻击各式各样的帝制派，主张武力推翻清廷”。①这些都充分说明，此时蔡锷虽然身处边远，仍心系社稷，刻苦钻研革命理论，并在暗中密切关注时局的变化。与此同时，蔡锷“虽然不是同盟会员，也从来不公开和讲武堂来往”，但他通过李根源和罗佩金等人“暗中和同盟会保持着联系”，并“对讲武堂的革命活动，作了很好的掩护”。②当同盟会员黄毓英会见蔡锷，希望蔡锷支持他们的反清革命活动时，蔡锷肯定其革命志向并对他表示，“时机不到干不得，时机一

① 史沫特莱．朱德谈蔡锷、辛亥起义和护国运动//田伏隆主编．忆蔡锷．长沙：岳麓书社，1996：39.

② 朱德．辛亥革命回忆//田伏隆主编．忆蔡锷．长沙：岳麓书社，1996：33.

到绝对同情。”①蔡锷还利用担任驻守省城昆明的37协协统的要职和李经羲的信任，暗中保护云南新军中的革命党人。当时云南新军第19镇统制钟麟同、兵备处总办王振畿等北洋派掌握着云南军界重权，对新军中有革命情绪的人，如殷承瓛、罗佩金、韩凤楼、谢汝翼、唐继尧、刘存厚等屡构谗于云贵总督李经羲，极端排挤，蔡锷总是竭力为之解释，使这些人不被排挤。四川保路风潮发生后，蔡锷“逆知中国局势之解决，将以此事为导线，即与同志诸人迭为密商，着手布置”，大力调整37协的中层干部，“以李鸿祥充七十三标管带，唐继尧、雷飙充七十四标管带。罗佩金充七十四标统带，李凤楼充机关枪营管带，并于下级将校中，将同志者伺机位置，党人势力乃与（北洋派）钟、王派势力相埒”②。这样，37协所辖的73标、74标和炮标的18名营长以上军官中，同盟会员、革命派和倾向革命的占了15人，指挥权被革命派牢牢掌握。有人曾高度评价这次驻昆明新军的人事变动，认为“具有很大的政治意义，营长以上的主要干部都换成了具有推翻清朝思想的革命人物，后来‘九九’（‘重九’）反正之所以非常顺利成功，实和这次人事安排分不开的”。③

三、发动云南起义

1911年10月10日武昌首义后，云南同盟会即刻策划响应。

---

① 詹秉忠、孙天霖. 忆蔡锷//田伏隆主编. 忆蔡锷. 长沙：岳麓书社，1996：98.

② 赵式铭等. 蔡松坡先生事略//田伏隆主编. 忆蔡锷. 长沙：岳麓书社，1996：92.

③ 王冠军. 辛亥云南反正亲历记//田伏隆主编. 忆蔡锷. 长沙：岳麓书社，1996：221.

同盟会会员唐继尧、刘存厚等人秘密会议，决定联系“稳慎周详，可与谋革命之人员”以及“可共事革命之人员”举行反清起义。蔡锷由于具有革命倾向并对革命党人的活动暗中予以支持，因而被列为“稳慎周详，可与谋革命之人员”名单的第一位。[①]因此，蔡锷参加了起义前昆明革命志士五次秘密会议的后四次会议，与云南同盟会的主要负责人共同筹备云南起义事宜。值得一提的是，在研究云南响应武汉举行反清起义计划的过程中，“有主张云南不宜举动，俟全局大定，再为拔赵易汉之谋，以避免外人之乘机干涉者”，但蔡锷审时度势，坚决主张“云南宜速举以为东南各省倡”。他认为，“纵武汉失败，滇中亦可于半年之内，整顿军备，进退裕如，以此数月之中，川、黔可以得手，得此三省，以与满清争衡，胜负亦未可决”。这充分反映了蔡锷善于把握机遇、坚决要求推翻清朝封建统治的革命思想。由于蔡锷态度十分坚定，“众多赞成，其议遂决，遂定期举事”。[②]于是，蔡锷与唐继尧、刘存厚等人歃血为盟，发誓“协力同心，恢复汉室。有渝此盟，天人共殛”[③]。10月28日，在起义前的最后一次研究起义具体方案的秘密会议上，为了进一步坚定大家的决心，蔡锷特邀充满革命激情的青年革命志士黄毓英和黄永社一起参加。在会上，当有人又以“预备不周”，建议推迟起义时，黄毓英和黄永社挺身而出，愤然而曰：“今事已急矣！诸君踌躇，我必先发难，事败被获，必首诸君同谋。我死，君等度不能幸生。”众人“乃决期重九夜三鼓（即

---

① 谢本书．讨袁名将——蔡锷．兰州：兰州大学出版社，1997：65．

② 赵式铭等．蔡松坡先生事略//田伏隆主编．忆蔡锷．长沙：岳麓书社，1996：92．

③ 刘存厚．云南光复阵中同志//田伏隆主编．忆蔡锷．长沙：岳麓书社，1996：142．

10 月 30 日深夜 12 时）举事”，推蔡锷为起义军临时总司令，并拟定了详细的起义计划。[①]具体为：李根源率带步队 73 标，由北较场向昆明北门及东城一带进攻；罗佩金率步队 74 标，由巫家坝向南门及东门一带进攻；韩国饶率炮队 1 营，分为三部，联络步队，俟进城后放列于西南东三门之城楼附近；张子贞等率陆军讲武堂全部学员，由城内动作，为开城之准备；机关枪营分属于步、炮各队，均于夜半开始运动，同时攻城，于拂晓前将全城四周城垣及城内的制高点圆通山占领，等到天明时，同时进攻。以步队 73 标攻击军械局及五华山，以炮队据置城垣，协同步队施行射击；置预备队一营于江南会馆，为各队之策应。[②]

10 月 29 日，蔡锷赶往 74 标标本部所在地巫家坝，与 74 标及炮标多营管带中的革命者进一步商议落实起义计划。30 日下午 7 时，蔡锷以准备夜间演习为由，下令各队事务长做饭，8 时又令军需长发给士兵枪弹。但晚上 9 时，步队 73 标在准备起义之时，被该标北洋派统带丁锦发觉，即率标署卫兵出而弹压。同时，该标其他北洋派将校也群起干涉，双方遂起激烈之冲突。李根源闻讯后遂率第二、三营李鸿梓、刘祖武等向昆明城急进，约 9 时 30 分攻入北门，占领银元局、兵工厂等处，并以其主力逼攻军械局及五华山。这时，云南新军第 19 镇统制钟麟同已早有准备，率巡防队两营、辎重营、宪兵营、机关枪队及镇署卫兵占领五华山，顽强抵抗；军械局内守卫兵也据险用机关枪向起义部队疯狂射击，起义部队死伤二十余人。黑暗中，起义部队虽向五华山守敌发起数次进攻，均未奏效，仅占领五华山北端之一部。军械局也久攻未能得手。李根源考虑到敌方据险以守，且兵力甚厚，而我方兵

① 曾业英编．蔡松坡集．上海：上海人民出版社，1984：569－570．

② 蔡锷．滇省光复始末记//田伏隆主编．忆蔡锷．长沙：岳麓书社，1996：428．

力较少，弹药不多，乃举火为号，希望蔡锷从巫家坝带部队增援。在这关键时刻，蔡锷果断决定提前发动起义，并于晚10时，赶到巫家坝，先召集74四标和炮标两标的重要将校，详细规定攻击计划，再集合两标全体将校，词严义正，宣布举义宗旨。蔡锷每出一语，各将校齐呼“万岁”，欢声雷动，誓出死力。宣布完毕，蔡锷命当场分发子弹，检查装备，然后带领部队入城增援。入城后，蔡锷设起义司令部于江南会馆，命74标第1营管带唐继尧率部进攻总督府，74标2、3营和炮标配合73标进攻五华山和军械局。在蔡锷的亲自指挥下，经过将士们的浴血奋战，10月31日，起义取得了成功。在辛亥云南重九起义的战斗过程中，革命志士牺牲150余人，受伤300余人；敌方死者200余人，伤者100余人。有论者认为，“云南省城起义，是除首义的湖北以外，独立各省革命党人组织的省城起义中，战斗最激烈、代价也最巨大的一次。”①昆明的光复，有力地声援了武昌起义，为推翻清政府的封建统治，建立民主共和国作出了重大贡献。蔡锷作为这次起义的重要策划人和领导人，在其中发挥了至关重要的作用。

11月1日，起义官兵在昆明五华山两级师范学堂组建了具有资产阶级民主革命性质的中华民国云南军都督府，年仅29岁的蔡锷被举为都督。云南军政府内设一院三部，即参议院、参谋部、军务部、军政部，其中参议院负责提供政治、军事等方面的咨询，参谋部负责军事规划，军务部负责军备事务，军政部负责全省行政的管理。军政府成立后布告全省：云南起义，“其宗旨在铲除专制政体，建设善良国家，使汉、回、满、蒙、藏、夷、苗各族结为一体，维持共和，以期巩固民权，恢张国力”。军政府的政纲

---

① 章开沅，林增平．辛亥革命史：下册．北京：人民出版社，1981：145.

是："一、定国名曰中华国。二、定国体为民主国体。三、定本军都督府印曰：大中华国云南军都督府之印。四、军都督府内设参议院、参谋部、军务部、军政部。部各分设部司、部厂。各部院同署办事。地方文武各官依事务分配，直接各部，秉承办理。五、定国旗为赤帜，心用白色中字。六、建设主义以联合中国各民族构造统一之国家，改良政治，发达民权，汉、回、蒙、满、藏、夷、苗各种族视同一体。七、建设次第，由军政时代进于约法时代，递进而为民主宪政时代。以上七条，系本军都督府规定大纲，将来全国统一政府成立，仍应照统一政府之命令办理。"①同时，还发布了《宣言》和《讨满洲檄》，历数满虏"皇族内阁，中央集权，尽收天下之柄入满人之手"；"心如蛇蝎，行同虎狼"；"外窃仁声，内存残暴"；"流寇肆虐，遗黎凋丧"；"毁焚书籍八千余通……欲令汉人忘旧，永远为奴"；"背逆人道，苛暴齐民"；"举吾族四万万人生命财产，悉置外人监督之下"，"宁赠友邦，不予家奴"等罪状，阐明了"满洲政府不除，满洲官吏不逐，吾国终无复兴之一日"等三条"不可不急起革命"的原因，表明"惟有克期举义，驱其官吏，歼其渠魁，以为中华民族请命"。与此同时，檄文还重申了"驱除鞑虏，恢复中华，建立民国，平均地权"这一民主主义革命纲领，并声明："有渝此盟，四万万同胞共击之！"②在辛亥各省起义的宣言与檄文中，像云南这样旗帜鲜明地重申同盟会纲领是不多见的，这充分表明了以蔡锷为首的云南军政府的政治态度和革命性质，也反映了蔡锷的资产阶级民主革命思想同孙中山提出的三民主义一样，包含了民主主义、民权主义和民生主义的内核。

① 曾业英编. 蔡松坡集. 上海：上海人民出版社，1984：97－98.

② 曾业英编. 蔡松坡集. 上海：上海人民出版社，1984：87－89.

以蔡锷为首的云南军政府成立后，采取一系列政策和措施，迅速实现了全省的统一和稳定，并支援了全国革命。一是妥善处理满汉之间的民族问题。云南起义成功后，蔡锷明确指出，此次革命"系政治革命，并非种族革命，不得妄生满汉意见"①，"汉满蒙回藏皆属同胞，应一律看待"②，把反清与排满、清政府与其官吏区别开来，从而避免了将反清革命引申为仇满、灭满，株连一般满族人民。即使对于包括满族官员在内的原清政府官吏，云南军政府的政策是，只要放下武器，均一律从宽发落。例如，对于不愿在滇为官的原云贵总督李经羲，蔡锷等人将其礼送出境；对于放下武器的满族知府崇谦、桂馥等人，军政府要求官兵"极力保护"③。这些措施对于迅速稳定云南社会局势、争取和团结更多的人站到革命一边、促进民族团结起到了积极的作用。

二是妥善解决了与张文光领导的滇西军政府的矛盾。武昌起义爆发后，腾越革命党人张文光、陈云龙、李学诗、张文运等人于10月27日，即早于昆明起义三天，成功地发动了腾越起义，并成立了滇西军都督府，推举张文光为都督。为了扩大革命成果，滇西军都督府建立国民军，分兵三路向大理、昆明东进，沿途相继光复永昌、龙陵等十余府县及沿边各土司地。国民军占领永昌后，滇西军都督府任命陈云龙为前军都指挥，统领国民军一部继续向大理、昆明前进。但滇西国民军接近大理时，与已响应昆明起义的大理新军在合江一带发生激战，酿成滇西事变。消息传到昆明后，蔡锷极为重视，主张罢兵息民。他认为双方"悉属同

---

① 曾业英编. 蔡松坡集. 上海：上海人民出版社，1984：78.

② 蔡端编. 蔡锷集. 北京：文史资料出版社，1982：37.

③ 曾业英编. 蔡松坡集. 上海：上海人民出版社，1984：77.

志”，应“联络一气，商办善后之策”。① 并指出：“北虏未灭，国难犹存，释此内讧，共御外侮，非独云南之福，实大局之幸。”②随后，蔡锷立即派军政府参议院院长兼军政部总长李根源赴滇西，全权负责处理滇西事务。并指示李根源：“惟求将腾、永所立之营切实淘汰，缩小范围，所有人数必以所有军械为准，至多不可出七营之数。每营以三百员为限。此实目前最切要之着，不可稍有迁就。”③李根源到大理后按照蔡锷及云南军政府的指示，在张文光及滇西军都督府代表张文运的积极配合下，妥善地处理了滇西国民军和大理新军之间的矛盾，并于1912年1月9日报请云南军政府任命张文光为云南协都督，驻大理，统辖腾越、永昌、顺宁的驻防军。1月29日，张文光遵令取消滇西都督府，使滇西正式纳入云南省军政府的直接统辖之下，从而消除了云南两个军政府并存的局面，避免了一次大的动乱，使全省革命政权迅速实现统一。这对于巩固云南辛亥革命的成果和巩固西南国防都有着积极的意义。

三是平定了蒙自兵变。1911年11月1日，在武昌、昆明起义的影响下，革命党人赵又新、朱朝瑛率驻临安的新军75标成功发动了临安起义，组织南军军政府，推朱朝瑛为统领，赵又新为副统领。但是，仇视革命的临安开广道兼边防督办龚心湛表面上与临安义军联络，以保治安，暗地里却派蒙自督带马文兴率回族兵、个旧督带孔繁琴率个旧巡防营从两路夹攻临安，同时电调开广镇总兵夏文炳率所部移蒙填防，妄图将南军军政府扼杀于摇篮之中。南军军政府急忙向省军政府求援。蔡锷认为滇南毗连越南，位置

---

① 曾业英编. 蔡松坡集. 上海：上海人民出版社，1984：91.
② 曾业英编. 蔡松坡集. 上海：上海人民出版社，1984：125.
③ 曾业英编. 蔡松坡集. 上海：上海人民出版社，1984：210.

至关重要，且巡防营势力雄厚，应迅速平定。因此，一面立即复电南军军政府，“能战则战，否则固守临城”①，一面速派省军政府军政部总长罗佩金统兵南征。临安义军官兵闻此电讯，军心大振，大败敌军，并击毙孔繁琴。龚心湛闻孔繁琴败亡，遂于11月5日乘车出逃越南。赵又新将临安防务交朱朝瑛后，即率队进驻蒙自。不久，省军政府电委赵又新兼署蒙自关道。11月24日罗佩金抵临安，因龚心湛已逃，“遂巡按蒙自、阿迷而还”②。正当形势顺利发展，12月3日，“招降归顺”的蒙自新军第三营队官李镇邦、骑士龚裕卿勾结蒙自邑绅李叔昌发动叛乱。叛军先攻军械局，抢快枪200余杆；继攻道署，将储银劫掠一空；又掳商号、焚洋行，致使蒙自一片混乱。赵又新无力控制，乃急走河口。而越南法军“日夜运重兵于边境，伺隙而动。并谓我无保护生命财产之力，无节制骄兵悍将之能，要求百端，亟思一逞。并谓当由该国特派警兵在沿铁道一带屯扎，保护巡防各军”③。当此紧急关头，蔡锷及云南军政府一面“与法领交涉，谓蒙乱指日可平；铁路一带当派兵沿途驻扎保护，决无他虞；法商所受损失，事后议偿”④，以防法军借机干涉；一面电饬临安开广各军严加防堵，并先由省派军队保护铁路，令朱朝瑛星夜到蒙自安抚，又命罗佩金赴蒙处置，派出陆军宪兵队进驻蒙自弹压维持。12月6日，罗佩金、朱朝瑛先后抵达蒙自，设计击毙李镇邦、龚裕卿等肇乱首魁，蒙自兵变遂平，临蒙起义成果得到巩固。

四是支援邻省革命。云南是全国第四个响应武昌起义的省，

① 谢本书等编．云南辛亥革命资料．昆明：云南人民出版社，1981：450.
② 谢本书等编．云南辛亥革命资料．昆明：云南人民出版社，1981：443.
③ 曾业英编．蔡松坡集．上海：上海人民出版社，1984：118.
④ 毛注青等编．蔡锷集．长沙：湖南人民出版社，1983：572.

又是西南第一个响应武昌起义的省。云南光复，建立军政府后，迅速控制了全省，省内相对比较安定。而在同一时期，西南乃至全国，还处在动荡不安的状态之中。蔡锷在致力谋求云南的稳定与统一的同时，十分关心全国反清革命形势的发展，不仅致电两广总督张鸣岐和广西巡抚沈秉堃，劝他们“拔赵易汉，应天顺人”①，脱离清政府独立，而且积极响应黄兴、黎元洪以及孙中山的要求组织云南北伐军，先后援川、援黔，声援武昌革命。尽管在援川、援黔过程中，川、滇军在四川境内曾发生过矛盾，滇军在贵州镇压了自治学社，因而产生了一些负面影响，但蔡锷的动机是为了协助邻省扫除匪患，安定西南社会秩序，巩固反清革命的后方，支援全国革命形势发展。

对于蔡锷发动和领导的云南重九起义，作为当时的参与者，朱德作了客观的评价。他认为，蔡锷“是辛亥前后云南革命运动和起义的掌舵人”②。他还在一组七言绝句中肯定了蔡锷礼送李经羲出滇和云南出兵援川等举措。其中第三、四、五首分别是：“生擒总督李经羲，丧失人心莫敢支。只要投降即免死，出滇礼送亦宜之。”“靳逃钟死人称快，举出都督是蔡锷。五华山上树红旗，出师两路援川鄂。”“忆曾率队到宜宾，高举红旗援弟兄。前军达到自流井，已报成都敌肃清。”③

云南政局初步稳定后，以蔡锷为首的军政府又坚持民主革命思想和务实的工作作风，在云南推行了一系列具有民主革命性质的改革。首先，“撤换了一批只想升官发财的县知事，任用克己奉公的青年知识分子代替他们，在军队中也任用一批青年的军官来

① 曾业英编. 蔡松坡集. 上海：上海人民出版社，1984：72－73.
② 蔡端编. 蔡锷集. 北京：文史资料出版社，1982：233.
③ 蔡端编. 蔡锷集. 北京：文史资料出版社，1982：38.

代替旧军官，从而在政府机关和军队中注入了新的民主血液”。[①]其次，精简政府机关，设立财政司，将财政、钱粮归并，撤消了藩司和粮道；设立实业司，将前清时综于劝业道的农、工、商、矿以及盐务、三井督销局、电报局、电话局等悉归于实业司，撤消了劝业道和盐道以及有关局。同时将邮政局归外交司，提、镇、参、游归参谋厅，从而精简了一批重复的机构和冗员，不仅节省了开支，而且提高了办事效率。再次，制定规章制度，对于省内一切重大事宜，规定每周三举行军政府政务会议，省内各机关以及省议会、参议处，皆举代表莅会集思广益，筹议本省应兴应革事宜。议决之事，即由都督令有关机关限期举办。同时规定了办事程限表、上下班制度及会客、请客等制度。这些制度的制定和实施，使“前清官吏敷衍因循之习，廓除殆尽”[②]。复次，整顿税收，裁撤军队，节俭俸给，加强财政收支管理，并大力发展实业，努力实现财政收支平衡。最后，改良教育与社会风习，增设中小学校，鼓励出国留学，并在曲靖、昭通、蒙自、普洱、永昌、丽江等地新设 6 所师范学校，扩大师资培养规模。同时禁止妇女缠足，废除男子蓄发，废除跪拜礼节，严禁吸食鸦片、赌博及卖淫嫖娼等恶习。这些改革措施使云南经济迅速恢复，社会趋于稳定，边防进一步巩固，对于巩固云南资产阶级革命政权，促进云南政治、经济、文化近代化产生了十分重要而深远的影响。民国初年，云南各地虽然“历经血战”，但“均为时暂短，秩序立即恢复，内外无间”，因而，“时天下纷纷，或苦兵，或苦匪，或苦饷，而滇

① 朱德．辛亥革命回忆//田伏隆主编．忆蔡锷．长沙：岳麓书社，1996：35.
② 毛注青等编．蔡锷集．长沙：湖南人民出版社，1983：536.

中宴然"①，并焕发出勃勃生机，成为当时"南北各省之冠"②。1912年，蔡锷游昆明西山后赋七言绝句两首，其一云："东风吹彻万家烟，迎面湖光欲接天。千载功名尘与土，碧鸡金马自年年。"其二云："双塔峥嵘矗五华，腾空红日射朝霞。遥看杰阁层楼处，五色飞扬识汉家。"③这两首诗反映了云南光复后欣欣向荣的景象和蔡锷豪情满怀的心境。

四、反对君主立宪

武昌起义爆发后，中外反动势力惊慌失措。清政府急忙派陆军大臣廕昌率领北洋军队赶往武昌镇压革命。但北洋军队是袁世凯一手培植起来的，大部分将领都是袁的心腹爪牙，并不听从廕昌的调度。帝国主义列强为了迅速扑灭革命烈火，维护其在中国的利益，力促清政府立即起用两年前被罢黜的袁世凯去镇压南方革命势力。10月14日，清政府不得不任命袁世凯为湖广总督，命他统率北洋军队南下镇压革命。而袁世凯认为湖广总督权势太小，借口"足疾未痊"，不肯赴任，并向清政府提出召开国会，组织责任内阁，授予他军政全权，保证供应充足军饷等六项要求。经过一番讨价还价，清政府于11月1日任命袁世凯为内阁总理大臣，组织"责任内阁"。于是，袁世凯南下信阳指挥北洋军队先后攻陷汉口、汉阳。此时，全国已有14个省以及其他省许多州县宣布起义，江、浙联军攻克南京后，控制了长江下游。袁世凯深知用武力消灭革命不大可能，于是电令冯国璋停止进攻，谋求"和谈"。这时，帝国主义也认为帮助袁世凯压迫革命党妥协的时机成熟，

---

① 蒋百里．蔡公行状略//田伏隆主编．忆蔡锷．长沙：岳麓书社，1996：75.
② 蔡锷．滇省光复始末记//田伏隆主编．忆蔡锷．长沙：岳麓书社，1996：432.
③ 曾业英编．蔡松坡集．上海：上海人民出版社，1984：640.

便出面进行斡旋。12 月 2 日，英国驻汉口领事向双方提出停战的建议。一部分革命党人没有识破袁世凯的阴谋与手段，反而认为袁拥有实力，同满族亲贵有一定的矛盾，幻想他能倒戈反清，归附革命，因而也同意和谈。12 月 18 日，民军代表伍廷芳与袁世凯所派代表唐绍仪在上海英租界议事厅开始进行谈判，双方就停战问题达成一致。在 12 月 20 日举行的第二次会议上，唐绍仪代表袁世凯声称，只承认君主立宪，不同意民主共和。伍廷芳声明，谈判必须以承认共和为前提，但依预定的南方意见暗中告知唐绍仪，只要袁世凯反正，逼清帝退位，就可以选举袁世凯为临时大总统。唐绍仪见南方既已答应选举袁世凯为临时大总统，目的已经达到，就不再坚持反对共和。这样一来，关于君主立宪与民主共和的"国体"问题，双方同意留待将来召开"国民会议"来"公决"。这种以"国民会议"解决国体的方案，表面上似乎有利于革命派，因为他们天真地认为，在"三分天下有其二"的形势下召开国民会议，必然会以多数甚至压倒多数通过采用民主政体，实际上却是袁世凯为了达到其窃取政权的目的而精心设计出来的政治阶梯，因为它完全可以利用各省立宪派所操纵的谘议局这个"民意机构"，在立宪派的全力支持和配合下，盗用"民意"这张王牌，一方面用来与资产阶级革命派争夺政权，另一方面又可以此堵住满清皇族和封建官僚的嘴。

12 月 25 日，孙中山自海外返抵上海。他的到来，使革命派的气势为之一振。29 日，17 省代表开会选举孙中山为临时大总统。1912 年 1 月 1 日，孙中山在南京宣誓就任临时大总统，公开宣告中华民国临时政府成立，纪年改用公历，以 1912 年为中华民国元年。3 日，代表会议续选黎元洪为副总统，通过了由孙中山、黄兴提出的 9 名国务员名单。

南京临时政府的成立，打乱了袁世凯通过召开“国民会议”来“公决国体”的算盘。为了篡夺革命政权，袁世凯于1月19日公然提出，清政府和南京临时政府同时解散，由他在北方重新成立临时政府接管全国政权，其目的是一笔勾销体现着革命成果和资产阶级民主共和制度的南京临时政府。对于袁世凯篡权的“新方案”，孙中山致电各国驻北京公使指出，袁世凯的用心是“以一人而独揽大权”，断然表示“万难照办”①。但伍廷芳、汪精卫等人却公然附和袁世凯，主张退让，提出只要袁世凯愿意逼清帝退位，并宣布赞成共和，就让权于袁世凯。而帝国主义列强见孙中山抵制袁世凯的方案也进一步对革命党人施加压力。在内外的重重压力之下，孙中山只好接受伍廷芳等人的建议。袁世凯在得到南方同意让出政权的确切保证后，立即对清帝实行逼宫，指使北洋军将领段祺瑞等人联名发表通电，要求清政府立即同意共和，否则将率领军队直驱北京。2月12日，清帝宣布接受优待条件，正式退位。次日，袁世凯声明“赞成”共和，孙中山随即向临时参议院提出辞职。15日，临时参议院选举袁世凯为临时大总统。

云南重九起义成功后，作为云南军政府都督的蔡锷十分关注国家的国体政体问题。他认为新的国家应该是一个民主共和国，决不能实行君主立宪。因而，他多次致电黎元洪和各省都督，提出“定国体政体为民主立宪”②的政治主张。南北议和期间，尽管情况复杂多变，蔡锷始终不渝地宣传和贯彻民主立宪这一政治主张。他指出，“虏廷断无幸存之理，惟苟延一日，则多一日战祸”。“如果溥仪退位，赞成共和，自可和平了结”；如果“民主君主问题，取决国民会议”或者“清帝退位，临时政府同时取销”，则万

① 白蕉．袁世凯与中华民国．上海：人文月刊社，1936：20．
② 曾业英编．蔡松坡集．上海：上海人民出版社，1984：96．

难同意。①对于推举袁世凯为临时大总统之议，蔡锷表示坚决反对，认为其与清廷关系尚未脱离，“不能举清廷之内阁总理大臣”②。知悉南京临时政府成立，孙中山当选临时大总统后，蔡锷即致电奉贺，并坚信：“神州光复已十五省，扫荡北廷，可计日待。”③为防止袁世凯借议和而实行君主立宪制，蔡锷又致电孙中山及各省都督指出：第一，“民国中央政府已成立，大总统已举定，民主君主问题无复有研究之价值”；第二，“国民会议袁世凯欲于北京开议，又欲省、州、县公举代表，无非为狡展播弄之地步，以充彼战备，懈我军心”；第三，“主张共和，殆全国一致，所反对者惟少数之满奴隶耳。设开会议而堕袁（世凯）之狡谋，定为君主国体，则各省必不肯承认，战祸终无已时”；第四，“中国此时仍拥戴满清为君主，固理所必无，则别以汉人为君主，亦事势所不容，故君主国体为中国今日所万不能行，必强留存此物，将来仍难免第二、三次之革命”；第五，“唐使（唐绍仪）签订之约，而袁不承认，方在停战期内，而北军袭取颖州，进攻陕州，在清廷亦未决心和议”。因此，他认为，“此时直无和议可言，惟有诉诸兵力耳”。④ 他建议孙中山不要再“株守议和”，应当“赫然震怒，长驱北伐，直捣虏廷”⑤，并表示：“滇处僻远，未敢遥度，惟有简率精兵，结联黔、蜀，长驱伊、洛，期共戮力中原。进止机宜，敬候中央指示。”⑥ 1月11日，孙中山宣布北伐并自任北伐军总指挥时，蔡锷立即通电响应，并筹集军饷15万元，组成云南北伐军

① 曾业英编. 蔡松坡集. 上海：上海人民出版社，1984：248 – 249.
② 曾业英编. 蔡松坡集. 上海：上海人民出版社，1984：156.
③ 曾业英编. 蔡松坡集. 上海：上海人民出版社，1984：154.
④ 曾业英编. 蔡松坡集. 上海：上海人民出版社，1984：183.
⑤ 曾业英编. 蔡松坡集. 上海：上海人民出版社，1984：170.
⑥ 曾业英编. 蔡松坡集. 上海：上海人民出版社，1984：183.

一梯团，以唐继尧为司令官，取道黔、湘进行北伐，准备"联络滇、川、黔三省，会师入陕，合关中之兵，以向宛、洛，俾朔方虏迹不至窜入西南"①。由此可见，蔡锷在南京临时政府成立前后的所言所行充分表达了他彻底推翻满清专制统治和坚决反对君主立宪、主张民主共和的民主革命思想，也为他后来毅然反对袁世凯帝制自为，捍卫民国奠定了坚实的思想基础。

毋庸讳言，由于长期处于清军营垒的险恶环境之中，蔡锷并未参加过同盟会，辛亥革命前也很少公开发表过激烈的反清言论。但他采取特殊的方式一直在暗中支持和掩护同盟会的反清革命斗争，到关键时刻，毅然决然地发动和领导云南反清起义，并在南北议和期间旗帜鲜明地反对君主立宪，这充分说明他的反清革命思想不仅是一贯的，而且也是坚定的。这也正是蔡锷的特别之处。我们评价历史人物，不仅要察其言，更要观其行，因为行动是思想的反映。对于蔡锷尤其应当如此。总体上看，蔡锷的反清革命思想把反清革命与反封建专制结合起来，主张以暴力推翻清朝统治，坚决反对君主立宪，并较好地处理了反清与排满、清政府与其官吏之间的关系，从而在云南结束了封建专制统治，建立了民主革命政权，实行了民主制度，因而具有较强的进步性。当然，蔡锷的反清革命思想也有一定的局限性，主要反映在比较注重政治上的夺权，而对于土地问题上的反封建并未涉及。此外，对于原清政府的官吏采取宽大政策，固然有稳定局势的积极作用，但对他们的思想改造重视不够，也反映出革命的不彻底性。

① 曾业英编．蔡松坡集．上海：上海人民出版社，1984：172．

第二节　反帝制复辟思想

一、定策反袁

1912年3月，袁世凯在北京就任临时大总统后，积极推行专制集权统治。他利用“统一军令”的旗号，逼迫革命党人控制的南方各省大量裁撤民军，又打着“统一政令”的旗号，把责任内阁变成御用工具。同时，他又以“忠于共和”的“诺言”，骗取孙中山、黄兴的信任，使他们“功成身退”，从事实业。当国民党在第一届国会选举中获胜，准备组织责任内阁时，袁世凯急忙指使亡命徒枪杀国民党代理理事长宋教仁。“宋案”真相暴露后，以孙中山为代表的一部分资产阶级革命党人丢掉幻想，决定发动武力讨袁的“二次革命”，以保卫辛亥革命开创的共和制度。1913年7月，奉孙中山令，李烈钧在江西、黄兴在江苏组成讨袁军，通电讨袁。上海、安徽、湖南、广东、福建、四川等省市也先后树旗独立。但由于独立各省之间没有统一的指挥，不到两个月，“二次革命”就在袁世凯的镇压下失败了。孙中山、黄兴等人逃亡日本。

袁世凯镇压“二次革命”之后，势力得到进一步加强，其政治野心也随之膨胀。他对“临时大总统”这个称呼已不满足，便利用收买笼络国会议员、拉拢进步党等手段，初步控制了国会，为他谋取正式大总统打开了方便之门。1913年9、10月间，袁世凯指使其亲信梁士诒用金钱收买了一部分国会议员，出面组织了“公民党”，充作威逼国会选举总统的工具。国会未来得及制定宪法就进行总统选举。袁世凯事先在会场外布置了数千名军警，并让人放出风去，说不选出“中意的大总统，休想出院”。议员们一个个如临大敌。选举从早上开始，直到晚上，连续进行了 3 次投票，袁世凯最终才以 2/3 的微弱多数当选为正式大总统。袁世凯在当上“合法”的大总统后，于 11 月 4 日公然下令解散国民党，并借口该党议员在“二次革命”中配合“作乱”，收缴国民党议员（包括跨党和脱党者）438 人的国会证书、徽章，使国会不足法定人数，无法开会。1914 年 1 月，袁又通过“政治会议”这一御用组织，停止参、众两院议员职务，将进步党和其他党派的议员全部资遣回籍。2 月，袁又颁布命令停办各省地方自治会并解散省议会。至此，辛亥革命遗留下来的又一政治成果，资产阶级民主政治的象征——国会被袁世凯全部毁灭。国会解散以后，袁世凯的造法机构“约法会议”很快炮制了一个迎合袁世凯独裁专制的《中华民国约法》，5 月 1 日由袁世凯正式公布。这个“袁记约法”把总统的权力扩大到和君主专制皇帝一样，规定在总统府内设政事堂，政事堂以国务卿为首脑，是辅助总统的办事机构。并成立“参政院”代行立法之权，参政全由袁世凯任命，70 个参政中大多数是封建余孽、反动政客和一些“进步党”人，黎元洪兼任院长。1915 年元旦公布约法会议制定的《总统选举法》，规定总统任期 10 年，连任无限制；总统继任人应由现任总统推荐，姓名写在“嘉禾金简”，藏之“金匮石室”，选举时始取出。这样，袁世凯不但可以终身做总统，还可由他的子孙后代继任。至此，辛亥革命后建立的各项民主制度遭到完全破坏，“中华民国”也只剩下一具躯壳了。袁世凯在帝国主义的支持下，从临时大总统到正式总统，进而成为终身总统，但他的野心并没有得到满足，竟然利令智昏，违背历史潮流，梦想恢复帝制做皇帝，去掉“中华民国”这一空牌号。

为了镇压广大人民群众对其复辟帝制的反抗，1915 年春夏之间，袁世凯在军事上作了一系列的布置：一是裁撤各省都督改设将军，将北洋军分派到全国大部分地区；二是削去与他有矛盾的重要将领的实权，任以闲职；三是加强对南方各省的控制，派何国华为云南宣慰特使，王祖同为广西巡按使（后又命其会办广西军务），龙建章为贵州巡按使，陈宧为会办四川军务，并率北洋军三个旅入川，同时又派曹锟率北洋军精锐第三师驻湖南岳阳，王占元的第二师集中于武昌。在做好军事布置，并在外交上得到日本、美国、英国的支持后，袁世凯就在政治上积极筹备帝制复辟。1915 年 8 月，中日“二十一条”的交涉刚刚结束，袁世凯的宪法顾问美国人古德诺就在上海《亚细亚报》上发表题为《共和与君主论》的文章，诬蔑中国“大多数之人民智识不甚高尚”，“无研究政治之能力”；胡说辛亥革命“由专制一变而为共和，此诚太骤之举动，难望有良好的结果”，于是得出结论：“中国如用君主制，较共和制为宜。”①袁世凯的另一个法律顾问日本人有贺长雄紧密配合，抛出《共和宪法持久策》一文，更露骨地鼓吹中国须由袁世凯作皇帝，总揽大权。紧接着，8 月 14 日，杨度、孙毓筠等人在袁世凯的授意下，发起组织“筹安会”，讨论国体问题，公开鼓吹复辟帝制，拉开了复辟帝制丑剧的序幕。1915 年 10 月初，袁世凯的御用立法机构参政院议决以国民代表大会来决定是否改行君主政体，袁的亲信及各地党羽操纵各省区代表的选举和国体投票。11 月 20 日，各省区投票全部告竣，“全部赞成”君主制，并“一致委托”参政院为“国民代表大会总代表”上书“劝进”。袁世凯又经过一次假意谦让后，于 12 月 12 日，接受推戴，并发布命

---

① 云南省社会科学院历史研究所编. 护国文献. 贵阳：贵州人民出版社，1985：1013－1014.

令，承认帝位；13 日，袁在中南海居仁堂“受百官朝贺”；15 日，袁大肆封赏，宣布将中华民国五年（1916）改为“洪宪”元年，设立“大典筹备处”，准备于 1916 年元旦正式登极。至此，袁世凯策划的复辟帝制闹剧达到高潮。

对于袁世凯，蔡锷在清末民初经历了一个反袁—拥袁—反袁的曲折过程。戊戌变法运动由于袁世凯的出卖和慈禧太后的镇压而归于失败，包括蔡锷崇敬的老师谭嗣同在内的“戊戌六君子”血洒北京菜市口，康有为、梁启超逃亡海外。因此，蔡锷对袁世凯有刻骨的仇恨，以致 1913 年想起此事时心中“犹有余痛”①。南北议和期间，如前所述，蔡锷对提议袁世凯出任大总统持反对意见，认为“不能举清廷之内阁总理大臣”② 为共和国的大总统，并致电孙中山、黎元洪、黄兴及各省都督，提出不能“甘受袁氏之愚，一再停战”，“伏乞大总统赫然震怒，长驱北伐，直捣虏廷”。③当南京临时政府接受孙中山提议决定北伐后，蔡锷表示坚决支持，主动要求“简率精兵，结联黔、蜀，长驱伊、洛，期共戮力中原”④，并立即组织云南北伐军，参加北伐。南北议和最终以革命派的妥协和袁世凯篡夺革命果实而告终。蔡锷不得不接受这个现实，于 1912 年 3 月 13 日致电伍廷芳表示：“和议告成，民国统一，达共和之望，免战争之危……全国受赐良多。”⑤袁世凯出任临时大总统后，蔡锷致电奉贺。对此，他解释道：“非徒表欣戴袁公之

---

① 李文汉. 我对蔡锷的回忆//田伏隆主编. 忆蔡锷. 长沙：岳麓书社，1996：204.

② 曾业英编. 蔡松坡集. 上海：上海人民出版社，1984：156.

③ 曾业英编. 蔡松坡集. 上海：上海人民出版社，1984：170.

④ 曾业英编. 蔡松坡集. 上海：上海人民出版社，1984：183.

⑤ 曾业英编. 蔡松坡集. 上海：上海人民出版社，1984：342.

意，实亦喜统一国家之成也。"① 在他看来，"我国自改革以后，元气大伤，至今疮痍未复，断不可有第二次之破坏"②，推翻清政府的破坏任务已完成，应该致力民国建设。既然袁世凯声明赞成共和，又为共和国大总统，而且"袁公一代伟人，中外钦仰"③，"衡量中国现在的情势，又非他不能维持"，因此，"只有蠲除前嫌，帮助袁世凯渡过这一难关"④，"替国家做些建设事业"⑤。基于这种思想，蔡锷逐渐走上拥袁道路，对于同盟会以及后来的国民党抵制袁世凯专制统治的言行持怀疑甚至反对的态度。他不仅"切商黔、蜀、桂各省都督，意在拥护政府，保障西南，以戢某政党（指同盟会——引者）之狂潮，而纾大总统之顾虑"⑥，而且反复呼吁"中央政府如初产婴儿，仍以拥护维持为急"⑦，主张解散各政党，消除党争政争。袁世凯镇压"二次革命"后，加快了对南方的控制，借废省改道之名，以北洋系将领或亲信替代南方各省原领导人。1913 年 9 月，袁世凯下令调蔡锷"来京调养"。而蔡锷一则因为确有喉病，多次致电袁世凯请假疗养，一则感到身处云南边陲不能很好施展宏图，也有调出云南的愿望，于是就将军政事务移交谢汝翼代理后即离滇北上。蔡锷到京后，先后被袁任命为陆军部编译处副总裁、政治会议议员、参政院参政、海陆军大元帅统率办事处处员、全国经界局督办等一些闲职，并加昭威

---

① 曾业英编．蔡松坡集．上海：上海人民出版社，1984：410.

② 曾业英编．蔡松坡集．上海：上海人民出版社，1984：723.

③ 曾业英编．蔡松坡集．上海：上海人民出版社，1984：410.

④ 李文汉．我对蔡锷的回忆//田伏隆主编．忆蔡锷．长沙：岳麓书社，1996：204.

⑤ 梁启超．护园之役回顾谈//田伏隆主编．忆蔡锷．长沙：岳麓书社，1996：235.

⑥ 曾业英编．蔡松坡集．上海：上海人民出版社，1984：548.

⑦ 曾业英编．蔡松坡集．上海：上海人民出版社，1984：543.

将军头衔。尽管如此，蔡锷“对编译处事又极认真负责”，“对经界局事特别重视，一切章则计划多出其手”①，在短时间内主持编成《中国历代经界纪要》、《各国经界纪要》和《经界法规草案》，而且还与阎锡山、蒋百里等人组织军事研究会，讨论各种军事问题，谋图改革军事教育，加强国防。所有这些都表明蔡锷有希望依靠和辅佐袁世凯以实现强国富民的幻想。

需要指出的是，由于资产阶级的软弱性，加之社会上普遍希望有一个相对稳定的环境来实现国家统一、加快民国建设、抵御列强的干涉和侵略，在袁世凯的真实面目没有完全暴露之前，拥袁是社会的普遍现象，即使孙中山、黄兴、宋教仁等人都概莫能外。因此，蔡锷一度拥袁，并不奇怪，只不过蔡锷对袁世凯的幻想要比孙、黄、宋等人多一些，觉悟的时间也晚一些而已。但是，蔡锷毕竟是一个有强烈共和思想的爱国者，他拥袁并不是出于个人的私利，而是着眼于国家和民族的利益，着眼于维护民国的统一和大局的稳定。所以，袁世凯破坏共和的迹象逐步明显之时，也就是蔡锷与袁世凯逐渐分道扬镳之际。

1914 年秋，日本侵占青岛。蔡锷闻讯后即在参政院会议上发表慷慨激昂的演说，愤怒指出，“此次青岛之役，日本所持之态度，亦尽人所知，其无非欲施行其近二十年之大陆政策”，“质言之，即吞并我中国之政策也”。他还大声疾呼，“中国处此时代，较庚子、甲午及光复之际，尤加十倍危险。如处今日之中国，欲谋国家之保存，外交既不可恃，惟有全仗己国”，“当此国家存亡危急之秋，非合全国之力以谋之不可，必须上下一心”。②并与梁启超等人提出政治议案，要求政府迅速研究应对之策。当日本向袁

① 雷飙．蔡松坡先生事略//田伏隆主编．忆蔡锷．长沙：岳麓书社，1996：62．
② 曾业英编．蔡松坡集．上海：上海人民出版社，1984：779 – 780．

世凯提出“二十一条”时，蔡锷即表示坚决反对，并又在参政会议上发表演说，要求拒绝“二十一条”，主张下定最后作战的决心。与此同时，蔡锷还制订了秘密的对日作战计划，以防不测，并把这个作战计划报告了袁世凯，希望其采纳。①当袁世凯不顾包括蔡锷在内的全国人民反对，接受日本“二十一条”时，蔡锷的拥袁思想开始发生动摇。1915 年 5 月，在给曾广轼信中，他说：“主峰（指袁世凯——引者）曾语兄：交涉完，须咬定牙根，思一雪此耻。此言若信，诚吾国无疆之福，兄誓以血诚报之；如仍旧贯，则惟飘然远引，打个人之穷算盘已耳。”②对于袁世凯有意背叛共和，复辟帝制，蔡锷和梁启超也早有警惕。1914 年 11 月，他在参政院与梁启超等人一起，联名向袁世凯提出建议案，要求对淆乱国体的清室复辟派，“照刑律内乱罪从重惩治，以期消弭祸患于无形”。③ 1915 年 6 月，袁世凯复辟帝制的迹象越来越明显时，蔡锷和梁启超“越看越不对了”④，又进行“多方设法，冀挽狂澜”⑤。在所有劝阻“卒归无效”后，蔡锷感到“袁逆之帝制成，吾民之希望绝矣”⑥，于是“决然引去”⑦，义无反顾地走上反袁之路。就在杨度发起组织“筹安会”的第二天，即 1915 年 8 月 15 日，蔡锷就从北京赶到天津汤顿觉寓处，与梁启超等人连夜密商对策，决定组织反对袁世凯复辟帝制的斗争。他表示，“袁氏叛

---

① 李文汉. 蔡邵阳年谱. 1915 年条.

② 曾业英编. 蔡松坡集. 上海：上海人民出版社，1984：797.

③ 梁启超. 饮冰室合集：文集之三十. 上海：中华书局，1936：19 –20.

④ 梁启超. 护国之役回顾谈//田伏隆主编. 忆蔡锷. 长沙：岳麓书社，1996：235.

⑤ 曾业英编. 蔡松坡集. 上海：上海人民出版社，1984：852.

⑥ 曾业英编. 蔡松坡集. 上海：上海人民出版社，1984：865.

⑦ 曾业英编. 蔡松坡集. 上海：上海人民出版社，1984：852.

逆，以致强邻生心，内乱潜滋。际兹千钧一发之会，吾侪乃不得不负重而趋”。[①]“眼看着不久便是盈千累万的人颂王莽功德，上劝进表，袁便安然登大宝，叫世界看着中国人是什么东西呢？国内怀有义愤的人虽然很多，但没有凭借，或者地位不宜，也难发手。我们明知力量有限，未必抗他得过，但为四万万人争人格起见，非拼着命去干一回不可”。[②]这集中地道出了蔡锷坚决反对复辟帝制，誓死捍卫共和制度的心声。对于蔡锷“为四万万人争人格”的精神，梁启超在《袁政府伪造民意密电书后》一文中给予了高度评价。他指出，在我国四万万人之人格，至今日已被袁世凯蹂躏而无复余之时，蔡锷提出为四万万人争人格“含有几斗之血，几斛之泪”。他说：“今全世界之人类十六万万耳，而其中乃有四万万见扼于袁氏之手，日日奖励其兽性兽恣，而剿绝其人类之本能。此种人道公敌，若不驱除，吾恐世界末日之期，行将逼近矣。我国民之反抗袁氏，实由自觉为人类全社会之一员，不甘使我自身及我子孙日沦禽兽。蔡将军所谓为国民争回人格者，此其义一也。……今也参政院所开之一千九百九十三票，求一张之反对者而不可得，请明眼人一思，此岂复情理内之现象者？要之此次实演一出催眠术之幻剧。袁氏及其徒党十数人为施术者，而参政院各省军民长官乃至代表人选举人皆为受术者。又如机器，袁氏及其徒党十数人自司转捩，而参政院各省军民长官为其轴，代表人选举人为其轮，此当事人被袁氏蹂躏人格之明证也。其所谓选举者，谓吾民选举也。吾民则何尝选举者，其所谓代表者，谓代表吾民也，吾民则何尝请代表者。实际上四万万人无一人不反对，

① 曾业英编．蔡松坡集．上海：上海人民出版社，1984：848．

② 梁启超．护国之役回顾谈∥田伏隆主编．忆蔡锷．长沙：岳麓书社，1996：236．

而彼仍强指为四万万人无一人不赞成，此全体国民被袁氏蹂躏人格之明证也。今次各省军巡长官之反抗袁氏，乃表明我不甘为催眠剧之受术者，不甘为机器之轮，一般人民之反抗袁氏，乃表明我不能承认他人代我署名之确证。蔡将军所谓为国民争回人格者，此其义二也。”①

8月15日之后，蔡锷“间数日一诣天津，造先生（指梁启超——引者）之庐，谘受大计”②，并密召戴戡、王伯群由贵州赴天津与之密商倒袁大计。这就是史称的“天津密会”。从筹安会宣言发表的次日蔡锷赴天津密商反袁至蔡锷离天津赴云南，“天津密会”持续了近四个月的时间，先后参加密会者除前面提到的5人外，还有众议院副议长陈国祥、议员蹇念益以及梁启超的亲信徐佛苏。天津密会议定从政治和军事两方面反袁称帝。政治上，由梁启超负责，“必须立刻作文”，“堂堂正正”地揭露袁世凯复辟帝制的阴谋；军事上，由蔡锷负责，并伺机潜返云南，亲自组织发动反袁起义。其具体步骤是：“云南于袁氏下令称帝后即独立，贵州则越一月后响应，广西则越两月后响应。然后以云贵之力下四川，以广西之力下广东，约三四月后，可以会师湖北，底定中原。”③蔡锷、梁启超等人确定云南首先发动起义，贵州、广西接着响应的计划，是有比较充分的现实根据的。第一，云南地处西南边陲，山高境险，在军事上有易守难攻的优势，而且与英、法殖民地越南、缅甸接壤，无后顾之忧。第二，云南远离北洋势力统

① 云南省社会科学院历史研究所编．护国文献．贵阳：贵州人民出版社，1985：281－284．

② 曾业英编．蔡松坡集．上海：上海人民出版社，1984：1224．

③ 云南省社会科学院历史研究所编．护国文献．贵阳：贵州人民出版社，1985：300．

治中心，江西、江苏、安徽、广东、福建、湖南、四川七省的革命力量，由于参加“二次革命”而被袁世凯摧毁，南方各省只有云南、广西、贵州元气未伤，而且当时全国除滇、黔、粤、桂4省之外，其他各省都是北洋军队的驻地，因此，是北洋势力统治比较薄弱的地方。第三，云南当时有正规陆军两师一旅，兵力近两万人，其武器装备是从德、日等国购进的，是当时的优良武器，而且滇军军官中有一大批优秀的军事人才，其中许多是留日士官生或在云南陆军讲武堂受过良好训练，因此有“滇军之精锐雄武，为当时之第一流军队”①之赞誉。第四，由于辛亥革命前同盟会的积极宣传，辛亥革命中受过重九起义革命战火的考验和锻炼，辛亥革命后经历过一系列的民主改革，云南军民具有比较浓厚的民主共和思想。第五，蔡锷督滇两年，在云南的政界、军界有很高的威望，云南政府和军队的主要负责人曾都是蔡锷的部下，对蔡锷既尊敬又尊重。当时的云南领导人唐继尧是蔡锷的老部下，与蔡锷一道参与过云南重九起义的发动，受到了蔡锷的格外赏识，无论是唐继尧率军北伐入黔，后来当上贵州都督，还是蔡锷调北京后，唐继尧回滇主政，都是蔡锷鼎力支持的结果。因此，唐对蔡一直是心存感激，唯蔡锷马首是瞻。所以“云南军队倾向蔡，云南人民倾向蔡，唐更倾向蔡”②。第六，云南与贵州、广西相邻，历史上联系密切。辛亥革命前后，这三省声气相通，素无隔阂，而且，蔡锷与广西、贵州当时的领导人均有较深的人事关系。贵州护军使刘显世在请滇军援黔和唐继尧回滇主政后当上贵州护军使都得到过蔡锷的支持，对蔡锷十分尊重。而广西将军陆荣廷则

① 文公直．最近三十年中国军事史：上册．上海：太平洋书店，1930：371．

② 李丕章．关于护国之役蔡锷和唐继尧间所出现的分歧∥田伏隆主编．忆蔡锷．长沙：岳麓书社，1996：400．

与蔡锷在广西练兵时就相识，虽然他在辛亥革命后积极追随和支持袁世凯，并在“二次革命”期间镇压过革命党人发动的柳州起义，被袁世凯先是授以宁武将军，后又晋升为耀武上将军，督理广西军务，但是，随着陆荣廷实力地位的加强，袁对陆的戒心也愈来愈大。1915 年，袁世凯派其心腹王祖同为广西巡按使，用以监督陆荣廷，接着又以派充侍卫武官为名，调陆荣廷之子陆裕勋入北京，等于充当人质。凡此种种，无一不是为了控制和对付陆荣廷的。对此，陆荣廷心知肚明。因此，陆与袁之间多有矛盾，是不受袁世凯掌控的地方实力派。尤其重要的是，陆荣廷的把兄弟广西第一师师长陈炳焜是蔡锷任广西讲武堂监督时的学生，且“与松坡通兰谱”①，结为兄弟，蔡锷通过陈炳焜做陆荣廷的工作，促其响应云南起义也是有把握的。所以，云南独立后，容易得到贵州和广西的响应和支持，形成联合抗击北洋势力的局面。从当时的情况和后来护国战争的发展看来，蔡锷、梁启超的这种战略设想基本上是正确的。

计划既定，蔡锷与梁启超依计而行。梁启超迅速撰成《异哉所谓国体问题者》一文，并于 9 月 1 日遵照“古人以道事上之义”，将该文录写呈袁世凯“钧览”。袁世凯阅后十分惊慌，先是派人送去 20 万元，企图收买梁启超，后又以枪弹相威胁。梁启超置袁世凯的利诱威胁于不顾，毅然在《大中华》杂志第八期上发表了洋洋万言的《异哉所谓国体问题者》，驳斥了筹安会、古德诺的复辟滥言，提出在共和制下“君主国体难以规复”的著名论断。文章发表后，京、津各报争相转载梁文，使之传诵一时，在全国各阶层、各派政治力量间引起了强烈的震动。正如蔡锷所说，“先

① 丁文江，赵丰田．梁启超年谱长编．上海：上海人民出版社，1983：729.

生所言，全国人人所欲言，全国人人所不敢言，抑非先生言之，固不足以动天下也。”“于是已死之人心，乃振荡而昭苏。”[①]而蔡锷则按照天津密会制定的“深自韬晦，勿为所忌”的策略，在京中假装成与梁启超“分家的样子”，逢人便说：“我们先生是书呆子，不识时务”，“书呆子那里劝得转来，但书呆子也不会做成什么事，何必管他呢”。[②] 并在“主张中国国体宜用君主制署名”的题名录上签了头名，以麻痹袁世凯。同时，他还佯装无所作为，故意寄情声色，饮酒看花，终日作乐，以迷惑袁世凯。但在暗中，蔡锷却与京中有关人员联络准备，与西南各省军政人员密电往还。待一切准备就绪后，蔡锷以治病为由潜出北京到天津。在天津，蔡锷与戴戡、陈敬铭着大礼服共摄一影，决心“不成功即成仁”[③]。在与梁启超作最后密商后，蔡锷即乘船经日本、台湾、香港、越南赴云南昆明发动反袁武装起义。临行前，蔡锷与梁启超再次相约：“事之不济，吾侪死之，决不亡命”[④]，淋漓尽致地表现了他反对帝制复辟的决心。

二、联合抗袁

蔡锷决心讨袁之时就认识到，在当时的国际国内情况下，仅凭少数人的力量是难以打倒集全国军政大权于一身的袁世凯的，必须联合那些“怀有义愤”，“但没有凭借，或者地位不宜”的人，组成广大的反袁联合战线，共同奋斗，才能完成倒袁之大业。基

---

① 曾业英编．蔡松坡集．上海：上海人民出版社，1984：1224.

② 梁启超．护国之役回顾谈∥田伏隆主编．忆蔡锷．长沙：岳麓书社，1996：237.

③ 谢本书．讨袁名将——蔡锷．兰州：兰州大学出版社，1997：156.

④ 曾业英编．蔡松坡集．上海：上海人民出版社，1984：1224.

于上述认识，天津密会后，蔡锷就开展了一系列秘密的联络工作。

第一，联络西南各省地方实力派。天津密会后，蔡锷一方面在京频繁与西南四省军政要员唐继尧、任可澄、刘世显、刘显治、陆荣廷、陈炳焜等人密电往还，指出国体问题“关系国家前途甚巨”，“掀揭此议，颇属危险”，告诫他们“处事持议，务望稳静，以靖地方，而裨大局”；①另一方面要求他们指派本省的筹安会代表尽快赴京，并发电表示赞同帝制，以麻痹袁世凯。与此同时，蔡锷还密派何云翔、黄实等人赴云南，彭权、何上林赴广西，赵恒惕、陈复初赴湖南，毕厚去广东具体做联络和策动起义工作，“为异日反对帝制作准备”②。在袁世凯公开称帝之前，陆荣廷为进一步窥探袁世凯的意图，曾密派亲信区公武持亲笔信去北京见蔡锷。蔡锷嘱咐区公武回桂，“协助陆荣廷治好广西政事，准备参与讨袁”③。驻守在四川泸州的川军师长刘存厚和旅长雷飙都曾是蔡锷的部下，蔡锷也主动与他们联系、打招呼，并要求他们“须处处留心人才，为将来国家用。凡各军队官长，尤应时刻留心，与之团结一致”④。蔡锷到滇后，又分电刘、雷，通报云南的准备及与桂、赣、湘、宁、浙、鲁等省的联络情况，要求他们“速作准备，相机因应”⑤。此外，蔡锷还注意暗中与其他省份联络。黑龙江将军朱庆澜离京回黑龙江前夕，蔡锷邀其至住宅，“畅谈半日，叩其对于帝制问题，沉吟者久之，早知其已有会心”⑥。胡景伊是蔡锷在日本陆军士官学校的同学，并一道参加过拒俄运动。辛亥革命

---

① 曾业英编．蔡松坡集．上海：上海人民出版社，1984：810－811.
② 雷飙．蔡松坡先生事略//田伏隆主编．忆蔡锷．长沙：岳麓书社，1996：62.
③ 陆君田，苏书选．陆荣廷传．南宁：广西民族出版社，1987：156－157.
④ 曾业英编．蔡松坡集．上海：上海人民出版社，1984：837.
⑤ 曾业英编．蔡松坡集．上海：上海人民出版社，1984：848－850.
⑥ 曾业英编．蔡松坡集．上海：上海人民出版社，1984：1084.

后，蔡锷督滇时，胡景伊督川，因此，两人联系比较密切。护国运动前夕，袁世凯派亲信陈宦入川，将胡景伊免职，调北京任参政院参政。蔡锷在京时积极争取胡反袁，并与之“熟筹川事，密约南旋”①。

蔡锷与西南各省地方实力派的联络工作是有成效的。唐继尧、刘世显、陆荣廷等人按照蔡锷的旨意，表面上赞同袁世凯称帝，分别在本省导演过所谓“国民代表大会选举”和“国体投票”，但暗中却在为武装反袁作准备。唐继尧密电蔡锷，表示“中华民国国体已定，岂能动摇？如果实行，决难承认”，并告蔡锷“业经有所准备，请公南来，共图大计”。② 因此，蔡锷等人入滇后，唐继尧迅速宣布云南独立，并“扫境内之甲兵以属之锷”③。贵州虽有袁世凯的代理人龙建章的“暗中把持”，但刘世显“已有义不返顾之决心”，“一切部署，仍着着进行”④，不仅在宣布独立前暗中支持滇军经黔境入川，独立后将六个团的兵力全部用于讨袁护国战争，迅速出兵川、湘，抗击北洋军，而且在蔡锷军队给养十分困难之际，不顾自身的财政困难，接济滇军 20 元，帮助蔡锷勉度难关，令蔡锷十分感动，“若无来源，则真不堪设想。如周（刘显世字如周——引者）竟推食食我，此情实可感激”。⑤ 广西的陆荣廷和陈炳焜在筹安会发生之初，经蔡锷所派代表的联络，对于反对帝制，“早已决心，业作准备”⑥。云南独立后，陆荣廷一面“派

① 曾业英编. 蔡松坡集. 上海：上海人民出版社，1984：850.

② 云南省政协文史资料委员会. 爱国团结胜利. 昆明：云南大学出版社，1996：143.

③ 曾业英编. 蔡松坡集. 上海：上海人民出版社，1984：866.

④ 曾业英编. 蔡松坡集. 上海：上海人民出版社，1984：880.

⑤ 曾业英编. 蔡松坡集. 上海：上海人民出版社，1984：957.

⑥ 曾业英编. 蔡松坡集. 上海：上海人民出版社，1984：848.

其义子曾彦至滇接洽，谓桂省饷力、械力俱不足以有为，只好暂守中立，待机而发”①，并“托商会以损害商业为辞”②，拒绝袁世凯派北军由桂征滇；一面又向袁世凯自请率师攻黔，却在去黔途中命令桂军反戈相向，配合云南护国军围攻困守百色的攻滇粤军。见时机成熟，陆荣廷即宣布广西独立，不但直接促成了攻滇粤军的缴械投降，巩固了护国军的大本营云南，而且有力支援了正在川南、湘西各战线浴血奋战的护国军。除云、贵、桂外，经蔡锷等人的暗中联络，到云南独立前，“赣、湘、浙、鲁久通联络，已得赞可。粤省党人运动亦已成熟”③。而刘存厚则在护国军到达与泸州隔长江相望的纳溪时，不顾袁世凯的威胁和利诱，毅然以“中华民国护国川军总司令”的名义率师起义反袁，壮大了护国军的队伍，鼓舞了护国军官兵的斗志。因此，护国战争爆发后，滇、黔、桂、粤、湘的相继宣布独立和刘存厚的起义，实与蔡锷事先积极的联络和做工作有密切的关系。

第二，联络各党派重要人物。“二次革命”失败后，袁世凯在全国实行独裁专制统治，国民党人受到严重的迫害，军队溃败，党人星散，大批骨干遭到通缉，在国内没有立足之地，被迫流亡国外。孙中山、黄兴等多数人去了日本。为了重整党务，发动三次革命，推翻袁世凯的统治，孙中山到日本后召集部分原国民党员组建中华革命党，以实行民权、民生两主义为宗旨，以推翻袁世凯专制政府、建设完全民国为目的。黄兴、李烈钧、李根源、熊克武等一些国民党元老由于对中华革命党绝对服从党魁的规定和秘密结社的组织形式不满，未加入中华革命党。黄兴因与孙中

---

① 曾业英编．蔡松坡集．上海：上海人民出版社，1984：912.
② 李希泌等编．护国运动资料选编．北京：中华书局，1984：376.
③ 曾业英编．蔡松坡集．上海：上海人民出版社，1984：848.

山在政见和党建问题上存在严重分歧，遂于1914年6月下旬离开日本转赴美国考察政治。1914年8月，李烈钧、李根源、熊克武等人在东京发起组织欧事研究会，标榜“讨论”第一次世界大战以来的国内外局势，奉黄兴为领袖。该会的成立，在客观上标志着国民党已经从思想上的分歧进一步发展成组织上的分裂。中华革命党成立后，孙中山召集廖仲恺等各部长举行会议，决定组织中华革命军，密令陈其美在上海筹建中华革命军东南军，居正到青岛组建东北军，胡汉民到广州筹建西南军，于右任到陕西筹建西北军，同时指示国内各支部和党人互相配合，进行武装讨袁。但是，由于袁世凯的严密控制和破坏，革命派内部分裂、各自为政以及武器供应不上等原因，孙中山领导的中华革命党所创建的革命武装，未能在国内开创大的反袁斗争的局面。

天津密会后，蔡锷即主动与远在美国的黄兴联络，派专人给他送去一封长达17页的密信，通报国内形势以及袁世凯阴谋称帝的种种活动，并提出准备潜赴西南发动起义的计划，征求黄兴的意见。随后，又“迭电请克强（黄兴）先生回国”①。黄兴对蔡锷的计划非常赞同和支持，认为“讨袁的时机已经成熟，凭借松坡先生辛亥前后在云南蓄积的革命力量，以及他与进步党和一部分国民党人的密切关系，云南发难是较有把握的”，因而立即致函张孝准，“嘱其速即设法回国，与松坡先生密取联系，相助进行”。②并致函唐继尧，说明蔡锷到滇，“只借军讨袁，不为都督，不留

① 孙科．国父与黄克强先生革命之追忆//田伏隆主编．忆黄兴．长沙：岳麓书社，1996：217.

② 黄一欧．护国运动见闻杂忆//田伏隆主编．忆蔡锷．长沙：岳麓书社，1996：245－246.

滇，到即率兵出发"①，以消除唐继尧可能产生的疑虑。同时，黄兴还电促在海外的李烈钧、石陶钧等欧事研究会成员回国，参加护国战争。1915 年 11 月，黄兴又通知在日本的张孝准，蔡锷将经过日本去云南，要求张孝准和石陶钧确保蔡锷"安全通过倭地，经香港、安南（越南）达到目的地"②。在与黄兴联络的同时，蔡锷还通过李华英与中华革命党联络③，并嘱袁家普秘密联络在上海的欧事研究会成员彭允彝、谷钟秀等人，"与上海民党暗通消息"④。由于蔡锷与各党各派均有联络，在他潜出北京，经天津、日本、台湾、香港、越南转到昆明的途中，既得到进步党人的支持，也受到革命派的保护，还受到西南地方实力派的欢迎。云南宣布起义时，云南都督府厅以上、护国军支队长以上的 49 人中，曾隶属同盟会、国民党或中华革命党的 32 人，曾隶属进步党的 3 人，无党籍及党籍未详者 14 人，代表了各党各派反袁势力，标志着反袁联合战线的基本形成。云南宣布独立后，孙中山立即指示上海党人说："唐、蔡已动……既有首难，则袁之信用已破。此后吾党当力图万全而后动，务期一动即握重要之势力。"⑤并指挥中华革命军在广东、陕西、浙江、山东、湖北等地开展武装讨袁斗争。1916 年 5 月初，孙中山自日本回国后，发表第二次讨袁宣言，并进一步要求中华革命军"一切事宜，务求与讨袁各派协同进行，

---

① 谢本书．论反袁大联合//护国文集编辑组编．护国文集．石家庄：河北教育出版社，1988：8.

② 谢本书．论反袁大联合//护国文集编辑组编．护国文集．石家庄：河北教育出版社，1988：8.

③ 李华英．倒袁运动前后//田伏隆主编．忆蔡锷．长沙：岳麓书社，1996：380－381.

④ 袁家谱．蔡公遗事//田伏隆主编．忆蔡锷．长沙：岳麓书社，1996：107.

⑤ 孙中山全集：第 3 卷．北京：中华书局，1984：220.

以收群策群力之效。……以期早除国贼而奠国基”①。黄兴则在美加紧反袁宣传，筹集巨款汇回国内，并命谭人凤、周震麟等赴南洋筹款，支援护国战争。与此同时，黄兴还呼吁各派加强团结，共同讨袁。欧事研究会成员也纷纷投入反袁斗争。谷钟秀等人于1915年10月在上海创办《中华新报》，揭露袁世凯的罪恶，鼓吹讨袁。护国战争爆发后，该报特辟《护国军纪事》一栏，详载云南护国军总部和滇、黔、桂、粤四省护国军军务院的各项函电文告，对各地护国军的进展情况也作出详细报道，给袁世凯的复辟帝制活动以舆论上的谴责。而李烈钧、石陶钧等人奔赴云南直接参加了护国战争。云南宣布独立后，蔡锷与唐继尧等人立即发布誓词，公开号召团结全国一切反袁力量：“同人职责，惟在讨袁。天祚吾民，幸克有济。举凡建设之事，当让贤能，以明初志。个人权利思想，悉予铲除。地无分南北，省无论甲乙，同此领土，同是国民。惟当量材程功，通力合作，决不参以地域观念，自启分裂。倒袁救国，心理大同。但能助我张目，便当引为同志。所有从前党派意见，当然消融，绝无偏倚。五大民族，同此共和。袁氏得罪民国，已成五族公敌。万众一心，更无何等种族界限。”②因此，护国战争的发动和胜利是资产阶级各党各派联合奋斗的结果。孙中山后来在《建国方略》中说：袁世凯称帝后，“所幸革命之元气未消，新旧两派皆争相反对帝制自为者，而民国乃得中兴”③。梁启超也认为，在护国战争中，“急进派反诸平实，稳健

① 李希泌等编．护国运动资料选编．北京：中华书局，1984：575.
② 曾业英编．蔡松坡集．上海：上海人民出版社，1984：894－895.
③ 孙中山选集．北京：人民出版社，1981：383.

派力去弛惰，两派合作，是当时成功主因”①。在这个反袁各派大联合中，蔡锷则发挥了重要的纽带作用。正如朱德所说：“蔡松坡将军是进步党人，但他对同盟会同志及其他无党无派的人士，都是一秉至公，绝无偏见。同盟会的同志们也能与人合作，顾全大局。云南新局面的创立，护国军的成功，都是各党各派及无党无派人士通力合作的结果。”②

第三，发动广大人民群众。云南宣布独立后，蔡锷先后公开发表《告滇中父老文》、《誓告国人文》、《谕四川同胞文》，以浅显易懂的文字揭露袁世凯大借外债、取消议会、加税加赋、排斥异己、帝制自为的罪行，号召云南、四川及全国志士仁人，“万众一心，共同出力”，“与我军同心协力，把袁氏除了，共同维护我们的民国”③，并与唐继尧等人致电海外侨胞，反复说明反袁之宗旨，希望爱国侨胞“同心提挈，毅力扶持，慨助义金，共襄盛举，庶偕来箪笥，用集底定之奇勋，重整河山，复巩共和之大局”④。因此，护国战争很快得到了广大人民群众的拥护和支持。蔡锷抵滇后，“儿童走卒群相告语，欣然色喜。不数日，金融恐慌为之立平，物价亦趋于平静”。⑤护国战争爆发后，云南掀起了民众踊跃从军、踊跃输将和踊跃献钱、献粮、献物的高潮，并踊跃认购护国公债。护国军经过的地方还承担了供应军队给养的任务。在四川前线，护国军所到之处，当地人民“无不箪食以迎”，而且“农民武装起来，攻击敌军运输，他们把粮食和弹药转运给我们。船夫

① 云南省社会科学院历史研究所编. 护国文献. 贵阳：贵州人民出版社，1985：335.

② 蔡端编. 蔡锷集. 北京：文史资料出版社，1982：237.

③ 曾业英编. 蔡松坡集. 上海：上海人民出版社，1984：898.

④ 曾业英编. 蔡松坡集. 上海：上海人民出版社，1984：870.

⑤ 曾业英编. 蔡松坡集. 上海：上海人民出版社，1984：879.

撑船往来给我们送给养，把我们的部队摆渡过河，并且从战场上往下抬送伤兵”。[①]蔡锷也说：“逆军所至，（人民）迁徙一空。其步哨、溃兵常被人民梃击，舁送本军。口操北音之人，非十人以上，不敢径行乡镇。我军所至，人民舞蹈欢迎，逃匿妇孺，相率还家，市廛贸易骤盛。甚至火线以内，常有人民携榼馈食。各野老村妪，大率彻夜讽经，祝滇军之战胜。故俘虏供词曰：天时地利人和，都为滇军占尽，北军万无全胜之理等语。”[②]这充分说明农民阶级也在很大程度上发动起来了，与资产阶级同样举起了反对帝制、维护民国的旗帜，成了护国战争最深厚的群众基础。海外侨胞对护国讨袁斗争，不仅在政治上声援，在经济上支持，而且还有的不远万里，返回祖国参加讨袁斗争，把青春和热血洒在祖国各地。此外，在护国战争中，蔡锷还注意做北洋派将领的工作，向他们揭露袁世凯自为帝制、卖国求荣的罪行，号召他们与护国军一道，“共襄义举，迅奏肤功，救民水火”[③]。

蔡锷联合反袁的思想和实践，对于扩大反袁力量，最终取得护国战争的胜利起到了至关重要的作用。因此，护国战争的胜利，也是蔡锷联合反袁思想的胜利。

三、 起兵讨袁

护国战争前，云南将军唐继尧虽然在邓泰中、杨蓁、董鸿勋、黄永社等滇军中下级军官强烈要求和蔡锷的秘密联络下，决心反对帝制，但对于以一省之力抗衡袁世凯的北洋军信心不足，加之

① 史沫特莱．朱德谈蔡锷、辛亥起义和护国运动//田伏隆主编．忆蔡锷．长沙：岳麓书社，1996：48.

② 曾业英编．蔡松坡集．上海：上海人民出版社，1984：995.

③ 毛注青等编．蔡锷集．长沙：湖南人民出版社，1983：413.

未得蔡锷之意向所在，“且于多方面情形不悉其真相，遂一意稳静”，以致“荏苒数月，莫得要领”。①1915年12月中下旬，蔡锷、李烈钧等人的相继入滇，使唐继尧信心大增，决心起义。12月21日和22日，在蔡锷、唐继尧的主持下，云南反袁志士召开了两次军事会议，决定先电告袁世凯，要求其取消帝制，否则宣布云南独立，并议定起义军取名为护国军，合并军、巡两署，仿照辛亥革命的办法，设都督府为全省最高军政领导机关，唐继尧任都督，留守云南，蔡锷为护国军总司令，出征作战。23日，唐继尧、任可澄分别以云南将军、云南巡抚的名义致电袁世凯，要求取消帝制，诛除杨度、孙毓筠等13名帝制祸首，并限25日上午10时前答复。24日，蔡锷、戴戡致电袁世凯“为最后之忠告”，再次要求取消帝制，诛除祸首，并发明令，永除帝制，“否则，土崩之祸，即在眼前”。②对此，利令智昏的袁世凯均未作答复。25日，蔡锷与唐继尧等人联名通电全国，宣布云南独立，正式揭开了护国战争的序幕。在通电中，蔡锷等人历数袁世凯杀害革命党人张振武、宋教仁，收买议员，强选总统，更改约法，任意捕杀人民，断送利权，叛国称帝等二十大罪状，指出“世界文明已趋共治，君主国体日在淘汰之中。即就现政而论，袁氏就职以来，摧残舆论，滥耗库储，生杀由心，法律刍狗，民生困敝，呼诉无门，名为共和总统，实无异于君主专制。凡所设施，皆以为其私耳，所谓福国利民者安在哉！其为总统犹横恣如是，则异日之君主可知。今若戮力同心，铲除帝制，推倒袁氏，重建共和，则法、美之良规具在，我中华民国巍然继起于东亚大陆矣”③，并明确宣布讨袁护

---

① 曾业英编．蔡松坡集．上海：上海人民出版社，1984：879.
② 曾业英编．蔡松坡集．上海：上海人民出版社，1984：851.
③ 曾业英编．蔡松坡集．上海：上海人民出版社，1984：857－858.

国的四条政见："一曰与全国民戮力拥护共和国体，使帝制永不发生；二曰画定中央地方权限，图各省民力之自由发展；三曰建设名实相副之立宪政治，以适应世界大势；四曰以诚意巩固邦交，增进国际团体上之资格"①，表达了"义不从贼"、"但有进死，更无退生，非达到还我共和国民之目的不止"的"不斩楼兰不生还之慨"。②随后，蔡锷、唐继尧等根据天津密会确定的"以云贵之力下四川，以广西之力下广东"的战略方针，商定了讨袁作战计划，基本方针是：将护国军扩编为三个军，分三路出师。第一军以蔡锷为总司令，由云南分三路攻四川，中路以蔡锷亲率两个梯团从永宁（今四川叙永）进攻泸州，右路以戴戡联络黔军由綦江进攻重庆，左路以刘云峰率第一梯团的两个支队出昭通攻占叙府（今四川宜宾）。第二军以李烈钧为总司令由云南入广西，再分师出湘、粤。第三军由唐继尧兼任总司令，留守云南。另组挺进军，以黄毓成为总司令，相机由贵州抵湖南辰（溪）、沅（陵）地区，然后以一支部队经新化取长沙，北上岳阳，越洞庭，迫武昌；以一支下沅水，取常德，北扼虎渡，规荆州以指襄阳。进军分为三个阶段：第一步首先控制黔、桂、蜀三省；第二步进取武汉、闽浙、秦陇；第三步，以闽浙方向取守势，以进秦陇之兵逼袁军右侧，以抵武汉的主力部队大举北向，直捣袁逆巢穴。

云南宣布独立，袁世凯大为震动。12 月 29 日，袁世凯以"拥兵谋乱"、"违背国民公意"、"诬蔑元首"等三条"罪状"，宣布"开武将军唐继尧、巡按使任可澄，均著即行褫职，并夺去爵位、勋章，听候查办"，并指责蔡锷"当讨论国体发生之时，曾纠合在京高级军官，首先署名，主张君主立宪。嗣经请假出洋就医，何

① 曾业英编．蔡松坡集．上海：上海人民出版社，1984：861．
② 曾业英编．蔡松坡集．上海：上海人民出版社，1984：858．

以潜赴云南，诪张为幻，反复之尤，当不至此”，宣布对蔡锷“褫职夺官，并夺去勋位勋章，由该省地方官勒令来京，一并听候查办”。同时，袁世凯又下令，张子贞着加将军衔，暂代督理云府军务；刘祖武着加少卿衔，代理云南巡按使，妄图以此分化护国军。①而张子贞、刘祖武立即通电，痛斥袁世凯帝制自为是“甘以四万万人为牺牲，全国土地为代价，真千古未有之神奸，旷世未遭之劫运”，宣布拥护共和，支持护国起义，表示一定要“合力同心，扫除帝制，重建共和”。②袁世凯见分化云南内部的阴谋未能得逞，立即加紧调兵遣将，在新华宫丰泽园设立“征滇临时军务处”，亲自主持对云南的军事行动，拟定了三路出兵的计划：第一路，由第六师师长马继曾为司令，指挥湘西、河南、奉天、安徽等处兵力约2.6万人，拟向辰溪集中，然后从湘西入贵州，再从东南进攻云南。第二路，以张敬尧为司令，指挥南苑、岳州、南昌、保定等各处兵力，加上川军两师三混成旅，总数约4.5万人，从四川叙州、泸州进攻云南。并以曹锟为第一、二两路军总司令，负责指挥湘、川战争。第三路，由广东广惠镇守使龙觐光率粤军一师假道广西进攻云南，以抄袭护国军的后路。从袁世凯的上述部署来看，四川泸州是主攻方向，湘西、粤、桂方面为助攻。护国等只要打垮入川这路袁军，其他两路则不难攻破。因此，四川战场是护国战争的主战场，而泸州战场又是重中之重。

1916年1月14日，蔡锷率领云南护国第一军官兵宣誓：“拥护共和，我辈之责，兴师起义，誓死国贼。成败利钝，与同休戚，

① 中国第二历史档案馆编. 护国运动. 南京：江苏古籍出版社，1988：508－513.

② 中国第二历史档案馆编. 护国运动. 南京：江苏古籍出版社，1988：181－182.

万苦千难，舍命不渝。凡我同人，坚持定力，有渝此盟，神明必殛。”誓毕，蔡锷带领云南护国第一军中路军出永宁进攻泸州，与数倍于己的袁军展开殊死搏斗。出师时，蔡锷由于肺结核折磨，已经“瘦得像鬼，两颊下陷”，但他仍坚决表示“要把全部生命献给民国”。[①] 本来，在天津密会上，考虑到敌强我弱实际情况，为争取战场上的主动，蔡锷与梁启超曾商定待护国军潜运到四川边境后再宣布云南独立。但1915年12月18日秘密到达上海的梁启超突接到有关情报说：袁世凯将以补贺日皇加冕为名，派周自齐为贺礼赠勋特使，赴日洽谈条件，以换取日本承认帝制。紧接着，江苏将军冯国璋又派人前来传言，说他“盼滇速起”，且将“立应”。[②]在这外交紧急、内助得人的情况下，梁启超认为，“蔡、戴既到滇，滇局亦不能久持秘密”[③]，有必要打破京津成议，提前发难。于是，他一面通过日本驻华公使小幡运动日本政府拒绝周自齐赴日；一面于20日托南京友人代发一电给蔡锷说：“外交紧急，袁将卖国，请即发动。”[④]蔡锷等人以为梁“已经在南京，冯华甫（国璋）准备着就要响应了”[⑤]，加上袁世凯又严电唐继尧查缉蔡锷，一时“风声大起，迟恐生变”[⑥]，遂决定改变计划，在参战部队尚未集结、有关准备没有完成的情况下，提前宣布了独立，以

---

① 史沫特莱．朱德谈蔡锷、辛亥起义和护国运动//田伏隆主编．忆蔡锷．长沙：岳麓书社，1996：46－47.

② 云南省社会科学院历史研究所编．护国文献．贵阳：贵州人民出版社，1985：186.

③ 云南省社会科学院历史研究所编．护国文献．贵阳：贵州人民出版社，1985：300.

④ 庾恩旸．云南首义拥护共和始末记：上册．昆明：云南图书馆，1917：19.

⑤ 云南省社会科学院历史研究所编．护国文献．贵阳：贵州人民出版社，1985：308.

⑥ 李希泌等编．护国运动资料选编．北京：中华书局，1984：107.

致云南宣布独立半月后，蔡锷才率领护国军主力自昆明出发。这就给了袁世凯调兵入川，使其主力先行抵达泸州的机会，致使川南战场发生了对护国军颇为不利的变化。尽管蔡锷颇感“此次出征，师行未能大畅，实因宣布过早，动员缓慢，出师计划未尽协宜，以致与京、津所豫想者竟相凿枘”[①]，但他坚定地表示：“余素抱以身许国之志，此次尤为决心，万一为敌贼暗算，或战死疆场，决无所悔。”[②]在前线指挥作战，蔡锷虽然“平均每日睡觉睡不到三点钟，吃的饭是一半米一半砂硬谷”[③]，而且病情日益加剧，以致不能发声，但他对护国战争充满必胜的信心。在紧张的战斗间隙，蔡锷作七言绝句二首，其一云：“蜀道崎岖也可行，人心奸险最难平。挥刀杀贼男儿事，指日观兵白帝城。”其二云：“绝壁荒山二月寒，风尖如刃月如丸。军中夜半披衣起，热血填胸睡不安。”[④] 真实地描述了艰苦紧张的战斗生活，表现了反对袁世凯倒行逆施和捍卫共和制度的坚强决心。由于敌众我寡，地势不利，加之护国军武器弹药不足，以劳攻逸，也就使以泸州为中心的川南战场争夺十分激烈，成为“有枪炮以来，吾国战事，当以此役为最”[⑤]的著名的恶战。但是，在蔡锷的指挥和带领下，护国军“士气坚定，上下一心，虽伤亡颇重，昼夜不能安息，风餐露宿，毫不为沮”[⑥]，虽鏖战经月，“屡濒于危，皆能绝处逢生”[⑦]，并不

---

① 曾业英编．蔡松坡集．上海：上海人民出版社，1984：1008.

② 曾业英编．蔡松坡集．上海：上海人民出版社，1984：890.

③ 梁启超．护国之役回顾谈∥田伏隆主编．忆蔡锷．长沙：岳麓书社，1996：239.

④ 曾业英编．蔡松坡集．上海：上海人民出版社，1984：952.

⑤ 云南省社会科学院历史研究所编．护国文献．贵阳：贵州人民出版社，1985：669－670.

⑥ 曾业英编．蔡松坡集．上海：上海人民出版社，1984：931.

⑦ 曾业英编．蔡松坡集．上海：上海人民出版社，1984：1054.

断取得胜利。护国军所表现出来的旺盛斗志，使四川将军陈宧惊恐万状，急忙致电冯国璋说："滇军虽暂退，官兵勇敢过人，蔡松坡用兵如神，地方多乐与相助，终不可侮。且黔省刘显世与蔡共攻守，桂省陆荣廷不日响应。久更生变，滋蔓必多，将来收拾尤难。请公速电袁总统先行停战议和。"①

蔡锷率领的护国第一军在川南与北洋军英勇作战，极大地鼓舞了全国人民的反袁斗志，推动各地反袁斗争的开展。1916 年 1 月 27 日，贵州宣布独立，并派戴戡以护国第一军右翼总司令名义，率黔军五、六两团由遵义北上，配合蔡锷进攻綦江，威逼重庆；王文华以护国第一军右翼支队司令名义，率黔军一、二、三、四团进攻湖南，这不仅稳定了云南的外围，而且使北洋军在湖南、四川两省都受到威胁。3 月 15 日，在蔡锷、梁启超的先期联络和梁启超毅然赴桂的促使下，陆荣廷和陈炳焜宣布广西独立，桂军分三路出兵湖南、广东肇庆及钦州、廉州。这样，滇、黔、桂及川南、湘西连成一片，极大地巩固了护国军的后方。

贵州和广西的相继独立，又反过来给川南前线的蔡锷以极大的鼓舞。就在广西宣布独立的当天，蔡锷接连发出七道命令，组织向泸州发起全线总反攻，连战告捷，重创袁军，使"正面之敌被此次击溃后，已无反攻之勇气"②，"惟伏居战壕，不敢越雷池一步。即其新到之第八师，亦有闻风丧胆之势"③。最后，袁世凯被迫同意停战议和。这标志着袁世凯武力镇压、军事围剿的计划彻底破产。3 月 22 日，处于四面楚歌的袁世凯不得不宣布撤销承认

① 四川省政协编. 四川文史资料选辑：第 14 辑. 成都：四川人民出版社，1980：16.

② 曾业英编. 蔡松坡集. 上海：上海人民出版社，1984：993.

③ 曾业英编. 蔡松坡集. 上海：上海人民出版社，1984：1008.

帝制案。袁世凯的洪宪王朝仅存在83天就垮台，这是中国人民护国讨袁斗争取得的重大胜利，也是历史的必然。孙中山对这次斗争作出了高度的评价。他说："云南起义，其目标之正确、信心之坚强、士气之昂扬、作战之英勇，以及民心之振奋，响应之迅速，与黄花岗之役，辛亥武昌之役，可谓先后辉映，毫无轩轾，充分表露中华民族之正气。"①在这场艰苦卓绝的斗争中，蔡锷作为主要的领导者和指挥者之一，所表现出来的为捍卫共和制度而奋不顾身的精神是值得充分肯定的。

四、迫袁退位

在护国军的顽强作战和全国人民强烈声讨下，袁世凯迫于形势，不得不下令撤销了帝制案，但他却仍赖在大总统的位置上，以"本大总统"的名义发号施令：一方面将各省拥戴他当皇帝的文电公布，以推脱罪责；另一方面又积极扩充军队，准备以武力讨伐护国军，而表面上以黎元洪、徐世昌、段祺瑞三人的名义致电蔡锷、唐继尧等人称："帝制取消，公等目的已达，务望先戢干戈，共图善后。"②杨善德、李纯、张勋、张作霖等一批北洋军军官也从维护北洋军阀集团的利益出发，纷纷通电反对袁世凯退位，说什么"现在帝制取消，内阁成立，滇、黔诸省，要求已遂，论世论时，要当止步"③，并指责蔡锷、唐继尧"拥众负隅，非礼要挟，置国家安危于不顾"④。就连以前对袁世凯复辟帝制不满而对

---

① 云南省社会科学院历史研究所编．护国文献．贵阳：贵州人民出版社，1985．10.

② 陶菊隐．北洋军阀统治时期史话：上册．北京：三联书店，1983：410.

③ 中国第二历史档案馆编．护国运动．江苏古籍出版社，1988：711.

④ 中国第二历史档案馆编．护国运动．江苏古籍出版社，1988：713.

护国军持某种程度的同情的冯国璋此时也给护国军打电报说："今者帝制取消已颁明令，中央于已定之局尚不惜幡然变计，力谋和平，是公等最初之要求实已完全解决。如仍裹粮坐甲，长此迁延，则爱国恤民之宣告已属空谈，而争权夺利之嫌疑渐成事实。"①由于得到这些北洋军官的支持，袁世凯底气更足，指令四川将军陈宧与蔡锷商议停战，并授意陈宧将维持他的总统地位作为停战的条件。在给陈宧、张敬尧的电报中，袁世凯说："退位不成问题，所虑者，凯此时若决然远行，北方各省，尤其是北洋派、宗社党等，难免不横生枝节。若因此而致使国家更蒙无穷之祸，于心难安。故拟商松坡稍假时日，使有补过机会，一俟善后部署就绪，即行归里，还我初服。如松坡顾虑难释，执事（指陈宧——引者）即可为我担保。"②陈宧将这份电报转蔡锷，并说："兄所抱政见，已完全得达，理应早日息兵，以重民命。"③ 袁、陈的用意十分明显，就是要求蔡锷罢兵，继续维持袁世凯总统地位。

袁世凯取消帝制这一招确实给护国军领导人提出了新的问题。因为护国战争是因反对袁世凯复辟帝制而起，现在袁世凯既然下令撤销了帝制，继续进行护国战争似乎就失去了依据。因此，是就此为止，让袁世凯继续当名义上的总统、实际上的皇帝，还是继续坚持护国战争，直到袁世凯退位，对于蔡锷来说，是又一严峻的考验，必须作出明确的回答。

事实上，在袁世凯宣布取消帝制之时，蔡锷就敏锐地注意到这个问题。他一面致电唐继尧等人，及时提出"袁既取消帝制，我如用兵，各国及各省对于我军，能否仍有多数表同情"的问题，

---

① 中国第二历史档案馆编．护国运动．江苏古籍出版社，1988：693．

② 云南省政协文史资料研究委员会．陈宧研究．1962：125．

③ 曾业英编．蔡松坡集．上海：上海人民出版社，1984：1005．

建议他们“审夺时势，早予抉择”①；一面复电陈宧和政事堂，对袁世凯的“尸位不去”提出强烈的质问：“试问袁氏居此失败地步，能否掌执国家大权操纵如意？即使能之，又试问袁氏尚有何面目以见国人？今姑将道德廉耻暂置勿论，又试问当此纪纲法律对内对外之威信荡然扫地之秋，袁氏焉能举国中之有才有德者以供其指挥耶？袁氏独断独行五年于此，试问成效何在？……帝制今虽取消，焉知将来不死灰复燃？请问我公果有何等担保，足以取信于国人耶?”②并尖锐指出：“以法理言，项城（袁世凯系河南省项城县人，故又被称之为袁项城——引者）承认帝位时，已有辞退总统之明令，是国会选举之效力已无存在，此时继续旧职，直无根据。……以情势言，项城身为总统，不能自克，及承认帝位，又不能自坚，一人之身，数月之间，而号令三嬗……纵使指天誓日，亦无以坚人民之信。”③ 从而从法理、现实两个方面否定了袁世凯继续担任总统的合法性和合理性，表达了坚持袁世凯必须下台的政治主张。之后，蔡锷从以下四个方面进行迫袁退位工作：

一是统一护国军内部的思想。在得知帝制撤销的消息后，蔡锷连续发出数电，提醒唐继尧、刘显世、戴戡等人：“袁逆之撤销帝制，一因兵事挫衄，外交逼紧，财政困穷，人心鼎沸，乃迫而出此；一因独立省分逐渐加多，护国军势力继涨增高，无力抗御。姑借此下台，以和缓国人之心理，孤我军之势力，仍盘踞现位，以为卷土重来之地。其狡猾无耻，实堪痛恨。吾侪既揭义旗，自

---

① 曾业英编. 蔡松坡集. 上海：上海人民出版社，1984：1004.
② 曾业英编. 蔡松坡集. 上海：上海人民出版社，1984：1012.
③ 曾业英编. 蔡松坡集. 上海：上海人民出版社，1984：1047.

须贯彻始终，方肯罢休。”①并以“各就职守所在，力量所及，为最后之奋进。百尺竿头，更进一步，则最初之目的，不难贯彻。际此浮图合尖，功成一篑之时，不宜以一隅之小利害而易其喜戚，尤不可因小故而竞意气”与他们“共勉”。②他还向梁启超建议：“亟宜趁此时联络各省，迫袁退位，照约法以副总统摄职，仍召集国会行正式选举。”③由于蔡锷等护国军主要领导人态度坚决，护国军内部的思想很快趋于统一，一致认为：“项城一日窃位，公愤一日不息”；“非项城退职去国，时局断无从解决”。④ 4 月 18 日，蔡锷与唐继尧等人发布两个宣言，严正指出：“前大总统袁世凯受民委托，为国元首，不思奉公守法，福国利民，反蓄逆谋，图覆国命，嗾使徒党设立筹安会名目，紊乱国宪，公然倡乱。又阴唆政府大员密发函电，勒逼各省军民长官干涉选举，矫诬民意。其密电多至五十余通，皆有政事堂密码及官印原纸可凭。当国体投票尚未举行之前，已在总统府设立大典筹备处，预备登极，卒乃公然下令自称皇帝。其种种谋叛实据，应受弹劾裁判，载在约法。今袁世凯谋叛罪之成立既已昭然，即将帝制撤消，已成之罪固在。特以约法上之弹劾裁判机关久被蹂躏，不能行使其职权，任彼逍遥法外，除由本军政府督率大军务将该犯围捕，待将来召集国会依法弹劾，组织法庭依法裁判外，特此宣言：前大总统袁世凯因犯谋叛大罪，自民国四年十二月十三日下令称帝以后，所有民国大总统之资格，当然消灭。”同时宣布，根据 1913 年《大总统选举法》的第三条和第五条规定：“恭承现任副总统黎公元洪为中华

① 曾业英编．蔡松坡集．上海：上海人民出版社，1984：1004.
② 曾业英编．蔡松坡集．上海：上海人民出版社，1984：1054.
③ 曾业英编．蔡松坡集．上海：上海人民出版社，1984：1008.
④ 曾业英编．蔡松坡集．上海：上海人民出版社，1984：1119.

民国大总统，领海陆军大元帅。其递遗副总统一职，俟将来国会能召集时，再依法选举。”①这就为继续护国战争，迫袁退位提供了合法的依据。5 月 8 日，根据天津密会上蔡锷与梁启超等人关于“俟云贵、两广独立，观形势如何，即先组织一临时政府，戴黎公元洪为总统。盖袁氏既以〔已〕叛国，失去大总统资格，依约法当由黎公继任”②的设想，蔡锷、唐继尧、梁启超等护国军领导人发起在广东肇庆成立了军务院，宣布：军务院遥尊黎元洪为大总统，直隶大总统，统筹全国军机，施行战时及善后一切军政、民政对内对外事宜。军务院的成立，标志着从政权上根本否定了袁世凯的独裁统治，进一步显示了护国军坚持要袁退位的立场和与袁斗争到底的决心，更加壮大了护国军和反袁力量的声势，也进一步增强了各派反袁力量斗争的信心。

二是分化瓦解袁世凯集团。在停战议和的空隙，蔡锷注意抓住时机，“致电各处，发表意见，联络声气，促其迫袁退位”。③他致电黎元洪、徐世昌、段祺瑞，指出：“比闻项城悔祸，撤除帝制，足副喁望，逖听下风，曷胜钦感。惟国是飘摇，人心罔定，祸源不清，乱终靡已。默察全国形势，人民心理尚未能为项城曲谅。凛已往之玄黄乍变，虑日后之覆雨翻云。已失之心难复，既堕之威信难挽”④，希望他们从安定国家、造福生民出发，劝导袁世凯早日退位。他又致电袁世凯政府政事堂，分析了国内人民要求袁世凯退位和西方五国对袁世凯复辟帝制提出警告的形势，要求政

---

① 曾业英编．蔡松坡集．上海：上海人民出版社，1984：1051－1052.

② 云南省社会科学院历史研究所编．护国文献．贵阳：贵州人民出版社，1985：301.

③ 曾业英编．蔡松坡集．上海：上海人民出版社，1984：1073.

④ 曾业英编．蔡松坡集．上海：上海人民出版社，1984：1017.

事堂诸公“合词规谏”袁世凯退位，以“勿昧先机”。[1]蔡锷还致电冯国璋，指出：袁世凯在位“已无术见谅于国人”[2]，要求冯国璋与护国军一道促袁退位。后来冯国璋以迫袁退位，尚费手续，向蔡锷请求停战一月，蔡锷当即予以同意。北洋军第7师师长张敬尧、第16混成旅旅长冯玉祥和第4混成旅旅长伍祥祯是蔡锷在川南战场的主要对手，在停战议和期间，蔡锷迭电向他们揭露袁世凯“盘踞恋栈之阴谋”，指出，“项城一日不退，战祸一日不休”，促其迫袁退位，袁不应则率部宣告与袁断绝关系。[3]

三是积极促使四川独立。四川将军陈宧是袁世凯的亲信，曾任袁的参谋次长。为加强对四川的统治，1915年2月20日，袁世凯任命陈宧为四川将军，率北洋军伍祥祯的第4混成旅、李炳之的第13混成旅和冯玉祥的第16混成旅开进四川。陈宧入川后，立即大肆迫害在川的革命党人，为袁世凯的帝制复辟在四川铺平道路。同时，以整编为名，排斥异己，裁减川军，将随他入川的北洋军将领充任川军各旅、团长，加强对川军的控制。接着，又调川军各部开赴川东、川南地区，分区进行所谓的“大清乡”，既欲达其分化削弱川军实力的目的，又利用川军消灭继续在川进行反袁斗争的革命势力。11月19日，陈宧亲自压阵，在成都将军署举行所谓表决国体“推戴皇帝”的“国民代表会议”。护国战争爆发后，陈宧按照袁世凯的指令，积极组织北洋军和川军抵抗护国军。然而，在护国军和全川民军的打击下，北洋军在川部队和陈宧的部队普遍厌战，冯玉祥、张敬尧相继与护国军停战。3月22日，袁世凯在宣布撤销帝制的同时，命陈宧提出停战条件与蔡锷谈判。

① 曾业英编．蔡松坡集．上海：上海人民出版社，1984：1048.
② 曾业英编．蔡松坡集．上海：上海人民出版社，1984：1070.
③ 曾业英编．蔡松坡集．上海：上海人民出版社，1984：1129－1130.

作为袁世凯复辟帝制的忠实追随者，陈宧在袁世凯宣布取消1916年元旦登极后，还电请袁世凯早登帝位；袁世凯撤销帝制后，他仍顽固坚持拥戴袁世凯，将仍承认袁世凯为总统作为停战条件。对此，蔡锷坚决反对，一方面“力辟首条之万不可行，促其联合各省迫袁退位”①，另一方面力促冯玉祥、伍祥祯迫陈宣布独立。②之后，陈宧见大势已去，有宣布独立之意，但又担心宣布独立后曹锟、张敬尧、周骏来攻而危及自己的安全，因此向蔡锷借护国滇军四梯团，由其部下刘一清、雷飙统带，“先到叙府与冯玉祥换防，使冯旅得移自流井及资中应援省城，紧急时再由雷军赴援，用免疏虞”③。其用意一可向蔡锷表示其独立之心，二可使蔡向曹、张施加压力，一旦独立之后事有“反侧”，尚有兵力可资。蔡锷明知陈宧所部合计不下50营，而护国滇军仅13营，陈宧此举“毋乃乞米于丐”④，但是为了促使四川独立，蔡锷毅然允其所请，从护国滇军中拨出10营，委雷飙带领赴叙府，“以壮声势而资联络”⑤。由于有蔡锷切实为后盾，陈宧分别于5月3日和5月12日致电袁世凯，劝其退位，但没有宣布独立的表示。对于陈宧骑墙态度，蔡锷当然不满意，继续做陈的工作，要求其宣布独立，断绝与袁世凯的关系。在蔡锷的反复劝导和四川人民的催促下，陈宧最终同意宣布独立，但又向蔡锷提出，除先借的滇军外，再借两梯团，而且一须真正滇军，二须刘云峰统率，速开赴叙府，以便雷飙所部移扎自流井。为破陈宧的“骑墙之术”，促成四川独

---

① 曾业英编．蔡松坡集．上海：上海人民出版社，1984：1054.

② 曾业英编．蔡松坡集．上海：上海人民出版社，1984：1016.

③ 四川省政协编．四川文史资料选辑：第14辑．成都：四川人民出版社，1980：18.

④ 曾业英编．蔡松坡集．上海：上海人民出版社，1984：1064.

⑤ 曾业英编．蔡松坡集．上海：上海人民出版社，1984：1067.

立，蔡锷“筹度再四”，又一次答应陈宧的要求，“飞饬刘云峰率何海清支队先发赴叙，以践夙约，而壮声援”①。陈宧在其安全有了保障的情况下，遂于5月22日致电袁世凯北京政府，宣布“宧不能不代表川人，与项城告绝。自今日始，四川省与袁氏个人断绝关系，袁氏在任一日，其以政府名义处分川事者，川省皆视为无效。”② 蔡锷闻讯后欣喜异常，即致电陈宧：“蜀省独立，竟观厥成。二公（指陈宧——引者）之苦心毅力，深堪佩仰。诸兄翊赞之功，足垂不朽。回忆兹事，几如婴儿久孕，临产无期，便便硕腹，群方疑为胎变，今竟诞生麟儿，母子俱吉，实民国无疆之庥。如袁氏因川事发动，翻然彻悟，克践前言，退职去国，则二兄一举手投足之劳，胜于雄师百万矣。”③四川的独立是响应云南起义护国而宣布独立的第6个省区，它扩大了护国军的声势，加速了袁世凯的灭亡。蔡锷在促成四川独立的过程中所作出的努力是值得充分肯定的。

四是继续加强军事攻势。蔡锷之所以同意与陈宧停战议和，一方面因为陈宧有意“倒袁行联邦制”④，另一方面因为蔡锷屡次向唐继尧提出的“滇中增援计划，不甚可靠”⑤，以及在川滇军各路兵力有限，弹药缺乏，补给不及，“屡经激战，亦须切实整理”⑥。因此，蔡锷对停战议和与袁世凯撤兵本来就不存什么幻想。他十分清醒地认识到，“袁逆以兵事失败，外交逼紧，财政困穷，

① 曾业英编．蔡松坡集．上海：上海人民出版社，1984：1096.

② 四川省文史研究馆编．四川军阀史料：第1辑．成都：四川人民出版社，1981：208.

③ 曾业英编．蔡松坡集．上海：上海人民出版社，1984：1111.

④ 曾业英编．蔡松坡集．上海：上海人民出版社，1984：1008.

⑤ 曾业英编．蔡松坡集．上海：上海人民出版社，1984：1056.

⑥ 曾业英编．蔡松坡集．上海：上海人民出版社，1984：1073.

人心鼎沸，不得已而取消帝制，以为目前和缓人心，将来复可卷土重来之计"①，"非节节进兵，不能得完满之结果……义不返兵"②。即使陈宧宣布四川独立后，蔡锷也看到袁军尚有三师在川，泸州前线总司令张敬尧并不受陈宧节制，其本人也未宣布与袁世凯断绝关系，"其结果或将再开战"③。因此，在与陈宧等人商议停战和谈的同时，蔡锷并没有放弃军事讨袁，而是继续与唐继尧、刘显世等人商讨军事行动计划，迅速确定了"以滇军规蜀，黔军规湘，桂军规粤，另组织第三军为各路策应"的总体战略。在此基础上，蔡锷进一步提出了各路的作战方针："就全川兵略言，叙、泸方面宜主守。俟綦、渝得手，或遇敌有隙可乘，乃并力冲出。綦、渝方面则积极取攻势，以必得为期。对湘亦宜暂取守势"④。"对粤宜促桂积极进行，赶速攻下羊城"⑤，"粤下，再会师图湘"⑥。为保证上述战略的实施，蔡锷致电唐继尧、刘显世、戴戡等人，建议利用停战的机会，加紧完成六个方面的工作：第一，速与日本订购军械，并于最短时日赶速运滇。第二，分派专员至各省确实联络接洽。第三，派专员驻日，并请唐（绍仪）、伍（廷芳）等以半公半私之资格，赴欧美各国接洽一切，俟政府成立，即任为驻外代表。第四，组织举义省份之总代机关，以资提挈。第五，赶行筹划军备，以图大举。第六，为各路护国军增派援兵，并将器械、人员、弹药补充完备。⑦ 与此同时，蔡锷命令川南前线

① 曾业英编．蔡松坡集．上海：上海人民出版社，1984：1008.
② 曾业英编．蔡松坡集．上海：上海人民出版社，1984：1071.
③ 曾业英编．蔡松坡集．上海：上海人民出版社，1984：1118.
④ 曾业英编．蔡松坡集．上海：上海人民出版社，1984：1037.
⑤ 曾业英编．蔡松坡集．上海：上海人民出版社，1984：1023.
⑥ 曾业英编．蔡松坡集．上海：上海人民出版社，1984：1034.
⑦ 曾业英编．蔡松坡集．上海：上海人民出版社，1984：1015.

各部队在停战期中，固守现阵地，严密警戒，万不可稍有松懈，并抓紧时间改定编制，补充战员，教练新兵，催送军需，于险要地方占领阵地，筑强固工事，多设阻拦，即遇强敌来攻，至少亦须能支持三日夜。

由于蔡锷等人坚持袁世凯不退位就决不停战的原则，及时揭露袁世凯撤销帝制后留任总统职位的违法性，广泛宣传继续护国战争直至袁世凯下台的合法性，积极争取各方采取迫袁退位行动，各地护国战争向纵深发展。继云南、贵州、广西独立之后，广东（4月6日）、浙江（4月12）、陕西（5月15日）、四川（5月22日）、湖南（5月29日）等5省又相继宣布独立。至此，护国军已占有8省地盘，形成三分天下有其一的局面。未独立各省的护国讨袁斗争也四处烽起，奉天有辽东护国军的起义，东北有东三省护国军举义，山东护国军组织都督府。加上中华革命党、国民党在各省所策动的起义，以及全国反清丈、反卖国、反帝制的人民自发斗争，整个中华大地，一片燎原大火，袁世凯被烧得焦头烂额，深陷四面楚歌之中。6月6日，在亿万人民的唾骂声中，袁世凯一命呜呼，结束了可耻的一生，自然而然地解决了护国军和全国人民要求其退位的问题。

五、再造民国

6月6日袁世凯死去，6月7日黎元洪继任大总统。川南前线的蔡锷闻讯倍感高兴："福音传来，三军雀跃，万众欢腾。此公一死，何啻救生灵百万！天网恢恢，疏而不漏，其信然矣。"① 接着，蔡锷不顾征尘未洗、病情加剧，又投入了重建民国、恢复共和制

① 曾业英编. 蔡松坡集. 上海：上海人民出版社，1984：1141.

度的新的斗争。

1. 主张恢复旧约法，召开国会。早在逼袁退位期间，继任总统问题就成了各方关注的焦点。于是，在迫袁下台的鼓噪声中，各派政治力量纷纷抬出各自利益的代表者，作为新的大总统人选。北洋军阀集团中的两个重要成员冯国璋、段祺瑞都想取袁而代之，并分别通过其在川南前线的代理人在与蔡锷和谈时向蔡提出。陈宧、张敬尧力主拥段祺瑞为总统，而冯玉祥“主张在倒袁以推冯（国璋）”①。护国军方面则主张根据《临时约法》的有关规定，由黎元洪依法继任总统。袁世凯死后，本想爬上总统宝座的段祺瑞，迫于各方面的压力，不得不采取以退为进的手法，于袁死当天下午以国务院名义将袁世凯所谓“依约法（即《中华民国约法》——引者）第二十九条大总统因故去职或不能视事时，副总统代行其职权，本大总统遵照约法宣告，以副总统黎元洪代行中华民国大总统职权”②的遗言通电全国，并于次日按袁世凯的遗言将黎元洪推上代总统的职位。段祺瑞此举的意图是，根据袁世凯作出的《修正大总统选举法》第十一条规定，副总统代任总统后，要在3日内召开大总统临时选举会进行选举，这样，黎元洪只是过渡而不能久任，而段祺瑞则可趁机利用手中权力当选为大总统。所以，段祺瑞坚持肯定《中华民国约法》的根本目的，一则是使自己当选为大总统有法律上的依据，二是《中华民国约法》所肯定的总统制又能为自己实行集权提供法律上的保障，实际上是想“合法”地继承袁世凯的衣钵。这就与护国军依据《临时约法》第三条“大总统任期六年”和第五条“在总统缺位时，由副总统继任，至本任大总统期满之日止”的规定由黎元洪继任总统的主张

---

① 曾业英编. 蔡松坡集. 上海：上海人民出版社，1984：1016.

② 中国第二历史档案馆编. 护国运动. 南京：江苏古籍出版社，1988：740.

相矛盾。表面上看，“代任”与“继任”仅一字之差，似乎差别不大，但实际上却关系到袁世凯倒台之后哪部约法具有宪法上之效力的重大问题。这样就引发了1914年袁世凯“私造”的《中华民国约法》，即所谓“新约法”，和孙中山1912年颁布的《临时约法》，即所谓“旧约法”之争。

段祺瑞坚持“新约法”的行径，立即遭到了全国的激烈反对。6月9日，孙中山发表《规复约法宣言》指出：“袁氏凡百罪孽，皆由其以天下为私之一念而来。残暴专制，既无不为，而又以金钱诈术济之，以至于败。今求治无他，一言蔽之曰：反其道而已。庶事改良，或难骤举，至于规复约法，尊重民意机关，则惟一无二之方，无所用其踌躇者。于此时期，而犹有怙私怀伪不顾大局之流，则国人疾之，亦将如疾袁氏。”①黄兴也通电指出：“不声明恢复元年约法，及遵照二年大总统选举法第五条，由副总统继任，而蒙混提出袁氏预备称帝时伪造之约法二十九条，由副总统代行其职权，是仍以伪法乱国法。”② 南方军务院也通电要求恢复《临时约法》，召开国会，组织内阁。岑春煊、陆荣廷等人也致电黎元洪，要求明令宣布四事：第一，我大总统及时承位，乃继任，非代行职政。第二，南军政府迭宣言拥护约法，乃指民国元年之民定约法，非民国三年项城改定之约法。第三，国会为民国根本法所由产生，项城以非法解散，今应恢复国会。第四，依据约法，指定总理，组织新内阁，交由国会同意。③ 由于全国人民的一致反对，段祺瑞被迫表示同意“约法复旧”，但又在恢复手续上大做文

① 孙中山．孙中山全集：第3卷．北京：中华书局，1984：305．

② 云南省社会科学院历史研究所编．护国文献．贵阳：贵州人民出版社，1985．32．

③ 中国第二历史档案馆编．护国运动．江苏古籍出版社，1988：749－750．

章，主张由各省推任本省旧国会议员3人，克期到京会议。这又表明，他的同意完全是假的，因为当时独立省份只有5个（陕、川、粤在袁死后即宣布取消独立），这样的会议绝不会作出“约法复旧”的决议的。

在这场新旧约法之争中，蔡锷坚持主张恢复“旧约法”，并恢复国会。如前所述，早在天津密会上确定反袁方略时，为了发动社会各界参与护国倒袁斗争，蔡锷就与梁启超等人提出了倒袁后拥护黎元洪继任总统的主张，这就意味着必须恢复被袁世凯废除的《临时约法》和被袁世凯强行解散的国会。在迫袁退位期间，蔡锷又与唐继尧等人宣布：“前大总统袁世凯，因犯背叛大罪，所有大总统资格当然消灭，经本军政府根据约法宣言在案。查民国三年九月国会参众两院议决公布之《大总统选举法》第三条云：大总统任期六年。第五条云：在总统缺位时，由副总统继任，至本任大总统期满之日止等语。今大总统既以犯罪缺位，所遗未满之任期当然由副总统继任。本军政府谨依法宣言：恭承现任副总统黎公元洪为中华民国大总统，领海陆军大元帅。”①6月7日，黎元洪就任大总统后，蔡锷通电北京各部院及各省，指出：“项城出缺，黄陂继任，舆情拱服，中外翕然，元首得人，曷胜抃颂”②，再次明确表示拥护黎元洪继任大总统。需要指出的是，在与陈宧等人和谈期间，在总统继任问题上，蔡锷曾向陈宧表示：袁世凯退位后，“继位问题不当以武力解决，应以法律解决之。约法不云耶？若遇总统退位，则其责任职权当以副总统继续肩任”。“同时应按约法召集国会，另行选举正式总统”③，至于正式选举后，

---

① 曾业英编. 蔡松坡集. 上海：上海人民出版社，1984：1052.

② 曾业英编. 蔡松坡集. 上海：上海人民出版社，1984：1144.

③ 曾业英编. 蔡松坡集. 上海：上海人民出版社，1984：1013.

“无论为黎、为段、为冯、为徐，均无不可”。[1] 甚至于当陈宧、张敬尧明确要求以段祺瑞继任总统为谈判条件时，蔡锷也曾表示：“至于继任之人，以段芝老（段祺瑞，字芝泉——引者）之资望、勋业、道德、经验，人无间言，惟移花接木，苦无善法而已。锷有二议：（甲）暂以黄陂继任，随即召集民国二年参、众两院议员，选举正式总统，并一面设法务使芝老当选。以大势度之，似有八成把握，盖两院议员于芝老多抱善感，甚推重其为人。届时锷当与滇、黔、桂、粤诸当道力为斡旋，当无不谐。（乙）由各省互派代表三人，改定约法，并议定国会组织及选举法，重新选举议员，组织国会，以选举总统。乙法手续繁重，非半年以上不为功。甲法虽不无小疵，而施行简捷，容易收功。总之，甲、乙两法，非至选举总统之期而施行选举，自非另以特别条件定之不可，似宜于南北议和条件中规定及之。”[2]与此同时，蔡锷还曾与他们达成过“承认袁世凯退位后，由段芝泉摄行大总统职务，但须依据法律办理”的“条件”。[3] 这自然引起护国军内外的责言和误会。谭人凤闻讯后曾致函蔡锷，提出严厉批评：“麾下三楚豪杰，吾党英才，中外所钦，万民所怀，比闻有推荐徐、段、冯继任总统之事，嗟乎？麾下胡为孱弱自薄如此？夫总统之膺任也，岂若铨选之凭藉门地哉？岂若公侯卿相之汲引封予哉？惟有实力保民与国者为之耳。黎氏者，乘风云以博倖位，而肇祸共和者也。徐氏者，亡国之大夫也。段与冯者，袁氏之爪牙也，以宠禄生心者也。麾下荐而重之，抝谦之德，诚足多矣。仆窃为麾下耻之。”[4]对此，蔡

① 曾业英编．蔡松坡集．上海：上海人民出版社，1984：1010.
② 曾业英编．蔡松坡集．上海：上海人民出版社，1984：1083.
③ 曾业英编．蔡松坡集．上海：上海人民出版社，1984：1134.
④ 石方勤编．谭人凤集．长沙：湖南人民出版社，1985：125 – 126.

锷曾作如下解释："此间与陈二庵磋议一切，不过交换意见，借以为探刺各方面情形及运动联络之地。若云正式提出条件，似尚过早，且条件应用何种形式，经何种手续提出，尚须豫为之研究耳。否则，贸然提出，毫无着落，究属非宜。若为延长停战计，尽有他法可设，不必待条件之提出与否也。"①黎元洪就任大总统的次日，即6月8日，张敬尧在包括蔡锷、罗佩金在内的31人致电国务院及各省的"联名"电中说，"当今之世，具有总统资格、道德、经验，足以威服天下，为全国所爱戴者，除在京巨公段芝老外，别无其人。蔡松坡、陈二庵将军两君承认为临时总统，并担任云、贵、川、陕、两粤一律同意，可见公道自在人间，而芝老威德实惬人意也"②，要求公推段祺瑞为总统。蔡锷知悉后立即声明，此电"内署贱名，实未预闻其事，应不负责"③，并致电张敬尧，严正指出："现黄陂继任，既合法律，又顺舆情，似不宜另倡异议，致滋纷扰。"④ 这些充分说明，蔡锷与陈宧等人和谈时所形成的意见，不过是"虚与委蛇"⑤，借以了解对方的意图，为的是促使陈宧早日宣布独立，其主张黎元洪继任大总统的初衷并未改变。

1916年6月22日，蔡锷致电黎元洪就国家的大政方针提出了一系列建议："（一）民国三年改订约法，揆诸现势，于总统继承问题已多窒碍。此外，国中人士尚多所疵议，似宜及时规定仍暂遵用元年约法，以定民志而资遵守。（二）改设责任内阁，应照法

① 曾业英编．蔡松坡集．上海：上海人民出版社，1984．1056．
② 曾业英编．蔡松坡集．上海：上海人民出版社，1984：1149．
③ 曾业英编．蔡松坡集．上海：上海人民出版社，1984：1147．
④ 曾业英编．蔡松坡集．上海：上海人民出版社，1984：1187．
⑤ 曾业英编．蔡松坡集．上海：上海人民出版社，1984：1015．

律程序从新组织。时事多艰，非芝老莫胜此任。拟请明令任命改组，待国会成立交付追认。（三）百政待决于国会，亟宜克期召集。但依法定程序从事选举，则手续繁重，缓不济急。若召集旧国会，则议员资格变更，人事迁移，既难审查甄别，复恐不足法令人数。为变通计，拟请援照元年参议院之例，每省由旧议员中推举五人以上十人以下，齐集开会，代行国会职权。所有审议约法、承认内阁、解释约法现势之冲突、筹定产生宪法之机关、决定召集国会期限及一院两院制等事，均由其议决。如此则事省势便，又有前例为援，且于法律事实两无妨碍。（四）军民分治，本图治之正轨，但必待治平之后始有分职程功之可言。现百政杂沓，军民区域又无分别，多设机关，无裨治理，徒增骈枝牵制之病。拟请废去将军、巡按之制，省设省长一人，是即仍各都督统治军民，使政事渐举，再议划分。（五）军兴以来，京外军队骤增，既虞不戢自焚，又恐耗费无藉，稍一迟延，将至不可收拾。拟请征集各省意见，速开军事善后会议，开诚布公，共谋收束安插之方。（六）惩办帝制祸首，以纾公愤而儆将来。”①6 月 25 日，驻沪海军司令李鼎新、第一舰队司令林葆怿等联合发表宣言，宣布加入护国军，要求恢复旧约法、召开国会。在各方面压力之下，段祺瑞被迫屈服。6 月 29 日，北京政府以大总统名义发表申令：“宪法未定以前，仍遵行中华民国元年三月十一日公布之《临时约法》，至宪法成立为止。其二年十月五日宣布之《大总统选举法》，系宪法之一部，应仍有效”，并同时宣布定于本年 8 月 1 日续行召开国会。②至此，历时近一月的新旧约法之争，最终以《临时约法》和国会的恢复而结束。蔡锷在这场争论中坚持恢复《临时约法》和

① 曾业英编．蔡松坡集．上海：上海人民出版社，1984：1165－1166．

② 云南省历史研究所编．护国运动资料选编．北京：中华书局，1978：689．

国会，是其民主共和思想的具体表现。

2. 主张维护统一，反对争权夺利。黎元洪继任民国大总统后，蔡锷认为，“国体复，国仇灭，乱源既净，国事前途，已就坦荡”①，下一步应当在中央的统一领导下治理战争创伤，迅速恢复民国建设。基于这种思想，蔡锷通电各省指出：“近半年来，干戈俶扰，血战之区虽限于川、湘一隅，影响及于全国，公私涂炭，不可亿计。廓清积困，恢复故状，为事大难。欲进而恢张国运，百废俱兴，更属不易。非赖中央提挈于前，各省翊赞于后，群策群力，共趋一的不为功。目前善后要务，尤在收束兵事，保固治安，维持财政诸端。三者互为关联，相因相成。果能内外一心，共矢贞诚，此次善后诸事，不难于最短期内迎刃而解。伏望内而中枢诸贤，外而已独立未独立各省长官，蠲除成见，以福国利民为前提，以拥护中央为要义，则国事前途，庶其有豸。”并表示，自己“出征以来，未滥招一兵，未滥使一钱，师行所至，所部士兵未擅取民间一草一木，不敢种恶因以贻恶果。故本军范围收束极易，足纾中央南顾之忧。日来正从事计划收束之法，一俟计划就绪，当即呈请中央核饬遵行。”②北京政府申令遵守旧约法、召集国会后，蔡锷即致电梁启超、唐继尧等人，认为“大局已经解决，临时内阁与军务院对立，本非所宜”③，建议按照军务院条例第十条撤废军务院，“国家一切政务，悉听中央暨国会主持”④。7 月 14 日，蔡锷等人发表军务院第六号布告称：“帝制祸兴，滇、黔首义，公理所趋，舆情一致。桂、粤、浙、秦、湘、蜀相继仗义。

① 曾业英编．蔡松坡集．上海：上海人民出版社，1984：1157.

② 曾业英编．蔡松坡集．上海：上海人民出版社，1984：1144－1145.

③ 曾业英编．蔡松坡集．上海：上海人民出版社，1984：1172.

④ 曾业英编．蔡松坡集．上海：上海人民出版社，1984：1182.

其时，战祸迁延，未知所届，独立各省前敌各军，不可无统一机关，爰暂设军务院为对内对外之合议团体。其组织条例第十条规定，本院俟国务院依法成立时撤废之等语。屡次宣言布告，一再声明。今约法、国会次第恢复，大总统依法继任，与独立各省最初之宣言，适相符合。虽国务员之任命尚未经国会同意，然当此闭会时，元首先任命，以俟追认，实为约法所不禁。本军务院为力求统一起见，谨于本日宣告撤废，其抚军及政务委员长、外交专使、军事代表，均一并解除，国家一切政务，静听元首、政府、国会主持。”①蔡锷等人的上述主张得到了各界的响应。孙中山致电黄兴提出：“袁死，黎能复约法、召国会，当息纷争，事建设。以昭信义，固国本。”② 并于7月25日通告全国各省革命军停止一切军事行动。

在呼吁统一的同时，蔡锷还坚决反对争地盘、争权利。袁世凯死后，北洋军阀各派系之间的争夺进一步表面化。以段祺瑞为首的皖系利用段祺瑞把持中央的地位和日本帝国主义的支持，控制了皖、鲁、浙、闽、陕等省的广大地盘，并大肆排除异己，扩张势力。以冯国璋为首的直系则以英、美帝国主义为靠山，控制了苏、赣、鄂等省长江流域最富庶的地区。虽然此时冯国璋已就任副总统，但他仍不肯离开老巢南京去北京。以张作霖为首的奉系则在护国战争期间乘机把势力扩张到整个东三省。此外，晋系阎锡山占据山西；张勋以长江巡阅使和安徽督军的名义，率“定武军”屯兵徐州。西南各省的实力派在护国战争后期也利用护国的名声和威望，纷纷扩张地盘。唐继尧在护国战争前期对主要战

① 曾业英编. 蔡松坡集. 上海：上海人民出版社，1984：1192.

② 云南省社会科学院历史研究所编. 护国文献. 贵阳：贵州人民出版社，1985：16.

场川南前线的反袁战争并不积极支持，哪怕护国军已困守前线、形势十分危急，蔡锷不断呼吁、紧急求救，还是既不派去援兵，也不补充粮饷弹药。可是到了袁世凯被迫取消帝制，护国运动胜利在望之际，唐继尧却大肆扩军，把云南护国军由3个军扩编为8个军，共36个团。袁世凯死后，护国战争已基本结束，在川北洋军陆续撤离之时，唐继尧不但不撤军，又把新编成的云南“护国军”，源源不断地派往四川。陆荣廷在军务院撤销、广东的中华革命党人停止军事行动之后还继续对广东用兵，驱逐龙济光，把地盘扩大到广东。刘显世为了巩固和扩大地盘，也在继续扩军。对于护国战争后各派系争地盘、争权利的现象，蔡锷感到忧心忡忡。早在离京赴滇之时，蔡锷就与梁启超相约：“事之不济，吾侪死之，决不亡命；若其济也，吾侪引退，决不在朝。”①护国战争后期，蔡锷警觉到“大局稍定，争权夺利者，必蜂拥以出”②，决心“拼此身以为救焚拯溺之谋，冀续国命于俄顷，挽狂澜于既倒”③，多次明确表示：“一俟大局略定，即当引退，从事实业。”④对于唐继尧的扩军，他不以为然，曾讽刺说：“古者天子六军，今能驾而上之，蓂公（唐继尧，字蓂赓——引者）之魄力伟矣。”⑤ 对于唐继尧在护国战争结束后仍派兵入川的行为，他在致唐继尧和刘显世的电报中指出：“所最宜注意者，我辈主张，应始终抱定为国家不为权利之初心，贯彻一致，不为外界所摇惑，不为左右私昵所劫持，实为公私两济。迩者滇省于袁氏倒毙之后，于刚出发之军，

---

① 曾业英编．蔡松坡集．上海：上海人民出版社，1984：1224．
② 曾业英编．蔡松坡集．上海：上海人民出版社，1984：1118．
③ 曾业英编．蔡松坡集．上海：上海人民出版社，1984：1152．
④ 曾业英编．蔡松坡集．上海：上海人民出版社，1984：1180．
⑤ 曾业英编．蔡松坡集．上海：上海人民出版社，1984：1128．

不惟不予撤回，反饬仍行前进，未出发者亦令克期出发，锷诚愚陋，实未解命意所在。近者已与川军启冲突于宁远（今四川西昌——引者）矣。若竟徇某君等之一意孤行，必至败坏不可收拾，将何以善其后？锷为滇计，为蓂公计，不忍不告。”①对于唐继尧欲借善后问题向中央要名要利，蔡锷坚决反对：“所谓善后问题者，俱易解决。惟关于个人之权利加减问题，最易为梗。今侪辈中果有三数人身先引退，飘然远翥，实足对于今日号称伟人志士英雄豪杰一流，直接下一针砭，为后来留一榜样，未始非善。”并明确表示：“锷处地位，纯系带兵官，战事既了，即可奉身而退。”②与此同时，本着对跟随他在川南奋战半年多的滇军负责的态度，蔡锷致电梁启超：“本拟即日脱卸，飘然远翥，一以践言，一以养疴。乃军中会议数次，群昵吾行。目睹全军情况，善后各事，诸待部署安顿，此时实难忍绝裾而去。查锷直接所部，除川、黔军外，滇军原有三梯团，近新到两梯团，计共二十营。自滇出发以来，仅领滇饷两月。半年来，关于给养上后方毫无补充，以致衣不蔽体，食无宿粮，每月伙食杂用，皆临时东凑西挪，拮据度日。当两军对峙战事方殷之时，对敌观念炽，群置给养之丰歉于不问。今大局既定，恤赏之费，不能不立为筹给；以前欠饷，不能不概予补发；息借之绅民贷款，不能不依限偿还。凡此种种，均非由锷负责办清，无以安众心而全信用。以上所需各款，核计在二百万元以上。”希望梁启超“据电政府，将前项款费提前拨给”。③梁启超接读该电后不禁“雒诵泪下”，感到“如此大战，而善后费

① 曾业英编．蔡松坡集．上海：上海人民出版社，1984：1199.
② 曾业英编．蔡松坡集．上海：上海人民出版社，1984：1198.
③ 曾业英编．蔡松坡集．上海：上海人民出版社，1984：1173.

仅二百余万，弟之严明刻苦，真可敬！”① 此外，护国战争爆发后，蔡锷名满天下，成为当时人望，社会上甚至有举蔡锷为总统的传言。连谭人凤也在批评蔡锷推荐徐、段、冯继任总统的同时，意味深长地说：“麾下之丰功伟烈，可以铭旂常，铸宝鼎，播之乐歌，垂之竹帛，传诸后世，至于无穷矣。区区总统，岂异人任哉！”② 护国战争结束后，黎元洪、段祺瑞都想调蔡锷入京相助，黄兴、熊希龄、范源濂等人希望蔡锷督湘，“福我桑梓”③，而梁启超则从把四川建立为进步党人的根据地的谋略出发，极力运动蔡锷督川，多次电告蔡锷，如调中央“切勿轻许”④，“川督切勿固辞，中央绝望，救国藉手惟在地方耳”⑤。但蔡锷淡泊名利，对此均不以为意。即使后来段祺瑞政府任命他为四川督军兼署省长，蔡锷亦多次电辞，“举人自代”⑥。护国战争结束后，蔡锷呼吁国家统一，不为争个人权利而奋斗，这是可钦佩的。可是，在护国战争刚结束之际，他却为此而放弃了对北洋军阀反动势力的斗争，这又是他思想局限性的表现。

3. 扶病治川，鞠躬尽瘁。正在蔡锷决意退休、无意问世之际，川乱又起，引起了蔡锷的极大关注。原来，早在四川将军陈宧宣布四川独立时，袁世凯即采用借刀杀人之计，于 5 月 25 日提升川军第一师师长、重庆镇守使周骏为重武将军，督理四川军务，任命周部旅长王陵基为重庆镇守使，并唆使他们进攻成都，驱逐陈

① 李希泌等编. 护国运动资料选编. 北京：中华书局，1984：715.

② 石方勤编. 谭人凤集. 长沙：湖南人民出版社，1985：126

③ 云南省社会科学院历史研究所编. 护国文献. 贵阳：贵州人民出版社，1985：36.

④ 李希泌等编. 护国运动资料选编. 北京：中华书局，1984：703.

⑤ 李希泌等编. 护国运动资料选编. 北京：中华书局，1984：709.

⑥ 曾业英编. 蔡松坡集. 上海：上海人民出版社，1984：1178.

宧。袁世凯死后，周骏在段祺瑞和曹锟的暗中支持下，继续进兵成都。在周骏所部的进攻下，陈宧向在川南的蔡锷告急，成都的官绅也向蔡锷求救。蔡锷义愤填膺，感到“义难坐视”。他一面致电张敬尧指出，“周骏、王陵基率师西犯，进据资（中）、内（江）、隆（昌）、荣（昌）一带，纯系为争个人权利及排外主义而起，蜀中正人多不直之。现项城出缺，黄陂继任，两军即属一家，有为争权利而妄动兵戎者，即国家之公敌。微闻日前贵军一部分，有偕同周师西行之说，不知确否？如其有之，务早迅予调回，以顾大局而泯衅端为幸”①，用以防止在川北洋军支持周、王，使事态扩大；一面致电北京政府各部和各省军民长官：“周骏曾不知悔祸，无故称兵，谓其拥护前总统，则重武名号，彼已废除，谓其拥护共和，则陈督举义，人所共见。远之则元首正位，无行军之可言，近之则成都安谧，尤无行军之必要，不知何词可藉，真百思不得其解。似此师出无名，任意争夺，不亟加以惩创，则群起效尤，国家安有宁日”②，愤怒声讨周、王二人争权夺利、破坏统一大局的不义行径；一面速派罗佩金率顾品珍梯团往援成都。但援军未到，陈宧已支持不住，于6月26日逃出成都，王陵基、周骏相继入城，周骏自封为四川督军。但其时罗佩金已率部向成都进发，并与刘存厚、熊克武等部联络进攻周骏所部，周骏见形势不利而逃。刘存厚部于6月30日先入成都，暂行代理四川军民政务。在这种形势下，驻川的北洋军队深感不安，为了避免危险和损失，也不得不退出四川。7月6日，北京政府任命蔡锷为四川督军兼省长。此时，蔡锷的病已经相当沉重，“喉间痛楚加剧，不

① 曾业英编．蔡松坡集．上海：上海人民出版社，1984：1142.

② 曾业英编．蔡松坡集．上海：上海人民出版社，1984：1161.

能发音”①，但为了迅速平定四川，在四川各属绅民“速西上就任”的强烈请求下，乃于7月29日扶病到达成都视事。到成都后，蔡锷首先安定民心。他在成都绅界举行的欢迎会上发表讲话，指出：“四川土地之大，物产之富，远过日本，使我经营数年，不特可使川省大治，并能使四川一省为全局增莫大之势力。”同时为消除民国元年云南援川时的误会，蔡锷又特意声明：“川省有少数人说滇军抱侵略主义，川、滇非二国，不能言侵略。……现滇军在川者约计两师，我要在川办事，不得不暂时留驻川省，事毕立即撤回。”②接着，蔡锷任命尹昌龄为政务厅长，邹宪章为财政厅长，嵇祖佑为全省警备处处长，殷承瓛为川边镇守使，钟文虎为川西道道尹，修承浩为川东道道尹，熊廷权为川边道道尹兼川边财政分厅厅长，并制定各级军队长官和地方官吏的奖惩条例，以肃清官场中的歪风邪气。又开始着手整编在川的军队，将川军编成三个师，滇军编成两个师，黔军编成一个师，指定各军、师的长官和驻扎地区，并明令，“各处义勇一律停止招募，倘有阳奉阴违，假借名义，再事招募者，一经查出，以聚众扰乱大局论”③。“无论何种军队，不准在各地方擅行提取公款及借故筹款，如违，即以军法从事”④。同时，蔡锷还着手统一财政收支，并派刘云峰为代表到北京与财政等部协商四川善后经费。在蔡锷大刀阔斧的整理下，四川出现局势迅速稳定、人民安生乐业的局面。对此，蔡锷颇感欣慰，忙里偷闲，游览了成都名胜，并赋诗七言绝句两首。一为《谒杜甫草堂》：“锦城多少闲丝管，不识人间有战争！

---

① 曾业英编．蔡松坡集．上海：上海人民出版社，1984：1180.
② 曾业英编．蔡松坡集．上海：上海人民出版社，1984：1218.
③ 曾业英编．蔡松坡集．上海：上海人民出版社，1984：1197.
④ 曾业英编．蔡松坡集．上海：上海人民出版社，1984：1208.

要与先生横铁笛，一时吹作共和声。”二为《别望江楼》：“锦江河暖溅惊波，忍听巴人下里歌！敢唱满江红一阕，从头收拾旧山河。”①这两首诗集中地表达了蔡锷忠于共和、重振河山的愿望。但是，由于病势日益恶化，蔡锷实在无法坚持正常工作，在屡次请求辞职未获准的情况下，蔡锷只得再电北京，请假三月“到东瀛或沪上就医”②，并保罗佩金代理川督，戴戡代理省长兼会办四川军务。8月7日，北京政府终于批准给假两月。8月9日，蔡锷到成都视事十日后，即带领蒋百里、李华英等离开成都。临行前，蔡锷作传诵一时的《告别蜀中父老文》，在说明离川原因的同时，表达了依依难舍之情：“蜀患深矣！扶衰救敝，方将夙兴夜寐，胼手胝足之不暇，而顾隐情惜己，苟偷食息，使百事堕坏于冥冥，则所谓报蜀之志，不其谬欤！去固负蜀，留且误蜀，与其误也宁负。倘以邦人诸友之灵，若药瞑眩，吾疾遂瘳，则他日又将以报蜀者，补今日负蜀之过，亦安在其不可？锷行矣，幸谢邦人，勉佐后贤，共济艰难。锷也一苇东航，日日俯视江水，共证此心，虽谓锷犹未去蜀可也。”③9月14日，蔡锷经上海去日本九州福冈医科大学医院治病，但终因积劳病重，医治无效，于11月8日逝世。弥留之际，蔡锷仍惦念护国战争的善后和民国的建设，留下四点遗嘱：“（一）愿我人民、政府，协力一心，采有希望之积极政策。（二）意见多由争权利，愿为民望者，以道德爱国。（三）此次在川阵亡及出力人员，恳饬罗督军、戴省长核实呈请邮奖，以昭激励。（四）锷以短命，未克尽力民国，应行薄葬。”④ 可谓

① 毛注青等编．蔡锷集．长沙：湖南人民出版社，1983：518.
② 曾业英编．蔡松坡集．上海：上海人民出版社，1984：1218.
③ 曾业英编．蔡松坡集．上海：上海人民出版社，1984：1219.
④ 曾业英编．蔡松坡集．上海：上海人民出版社，1984：1236.

对民国鞠躬尽瘁，死而后已！

蔡锷逝世后，在社会各界强烈的要求下，民国国会和北京政府决定为蔡锷举行国葬。随后，全国各地纷纷举行蔡锷追悼大会。孙中山亲题的挽联是："平生慷慨班都护，万里间关马伏波"①，以东汉名将班超、马援作比喻，对蔡锷捍卫共和制度之壮举作了高度的评价。蔡锷奋不顾身反袁称帝、维护共和的英勇事迹也感动和激励了千千万万的中国人民。在湖南一师读书的毛泽东称蔡锷是民国的"模范"，并在蔡锷"为人格而战"的精神鼓舞下发动了"驱张运动"。② 陈独秀称赞蔡锷是"何等坚忍不拔的军人"，并呼吁欢迎这种奋斗精神。③ 李大钊亲赴中央公园参加了蔡锷的追悼会，并说："蔡锷将军乃在吾人敬服之列。"④ 刘少奇参加了湖南各界人士为蔡锷举行的追悼会，不仅抄录了300多副挽联，而且决定效法蔡锷，弃文从军，于1917年5月进入湖南陆军讲武堂。⑤ 正在天津直隶第一女子师范学校读书、年仅12岁的邓颖超怀着沉痛的心情，以简洁精练的文字写成500言的《对于蔡松坡先生逝世的感言》，概述了蔡锷将军的生平以及策划倒袁的经过，抒发了自己强烈的爱国救国的宏愿，号召同学们："振起精神，谋国家之进步。"⑥

蔡锷反帝制复辟思想是其民主革命思想的发展与深化。在反对袁世凯的斗争中，虽然蔡锷觉悟较晚，但看清袁世凯的真实面

---

① 王耿雄等编．孙中山集外集．上海：上海人民出版社，1990：624.

② 夏远生等．伟人与历史的交响：毛泽东的110年．北京：中央文献出版社，2003：70－71.

③ 陈独秀．陈独秀文章选编：上．北京：三联书店，1984：480－481.

④ 杨纪元．李大钊研究论札．北京：中共中央党校出版社，1992：119.

⑤ 王进等编．共和国领袖大辞典·刘少奇卷．成都：成都出版社，1993：14.

⑥ 中央文献研究室编．邓颖超．北京：中央文献出版社，2004：306.

目后，他敢于坚持民主革命思想，在民国生死存亡的紧急关头，顺应历史潮流和民众意愿，挺身而出，打出反袁旗帜，并置生死于度外，主动承担讨贼护国重任，联合各种反袁力量，与袁世凯进行了殊死搏斗，直到斗争的最后胜利，从而为捍卫民主共和制度、阻止历史倒退、推动民主革命向前发展作出了重大的贡献。但是，蔡锷的反帝制复辟思想除了推倒袁世凯、拥护黎元洪为总统和恢复旧约法、召开国会之外，没有提出进一步的民主革命要求。护国战争胜利后，他又在不为个人争权利和维护统一的思想主导下，产生了出世的思想，结果让北洋军阀攫取了政权。其结果正如谭人凤在给蔡锷的信中所指出的那样："麾下能去今日之袁氏，不能去继起之袁氏；能去一袁氏，不能去百袁氏也。"①所以，护国战争结束后，资产阶级共和制的形式虽然恢复了，但政权仍掌握在代袁世凯而起的新的北洋军阀集团手中，中国的半殖民地半封建社会的性质并没有改变。这又反映了蔡锷反帝制复辟思想的局限性。

① 石方勤编. 谭人凤集. 长沙：湖南人民出版社，1985：125.

第三章　国权思想

蔡锷的国权意识是在帝国主义列强不断侵略中国，使中国处于生死存亡的现实危机刺激之下，通过学习近代国际法知识产生的。

鸦片战争后，中国被沦为半殖民地。东西方列强利用各种不平等条约，在中国享有领事裁判、海关管理、内河航行及驻军等特权，并利用这些特权在中国侵占租界和租借地，划定势力范围，强开商埠，使中华民族处于水深火热之中。面对亡国灭种的空前民族危机，为救亡图存，年轻的蔡锷在时务学堂受梁启超等维新派的影响，接触西学，萌生了国家和国家主权意识。到日本留学后，蔡锷看到，当时世界各国在处理国与国之间关系时往往援引国际法，于是开始注意研究国际法，并编译《国际公法志》一书。通过研习国际法，蔡锷认识到，“有土地有人民有主权，而构成其为国家”。①一个国家有独立自主处理对内对外事务的权利，是为主权。在国际上各国都是平等的，“断不能以甲国之民与政，置于乙国之领土，而任其发号施令，以侵夺乙国之主权”。这些都是“世界之公理，万国共同之原则也”。② 与此同时，蔡锷联系近代中国

---

① 击椎生．云南外交之失败及挽回//中国科学院历史研究所第三所编．云南杂志选辑．北京：科学出版社，1958：641．

② 击椎生．云南外交之失败及挽回//中国科学院历史研究所第三所编．云南杂志选辑．北京：科学出版社，1958：652．

的实际，对帝国主义列强严重侵犯中国主权的事实有了更深的了解，形成了“宁舍身心，不失片土，宁舍性命，不丧主权”① 的救国和维护国家主权的思想。从此以后，国权问题一直为蔡锷所关注。在清末民初不同的历史条件下，蔡锷就国权问题提出了一系列见解和观点，从而形成了其独具特色的国权思想。

第一节 国权思想的形成

一、国际法在近代中国的传播

国家主权原则是近代国际法中的一项重要内容和原则。蔡锷国权思想的形成基于他对西方近代国际法的研习。

所谓国际法，是在国际交往中形成，用以调整国际关系（主要是国家间关系），有法律约束力的各种原则、规则和制度的总称。近代意义上的国际法起源于17世纪的欧洲，是近代西方资本主义发展的产物。17世纪20年代，欧洲社会形势动荡不安。在欧洲这个面积不大的陆地上，建立了许多主权国家，但是由于缺乏调整国际关系的统一准则，国与国之间的关系非常混乱。西班牙、葡萄牙、英国、荷兰等国争夺殖民地的冲突日益增多，航海和海外贸易的发展使海洋自由问题更加突出，新旧教派间的斗争和不同国家集团间的矛盾渐趋尖锐，终于在1618年爆发了一场大规模的全欧战争，几乎所有的欧洲国家都卷入其中。这就是欧洲历史

① 击椎生．云南外交之失败及挽//中国科学院历史研究所第三所编．云南杂志选辑．北京：科学出版社，1958：642.

上有名的三十年战争。荷兰法学家雨果·格劳秀斯（Hugo Grotius 1583—1645）目睹当时战争悲惨的情景，深感重建和平与法律秩序的必要。因此，他于1625年写出了《战争与和平法》一书。在此书中，格劳秀斯以当时人们普遍接受的自然法思想为出发点，根据大量的资料，在历史上第一次系统地概括和论证了近代国际法的基本原理和规则。他分析了战争的原因，阐述了合法战争与不合法战争、“公战”与“私战”的区别。他认为，如果没有法庭对争端或纠纷做出裁决，则以战争作为达到正义的手段是可取的。如各殖民地对西班牙的反抗，荷兰从西班牙统治下解放出来，就是显著例子。他把战争的正当理由概括为人身自卫、恢复财产和对侵害者的惩罚，认为合法战争的一个条件就是战争在一国拥有最高权力者的权威下进行，这就是“公战”，反之则为“私战”。他还第一次提出了“中立”的确切概念，主张用“置身于战争之外的国家”来代替“朋友”、“盟友”等含义模糊的措辞，并阐述了宣战、仲裁等战争规则，以及对战败国的处理、条约效力、赔偿和使节权等问题。与此同时，格劳秀斯还将主权学说运用到国际法中，从而将国家主权原则从国内推向国际社会，并成为调整国际关系的重要原则之一。他认为主权就是不受另一个权力支配的权力，不仅有国内最高统治权的意义，而且有对外独立的意义；国际活动的主体是主权国家，主权国家是独立平等的；国家主权是国际法存在的前提，是否有损主权是区分平等条约和不平等条约的标准，无损主权的条约为平等条约，反之就是不平等条约。在当时各国处于长期战争的状态下，格劳秀斯的著作提供了处理国际关系的法律根据，因而很快赢得了各国普遍的欢迎。《战争与和平法》出版后风行一时，当三十年战争于1648年结束，举行威斯特伐里亚会议商订和约时，这一著作成为各国政府引证的依据，因而很快地赢得了各国普遍的欢迎，促成了《威斯特伐里亚和约》的完成，书中的许多原则被采纳订入和约。在当时和以后的很长时间内，《战争与和平法》被奉为资产阶级国际法学的经典著作，它所论述的理论和规则被看作国际关系的基本准则。格劳秀斯《战争与和平法》的出版和《威斯特伐里亚和约》的订立对西方近代国际法的形成产生了重要的影响。①《威斯特伐里亚和约》生效后，三十年战争所造成的领土变更得以调整，罗马帝国统治下的大批城邦国家取得独立，荷兰与瑞士成为主权国家，新教国家脱离了教皇的霸权，并使领土主权概念趋于加强，国家平等原则获得承认。所有这一切，使罗马帝国从政治上和法律上发生了分裂。其发展结果是：作为国际社会成员的主权国家大为增加；进行平等交往的常设使馆相继建立；通过国际会议解决各国之间的争端，逐渐成为正常制度；日益增多的国际来往，为国际法规范的形成提供了各方面的素材。到 19 世纪初，近代国际法已形成了一个比较完整的独立体系。格劳秀斯因此被称为“国际法之父”。

19 世纪中叶，伴随着国门洞开和“西风东渐”，国际法开始传播到中国。1839 年鸦片战争前夕，林则徐奉旨赴广东查禁鸦片，在反抗英国侵略的战争中，意识到了国际法的重要性。为此，他请美国传教士伯驾和袁德辉从瑞士法学家瓦特尔所著《国际法》一书中摘译了有关战争和国家主权三小段，编译为《各国律例》，并根据有关条文，认真地处理了“林维喜事件”。1864 年，经历了第二次鸦片战争多次军事交锋和艰苦谈判，洋务派首领奕䜣逐渐意识到西方国家处理对外事务所依循的国际法的重要性，于是奏请清政府出版了由美国传教士丁韪良翻译的美国国际法学家惠顿

① 周子亚，蒋恩慈．格劳秀斯对国际法的贡献．法学，1983（6）．

所著的《国际法原理》一书，并改名为《万国公法》，分发给各省地方官员及各通商口岸官员使用。该书共四卷，对国际法的源流、国家主权、平时法、战时法等做了较详细的阐述，系统地介绍了西方近代国际法的基本内容。这是西方近代国际法正式系统传入中国的标志。1865 年，丁韪良主持同文馆事务后，仍致力于西方国际法著作的译介工作。1876 年，他将德国人马尔顿专门论述公使领事问题的著作《外交指南》译成中文，取名为《星轺指掌》；1878 年，他将美国法学家吴尔玺的《国际法导论》译成中文，取名为《公法便览》；1880 年，他又将德国法学家伯伦知理的《文明国家的近代国际法》译成中文，取名为《公法会通》。之后，他又陆续翻译了《陆地战例》（1883 年）、《公法千章》（1899 年）、《公法新编》（1902 年）等西方国际法著作，对于国际法知识在晚清中国的传播做出了积极的贡献。自此，国际法逐渐被中国有识之士所重视。郭嵩焘、曾纪泽对于国际法作过有利的评论，并在其向清政府提出建议时提到它。早期维新派薛福成、马建忠、郑观应、陈虬都曾重视并论及国际法。此外，清政府一些开明官员以国际法为指导，在与西方列强的交涉中，在一定程度上维护了国家主权和利益。①

戊戌变法运动期间，国际法得到了湖南维新人士的重视。1898 年 4 月，毕永年在长沙创办了中国第一个国际法学术团体——“公法学会”。此会的《章程》规定，其立会目的和任务是：第一，“专讲公法之学，凡自中外通商以来所立约章，以及因应诸务，何者大弊？何者小疵？何者议增？何者议改？皆须细意讲求，不可稍涉迁就，尤不可故立异同，庶为将来自强之本”；第二，

① 张效民. 国际法与晚清外交. 社会科学论坛，2006（3，下）：38－41.

“凡各国互立新旧约章，亦须切实考求，庶可援证”；第三，“交涉一学，实资掌故，通商条约，载在盟府，如总理衙门之档案、南北两洋之公牍、海关各口之税则，须缄托同志之友，转抄汇寄，勒为成书”。同时，此会还规定，“虽为讲求公法而设，然必须通畅古今中外政教学术、体用兼资。凡会友于讲求公法外，务各致力于天算、舆地、兵法等学，方为切实有用。况欲通洋情，先习英语；欲精交涉，宜习法文。由粗而精，循序渐进，亦俟将来推广”。① 该会发起人之一唐才常也非常重视国际法，“尝采近译公法诸书，成公法通义一卷”②。他认为中国之所以在与西方列强交涉中屡屡割地让权，其原因就是“不谙西法”，以致“动为西人恫喝，凡章程条约，事事予以便宜”。他指出，对于清末中国这样一个遭人欺侮的贫弱国家而言，必须运用国际公法以维护国家主权和民族利益。“公法家言，多西人布衣下士，凭空谈以立性法，其后执政渐因用之，而律法遂成专科。……虽万事万物之番变纷赜，不能强人人以必从，然其发明天然之理，制定律意之原，国与君之何以相属，教与政之何以相关，管理人物之何以分内外，辖制河海之何以判公私，与夫通商得土之章程，遣使和战之机要，贩卖黑奴为五洲之厉禁，诛治海盗为万国之公权，委曲周详，大有成《春秋》而乱贼惧之意。近百年来之恃为调人以饵兵息祸，存弱定倾者，亡虑数十百事。”③因此，公法学会成立时，他还专门撰写了一篇《公法学会叙》，进一步阐述了该会的志趣：“昔日本明治之初，税务律法，权利规则，皆失自主权。其大侠岩仓具视、

---

① 樊锥集. 北京：中华书局，1984：80.

② 蔡锷. 国际公法志·序. 上海：广智书局，1902：1.

③ 郑大华，任菁选注. 砭旧危言——唐才常、宋恕集. 沈阳：辽宁人民出版社，1994：46－47.

木户孝允、大久保利通、伊藤博文等，洞察环海情形，日夜谋更订约章。十一年，遣使议于华盛顿，不许。十二年，请于大阪之英商会，不许。十三年，又将拟更约稿，分致各国政府，仍不许。然曩岁以来，各大国终与更约，视平等例。而日本乃昂然表异于环球，不齿公法之支那、土耳其、朝鲜、暹罗、波斯、埃及、阿富汗诸瘠国，而曩者马关之约，撊然以前此之不堪于各国者，施之中国，若曰：吾今而后，得野番土蛮彼支那人焉。而中国士夫，夷然不之知，不之耻也。今子与诸君子毅然讲求是学，将以收自主之权，振尸居之气，上体素王改制、悲悯救世之苦衷，下规日本大侠锐意更约、顶踵不辞之热力，则生死肉骨，未必不基于此。抑尤愿诸君，益扩充游历资，联翩接轸于扶桑八岛间，求所谓维新之政之学，悉挈〔挚〕而归，以冲决吾文网，疗治吾病躯，则中国其庶几乎？"① 由此可见，此会的发起者是要借鉴日本废除不平等条约的先例，号召国人讲求国际法学，以收回中国自主之权。

二、 蔡锷对国家主权的认识

在时务学堂求学期间，由于万国公法被列为学堂课程之一，蔡锷因此初步接触到国际法的一些基本知识。加之此时毕永年在长沙创办了公法学会，唐才常的《公法学会叙》又发表在时务学堂学生必读的、被康有为誉为"全国最好的维新报纸"——《湘报》上，这就更加引起了正在寻求救亡图存之道的蔡锷对国际公法的重视。因此，到日本留学后，蔡锷在学习西方近代政治理论的同时，对国际法进行了比较系统深入的研究，并在此基础上编

① 郑大华，任菁选注．砭旧危言——唐才常、宋恕集．沈阳：辽宁人民出版社，1994：118－119.

译了一本《国际公法志》，于1902年由广智书局出版。在这部著作中，蔡锷指出："国际公法之渊源于公论者。孔子作《春秋》，而乱臣贼子惧。公论所在，天下莫不韪之。"① 很显然，蔡锷编译《国际公法》，就是希望借此像《春秋》一样，使"乱臣贼子惧"，使"天下莫不韪之"。因此，蔡锷的好友赵必振在为此书所作的"序"中指出，蔡锷此举是步唐才常的"芳轨"。

蔡锷的《国际公法志》从目录上看，有上、下两卷。但笔者仅见到上卷，下卷尚未见到，是否编辑或出版不得而知。从上卷看，包括"总论"和"平时国际公法"两部分。"总论"分5节，论述了国际公法历史、渊源、国际法与国内法的差别以及国际私法等问题；"平时国际公法"为该卷主体部分，分5章，共48节，论述了平时国际公法的方方面面，其中重点对国家主权的性质以及国家的政治主权、经济主权、领土主权等进行阐述。

1. 关于自主权。蔡锷指出："世界万国，或主或奴，或君或藩，或拥广大之土地而为人所蹂踏，或负众多之人民而为他族所抑屈，一言以蔽之，曰：有权与无权而已；权能自主与否而已。所谓自主权者，不受他国干涉之谓，内足以统辖一切政务，外足以捍卫邻邦，或定政体，或开富源，或垦新地，或拓版图，或扩张海陆军备，或与他邦交定条约，或处分外人，纵横驰骋，靡不如志，其故维何，皆职此自主权而已。失此权，则不得为独立国。"② 因此，"所谓国家自主权者，不受他国之干涉，而得以处理内外一切政务者也。"③ 他还认为，一个国家的这种权利，"天然不可侵犯"，他国应予尊重，"不得以伸己国自主权之故，而侵

① 蔡锷. 国际公法志. 上海：广智书局，1902：4.
② 蔡锷. 国际公法志. 上海：广智书局，1902：1.
③ 蔡锷. 国际公法志. 上海：广智书局，1902：5.

及他国之自主权”。①这就是说，一个国家有权独立自主地处理本国对内对外事务而不受他国的控制和干涉。

2. 关于自卫权。蔡锷认为，“国土不能自保，国产不能自卫，国民之生命财货无力以捍护之，若是而能立国者，未之有也。”因此，他指出：一个国家要“立国于世，须常蓄国力以御侮，退可以守，进可以战，此国家莫大之义务也。由是观之，邦国不仅宜善结尤邦友，不得不扩充陆海军备，以严国防。即使国力孱弱，亦必与他国结防守同盟之约耳。是等举动，皆出于自卫之心。除紊乱与国之静谧以外，不论何国，皆不得妄起异议”②。

3. 关于干涉权。蔡锷一方面认为，一个国家有不受他国之干涉而得以处理内外一切政务的权利，国家之间有互尊其主权之义务，但另一方面也认为，在义务与权利相冲突、义利难以并立之时，只要理由充足，也有不得不舍此而取彼，为伸己国之权利而进行干涉，侵他国自主权的情况。蔡锷列出了以下四种情形：一是为维护自卫权而进行干涉。当甲国的行为危及乙国的国权，“至不得不与之抗”之时，乙国则可以自卫的名义起而干涉他国，以维护国家之间的所谓“均势”。二是为抵抗他国不义而进行干涉，即“干涉无理之干涉”。这里又分以下几种情况：如果一国冒天下之不韪而故犯国际公法至关系重大，其他国家“则可与他国连（联）合以抑止之，或挺身独出以威吓之，务使其归于不成而后已”；如果一国滥恃威力而干涉他国内政，侵他国之自主权，第三国也可进行干涉，使被干涉之国恢复其自主权；如果一国君主残暴不仁，导致内乱蜂起、互相杀戮、民不聊生，他国为抑暴救弱、保全人道，可进行干涉。但这种情况需严格界限，以防强国假借

① 蔡锷．国际公法志．上海：广智书局，1902：1.
② 蔡锷．国际公法志．上海：广智书局，1902：2.

名义，干涉他国内政。三是为践约而进行干涉。如果甲国与乙国订有条约，由甲国保持乙国之王室或其政体，而第三国侵击乙国，则甲国有权执条约而进行干涉，以保全乙国不受侵犯。四是出于友谊和维护公义而进行干涉。若一国有内乱，其政府和其叛党皆求他国进行干涉，则“他国亦可应之”。这虽然有悖于国际公法中不干涉他国内政的原则，但由于世界尚未达文明之域，发生这种情况“亦无怪焉已”。面对以上错综复杂的干涉情况，蔡锷总结了三条原则：“一、干涉他国之内政或干涉他国外交上之政略，皆系侵人国家之独立权，然执二者以相比较，则前者较重，后者较轻。故干涉他国之内政，必须持莫大之理由。二、诸强联合而干涉较一国独行之干涉为公正不偏。三、二三国一时同盟，各为私私而干涉他邦……其干涉之理由亦须执之有故、言之有理。”①

4. 关于平等权。蔡锷认为，世界上一切独立之国，“不问大小强弱，皆共立同等之地位，共享同等之权利，共负同等之义务”。“国际法内之权利，大国所能有之者，小国亦得而有之；小国之所无者，大国亦无之也。是殆一国以内之人民，不问贫富贵贱，皆不跳出国家法律之范围以外耳。谓视国之强弱而定其权利义务之多寡，宁有是理乎？”②

5. 关于管辖权。蔡锷认为，一个国家对境内的一切人、事、物有权行驶管辖。他指出：“凡独立国，有制定宪法、民法、商法、刑法之权，有使其臣民遵奉国法之权，即其臣民族居他国，然国民之义务不可废也”，“邦国于领内所有人民及种种事业，皆有监督而节制之之权。不仅本国人民已也，即他国人民与夫所为之事业，亦莫不有监督而节制之之权焉。施行该权之期限，以外

① 蔡锷．国际公法志．上海：广智书局，1902：5－9．

② 蔡锷．国际公法志．上海：广智书局，1902：34．

国人民入领内之日始，出领内之日终此权也。苟系独立国则必能享有之”。①但同时，他也认识到，由于受国际法的限制，一个国家对于境内的外国人，虽有管辖之权，但与对本国人民的管辖有所不同，还须尊重他国对其人民的管辖权。这是因为一个国家不可能以本国人民所享之特别权悉与外国人，这样一来，外国人也就不必尽居住国人民应尽的义务。所以每个国家也就不能像管辖本国人那样去管辖外国人。如果外国人在境内“紊其风俗、防（妨）其秩序，则断然拒绝之，使不入境或入境而命其却走可也”②。

6. 关于财产处置权。蔡锷认为：“邦国财产，以正得之，则可以正守之，其利益有享用之权，其挥使有自由之权，亦如私人之有私产无异也。”他还指出，国家财产包括土地和非土地两种。其中土地分为国家领内的土地及其河湖、沿海水带及海峡江湾、沿海之岛屿洲渚等三类，非土地财产即建筑物船舶等。一个主权国家对于这些财产可任意处分，但若要割让土地给他国，则须经人民同意，以“上足以制君主之专横，下足抑卖国贼之奸猾”③。

7. 关于决定互市权。蔡锷认为：“邦国闭关自守，谢绝万国之交通，此邦国应有之权利。”因为“邦国有独立自主之权，自可窥己国之利害得失而定国是”，可设相当之限制，杜外人之侵进，以为保护本国利益，例如设移住规则限制外人登陆，严关税章程防遏商品输入，等等。所以，一个国家与他国互市与否是其自主权的体现，他国不得进行干涉，强迫与其互市交通。为此，他对欧美列强用武力强迫中国开放商埠的行为提出批评。但蔡锷又认为：“实际上观之，方今遵奉公法之诸国，其利害得失之相关联颇为繁

---

① 蔡锷. 国际公法志. 上海：广智书局，1902：16.
② 蔡锷. 国际公法志. 上海：广智书局，1902：20－22.
③ 蔡锷. 国际公法志. 上海：广智书局，1902：9.

密，故交谊万难一刀两断。虽可稍设限制以伸缩交通之范围，然不得纯然以拒绝交通之权，而行绝市之实也。是以邦国除战时以外，毕竟无绝市之时。苟忽然出闭关绝市之举，不顾侵害他国已得之权利，则是违背公法而已矣。”①

值得注意的是，在介绍国际法、阐述国家主权属性时，蔡锷还注重理论联系实际，对西方列强侵犯东方各国主权的荒谬之举进行了抨击。他强烈抗议西方列强借口宗教问题，侵犯东方各国主权：“欧西诸国因宗教而干涉人国之事，层见叠出。……宗教干涉，多施之于弱国及稍野蛮之国，如土耳其，如中国，教案叠见，而干涉随之以至，终至赔款、割地而后已。然欧美诸人民，以宗教心之深重，多谓宗教干涉为非常之义举，既惩罚过当，亦无有讶之者。吁！不可不谓妄也。”② 他强烈贵西方列强以所谓“异教”、“野蛮”为由任意侵略他国：“野蛮居住之所，或无主之大陆，他国入而据之，是为占领地。在昔欧洲诸国，不问其为文野，苟奉异教，即占领之，当时视为公理。……今日之国际法决不至允其若是之放恣矣。世界中可占领之地，唯野蛮居住之土，苟略存开化气象，虽奉异教，不得任意肆其野心也。”③ 他坚决反对西方列强以损害东方各国利益为目的的“强迫交通”政策：“昔中国与日本等国，坚执锁国政略，不与泰西诸国互市，其时强迫交通之问题，嚣起于欧美诸国之间，当日公法家之言曰：邦国苟闭关绝市，则该国已于国际法管辖以外，自不得受国际法之保护云云。是暗以强迫交通为是者也。而政治家中亦多抱是意，欧美诸国，遂致有率兵要盟之举焉。自今日观之，其结果之善否，姑置勿论，

① 蔡锷．国际公法志．上海：广智书局，1902：37－38．

② 蔡锷．国际公法志．上海：广智书局，1902：7．

③ 蔡锷．国际公法志．上海：广智书局，1902：10．

然其说之不当，所为之非义，不待识者而知其然矣。”① 他反对西方列强以宗教信仰作为加入国际公法团体的条件，认为其“惟以奉行耶稣教与否为标准，则太僻矣”②。与此同时，蔡锷还从国际法的角度，希望受列强侵略的东方各国人民奋起抗争，维护国家主权。例如，在解释“历年地”的概念时，蔡锷举例说，波兰是“百五十年前轰轰烈烈之独立国，自二千三百二十三年（此为孔子降生以后之年，实为公元1772年——引者）以后，俄、普、奥三国合力瓜分之三次而国命永逝。三国吞并其土地，鱼肉其人民，不义之甚，无过于此矣。然而，三国零分碎裂波兰以后，当时虽稍有微言，迨年淹日久，列国均无唱异议者，是确认三国之领有权无疑矣。虽然，如此上所述之权利，惟对于与国则有效，对于亡国之人民，则绝不然也。亡国人民叱咤奋起，举义复仇，以图恢复国土之举可耳，非尚所谓须认其历年久之权利也”③。在这里，蔡锷希望受列强侵略的东方各国人民举义复仇，恢复自己的政治主权和领土主权。又如，在论及国境问题时，蔡锷有感于“中国则以国境而致争议失地之事尤多”④ 的情况，详细介绍了国际法有关确定国界的原则，表达了他希望中国按照国际法原则合理确定国界，以维护领土主权的愿望。再如，在论及旅东西人的特权时，蔡锷说：“泰西人民之旅居东方诸国者，概不受旅居国之审判权，此据条约而得之特权也。是等人民即身居异国，尚得优游于本国法律之下，盖亦有由来矣。东方诸国之法律习惯与西方绝殊，刑事之宽酷，判若天渊，故不欲以其人民之生命财产浪委诸东方诸

---

① 蔡锷. 国际公法志. 上海：广智书局，1902：38.
② 蔡锷. 国际公法志. 上海：广智书局，1902：3.
③ 蔡锷. 国际公法志. 上海：广智书局，1902：11.
④ 蔡锷. 国际公法志. 上海：广智书局，1902：12.

国之下也。然东方诸国苟能日新月异，一切法律习惯皆可与泰西各国共臻盛轨，则前此所谓一种奇特之权利，西人可不获永享之矣。”① 在这里，蔡锷希望东方诸国进行刑法改革，以抵抗列强以治外法权侵犯其司法主权。

由上不难看出，通过对国际法的研习，蔡锷对国家主权有了比较全面的认识。在列强入侵的背景下，蔡锷积极研习和介绍国际法知识，并试图以国际法作为保全中国利益、摆脱外交困境、挽救国家危机的手段，反映了他努力探求救国图存途径的爱国思想。

但需要指出的是，近代国际法是西方资产阶级的产物。在资本主义初期，由于资产阶级的革命性，国际法中体现了资产阶级民主、自由、平等的思想，因而也形成了一些进步的原则和规则，如国家主权原则、民族自决原则、不干涉内政原则、条约不可违反原则、公海自由原则以及禁止贩卖奴隶规则等。但到了 19 世纪后期，随着资本主义发展到帝国主义阶段，国际法中的一些进步原则和规则已名存实亡。为了适应帝国主义强权政治的需要，国际法中逐步确立了一些适应帝国主义列强对外侵略和掠夺的原则、规则和制度，如所谓的合法干涉、势力范围、和平封锁、领事裁判制度、不平等条约制度等。这些反动的原则、规则和制度成了帝国主义列强任意侵略弱小国家的“合法”依据。而且，当时整个国际法体系以及它的原则和规则，被认为主要只适用在西方国家之间的关系上，这些西方国家被称为“文明”或“基督教”国家，而中国则不被认为是“文明”国家。因此，清政府对外关系所适用的规则主要是不平等条约制度。由于缺乏科学的分析和判

① 蔡锷．国际公法志．上海：广智书局，1902：32.

断能力，蔡锷在研习国际法过程中也因此受到一些负面影响。例如，在论述国家自卫权时，蔡锷接受了当时国际法中所谓的“国家自主权不得越条约之限制”的观点，认为条约一经签订，不论平等与否，签约国都有遵守的义务，甚至认为清政府与列强签订的《辛丑条约》，是“国家之独立权不过仅受一时之限制而已”①。这恐怕也是蔡锷在发动云南重九起义后宣布清政府与列强所签订的不平等条约继续有效的思想基础之一。又如，在论及国家自卫权时，蔡锷接受了当时的观点，也认为1807年英国为抵抗法国入侵，以自卫为名，强行夺取丹麦舰队和1838年英国因美国“加罗林”号船向英国殖民地加拿大的叛军运送武器弹药，而派军队越过美国国境将该船焚毁的行为均为出于自卫的需要。② 这说明蔡锷对近代国际法本质的认识还不够全面和深入。

第二节　收回利权思想

一、帝国主义对西南边境的侵略和扩张

云南、广西地处我国西南边疆，外邻缅、越诸国，内接西南腹地，又有着丰富的自然资源。这样一块肥肉，引起了西方列强的觊觎，其中英国和法国表现得尤为突出。1885年，法国侵占越南，次年，英国吞并缅甸。嗣后，英、法两国竞相侵略滇、桂，大肆开展了一系列攫取各种利权的罪恶活动。

---

① 蔡锷．国际公法志．上海：广智书局，1902：2.
② 蔡锷．国际公法志．上海：广智书局，1902：3.

1. 强迫开埠通商。1885 年 6 月 9 日，法国强迫清政府在天津签订《越南条款》，其第五款规定："中国与北圻陆路交界，允陆法国商人及法国保护之商人并中国商人运货进出。其贸易应限定若干处，及在何处，俟日后体察两国生意多寡及往来道路定夺。……总之，通商处所在中国边界者，应指定两处：一在保胜以上，一在谅山以北。法国商人均可在此居住，应得利益应遵章程，均与通商各口无异。"① 1886 年 4 月 25 日，法国又强迫清政府在天津签订《越南边界通商章程》，其第二款又提出了广西、云南边关某两处通商的问题。② 1887 年 6 月 26 日，法国再次强迫清政府在北京订立了《续议商务专条》，其中第二条明确规定：广西开龙州，云南开蒙自、蛮耗通商。③ 1896 年 1 月，英国在缅甸问题的交涉中，借口发展中英商务，以要挟的手段，向中国提出"请开西江"的要求。次年 2 月 4 日，英国强迫清政府在北京签订了《续拟缅甸条约附款》，在所附的"专条"中规定：中国"将广西梧州府、广东三水县城、江根墟开为通商口岸，作为领事驻扎处所"④。这样，云南、广西等西南地区就逐步成了英法的商品倾销市场与原料掠夺基地。

2. 操纵海关和减税免厘。自从 1842 年的中英《南京条约》签订后，中国就丧失了海关征税的自主权。1843 年中英在广东虎门签订的《五口通商章程·海关税则》，将中国对进口、出口货物的关税率压低至 5% 到 10% 。⑤ 远低于从前海关的征税率。1858 年，

① 王铁崖编．中外旧约章汇编：第 1 册．北京：三联书店，1957：467 -468.
② 王铁崖编．中外旧约章汇编：第 1 册．北京：三联书店，1957：678 -679.
③ 王铁崖编．中外旧约章汇编：第 1 册．北京：三联书店，1957：515.
④ 王铁崖编．中外旧约章汇编：第 1 册．北京：三联书店，1957：690.
⑤ 王铁崖编．中外旧约章汇编：第 1 册．北京：三联书店，1957：43 -50.

中英又订立《天津条约》，其二十六款规定：凡进出口货物，“每价百两，征税五两”①，使主要进口货物的税率又比 1843 年降低了 13% 到 65%。这种税率，远低于世界各国。即便如此，也仍为帝国主义列强所不满。法国通过中法战争，对广西、云南关税权的破坏最为严重。1885 年的中法《越南条约》第六款规定：三个月内双方订立越南北圻至中国广西、广东、云南各省陆路通商章程，所运货物进出广西、云南边界，纳税应照现行税则较减。② 第二年 4 月 25 日签订的《越南边界商务章程》中的第六款对边界通商做了具体的规定：凡各项洋货进入广西、云南两处边关，照中国通商税则减 1/5 收纳正税。第七款规定：法商到广西、云南等中国内地购买土货，先征收内地子口税，再照中国通商税则减 1/3 征收出口正税。第八款规定：洋货到此边关完成进口税后不卖，准于 36 个月内转往彼边关；如原货未动，可以免税。第十五款规定：米谷等粮食，不准贩运出中国边关。如系进关，准其免税。③ 可见法国在桂、滇边界贸易取得的减税，远胜于中国其他口岸。但法国对此仍不满足，在 1887 年 6 月订立的中法《续议商务专条》，又对前约做了更多减免的修改。其第三条规定：1886 年的中法《越南通商章程》第六、第七两款所订税则，改为：凡由北圻入广西、云南通商处所的洋货，照中国海关税则减 4/10 收纳正税，出口至北圻土货，按海关税则减 4/10 收纳正税。这就比前约规定洋货进口减收正税 1/5，土货出口诚征正税 1/3，又有大幅度的削减！而第四条规定：中国土货过北圻到越南出口运往他国，照法越税则

① 王铁崖编. 中外旧约章汇编：第 1 册. 北京：三联书店，1957：99.

② 王铁崖编. 中外旧约章汇编：第 1 册. 北京：三联书店，1957：468.

③ 王铁崖编. 中外旧约章汇编：第 1 册. 北京：三联书店，1957：477－480.

纳出口税。[①] 以此与第三条的规定相比，双方所享受的待遇是极不平等的。此外，其第七条还规定："日后若中国因中国南境、西南境之事，与最优待之友国立定通商、交涉之和约、条款、章程等类，所有无论何等益处及所有通商利益施于该友国，此等约一施行，则法国毋庸再议，无不一体照办。"[②] 尤其值得注意的是鸦片和免厘问题。据前约第五条规定：中国允准土药（鸦片）由陆路边界出口入北圻，应交正税银 20 两 1 担（即 100 斤）。法人或法国保护人只能在龙州、蒙自、蛮耗三处购买此土药。中国商人所应缴纳内地厘金等费，亦不过 20 两 1 担之数。中国商人由内地运土药者，将此土药交与所买之人时，即与收厘凭单。而所买土药之人完纳出口税时，将凭单到关呈验缴销。[③] 这些规定，使法国在广西、云南等地倾销商品、掠夺原料、贩运鸦片等方面，都得到了减税、免厘和转口贸易等特权。被迫大量对外减税免厘，加之海关管理权完全操纵在外国人手中，严重损害了我国的对外贸易和海关主权，破坏了经济落后的广西、云南等地的社会生产和人民生活。

3. 掠夺航权、路权和矿权。中法战争以后，法国通过 1887 年的中法《续议商务专条》，取得了从越南高平与谅山通过中国龙州的内河航运权。而英国也在梧州开埠的第二年，即 1897 年攫取了西江的航运权。当时，已有名为"龙山"与"龙江"的两艘外轮，不定期行驶于广州至梧州航线，另有名为"镇安"与"镇威"的两艘外轮，不定期航运于梧州至香港之间。伴随航权的掠夺，是铁路修造权和矿产开采权的攫取。1895 年 6 月 20 日，中法两国在

① 王铁崖编. 中外旧约章汇编：第 1 册. 北京：三联书店，1957：514－516.
② 王铁崖编. 中外旧约章汇编：第 1 册. 北京：三联书店，1957：516.
③ 王铁崖编. 中外旧约章汇编：第 1 册. 北京：三联书店，1957：515.

北京签订《续议商务专条附章》，其第五条议定“中国将来在云南、广西、广东开矿时，可先向法国厂商及矿师人员商办”。同时还规定，法国在“越南铁路已成或日后拟添者，彼此议定可向两国商妥，另定办法，接至中国境内”。[①] 1896年6月5日，法国迫使清政府在北京签订《龙州至镇南关铁路合同》，规定由法国的费务林公司承办这条铁路的修建工程。所需土地及经费，由中国依限交付。筑路所需之一应材料、实物、机器、车辆器具等件，一概免纳各种关税及差费。龙州至越南沿路使用之电讯亦可不纳电费。铁路全长60公里，至多三年完成，以期与越南之法国铁路相接。路成后之客货运价，由费务林公司拟实，与越南之法国铁路运价相同。1898年，法国又迫使清政府同意将起自越南海防的铁路经河口延伸到昆明，并将云南境内的滇越铁路筑路权送给法国。据1903年法国公使与清政府签订的《滇越铁路章程》规定，由河口至昆明的滇越铁路北段的投资完全由法国的滇越铁路法国公司筹集，铁路各级管理人员由外国人担任，铁路公司可组织武装力量在沿线“择要驻扎”，筑路所需一切“机器物料”完全免税进口，铁路的“客货运价均系公司自行核定”，干线告成后（公司）“可在干路上修接支路”。最后还规定，中国如要收回滇越铁路北段的路权，必须在80年之后，条件是“须偿还所造花费并专门各色手工之资，及法国所保代为给发公司股本利息”。[②] 眼看法国从清政府不断得到好处，英国更加贪婪，借口中国将猛乌、乌得让与法国违背了中英有关条约的规定，威逼清政府订立条约，将滇西边境所谓“野人山”一部划归英属，猛卯三角地则“永租于英

① 王铁崖编．中外旧约章汇编：第1册．北京：三联书店，1957：623.

② 中国全鉴编委会编．中国全鉴：第1卷．北京：团结出版社，1998：289－291.

国管辖”，开放腾越、思茅为通商口岸，并获得了滇缅铁路的修筑权。在互相争夺的同时，英、法两国又相互勾结，于1901年在云南合办了隆兴公司，威迫利诱清政府于次年签订了《云南隆兴公司承办七属矿务章程》，取得了云南、澄江、临安等七府（厅）的开矿权，企图把云南的矿产资源全部攫为己有。

4. 干涉地方行政和金融。伴随开口通商和领事馆而来的，是直接干涉地方行政事务的领事裁判权的侵夺。1886年4月25日，中法两国在天津签订《越南边界通商章程》，其第十六款规定：边关通商处所，华人与法人、越人诉讼案件，归中法官员会审，法国及法国保护之人在通商处所犯法，照1858年所订中法《天津条约》第三十八、三十九条规定，概由法国官员办理，中国官员不必过问。侨居越南的华人命案、赋税、词讼等，亦由法国官员办理。① 这些规定，实际是法国人以及由它保护的其他人等在中国犯法，可以不受中国官府和法律的约束，而中国旅居越南的侨民须受法国法律的约束。此外，列强还在中国设立银行，操纵地方金融。中法战争前夕，法国为了加紧侵略越南和我国西南地区，于1879年6月6日，公开致书我国驻英法使臣曾纪泽，以法国新议铸造大圆银钱，为安南之用，并拟用之于附近各国。法国“甚望贵国收受此钱，通行天下”。经曾纪泽向清政府奏准，法国货币遂在中国流通合法化。② 中法战争以后，法国东方汇理银行在上海、汉口、广州等地设立分行，其目标为越南和中国，主要业务是存款和发行钞票，并进行商业和企业贷款，据此吸收巨额资金和利润，为他们向中国和越南倾销商品、掠夺原料服务。随着法国在西南地区通商口岸的增多，加之法国银元含银成色较高，法洋大

① 王铁崖编．中外旧约章汇编：第1册．北京：三联书店，1957：516.
② 王彦威，王亮编．清季外交史料：第15卷．1934年铅印本：39－40.

量涌入云南、广西市场。于是，法国侵略者利用法洋的优势，肆意抬价压价，操纵市场贸易，进行种种盘剥。“到了光绪二十多年，一元法洋，有时要值银一元七、八角”。不少地方，法洋甚至取代了原有的货币，“凡是大宗交易，甚至通婚受聘，都以法洋计值”，对西南地区金融形成了巨大的冲击。①

英、法帝国主义对西南边境地区的种种侵略使这些地方成了其倾销商品的市场和掠夺原料的基地，导致民族矛盾日趋激化，激起了云南、广西各族人民的不断反抗。在云南，1900 年，昆明人民为抗议法国偷运军火入滇，焚烧了法国的天主教堂。1903 年，个旧矿山爆发了以周云祥为首的矿工起义，在打出“拒修洋路”旗帜的同时，还发出了“阻洋占厂”的战斗号召。1906 年，发生了云南人民力拒英人修筑滇缅铁路的风潮，终于迫使英帝国主义放弃了修筑滇缅铁路的特权。1907 年，在收回滇缅铁路筑路权和全国各地收回利权运动的鼓舞下，云南设立了“绝死会”，抗议帝国主义侵略和清政府卖国，要求废除七府矿约，收回滇越铁路，并很快得到全省人民的积极响应，形成了声势浩大的收回利权运动。在广西，1906 年，官绅、商民也从抵制外资入侵，维护民族利权出发，倡议自办铁路，修筑路线定为五条，即桂（林）全（州）铁路、贵（县）博（白）铁路、梧（州）邕（宁）铁路、邕（宁）龙（州）铁路和邕宁至云南的邕滇铁路。1907 年 11 月 25 日，来往于梧州与广州之间的英国轮船“西南号”在肇庆河面被劫，英国教士麦路德中枪死亡，英国遂借口说中国没有缉捕能力，派军舰和鱼雷艇多艘强入西江，喝令中国船只停船检查，并击沉中国拖轮，拘押华轮的护勇和船主。英国水兵还在梧州登岸，

① 广西通志馆编．中法战争调查资料实录．南宁：广西人民出版社，1982：316－318.

荷枪入市寻衅。英帝国主义的侵略行径激起了两广民众的愤怒。当日，两广留日学生在东京集会，通电反对英国夺取西江缉捕权，并派代表回国呼吁反抗。广州成立“国权挽救会”，各界团体纷纷通电反对英国的海盗行径。梧州绅商奋起集会声援，从而掀起了声势浩大的反英斗争。总之，20 世纪初年西南地区的收回利权运动的斗争锋芒不仅直接指向帝国主义，而且指向了卖国的清政府，将这些地区的反帝反封建的民主革命推向一个新的高潮。

二、 蔡锷收回利权的主张

云南、广西等地的收回利权运动引起了正在广西从事军事教育的蔡锷的关注。早在留日期间，蔡锷就通过编译《支那现世论》一书，对英法帝国主义在西南的侵略历史有着深刻的认识。因而，为声援西南人民的收回利权运动，维护国家主权，蔡锷于 1907 年至 1908 年间辗转向云南留日学生在日本创办的革命刊物《云南》杂志投稿，以击椎生的笔名，先后发表了《云南外交之失败及挽回》、《苏杭甬铁路与滇川铁路之比较》、《日法协约问题》和《西江警察权问题》等文章，及时揭露英、法帝国主义侵略西南各省的罪恶行径，并运用国际法的国家主权原则，比较系统地阐述了其收回利权、维护国家主权的进步主张。

铁路方面，蔡锷指出，英、法攫取滇越、滇缅铁路筑路权是侵犯中国主权的行径，将来“轨道之所经，即兵力之所至。汽笛一声，河山顿改。东三省之覆辙，越南国之惨态，不久即再见于滇省矣”[1]。为收回滇越铁路权，维护国家主权，蔡锷提出治标和

① 击椎生．云南外交之失败及挽回//中国科学院历史研究所第三所编．云南杂志选辑．北京：科学出版社，1958：618.

治本之策。就治标之策而言，蔡锷提出，一方面云南要设保护铁道及巡防各队，认真训练，期有实力，以备将来之战争。另一方面由外商部照会法国公使订定保护铁路的条约，明确规定云南境内的铁路土地所有权归属中国管理保护，法国政府不得干预；铁路所经之滇界法国不得通过军队，也不得驻扎兵丁；铁路告成之后，滇境内的铁道由中方派兵保护；法人由越运入滇省的物品，中方有权检查，不得运载军火等物。总之，除筑路权外，法国迫使清政府承诺的其他有损中国主权的特权一律取消。同时要求清政府拒绝英国干涉滇缅铁路。① 就治本之策而言，蔡锷提出要鼓舞民气收回滇越之路权。他认为，要达此目的，必有三个方面的准备：第一，要做好谈判废约的准备。蔡锷指出："按国际公法，甲国不得侵略乙国主权，如河口以上之路线，即本国领土主权之所关。重领土主义，不能不保护主权。保护主权，不能不收回路权。收回路权，不能不取消条约。明知条约不能骤废，不能不唱废约之先声，不能不为废约之准备。"他还强调："国际法以土地为主权之要素，而铁路为土地之关键，又为土地之附物。土地非占领割让及赠与，外人不得侵陵。至附物随主物之移转与否，则为国内法之条例，而非国际法之问题。"因此，他提出："为今之计，先以善意直接之交涉，为暂收领地内之路权，以取消一部之条约，其提出之要件，一曰'中法合办'，（甲）河口以上之铁路，由云南自行筹费建筑。俟路成日，以两国所用资本列为合同，按本分收利金。（乙）用人保护管理，均从双方之意思，单方不得自专。二曰'中法分办'，（甲）河口以上之路线，由云南速为修筑，与越路相接。（乙）用人行政等事，均各以领土为界，彼此不得侵

① 击椎生．云南外交之失败及挽回∥中国科学院历史研究所第三所编．云南杂志选辑．北京：科学出版社，1958：618－619．

越。”对于废约，蔡锷认为中方有充足理由，因为中法条约只给予法国铺设铁路权，并未给法国暗运军火、通过军队之权，而法国却数次暗运军火到内地并密运往来之兵丁，这就违背了中法条约的有关规定。因此根据国际法，“于路权也，彼既破坏之，而我可以收回之。于条约也，彼既侵犯之，而我可以取消之”。“即使不获全胜，而较之帖耳相服、垂头丧气者，已判若天渊。况出死力以争之，据公法公理以折之，安知不收直接之效果。”①第二，要做好自办铁路的准备。蔡锷指出：“滇越铁路，法人诱我以募债，不惟夺我之路权，直攫我财政之全权。”他看到，鸦片战争以来，清政府已借外债“一千六百五十四兆九十余万”，“以三十九年摊还，各省摊赔每年数十万”，云南若再加上滇越滇缅之路债，“则负累如山，百年无了结之期”。因此，他主张自筹经费修筑滇越铁路。“与其借外债以遗子孙之忧，不如借内债以救颠危之祸。借债于沿江诸省及岛埠华商，或有起而应者。况滇省商埠既开，闽粤各省必利用交通机关，以经营商业挽回利权。借款以修滇路，当所乐为。即不然，以滇人之力，办滇中之路。各出其资产，各尽其热诚，保持生存之竞争，增进公共之利益，以雄飞于生计界，是我滇民应尽之义务，是我滇民应享之权利。”第三，要做好武力夺回路权的准备。蔡锷提出如果不能通过谈判收回路权，“惟诉之武力而后解”。因此希望全体滇民要“预备肝脑之涂地，血肉之横飞”，“以待裂山倒海之一战”。他认为：“非有此冒险心，何足以成此大事业。”②

---

① 击椎生．云南外交之失败及挽回∥中国科学院历史研究所第三所编．云南杂志选辑．北京：科学出版社，1958：622.

② 击椎生．云南外交之失败及挽回∥中国科学院历史研究所第三所编．云南杂志选辑．北京：科学出版社，1958：623.

矿产方面，蔡锷指出，云南“五金矿产，为全滇命脉所关”，而滇吏奏准英、法隆兴公司开采云南矿产，“丧失主权，污辱国体，莫此为甚”。[①]同时，他还运用英、美法律知识剖析了隆兴公司的章程，认为该章程“以法律论之，则一契约也。以事实论之，则一特权也”，“就万国通例言，凡一国之特权，无论许与本国人或外国人，其给与及撤回等事，均为内政主权之作用，非他国所得预闻。即以契约论之，英法政府，亦不得干预”，这样中国政府就有废约的理由。因此他要求清政府废除隆兴公司的矿务章程，收回云南矿产权，并希望滇民“尽力而为”，同时“借外省他山之助”筹集资金，自主开发云南矿产，使“利源不外溢也”。[②]

商埠方面，蔡锷通过鸦片战争、甲午战争和义和团运动的失败，“乃知闭关政策之不足恃，锁国主义之不能行”。但对清政府不顾国情，“援万国通商之例，以为牵制群雄，免召瓜分之祸”的所谓开放主义提出批评，认为这样一来，“云南为万国之通商埠，其实即英法之殖民地也”。因此这样的开放主义“不过为开门揖盗，引贼入室之主义”。[③]他指出：“通商港埠之利害，以国势之强弱为断，强则出于主动，主动者开埠岸以广招徕；弱则出于被动，被动者为强邻之所迫胁。同一商埠也，而利害得失判然矣。云南之商埠，可断其有害无利，是被动的而非主动的。吾恐点苍金碧间，为异族之商界，而非故国之河山；有外人之威权，而无主人之位置。他日银行之遍设，外币之通行，工厂之林立，公司之组

---

① 击椎生．云南外交之失败及挽回//中国科学院历史研究所第三所编．云南杂志选辑．北京：科学出版社，1958：627．

② 击椎生．云南外交之失败及挽回//中国科学院历史研究所第三所编．云南杂志选辑．北京：科学出版社，1958：637．

③ 击椎生．云南外交之失败及挽回//中国科学院历史研究所第三所编．云南杂志选辑．北京：科学出版社，1958：638．

成，全滇之财政，于无影无形之间，而归于外人支配管理之下，滇民之生活，凡摧残剥削之殆尽。而一般劳动者，欲其不呻吟憔悴于彼族之手者几希。”①为什么云南当时不能开放商埠呢？蔡锷认为有以下六个方面的原因：第一，无治外法权。鸦片战争后，西方列强利用不平等条约在华享有严重侵犯中国主权的领事裁判权。在云南，“英领据于西，法领据于南，全滇之军事、财政及内政等权，皆时时插入而干涉之”，“任意侵我国权”。有鉴于此，蔡锷指出，“中国一日不能收回此权，即一日不能自立”。在这种情况下，“将来英、法之商人麕集全滇，该领事能遵国际法之制限，守商务上之范围，以执行其职权者乎？吾恐不推波助浪，嗾悍列强横之族类，以蹙踏三迤之良民者几希”。②第二，会导致领土的丧失。蔡锷认为，商埠一开，外国人就会租借土地，长期租借就等于永远割让。“此风一倡，而群焉效尤。今日蹙地百里，明日蹙地千里。不数年豆剖瓜分，反客为主”，“灭国杀身之惨，相继而来”。③第三，无国定关税权。蔡锷指出，“工商业之损益与否，以关税之得失为断。处本国工商幼稚之时代，凡外货之输入，有利于我者，则轻其税以导之，有害于我者，则重其税以困之。使一面为保护本国之产业，一面即增加国库之征收”。他认为，在当时，关税权完全操纵在外国人手中，中国“既无关税之完全制度，又无稽察强制之权能”的情况下，开放商埠对中国有害无益。“有不可思议

① 击椎生．云南外交之失败及挽回//中国科学院历史研究所第三所编．云南杂志选辑．北京：科学出版社，1958：639.

② 击椎生．云南外交之失败及挽回//中国科学院历史研究所第三所编．云南杂志选辑．北京：科学出版社，1958：640.

③ 击椎生．云南外交之失败及挽回//中国科学院历史研究所第三所编．云南杂志选辑．北京：科学出版社，1958：643.

之关税，必有不可名状之商埠。”①第四，在经济实力上无法与列强抗衡。蔡锷认识到，“自脱拉司（托拉斯）主义之盛行，而欧洲商界遂日日变色而无止机。文明进化，竞争愈烈”。而云南则是“个人之经济主义牢不可破。无公司以联络之，无银行以聚蓄之，无公共财团以组织之。各心其心，各利其利，各业其业。如败絮之飘零，散沙之涣漫，乱丝之混淆”。他认为，“个人经济之主义，万不足谋人类之生存；个人经济之社会，断不足当外来之繁冲”。②第五，云南幼稚的商业难经列强摧残。蔡锷认为，云南地处边远，加之道路崎岖、交通不便，工商业尚处于幼稚时代。在这种情况下，若不加保护而主开放，不啻于疗弱病而投泻药，摧陷其元气。“将来云南之商界，恐即萌芽根蒂而蹙踏之；蹙踏之不已，则芟刈之。”③第六，危害滇民生活。蔡锷认为，一国或一省人民的生活水平决定于该国或该省文明进步程度。文明进步，生活水平随之而俱进。他指出，云南“近来凶荒交迫，民不聊生”，在这种情况下，“当使劳务殖毂，开源节流，进而通商惠工”，若对外速开商埠，外来之文明骤加于贫困之社会，犹如“强孩子而被成人之衣，勉弱者而举千钧之石”，必然导致“百物腾贵，生活难支，而饥寒载道，流离满途者不知几希”。④ 为挽回云南的商埠，蔡锷提出了设立裁判所以重司法独立权，设立不动产登记所以防止滇民将私

---

① 击椎生．云南外交之失败及挽回∥中国科学院历史研究所第三所编．云南杂志选辑．北京：科学出版社，1958：644－645．

② 击椎生．云南外交之失败及挽回∥中国科学院历史研究所第三所编．云南杂志选辑．北京：科学出版社，1958：646－647．

③ 击椎生．云南外交之失败及挽回∥中国科学院历史研究所第三所编．云南杂志选辑．北京：科学出版社，1958：648．

④ 击椎生．云南外交之失败及挽回∥中国科学院历史研究所第三所编．云南杂志选辑．北京：科学出版社，1958：649．

有土地卖与外人，加强对进口货物检查以塞漏卮，扶植民族工商业以培养基本等 18 条“救标之策”，并呼吁收回治外法权和关税权，使中国在对外通商过程中达到既繁盛市场又维护我固有权利，不损我秋毫的目的。①

民政方面，蔡锷对法国提出在云南设立民政厅以保护其路其矿其商埠的要求表示愤慨。他指出，民政乃国政之一，“甲国之政治甲国之民，而施及于甲国领土之范围。断不能以甲国之民与政，置之于乙国之领土，而任其发号施令，以侵夺乙国之主权。此世界之公理，万国共同之原则也”。②倘若允许法国在云南设立民政厅，那么云南“内政无一不破坏，政权无一不堕落”。“全部主权之丧失，即民政厅之胚胎所由成也。”因此，他大声疾呼：云南各界要坚决拒绝法国在云南境内设立民政厅的要求，“拒之不坚，则成之必速。持之不力，则祸之必来”③。如何才能从根本上拒绝法国在云南设民政厅呢？蔡锷提出三点主张：第一，要收回法人攫取的路矿权，废除法人强迫云南开放的商埠。他指出：“法人以路矿商埠，将次就绪，彼族之聚处吾滇者，必日多一日，不能不筹设一善后之方法，以为处置之地位，于是而有民政厅之要求”。“在彼之意，民政厅一日不能设，彼人民一日不能保”。因此，“欲杜绝民政厅之隐患，必先灭绝路矿之祸胎，及自行保护商埠为主

① 击椎生．云南外交之失败及挽回∥中国科学院历史研究所第三所编．云南杂志选辑．北京：科学出版社，1958：650－651.

② 击椎生．云南外交之失败及挽回∥中国科学院历史研究所第三所编．云南杂志选辑．北京：科学出版社，1958：652.

③ 击椎生．云南外交之失败及挽回∥中国科学院历史研究所第三所编．云南杂志选辑．北京：科学出版社，1958：663.

要”。[①]第二，外国教会不得干涉我国司法，外国教士及其教民在中国犯法均受中国法律制裁。蔡锷指出，外国教会庇护教士和教民，干涉我国司法，攘夺了我国一部分主权，是“树民政厅之先声，为民政厅之导线”[②]。他认为，“就国际法言之，教士一普通私人之性质，非代表国权之法人，是明明无治外法权之可及，不能不受驻在国统治权之所辖。明明无领事裁判权之可窃，不能不受驻在国裁判权之所束”。“至吾国之教民，奉其教非服其法，无论犯民刑之诉讼，均当服从本国之裁判权。”[③] 因此，“凡吾国领土之所在，即吾国主权之所及。天主耶稣之教徒，虽布满国中，卒之教民即吾民；断不因彼之教徒，即取得彼之国籍，而即享彼国一切之权利，以抛弃本国最高之主权”[④]。他对“近年来江西、广东及沿江各省，因民教之不洽，往往惹起绝大之纷争，卒之赔款谢罪，以贻国羞”之事件感到愤恨：“此后来日方长，隐患无穷，未知伊于胡底。”[⑤] 因而他认为，要拒绝法人设立民政厅，必先阻止外国教会干涉我国诉讼，主张“法自我立，权自我操。以我之法治我之民，无所谓平民，无所谓教民”[⑥]。第三，阻止法人在云南设会审堂。蔡锷指出，中外双方派员会审外人与华民互讼事件的

---

① 击椎生．云南外交之失败及挽回//中国科学院历史研究所第三所编．云南杂志选辑．北京：科学出版社，1958：653.

② 击椎生．云南外交之失败及挽回//中国科学院历史研究所第三所编．云南杂志选辑．北京：科学出版社，1958：654.

③ 击椎生．云南外交之失败及挽回//中国科学院历史研究所第三所编．云南杂志选辑．北京：科学出版社，1958：656.

④ 击椎生．云南外交之失败及挽回//中国科学院历史研究所第三所编．云南杂志选辑．北京：科学出版社，1958：655.

⑤ 击椎生．云南外交之失败及挽回//中国科学院历史研究所第三所编．云南杂志选辑．北京：科学出版社，1958：654.

⑥ 击椎生．云南外交之失败及挽回//中国科学院历史研究所第三所编．云南杂志选辑．北京：科学出版社，1958：656－657.

会审堂制度，“已大犯侵夺（中国）主权之罪戾。据此以论，视教士攘夺一部之主权而更有进也”。“中国独立之法权，已失其半而不完全”。他认为，会审堂为民政厅之阶梯。“吾滇虽未设立会审之公堂，而商埠既开，外人日趋繁盛。恐亦要求我政府，援上海之例而设之”。为防止法人在云南设立会审堂以为民政厅之基础，蔡锷告诫清政府和滇吏，不得允许法人在云南实行会审堂制度，否则云南就会蹈“上海之会审堂成立于先，满洲之民政厅建立于后”的故辙，“一误再误，无可挽回”。①

邮政方面，蔡锷认为，“其建设之主体，操纵之特权，无不系属于国家之政治团体，而促其事业之所以扩张，国权之所以伸长”。邮政“即为一国主权之所关。断不容第三国之强横侵入，以干涉内政之行使，而阻碍交通之机关”。他指出，法人在云南设邮局，已使云南邮政不完全，“交通受障害”，剥夺了我国主权，破坏了我国政体。若长此以往，“则国不成其为国矣”。蔡锷感到最伤心的是，“政府断送路矿于外人，人民尚亟亟反对，无不出死力以抗争。而政府断送邮政于外人，未闻有国民之抗议”，“遂演出不可思议之现象。书函之发送，投于中国邮局者少，而投于法国邮局者多”，“于是反客为主，相沿已久，无可挽回”。他认为，产生这种现象，是因为人们的国家意识淡薄，“只知有身家而不知有国家”。② 接着，蔡锷分别论述了邮政与军事上之利用、邮政与经济上之发展、邮政与财政上之转圜、邮政与行政上之措施、邮政与学术上之交换等五个方面的关系，以帮助人们认识邮政对于国

① 击椎生．云南外交之失败及挽回//中国科学院历史研究所第三所编．云南杂志选辑．北京：科学出版社，1958：658－659．

② 击椎生．云南外交之失败及挽回//中国科学院历史研究所第三所编．云南杂志选辑．北京：科学出版社，1958：664－665．

家的重要性。并呼吁清政府向法使交涉，撤销法国在云南开设的邮政局，“以保持国体而挽回利权”。同时，他还呼吁滇省人民“联合自治团体，力申禁例，无论如何不得与法邮政局交通”。①

货币方面，蔡锷认识到，自法国占领越南，强迫清政府开放蒙自、思茅、腾冲三个海关，攫取滇越铁路筑路权以及开矿权，云南成为以英法为主的帝国主义倾销商品的市场和掠夺原料的基地之后，法币逐渐输入云南，并“已认为正当之举，而无顾忌之忧”②，以致“除腾越方面适用英币外，其他各地，皆非中国国定之货币，乃佛（法）兰西实行之法币也”③。更有甚者，法币还蔓延到广西的桂林、梧州、南宗、龙州等地。他认为，“以中国之臣民，而奉行外人之货币，则国权顿落，主体变更，已为法律所不许，天理所不容”。他强调指出：“货币者国币也，甲国之币滥行于乙国之领土，是侵犯乙国之主权”。“一国之货币，既关乎一国之政体，一国政体之破坏，即一国主权之衰亡。法货币既行使中国之云南，即法国财务行政之权力，足以支配中国之云南。既足以支配云南者，即足以支配南清各省。南清各省既蒙其危害，则全国即受其影响”。“况列强既抱均势之主义，唱对等之权利。有法币以网罗南清，安知无英德日俄诸国，引为口实，各出其本国货币，以各认其在中国之势力范围，借横暴之强权，以流动而充

---

① 击椎生．云南外交之失败及挽回//中国科学院历史研究所第三所编．云南杂志选辑．北京：科学出版社，1958：673.

② 击椎生．云南外交之失败及挽回//中国科学院历史研究所第三所编．云南杂志选辑．北京：科学出版社，1958：676.

③ 击椎生．云南外交之失败及挽回//中国科学院历史研究所第三所编．云南杂志选辑．北京：科学出版社，1958：675.

满乎"?[1]为杜绝法币在云南流通，以维护国家经济主权，蔡锷提出三个方面的主张：第一，清政府速与法使交涉订立新约，不准法币输入云南内地，侵犯中国之主权。对于已在云南流通的法币要规定期限，逐步收回。第二，设立银行及制币局，改革本国货币制度，统一银币款式与质量，另铸辅助小币，并通过银行发行纸币，方便流通。第三，设立府、州、县各级商会及调查局，调查、监督货币流通情况，防止商人和滇民擅用法币。[2]

西江警察权方面，蔡锷坚决反对英国攫取西江警察权。他指出，英国在西江拥有警察权，这是英人灭埃及的故伎重施。"西江者，实两广之贯也。按国际法，此实国内河流，非国际河流比也。今与英人以缉捕权，是举水上警察之行政权以授外人矣。将航路所到之地，皆英国国权所到之地。西江流域之行旅居民，皆为外人管辖鞭挞之下。此一举也实可制两广之死命。他日长江流域，航路所到之地，皆将以此为嚆矢"。他认为，"今欲筹抵制之策，骤然决裂，则兵力不能敌。听之则主权失而不可复，他日土地亦随之而亡。为今之计，惟有结大团体，以成独立之势而已。"因此，他呼吁两广三千余万同胞，"无老无幼，无男无女，无贵无贱，人人皆能持急激主义"，结成"有秩序、有条理、坚固持久、同生共死之团体"，"挟逼张督，内以抵抗政府，外以抵制英人"，通过与英谈判、自清盗贼、与英绝商等方式，坚决收回西江警察权。同时，蔡锷坚信，只要两广同胞奋起抗争，"各省闻之，必有

---

① 击椎生. 云南外交之失败及挽回//中国科学院历史研究所第三所编. 云南杂志选辑. 北京：科学出版社，1958：683.

② 击椎生. 云南外交之失败及挽回//中国科学院历史研究所第三所编. 云南杂志选辑. 北京：科学出版社，1958：684－687.

兴起而取法者，必有奔走而来归者，必有挺身以相助者”。①

值得一提的是，在揭露帝国主义对中国的种种侵略罪行，启蒙国人的国权意识，号召夺回丧失的国权的同时，蔡锷对在帝国主义面前一味退让、丧权辱国的清政府给予了猛烈的抨击。首先，批评清政府不知保护属国，以致法、英帝国主义侵占越南、缅甸并以之为跳板，得寸进尺，侵略中国云南。他指出，云南外交失败的原因是清政府“不知处置保护国”，对英、法国侵占缅甸、越南“熟视若无睹”，“听其割地，听其偿金，不出一兵以声援，不发一言以抗议”，以致其势达红河、河内、海防等处，直接威胁西南边疆的安全。②其次，批评清政府卖国求荣的投降主义政策。他认为，云南外交失败的诱因是清政府卑躬屈膝，与英、法签订了一系列不平等条约，将中国的利权“捧而献之乐人”，“遂使列强攘臂相争，危迫以至于此”。③ 他指出，古往今来，“凡卖国贼臣，一遇强邻，则甘心媚外”，“虽为傀儡，终处崇高，虽为奴隶，终得温饱。此傀儡甘为人舞而不辞，奴隶甘为人用而不悔也”。④第三，批评清政府丧失主权的所谓开放主义是“开门揖盗”、“引贼入室”。⑤他指出，航路、铁路、矿产、海港、渔林、关税，皆国家之命脉，“而政府慷慨大方，如弃敝屣，如赠桃李，以送外人。只

---

① 击椎生．西江警察权问题//中国科学院历史研究所第三所编．云南杂志选辑．北京：科学出版社，1958：697－698．

② 击椎生．云南外交之失败及挽回//中国科学院历史研究所第三所编．云南杂志选辑．北京：科学出版社，1958：615－616．

③ 击椎生．云南外交之失败及挽回//中国科学院历史研究所第三所编．云南杂志选辑．北京：科学出版社，1958：627．

④ 击椎生．西江警察权问题//中国科学院历史研究所第三所编．云南杂志选辑．北京：科学出版社，1958：695．

⑤ 击椎生．云南外交之失败及挽回//中国科学院历史研究所第三所编．云南杂志选辑．北京：科学出版社，1958：638．

固己位，奚计国亡；只顾己乐，遑计民苦”，这充分表明了清政府“以己为国，不以国为国；以己制民，不以民为民”的反动本质。[①]第四，批评清政府各级官员不学无术、愚昧无知。他指出，中国丧权失利固然与帝国主义列强贪婪成性有关，但清政府的各级官吏也有不可推卸的责任。“滇中大吏奏准英、法（在云南）合办之隆兴公司，规定章程约二十四款，犹自以为得计。不知抛弃土地，丧失主权，污辱国体，莫此为甚”。“滇吏以矿产荒废为词，而矿产非荒废，实滇吏之荒唐也”。“滇吏督办滇矿，盘据数十年，忝额窃位，滥耗国款。既无能力以收实效，又负国债难以填偿，遂援外人塞责也”。而清政府对于疆吏失地失权之请，则是“允之无疑，而偶有一抗争之奏议，政府往往迟徊不决，而终归于失败”。面对如此昏庸之政府及官吏，他悲叹道：“物必自腐然后虫生之，人必自伐然后人伐之，其理有毫不容爽者。”[②]

通过上述分析，我们不难看出，蔡锷在这些文章中比较全面、系统地揭露了列强侵略中国各种主权以及清政府丧权卖国的事实，阐述挽回国家利权的主张，反映了他强烈的国权意识和坚决维护国权的思想。尽管蔡锷所提出的某些主张，如希望列强遵守国际法，清政府运用国际法原则与列强谈判修约等，实属幼稚天真，在当时无法实现，但他那高扬国权旗帜、维护国家利权的思想在客观上有助于国人认清帝国主义列强贪婪无道的本质和清政府昏庸无能的现实，对于启发国人的国权意识和推动当时收回利权运动具有一定的积极意义。

---

① 击椎生．西江警察权问题//中国科学院历史研究所第三所编．云南杂志选辑．北京：科学出版社，1958：695．

② 击椎生．云南外交之失败及挽回//中国科学院历史研究所第三所编．云南杂志选辑．北京：科学出版社，1958：627－628．

第三节　主权在国思想

一、鼓吹国家主义

国家主义产生于18世纪、盛行于19世纪，是近代欧洲资产阶级民族运动的产物。其核心内容就是“国家至上”、“民族至上”。德国唯心主义哲学家费希特（1762—1814）是最早提倡国家主义的代表之一。费希特的一生处在法国大革命和德国大动荡的年代，当拿破仑的军队入侵德国之时，他号召德意志民族团结起来，抵抗外敌侵略，保卫国家主权。他认为，一个民族的振兴，要靠民族意识和民族觉悟，而当时的德意志民族正缺乏这一点。然而，德意志本身具有强大的民族复兴力量，关键在于发展自己的民族性，光大自己的民族文化，以求精神与道德的复兴。费希特的这些思想为德意志民族的复兴奠定了精神基础，对于激励德国民族爱国精神，抵抗拿破仑入侵，捍卫国家主权，推动德意志民族的统一与振兴，起了一定的积极作用。费希特的国家主义民族思想经黑格尔、伯伦知理（今译为布伦奇利——引者）的继承和发扬，在19世纪80年代达到全盛时期，促成了德意志联邦的建立，也使意大利南北统一，形成了民族国家。在资本主义上升时期，国家主义在抵御外国侵略，实现民族统一和促进资本主义发展方面起过一定的历史作用。

西方的国家主义思想是在中日甲午战争后，中国民族危机空前严重的情况下开始传入中国的。甲午战败，马关议和，帝国主义列强掀起瓜分狂潮，继而八国联军攻占北京，中国被迫签订空前丧权辱国的不平等条约——《辛丑条约》。这一系列事件给中国人民一次比一次更为强烈的刺激，一种亡国灭种的危机感、救死不遑的紧迫感和再难立足于世界的耻辱感笼罩在中国人民的心头，救亡图存成为摆在中国人民面前最为严峻的任务。在这种情况下，为了进一步唤醒中国人民的民族意识和爱国精神，一部分对西方资产阶级思想文化有所了解的爱国知识分子，迅速掀起了传播西方国家主义民族思想的热潮。在19世纪末年到20世纪初年，无论是维新派还是革命派的报刊，都大量译介和宣传西方的国家主义民族思想，其中，以梁启超宣传最力。1899年，梁启超翻译了伯伦知理的《国家论》，在《清议报》上分期刊载，系统地介绍了伯伦知理的国家主义民族理论。1901年，梁启超在《国家思想变迁异同论》中介绍了欧洲国家思想的变迁之迹，并指出："今日之欧美，则民族主义与民族帝国主义相嬗之时代也……知他人以帝国主义来侵之可畏，而速养成我所固有之民族主义以抵制之，斯今日我国民所当汲汲者也！"① 1902年，梁启超在《论学术之势力左右世界》一文中明确提出了国家主义的概念，并对伯伦知理的国家主义民族理论进行了高度的评价："伯氏立于十九世纪，而为二十世纪之母。自伯氏出，然后定国家之界说，知国家之性质、精神、作用为何物，于是国家主义乃大兴于世。前之所谓国家为人民而生者，今则转而云人民为国家而生焉，使国民皆以爱国为第一之义务，而盛强之国乃立，十九世纪末世界之政治则是也。而自今以往，此义愈益为各国之原力，无可疑也。"② 1903年，梁启超再发表《政治学大家伯伦知理之学说》，对伯伦知理的国家主义理论进行了全面的介绍和评述，并指出，伯伦知理的国家论和卢

① 吴嘉勋，李华兴编．梁启超选集．上海：上海人民出版社，1984：189－193．
② 吴嘉勋，李华兴编．梁启超选集．上海：上海人民出版社，1984：272．

梭的民约论是对立的，“若谓卢梭为十九世纪之母，则伯伦知理其亦二十世纪之母”①，也就是说卢梭的民约论不适合 20 世纪的中国，中国只能用伯伦知理的国家论。受国家主义思想的影响，梁启超提出了“新民”的思想，并在其新民思想的代表作《新民说》中围绕建立一个民族主义国家这一目的，对理想国民的素质提出了具体要求。在他看来，“今日欲抵挡列强之民族帝国主义，以挽浩劫而拯生灵，惟有我行我民族主义之一策，而欲实行民族主义于中国，舍新民末由”。② 与此同时，为了激发国人的爱国精神，梁启超还在《新民丛报》上连载论著《意大利建国三杰传》，介绍意大利建国时期的民族英雄马志尼、加里波的、加富尔三人的英雄事迹，并指出：“真爱国者，国事以外，举无足以介其心，故舍国事无嗜好，舍国事无希望，舍国事无忧患，舍国事无忿愤，舍国事无争竞，舍国事无欢欣。真爱国者，其视国事无所谓艰，无所谓险，无所谓不可为，无所谓成，无所谓败，无所谓已足。真爱国者，其所以行其爱之术者，不必同，或以舌，或以血，或以笔，或以剑”，“所向之鹄，卒至于相成相济而罔不相合”，终至建国而立足于世界。意大利三杰就是这样的“真爱国者”。③

在梁启超宣传的西方国家主义思想影响下，蔡锷逐步从以汉族为中心的传统民族主义思想的窠臼跳了出来，形成了近代国家观。德国的俾斯麦、意大利的加富尔等欧洲的民族英雄成了他崇拜的对象。1902 年，蔡锷编译了《国际公法志》，表明他对国家及国家主权问题的关注和对国家独立、民族解放的追求。稍后，蔡锷又发表了《军国民篇》，呼吁造就中国的军国民，以武力抵抗列

---

① 吴嘉勋，李华兴编．梁启超选集．上海：上海人民出版社，1984：411．

② 梁启超．新民说．郑州：中州古籍出版社，1998：51．

③ 梁启超．饮冰室合集：专集之十一．上海：中华书局，1936：1－2．

强入侵，争取民族解放，并提出要参照日本的“大和魂”、德国的《祖国歌》所反映出来的日耳曼民族精神、美国“美洲之局，他国不得而干涉之”的门罗主义和俄国斯拉夫人种统一主义，铸造中国的国魂，以为“国家建立之大纲，国民自尊自立之种子”。这与费希特呼唤德意志民族觉悟和民族意识是何等相似！回国后，无论是从事军事教育还是编练新军，蔡锷始终坚持“为国家”的指导思想，希望建设一支“渡同胞于苦海，置国家于坦途”的军队，并在武昌首义的推动下，毅然领导和发动了云南重九起义，为民国的建立立下不朽的功勋。辛亥革命后，蔡锷继续鼓吹国家主义，反复强调要增强国民的国家观念，使每一个国民都肩负起“国家维持之责任”①，并致力于国家的统一和国家的建设事业。具体表现在：

1. 关注国家的政权建设。1911 年 11 月 15 日，湖北都督黎元洪致电独立各省，要求派代表到武昌会商，“建立联邦国家，为对外之交涉”。蔡锷立即通电各省都督，明确表示，“联邦制度于吾国不甚相宜，仍应主张建设一完全统一国家，设立民主立宪政府，内政外交均易措置”。②同时，他还要求各省都督府代表会议在研究国家大政方针时，重点研究国权集中和全国财政、军政、外交、教育、交通的统一问题，建设一强有力之统一政府，尽快实现全国内政外交的统一，以加快民国的建设和发展。他认为，中国“势分力薄，积弱已久”，若“政权不能统一，则国家永无巩固之期”。③蔡锷明确表示，未来的共和国应当是一个汉、回、满、蒙、

① 曾业英编. 蔡松坡集. 上海：上海人民出版社，1984：457.

② 曾业英编. 蔡松坡集. 上海：上海人民出版社，1984：80.

③ 曾业英编. 蔡松坡集. 上海：上海人民出版社，1984：436.

藏、夷、苗各种族结合一体，拥有独立对内对外统一治理权的国家。①

2. 关心国家统一大业。南京临时政府成立后，他即致电孙中山及各省都督呼吁国家统一，指出，各省军政府“宜有通力合作之谋，不可存画疆而守之势。设用人行政，省自为谋，恐土豪寝起割据之思，边境又有孤立之虑，于国家统一障碍实多”②。云南辛亥革命后政局甫定，以蔡锷为首的军政府在十分困难的情况下，先后派出滇军援川、援黔、援藏。尽管滇军在援川、援黔行动中有这样或那样的缺点，在当时就招致一些误解和反对，援藏行动也因川、滇两军互有猜忌而未能实现彻底解决西藏问题的预定目标，但蔡锷援川、援黔“志在救灾恤邻，并欲为武汉后援，固西南屏蔽”③，以“救蜀民于水火”，“促国家之统一”。④援藏也意在反对英国侵略，“以固边圉，而毖后患”⑤，其良苦用心是无可非议的。在“建都之争”中，蔡锷支持建都北京。他认为“建都南京后，北边形势当为之一变迁，恐遗孽有乘虚窃据之虞，而强邻启蹈隙侵陵之渐，黄河以北沦入毡裘，甚非国民之利”，而“建都北京，可以控御中外，统一南北”。⑥并要求袁世凯建都北京后，“于用人行政之际，破除畛域，以协群情，痛扫弊风，以新耳目，使秕政余毒，不至复生，民国基础，得以巩固”。⑦由此可见，蔡锷支持建都北京，也是出于尽快实现国家统一的考虑。1912 年 5 月，

① 曾业英编．蔡松坡集．上海：上海人民出版社，1984：83－85．
② 曾业英编．蔡松坡集．上海：上海人民出版社，1984：166．
③ 曾业英编．蔡松坡集．上海：上海人民出版社，1984：283．
④ 曾业英编．蔡松坡集．上海：上海人民出版社，1984：229．
⑤ 曾业英编．蔡松坡集．上海：上海人民出版社，1984：442．
⑥ 曾业英编．蔡松坡集．上海：上海人民出版社，1984：323．
⑦ 曾业英编．蔡松坡集．上海：上海人民出版社，1984：348．

在统一共和党云南支部的成立大会上，蔡锷宣布："本党主义务以国家为前提。"① 1913 年的"二次革命"是国民党地方势力与袁世凯中央政府的总决战。在"二次革命"中，蔡锷"以保土安民，巩固统一为第一义"②，反对双方动武，努力居中进行调解，主张以法律的方式解决问题。他认为，"于约法规定领土内宣告独立，形同割据，是谓破坏统一"③，呼吁"政府速自反省，示天下以诚信。赣人亦应顾念大局，勿徒为感情所驱。各省休戚相关，苟有可以转圜之道，即祈主张公道，共图挽救"④。

3. 主张各党各派和衷共济，反对因党争、政争影响国家的统一和国家建设的顺利进行。党争、政争激烈是民初政治的主要特点之一。蔡锷虽然认为适度有秩的党争、政争有利于民主政治建设，但对于国家的稳定和建设因党争、政争而受到影响的状况深感忧虑。他指出："溯自武汉倡义，至南北政府统一之日，相距仅数阅月，同时达政治、种族革命之两目的。视美之血战七年、法之流血八十年所仅得之者，吾国则以最短之时间，最廉之代价购之，此足为破坏最易之证。德意志联邦俾斯麦竭毕生之心力，始克统一完成，加富尔之于意大利，其力任巨难，与俾斯麦同，而迭经波折，未获永其天年，至今国势犹未达强盛圆满之域。即以吾国论，自政府统一以后，南北隔阂，意见未消，政党勃兴，竞争剧烈，内则兵变频仍，外则风云日亟，阁员迭更，国务院如暂住之大旅馆，舆论嚣张，参议员如新置之留声器，此皆民国前途之悲观，亦建设维艰之一斑也。然吾辈既任破坏于前，自当力任

① 曾业英编. 蔡松坡集. 上海：上海人民出版社，1984：457.
② 曾业英编. 蔡松坡集. 上海：上海人民出版社，1984：718.
③ 曾业英编. 蔡松坡集. 上海：上海人民出版社，1984：726.
④ 曾业英编. 蔡松坡集. 上海：上海人民出版社，1984：718.

建设于后。进行之方法，惟永矢忠贞，和衷共济而已。”① 他认为，之所以造成目前这种混乱的局面，根本原因是国人的国家观念淡薄，只顾争权夺利，不顾国家整体利益。在他看来，要改变民初社会“无政府主义”的局面，必须借鉴美国等“共和先进之国”的做法，宣扬国家主义，唤起国人的国家意识，增强国人的国家观念，强调国人对国家的义务和责任，以达到和衷共济、共建民国的目的。

由上可见，清末民初，蔡锷信奉和鼓吹国家主义，强调国家的独立、统一和国家的整体利益，其用意是希望借此来唤醒国人，凝聚民族意志，增强国力，以抵制外来侵略，争取民族独立和国家振兴。这既与“大一统”的中国传统政治理念相容，也符合当时人们对社会秩序稳定和国家强盛的渴望心理，反映了一个爱国者希望社会稳定、国家昌盛的良好动机，因此在当时具有积极进步的意义。

二、批评主权在民

近代意义的主权概念在 16 世纪中期由法国政治思想家布丹在其名著《国家论六卷》中最早提出。他认为，“主权是在一个国家中进行指挥的绝对的和永久的权力”，是“超乎于公民和臣民之上，不受法律限制的最高权力”。他把主权的内容具体分为八类：(1) 立法权；(2) 宣战与缔约权；(3) 任命官吏权；(4) 最高裁判权；(5) 赦免权；(6) 确定忠节权；(7) 铸造货币和确定度量衡权；(8) 征税权。并认为主权具有绝对的、至高无上的、不可分割的和永久性的等特征。②布丹在提出主权概念的时候，由于受

---

① 曾业英编．蔡松坡集．上海：上海人民出版社，1984：579－580.

② 叶立煊．西方政治思想史．福州：福建人民出版社，1992：148－149.

法国专制主义创制者路易十一所倡导的中央集权政策影响，将其归结为君主拥有主权，所以他常常以论述君主主权来论证主权。17 世纪，荷兰著名法学家格劳秀斯和英国古典法学派的重要代表人物霍布斯也持相同观点。在欧洲历史上，这种君主主权思想曾有过一定的进步意义，反映了资产阶级要求运用王权来实现国家统一、发展资本主义的愿望。恩格斯曾经指出："在这种普遍的混乱状态中，王权是进步的因素，这一点是十分清楚的。王权在混乱中代表着秩序，代表着正在形成的民族而与分裂成叛乱的各附庸国的状态对抗。"①

17 世纪，英国著名的政治思想家洛克继承了布丹、霍布斯等人的主权思想，并把国家权力分为立法权、行政权和对外权三种，其中，立法权是最高的权力，社会上任何人都必须服从这一最高权力。他还主张将三项权力中的最高权力——立法权，归于立法机关，即民选议会，而执行权和对外权则归于国王。洛克的这一思想实质上是议会主权论，是英国革命时期资产阶级同专制君主制度斗争的历史产物。由于当时资产阶级的力量还没有强大到足以独占国家全部权力的程度，所以议会主权的实质在于资产阶级同封建君主所代表的阶级分权。资产阶级议会掌握立法权，用法律保护资产阶级的利益，王权从属于议会，这就使得国王成了执行资产阶级意志的奴仆。

到了 18 世纪，法国启蒙思想家卢梭从他的社会契约理论出发，以前人主权学说为基础，在近代西方政治思想史上第一次完整地提出了人民主权学说（亦称主权在民学说）。他认为，人类历史进入社会状态之前，存在着一种"自由状态"。在"自由状态"中，

① 马克思恩格斯全集：第 21 卷. 北京：人民出版社，1965：453.

人是生而自由的。私有财产产生后，人们便在私有制的基础上结合成集团。每个结合者及其自身的一切权利以订立“社会契约”的方式全部转让给整体集团。这个集团受到指导时，就是国家；进行指导时，就是主权者。因而主权者应由全体人民来承担，人民行使国家主权就称为人民主权。他强调，人民主权是公意的运用和体现。公意构成主权，而公意是人民的共同意志和共同利益的集中表现，是一个整体，不能分割，不能转让，也不能代表。他还认为，政府是主权者设立的，是主权者——人民的代理人，而政府的成员也只是人民的官吏，人民可以委任他们，也可以撤换他们。卢梭的人民主权思想以及关于自由、平等、天赋人权思想反映了资产阶级反封建斗争的革命要求，为法国资产阶级革命作了舆论准备，起了革命的先导作用，在法国革命中，它成为资产阶级追求的目标，也是唤起广大人民群众投入革命洪流和参与政治生活的革命口号，并在世界历史上产生了很大的影响。1776年美国《独立宣言》宣称：“所有人都生而平等”，都具有天赋的某些不可转让的权利，其中包括“生命权、自由权和追求幸福的权利”；为了保障这些权利，人民通过契约建立了政府；政府的正当权力来自“被统治者的同意”，任何政府一旦侵犯人民这些权利，人民就有权利改变它或废除它，以建立新的政府。1789年法国制宪会议通过的《人和公民的权利宣言》宣布：“在权利方面，人们生来是而且始终是自由平等的。”“法律是公共意志的表现。全国公民都有权亲自或经由其代表去参与法律的制定。”1791年的法国宪法中，承认“主权是统一的、不可分割的、不可剥夺的和不可动摇的，主权属于国民”。①此后，西方国家在形式上一般都承

① 王彩波．西方政治思想史．北京：中国社会科学出版社，2004：368－369．

认主权在民，或在宪法中写上主权在民的规定。

然而，卢梭的人民主权说并没有真正的科学根据，无论在理论上还是在实践中确实存在一些缺陷和错误。首先，卢梭以臆想的社会契约理论来解释国家，认为国家是以社会契约为基础的政治共同体，国家权力是由每个契约者转让而来，按“公意”管理，以“公意”指导人民，从而抹杀了国家是阶级矛盾不可调和的产物的本质，掩盖了国家是实行阶级统治的有组织的暴力工具这样一个基本事实。其次，卢梭的人民主权说把“公意”看成绝对正确的东西，把个人意志、众意看成是绝对错误的东西，这本身违背了历史唯物主义辩证法。而且卢梭所谓体现全体公民意志的“公意”也是理想化的东西，在现实中无法实现，再要求以这样的“公意”去管理国家，更是无从谈起。所以卢梭公意理论也就具备了浓厚的形而上学的神秘色彩。最后，卢梭人民主权说的“人民”在理论上虽然指人民群众全体，但在现实社会中，正如恩格斯所指出：“在历史上的大多数国家中，公民的权利是按照财产状况分级规定的，这直接地宣告国家是有产阶级用来防御无产者阶级的组织。”①也就是说，卢梭人民主权说的“人民”只是资产阶级。因此，在阶级社会中，没有也不可能有什么真正的、超阶级的所谓“主权在民”，资产阶级宣扬的“主权在民”实际上是“主权在资产阶级”。尽管如此，卢梭的人民主权理论的历史意义不能低估，后来马克思主义经典作家继承和扬弃了卢梭的人民主权学说，提出了无产阶级的人民主权学说。因此，卢梭的资产阶级人民主权学说是无产阶级人民主权学说的先声。

辛亥革命后，中国资产阶级革命派在制定《临时约法》时，

---

① 马克思恩格斯选集：第4卷上. 北京：人民出版社，1972：168－169.

运用卢梭“主权在民”的原则，规定，“中华民国之主权，属于国民全体”，从而在中国历史上第一次以根本法的形式，公开宣布“主权在民”，从根本上否定了主权在君的封建帝制。尽管在当时这个规定的实质内容是空洞的，有权利、有资格代表“全体人民”的，只有少数的有产阶级，国家的真正权力事实上掌握在少数有产阶级的代表手中，广大人民根本没有参与政权组织，更谈不上行使“主权”。但是，它毕竟承认了国民在宪法上的主权者地位，这对封建专制制度延续了两千多年的中国来说，无疑是一个巨大的进步。

1913 年 4 月，中华民国第一届国会正式召开。根据《临时约法》“本约法施行后，限十个月内由临时大总统召集国会”和“中华民国宪法，由国会制定”等规定，正式宪法的制定势在必行。蔡锷高度关注宪法的制定。早在 1912 年 12 月，他就曾多次致电袁世凯和国务院秘书长张国淦以及各省都督，提出宪法要以国权为主义，主张建设强有力政府、扩大总统权力，并恳请江苏都督程德全“转商”曾任唐绍仪内阁司法总长的王宠惠“兼采此议”①。然而，王宠惠于 1913 年 3 月发表的《中华民国宪法刍议》一文中，仍坚持主权在民的立宪思想。对此，沉溺于国家主义的蔡锷不以为然，于当年 7 月以击椎生的笔名发表《读王君亮畴〈中华民国宪法刍议〉》一文，对主权在民说提出批评。蔡锷认为，主权之所在不应属于人民，并指出主权在民说有六谬：第一，“主权在民”在理论上说不通。蔡锷指出：“国家由土地、人民、主权三要素而成，今以主权属之人民，是国家已缺主权之一要素，无主权即无国家，又安有人民？彼巴比仑、叙利亚等之因灭国而因以灭

① 曾业英编. 蔡松坡集. 上海：上海人民出版社，1984：647.

种者无论矣，不见夫波兰、犹太乎？其人民非不散布于荒凉极北之乡，而何以流离迁徙，飘摇靡定，直等于飞禽走兽之不遑宁处。不见夫印度、安南乎？其人民非不聚处于薰炎赤道之下，而何以身为奴虏，束缚驰骤，直无异于羁马扼牛之莫可谁何，是岂非因无主权即无国家，无国家即无人民；纵有人民，亦不能自家其家，身其身，而只供他人任意脔割戮辱之明证耶。而况云主权属于人民，又安不可云主权属于土地，人民属之主权乎？政治棼泯，论理矛盾，莫斯为甚。"第二，"主权在民"在实践中易导致国家利益之牺牲。蔡锷认为："若主权属于人民，则人民因谋自己之利益幸福，可以牺牲国家。究之覆巢之下，岂有完卵，又安见其能煦煦相乐耶？"第三，"主权在民"在实践中难以操作。蔡锷认为："主权唯一不可分"，而"人民全体数万万，以唯一不可分之主权，固万不能割裂而散寄于数万万之各个人，即寄托于国民总会。而国民总会集合全体之构成，又岂今日所可易言哉！"第四，"主权在民"有反国家性质。蔡锷认为："国家有永续进行性，使主权属于人民，其将使全国人民直接行使主权乎？则以棼而乱。其将使代表间接行使之乎？则今日所谓国民代表之议会，常有时而停闭。二者均有反于国家之性质。"第五，"主权在民"容易引起争权夺利，影响国家的稳定。蔡锷认为："使主权属于人民，则人各以主权者自命，无论其对于政府将仆隶而轻蔑之、挟制之，且时揭竿而起，变生不测，其祸伊于胡底。即其相互之间，亦各得挟其主权之作用，相侵犯而无有宁期。"第六，"主权在民"的"民"的范畴不清。蔡锷认为："现今各国选举制度，无论其采取普通选举制与限制选举制，而于未达一定年龄者，有精神病者，及剥夺或停止公权者，务必有一部分人民之除外。而此除外之各个人，莫非一国之国民。此等除外之国民，既无寻常选举权，又安有最高主权?”总之，在蔡锷看来，主权在民说“既属理想之谈，且多矛盾之弊”。①

蔡锷上述对主权在民理论的批评在一定程度上就触及到其软肋。他指出主权在民说属“理想之谈”也不无见地。事实上，卢梭的人民主权理论传入中国后，对其持怀疑甚至否定态度的也不乏其人。梁启超在1901年介绍卢梭的人民主权说时就既肯定了其“能增个人强力之气，以助人群之进步”之效，又指出了其“陷于无政府党，以坏国家之秩序”之弊。②1902年，他逐步接受伯伦知理的国家主义思想后，就否定了卢梭的人民主权学说，认为卢梭的人民主权学说“谓国家不过人民之结集体，国家之主权即在个人（谓一个人也）。其说之极端，使人民之权无限，其弊也，陷于无政府党，率国民而复归于野蛮”③。严复对卢梭人民主权学说始终有所保留、有所批评。1914年，他在《民约平义》一文中质问道：“卢梭之所谓民约者，吾不知其约于何世也。”④孙中山尽管赞同卢梭的人民主权说，但对它的缺陷也有一个认识的过程。在辛亥革命前，他认为“全国人民”都可成为“国民”，“凡为国民皆平等以有参政权。大总统由国民公举。议会以国民公举之议员构成之”。⑤直到“二次革命”失败以后，他才认识到，“第三次革命以后，决不如第一次之糊涂，将全国人民名之曰国民；必其有心赞成共和，而宣誓注册者，乃得名之曰国民。”也就是说“国民”必须是赞成共和国制度、赞成国民革命的人，而不包括反对

① 毛注青等编. 蔡锷集. 长沙：湖南人民出版社，1983：291－292.
② 吴嘉勋，李华兴编. 梁启超选集. 上海：上海人民出版社，1984：189.
③ 吴嘉勋，李华兴编. 梁启超选集. 上海：上海人民出版社，1984：315.
④ 王栻编. 严复集：第2册. 北京：中华书局，1986：340.
⑤ 孙中山选集. 北京：人民出版社，1981：78.

共和制度、反对革命的那部分人。①

当然，由于历史和阶级的局限，蔡锷当时并不能认识到国家的阶级性质和阶级功能，也不可能具备阶级分析的理论素养，他对主权在民论的批评，主要是依据其国际法的有关知识和针对资产阶级主权在民思想在民初社会实践过程中暴露出的问题来进行的，虽然有一定的理由，但还谈不上有很强的科学性和理论性。尤其是他把人民看作一群只顾图自己私利而不顾国家利益的群氓更反映了他的阶级局限性。

三、主张主权在国

在批评主权在民说的同时，蔡锷提出了其主权在国的主张。他认为，国家主权是随着国家的产生而产生的，是国家的根本属性，与国家如影随形，密不可分，“无主权即无国家”。因此，“主权之所在应属于国家，不应属于人民”。在他看来，“国家之目的，在于为人民谋幸福；虽欲为人民谋幸福，必先为自己本体谋生存发达。使主权属于国家，则国家因谋自己之生存发达，可以敌国开战，而牺牲人民之生命；可以公用征收，而牺牲人民之财产。牺牲人民以巩固国家，即人民亦与有幸福焉。”②他甚至提出：“民国宪法宜以巩固国权为主义”，“凡障碍国权发动之制定决不可采”。③中国的国名中，不应楔以“民”字，而应名曰“中华共和国”，或干脆直接名曰“中国”。④

蔡锷的主权在国思想是受欧洲国家主义代表人物所宣扬的国

① 孙中山全集：第3卷. 北京：中华书局，1984：141.

② 毛注青等编. 蔡锷集. 长沙：湖南人民出版社，1983：291.

③ 曾业英编. 蔡松坡集. 上海：上海人民出版社，1984：646.

④ 毛注青等编. 蔡锷集. 长沙：湖南人民出版社，1983：292.

家主权思想的影响和他对清末民初中国救亡图存现实的体认相结合的产物。在主权的归属问题上，欧洲国家主义思想的代表人物黑格尔、伯伦知理、波伦哈克都反对人民主权，主张国家主权，其中以伯伦知理最为典型。他的名著《国家论》被看成是国家主权学说的圭臬，影响很大。他认为，国家是一个有机体，是一个民族的精神和力量的具体表现和人格化，具有最大最高的权力，居于一切权力之上。国家中的人民不是散漫的一群个体，而是在政治意义上有组织的整体，拥有宪法的权力，并表现国家主权。他反对卢梭的人民公意即为国家主权的观点，认为卢梭的“社会为私人之集合体，主权即为私人之集合权”之说“其言谬甚”。他说，人民公意实是人们的意志，而意志属于人们的精神范畴，主权却是国家的法律，意志虽能促使法律的实施和变更，但它本身并不是法律，应该是先有主权然后才有主权意志。在他看来，人民作为社会群体时，可以处于各种状态之中，有时是涣散的，有时是分属不同的派别，国家主权应该体现人民的公意，但不能说国家主权就是由人民公意直接产生的。此外，在国家主权与统治者的关系问题上，伯伦知理认为两者都包含统一的、完全的权力，但从整体上说，国家主权先于统治者个人，国家制定法律，而统治者则在法律规范内自由行使法律赋予的最高权力。在国家的目的上，他认为应该以国家为第一位，各私人只是实现国家目的的“器具”。一般情况下，各私人的利益与国家的整体利益是一致的，但在特殊情况下两者也可能发生矛盾冲突，这时，国家可以要求人民付出生命，人民也应该为国家的利益做出牺牲。因此，他指出：“主权既不独属君主，亦不独属社会，不在国家之上，亦不出国家之外，国家现存及其所制定之宪法，即主权所从出也”。“主权者公权，非私权也，虽合无量数之私权，不能变其性质使成公权”。国家具有法律上的人格，“故有主权则有国家，无国家亦无主权”。[①] 他甚至还认为人民主权比君主主权更坏。他说：“卢氏之说，欲易专制的君主主权，而代以专制的国民主权也。然而专制君主主权，流弊虽多，而犹可以成国；专制国民主权，直取已成之国而涣之耳。……夫谓主权不在主治者而在公民全体，公民全体之意见，既终不可齐，终不可睹，是主权终无著也。主权无著，而公民中之一部分，妄曰吾之意即全体之意也，而因以盗窃主权，此大革命之祸所由起也。公民之意向，屡迁而无定，寖假而他之一部分，又妄曰吾之意即全体之意也，而因以攻攫主权，此大革命之祸所由继续也。”[②] 他认为：“主权者，国家之威力也。宜归于人格之国家及国家之首长，其余地方团体及法院、议院等，皆隶属于国家之一机关耳，于主权无关。”[③] 伯伦知理的国家主权学说和德意志帝国强盛的现实，对于正在孜孜探求中国强盛之道的蔡锷无疑具有极大的吸引力。通过梁启超对伯伦知理学说的介绍，蔡锷接受了伯伦知理的国家有机体和国家主权等观点，认为“国家因三要素具备而成为法人，即具备法律上之人格。具有法律上之人格者，乃可为权利之主人，握有主权”。也就是说，国家是具有法律人格的“法人”，只有它才有资格握有主权。他认为，民国初年之所以出现“人重私图，党见纷歧，省界加严，争权夺利”和“焚劫叛变之惨剧，层出叠见”等无政府状况[④]，根本的原因就是人们国家意识淡薄，“各以主权者自命”[⑤]，“置国家问题于不

① 吴嘉勋，李华兴编. 梁启超选集. 上海：上海人民出版社，1984：409－410.
② 吴嘉勋，李华兴编. 梁启超选集. 上海：上海人民出版社，1984：409.
③ 吴嘉勋，李华兴编. 梁启超选集. 上海：上海人民出版社，1984：408.
④ 曾业英编. 蔡松坡集. 上海：上海人民出版社，1984：456.
⑤ 毛注青等编. 蔡锷集. 长沙：湖南人民出版社，1983：292.

顾"①,"忘国家之安危"②。因此,他认为,强调主权在国既有利于增进国人的国家意识,达到国家强盛的目的,又能避免人们因受"主权在民"思想的误导而"各以主权者自命",陷于永无休止的争权夺利,结果导致国家陷于动荡不安的境地。这也是他主张国权高于民权和人权思想,建立强有力政府的思想基础。

蔡锷的主权在国思想,把主权与国家结合起来,强调主权是国家本身所固有的重要属性,主权的主体是国家,没有主权就没有国家,反映了蔡锷在近代中国国家主权丧失、中国在国际上没有取得平等地位的情况下对国家主权问题的重视,和希望争取国家独立、收回丧失的主权、建设强大国家的强烈愿望。这在当时固然具有一定的积极意义。但是,蔡锷将主权在国与主权在民绝对对立起来,却又反映了他在理论上的局限性。因为,主权的拥有者和主权的行使者是不同的,虽然从法律上而言主权的拥有者只能是国家,但在实际的操作中,主权的行使者却可能是君主、议会、政府或人民,甚至是外来者。如前所述,在布丹、霍布斯那里,主权的拥有者和主权的行使者是同一的,都是君主。但在洛克和卢梭那里,主权的拥有者和主权的行使者则是分离的。洛克主张主权归属议会,而主权的行使权在君主;卢梭则主张主权归于人民,主权的行使权却在人民的代理人,即政府。蔡锷从资产阶级所宣扬的主权在民理论中发现了其虚伪性和欺骗性,这是他的可贵和进步之处,但他因此就断然否定主权在民,主张主权在国,把它们看成是相互对立的,这就有失偏颇了。其实,从理论上讲,主权在国与主权在民在一定的条件下,是不矛盾的,是可以统一的。当一个国家真正实现了人民群众当家作主,其主权

① 曾业英编. 蔡松坡集. 上海:上海人民出版社,1984:456.
② 曾业英编. 蔡松坡集. 上海:上海人民出版社,1984:529.

由真正代表本国最广大人民根本利益的机构来行使和维护的时候，国家的利益与人民的利益就是一致的，主权在国与主权在民就统一在一起了。

第四节 国权高于民权和人权思想

一、民权思想的历史演进

近代中国的“民权”一词是舶来品。据熊月之考证，在中文中最早使用“民权”二字的是郭嵩焘。他在 1897 年 5 月 19 日的日记中写道：“西洋政教以民为重，故一切取顺民众，即诸君主之国，大政一出之议绅，民权常重于君。”其次是黄遵宪，他在成于 1887 年的《日本国志》一书中多次出现“民权”一词，如：“府县会议之制，仿于泰西，以公国是而伸民权”。“近日民心渐染西法，竟有倡民权自由之说者……百姓执此说以要君，遂联名上书，环阙陈诉，请开国会而伸民权”。稍后，薛福成也使用了“民权”这个词。1890 年他在日记里写道：“西洋各邦立国规模，以议院为最良。然如美国，则民权过重”；欧洲的君民共主之国，“其政权亦在议院，大约民权十之七八，君权十之二三”。其后，“民权”一词的使用就日益多了起来，到了戊戌时期已成为最积极的词汇之一。熊月之进一步考证，黄遵宪、薛福成的“民权”均来自日本。19世纪70年代到90年代，日本资产阶级发动了扫除封建旧制、使日本走上真正立宪道路的民主改革运动——“自由民权运动”，创造了“民权”一词。当时，黄遵宪正以参赞的身份驻使日本。日文中的“民权”一词，本来就是借用汉字的“民”和“权”两个字组成，于是黄遵宪就在《日本国志》中照搬过来。薛福成曾为《日本国志》作序，是该书的最早读者之一，又曾与黄遵宪在1890年一道出使欧洲，大概他的"民权"就是沿用了《日本国志》的用语。郭嵩焘的"民权"可能也是来自日本。他当时出使英国，与日本驻英公使乌叶等人时相过从，乌叶曾向他详细介绍日本明治维新以后官制设施情况。而日文中的"民权"来自西方，即"民主"的一种日译。在日文辞典中，"民权"意为"政治上人民的权力"，这与西方"民主"的本义"人民的权力"是同一个意思。在英文中，"民权主义"、"民主主义"都叫"democracy"。可见"民权"、"民主"本是源于一个词。[①]但是，西方的"democracy"辗转植入中国后，"民权"与"民主"就在传统文化的培育下便分蘖为相互对峙的东西了。早期维新思想家何启、胡礼垣对此进行了特别的分辨："民权之国与民主之国略异，民权者其国之君仍世袭其位；民主者其国之君由民选立，以几年为期。吾言民权者，谓欲使中国之君世代相承，践天位于勿替，非民主之国之谓也。"[②]所以，近代中国早期维新思想家的民权思想，并不包含着反对封建君权的内容，而是传递了中国士人在"气愈遏抑"、"心愈困穷"情状下，对"君权"极致专权现状要求"限制"的微弱呼声。它虽然表现了"限制君权"的主张，却不具备反君权的思想意义。

维新变法运动期间，为了救国图存，维新思想家继承早期维新思想家的民权思想，提出了变法思想，其核心是"君民共治"，其根本在兴民权。康有为撰《新学伪经考》的目的，就是为了改制，即用君主立宪来代替君主专制；撰《孔子改制考》的目的，就是要确立孔子托古改制的微言大义。在给光绪的上书中，康有为指出："臣窃闻东西各国之强，皆以立宪法开国会之故之。国会

---

① 熊月之. 中国近代民主思想史. 上海：上海人民出版社，1986：11－13.

② 郑大华编. 新政真诠：何启、胡礼垣集. 沈阳：辽宁人民出版社，1994：406.

者，君与国民共议一国之政法也。……立行宪法，大开国会，以庶政与国民共之，行三权鼎力之制，则中国之治强，可计日待也。"[①]梁启超以"三世演进"说为依据，论证民权政治是历史发展的必然，认为人类社会的政治制度的演进，经历了多君为政之世、一君为政之世、民为政之世三个发展阶段，三世相演，循序渐进。他指出，当今之世，"民为政"成为世界历史的潮流，中国不但必须实行，而且必然实现，这是无可改变的趋势。他们指出："三代以后，君权日益尊，民权日益衰，为中国政弱之根源"[②]，"民权兴则国权立，民权灭则国权亡"[③]，"能兴民权者，断无可亡之理"[④]。基于这些认识，维新思想家们"醉心民权革命论，日夕以此相鼓吹"[⑤]。民权与封建专制君权相对立，要"兴民权"就不能不"抑君权"，不能不批判封建专制制度。因此，维新思想家们在大力宣传"兴民权"的同时，对两千年来中国封建专制君权的罪恶进行了尖锐的抨击。他们谴责了从秦始皇以后历代君主"恃压力之重，私天位之宅，严巷议之诛，立腹诽之律，赤大侠之族，成党锢之狱，草芥臣民，牛马士类"[⑥]的罪行，揭露这些封建君主为了维护自己的独裁统治而"坏民之才、散民之力、漓民之德"[⑦]的各种倒行逆施，痛斥这些封建君主是窃国之"大盗"，是"独夫民贼"，痛斥为这些封建君主歌"功"颂"德"的人及其理论是

---

① 谢遐龄编．康有为文选．上海：上海远东出版社，1997：399－400．

② 梁启超．饮冰室合集：文集之一．上海：中华书局，1936：128．

③ 梁启超．饮冰室合集：文集之三．上海：中华书局，1936：73．

④ 中国史学会编．戊戌变法：二．上海：上海书店出版社，2000：548．

⑤ 丁文江，赵丰田．梁启超年谱长编．上海：上海人民出版社，1983：83．

⑥ 郑大华等编．砭旧危言：唐才常、宋恕集．沈阳：辽宁人民出版社，1994：97．

⑦ 胡伟希编．严复集．沈阳：辽宁人民出版社，1994：48．

"乡愿"，两千年来"惟大盗利用乡愿，惟乡愿工媚大盗"，狼狈为奸，同恶相济。[①] 他们还大力揭露了当时全国上下阻隔，下虽有"积弊如山，疾苦如海"而上却"漫无省识"，以致中国"虽有四万万人，而实俱弃之"等等严重的问题。[②]

在提出兴民权和批判封建专制君权的同时，维新思想家从三个方面将兴民权的内容具体化并致力实践。首先，兴民权必开民智。在他们看来，"权之与智相倚"，人民的知识必须达到"能自治"的程度以后，方可谈实现"民权"。严复认为，中国欲图自强，必须标本兼治。治标即收大权、练军实；治本则在于开民智、鼓民力、兴民德，而"三者又以民智为最急"[③]。梁启超认为："权者生于智者也。有一分之智，即有一分之权，有六、七分之智，即有六、七分之权，有十分之智，即有十分之权"。所以，"今日欲伸民权，必以广民智为第一义"。[④]为此，他们要求废八股、改科举，并大力创办学校、报刊、学会，以此作为开民智的工具。其次，兴民权必兴绅权。他们认为："民间素不知地方公事为何物，一切条理，皆未明悉，而骤然授之，使其自办，是犹哺乳儿，而授之杯筋，使自饮食，其殆必矣"。因而，提出"欲兴民权，宜先兴绅权"。并在此基础之上，又提倡开绅智，绅智尽开，就能做到集合"乡绅为议事，则无事不可办，无款不可筹"。[⑤] 因此，他们成立了"南学会"及其"湖南保卫局"，作为"开绅智"、"兴绅权"的实践。第三，兴民权必开议院。他们认为，中

---

① 加润国编. 仁学：谭嗣同集. 沈阳：辽宁人民出版社，1994：70.

② 谢遐龄编. 康有为文选. 上海：上海远东出版社，1997：349－350.

③ 胡伟希编. 严复集. 沈阳：辽宁人民出版社，1994：19.

④ 梁启超. 饮冰室合集：文集之三. 上海：中华书局，1936：41.

⑤ 吴嘉勋，李华兴编. 梁启超选集. 上海：上海人民出版社，1984：75－76.

国社会的致命之疾，在于上下壅塞，君民不通。而西方的议院制度就是解决这种“上下壅塞，君民不通”的最好办法。“问泰西各国何以强？曰议院哉议院哉。问议院之立，其意何在？曰君权与民权合则情易通，议法与行法分则事易就。二者斯强矣。”① 因此，他们提出，“欲重民权，先立议院”②，把“开议院”作为兴民权的实质体现。在他们看来，既然变法的目的是实现“君民共治”，而要共治就得有其载体，这个载体就是议院。所以，要兴民权，就必须有议院，没有议院，民权就失去了意义。基于此，他们不仅要求清政府开议院，而且创办了南学会作为地方议院的实践。

维新思想家的民权思想，超越了几千年来在中国占统治地位的民本思想，他们对封建专制的批判，对议院、民权、民智的认识，也都远远地超过了早期的维新思想家，从而对于启蒙民主思想，推动维新运动起到了重要作用。但是，他们的民权思想，只是君权下面的民权。与民权相比，君权地位高、作用大，民权地位低、作用小；君权突出，民权隐晦。他们兴民权、开民智，实际上只是兴绅权、开绅智；他们要求开议院，实际上也只是希望清政府能给他们一些参政议政权。因此，他们虽然大力宣传“兴民权”，激烈抨击封建君主专制，但他们却并没有也不愿意逻辑地得出推翻整个封建制度、废除封建君权的结论。因此，他们的民权是不彻底的民权。戊戌变法失败后，康有为、梁启超这些当年曾经大力鼓吹“民权”的风云人物，为实现君主立宪，先后都成了民权的反对者。

中国在甲午战争中的失败，在把维新思潮推为时代的主流的

① 梁启超．饮冰室合集·文集之一．上海：中华书局，1936：94．

② 麦孟华．民义总论//郑大华，任菁编．强学：戊戌时论选．沈阳：辽宁人民出版社，1994：192－193．

同时，也催生了中国的民主革命思想。资产阶级革命派民权思想的提出和完善，是和孙中山的名字联系在一起的。如果说维新思想家借“公羊三世”说推演出民权政治是历史发展的必然，希望以“伸民权”达到从封建君主那里分一些参政议政的目的，那么，孙中山则是直接从西方争民主、争自由的历史得出民权革命是不可抗拒的世界潮流的结论，主张通过民权革命推翻封建君主统治实现“主权在民”的理想。面对中国封建专制社会“无论为朝廷之事，为国民之事，甚至为地方之事，百姓均无发言或与闻之权；其身为民牧者，操有审判之全权，人民身受冤抑，无所吁诉”①的现实，孙中山毅然举起了“政治革命”的旗帜，其根本目的是颠覆君主政体，建立资产阶级共和国。1894 年，孙中山在美国檀香山创立了资产阶级革命团体兴中会，提出了“驱除鞑虏，恢复中华，创立合众政府”的革命纲领，走上武装推翻封建专制统治的道路。孙中山民权思想的内涵是：“民有、民治、民享”、“自由、平等、博爱”。在“民有”方面，孙中山把四万万人看作是民国的主人。他说，新成立的“民国以四万万人为主人”，“主权在民，民国之通义”。②并庄严宣告：“天下者，天下人之天下，非一二族所可独占。”③国家“非一人之国家，乃我人民之国家”，国民“乃民国之天子”。④在“民治”方面，孙中山说：“从前之天下，在专制时代则以官僚、武人治之，本总理则谓人人皆应有治之之责。”⑤如何治？他又提出了选举权、罢免权、创制权、复决权四项具体

---

① 孙中山全集：第 1 卷. 北京：中华书局，1985：50－51.
② 孙中山全集：第 3 卷. 北京：中华书局，1985：325.
③ 孙中山全集：第 5 卷. 北京：中华书局，1985：628.
④ 孙中山全集：第 3 卷. 北京：中华书局，1985：349.
⑤ 孙中山全集：第 5 卷. 北京：中华书局，1985：628－629.

权利。在“民享”方面，孙中山指出：“天下既为人人所共有，则天下之利权，自当为天下人民所共享。”①享什么权？泛泛而言，就是平等、自由、博爱的人权。孙中山不仅从主权、治权、人权三方面规定了民权的内涵，还提出了保障人民权利的五权宪法和实行民主政治三步骤的设想。所谓五权宪法，是孙中山针对西方三权分立的流弊，借鉴古代科举考选制度和监察御史制度进行的独创，包含立法、司法、行政、考试、监察五权，“这不但是各国制度上所未有，便是学说上也不多见，可谓破天荒的政体”。②所谓三步骤就是通过“军法之治”、“约法之治”、“宪法之治”循序前进，使国民养成“自由平等之资格”，最终实现宪政。孙中山对民权具体细致的规定以及五权宪法、三个步骤的创设，标志着其民权理论趋于成熟。但是，由于时代的局限，孙中山的民权思想也有明显的局限性。他没有剖析产生封建主义的社会经济基础，没有看到“宗法封建性的土豪劣绅，不法地主阶级，是几千年专制政治的基础，帝国主义、军阀、贪官污吏的墙脚”③，因而没有发动群众与地主阶级进行坚决的斗争，铲除产生封建制度的基础。所以，无论是“建立国民的国家”，还是“五权分立”，归根到底都是建立资产阶级专政的国家，其民权思想中“主权在民”、“民治”、“平等”只能是一句空话。这说明，中国的资产阶级不能完成民主革命的任务。

需要指出的是，中国近代民权思想不同于西方的人权思想。西方的天赋人权理论源于14世纪到16世纪欧洲文艺复兴运动的人文主义思想。为了反对神权，当时的思想家如但丁、皮科、伊拉

---

① 孙中山全集：第5卷. 北京：中华书局，1985：629.
② 孙中山全集：第1卷. 北京：中华书局，1985：331.
③ 毛泽东选集：第1卷. 北京：人民出版社，1991：15.

斯谟、蒙太涅等竭力赞美人的理智，歌颂人的尊严，肯定人的价值，张扬人的个性，鼓吹人的解放。在他们看来，世界上只有“人”和“神”的对立，没有人与人之间的差别。这些被后来的洛克、孟德斯鸠、卢梭等资产阶级理论家们继承下来，并以“自然法”为武器，建立了天赋人权学说。在这些启蒙思想家们看来，人作为个体是生而平等、自由的，人人都享有大自然赋予的不可让与的、不可剥夺的权利，这些权利包括生命权、自由权、财产权和追求幸福权。因此，西方天赋人权学说从一开始就是作为和封建专制的直接对立物而出现的，表现出彻底的反宗教神学和反封建专制的理论特色。但是，西方的天赋人权理论传入近代中国，与中国的传统文化融合后，要么被误读为“民权”，其内涵也被局限在人民的政治权方面，要么就被视为放荡不羁而遭排斥。尽管维新派与革命派在争民权的目的上迥然有别，但由于同受中国传统文化的影响，在这一点上却是一致的。早期的维新思想家以“民权”与“君权”相对，一方面要求倡民权、开议院，一方面又受封建纲常名教的影响，对平等自由表现出冷漠排斥。维新思想家们虽然大谈平等、自由，并将平等自由纳入其民权思想的范畴，但为了反对帝国主义列强的侵略，实现救国图存、建立君主立宪的政治理想，他们更多的是强调国家和民族的平等权、自由权，而对于个人的自由、平等、财产私有权却有所忽视甚至贬抑。严复将卢梭为解决个人与社会、个人与国家关系而写成的《社会契约论》译作《民约论》，并将其开头的一句：“人是生而自由的”，译为“民之自由，天之所畀”。梁启超认为，卢梭的民约论是“药”，“药能已病，亦能生病，且使药证相反，则旧病未得豁，而新病且滋生，故用药不可不慎也。……我中国今日所最缺点而最急需者，在有机之统一与有力之秩序，而自由平等直其次耳。……故以此论，药欧洲当时干涉过度之积病，固见其效，而移植之于散无友纪之中国，未知其利害之足以相偿否也”。[①]他甚至认为，在中国当时“民质不良”的条件下，“自由之说入，不以之增幸福，而以之破秩序；平等之说入，不以之荷义务，而以之蔑制裁……权利之说入，不以之图公益，而以之文私见”[②]。孙中山的民权思想虽然主张推翻封建专制，实行资产阶级专政，具有最鲜明的革命性，但他所主张的民权也只是人民的政治权利，而对个人的平等、自由等权利也有明显的重视不够的偏向。他说：“大凡有团体有组织的众人，就叫做民。……权就是力量，就是威势。……把民同权合拢起来说，民权就是人民的政治力量。”[③]他还认为，“革命的始意，本来是为人民在政治上争平等、自由，殊不知所争的是团体和外界的平等、自由，不是个人的平等、自由”，“如果用到个人，（中国）就成一片散沙”，“中国革命之所以失败，是误于错解平等、自由”。[④]所以，中国资产阶级民权思想是一种不完全的人权思想。

二、蔡锷民权思想的形成和发展

蔡锷出生于一个农民家庭，自小就从事了一些简单的农业和手工业劳动，对生活在社会底层的劳动人民的疾苦有较深刻的感受和了解。前面说过，他童年虽然接受的是封建正统教育，读的是《孟子》、《大学》、《中庸》，但也从中受到中国传统的民本思

① 吴嘉勋，李华兴编．梁启超选集．上海：上海人民出版社，1984：394 - 396.

② 梁启超．新民说．郑州：中州古籍出版社，1998：205.

③ 曹锦清编．民权与国族——孙中山文选．上海：上海远东出版社，1994：67.

④ 曹锦清编．民权与国族——孙中山文选．上海：上海远东出版社，1994：95，294 - 295.

想熏陶。1897 年底，蔡锷到湖南时务学堂求学，受教于梁启超、谭嗣同等维新派人士。此时的梁启超是民权论的积极鼓吹者，他与唐才常等人“醉心民权革命论，日夕以此相鼓吹”，不仅上堂讲授时，“借《公羊》、《孟子》发挥民权的政治论”，而且下堂后还与学生“相与坐论”，宣传其民权思想。①梁启超等人大谈民权也给蔡锷留下深刻印象。1912 年他曾回忆道，梁主讲时务学堂期间，“论学则讲知行合一，论政则尚民权”②。受梁启超民权思想的影响，年轻的蔡锷在传统民本思想的基础上逐渐萌生了民权思想。在时务学堂的一篇学习札记中，他对封建社会中“生非贵族，不可以闻国事”的不合理现象提出批评，认为由于历代封建统治阶级剥夺了广大人民群众参政的权利，“君之令不可及民，民之愿不可闻上，上下相锢，终无已日”，最终导致“同门荷戈之衅”，“犯上之祸”，“不可屈指也”。他主张中国学习“西人之法”，兴民权，实行“议院之制”，由民众推选议员参与国家政事，以达到“君公其君，臣公其臣，民公其民，身公其身，心公其心……混天下一心，庶无扞格之虞”。③ 在鼓吹兴民权的同时，蔡锷受梁启超“权生于智”的思想启发下，也主张开民智。在《秦始皇功罪论》一文中，蔡锷从剖析秦始皇的功过入手，指出秦始皇之所以成为“千古之大罪人也”，其原因在于“不智民，而愚民而已”④。到日本留学后，蔡锷与郑贯一等组织“开智会”，创办会报《开智录》，以介绍西方学说，进一步开民智。蔡锷为《开智录》作序，阐述其开民智观点。他指出：“国民有一分之智，即能握一分之权，智

① 丁文江，赵丰田．梁启超年谱长编．上海：上海人民出版社，1983：83－84.
② 曾业英编．蔡松坡集．上海：上海人民出版社，1984：504.
③ 曾业英编．蔡松坡集．上海：上海人民出版社，1984：4－5.
④ 曾业英编．蔡松坡集．上海：上海人民出版社，1984：12.

未开而虽有权，亦不为我所握矣”。“吾国之沦亡，沦亡于国民之智不开”。“智力孱弱，则人得而夺之。是以争权之道，必在充足吾国民智力也。智力既充，则虽一时瓜分，不能绝吾国民之华盛顿也”。[①] 与此同时，他还与樊锥、黄兴、杨笃生等湘籍志士创办《游学译编》，译介西方政治法律著作，宣传民主革命和民族独立。对于摧残人性、泯灭人智的封建主义教育制度，蔡锷进行了强烈的批判。他认为，中国封建教育，“乃授以仁义礼智、三纲五常之高义，强以龟行鼋步之礼节，或读以靡靡无谓之辞章，不数年，遂使英颖之青年化为八十老翁，形同槁木，心如死灰”。这样的教育，“在摧残青年之才力，使之将来足备一奴隶之资格”。他主张普及义务教育，推行新式教学内容和方法，以发扬儿童“雄武活泼之气，铸成其独立不羁之精神”[②]。

由于受自立军起事失败的刺激，加之留日学界日益涌起的革命思潮影响，蔡锷逐步从兴民权、开民智的维新变法思想发展到“流血救民”的民主革命思想。他改学军事，希望将来从军事上入手，实现其救国救民的抱负。在《军国民篇》中，讨论国魂问题时，蔡锷指出：“中国历祀之革命，皆因私权私利而起，至因公权公利而起者无有也。以暴易暴，无有已时，谓为吾族之国魂，吾族不愿受也。”[③]应当说，蔡锷这个断语具有相当的真理性。孙中山后来也说：“中国向来没有为平等自由起过战争。几千年来，历史上的战争，都是大家要争皇帝；每次战争，人人都是存一个争皇帝的思想。只是此次我们革命（辛亥革命），推倒满清，才是不争

① 蔡锷. 开智录·序∥中国文化研究集刊：第4辑. 上海：复旦大学出版社，1987：330.

② 曾业英编. 蔡松坡集. 上海：上海人民出版社，1984：18.

③ 曾业英编. 蔡松坡集. 上海：上海人民出版社，1984：34.

皇帝的第一次。但是这种不争皇帝的思想，只限于真革命党以内的人才是。"①这说明蔡锷所追求的不再是新的封建朝廷取代旧的封建朝廷、新的封建专制取代旧的封建专制，而是为争取"公权公利"，即人民的权利的全新的革命事业。基于此，在广西、云南等地从事军事教育期间，蔡锷抱着"渡同胞于苦海，置国家于坦途"的信念，暗中支持同盟会的民主革命活动。武昌起义的消息传到云南，时任云南新军第19镇第37协协统的蔡锷与军中同盟会会籍军官领导和发动了云南辛亥革命，一举摧毁了清政府在云南的封建专制统治，并被推为军政府都督。

辛亥革命后，蔡锷的民权思想发展到一个新的阶段。云南军政府成立后，蔡锷立即主持起草并发布《云南军政府讨满洲檄》和《布告全省同胞文》，以资产阶级民权理论阐述了发动云南起义的理由是，"诚以世界文明，人权贵重，必不能久屈异族专制之下，而任人鱼肉，不思独立者"②；宣布起义的宗旨是"铲除专制体制，建设善良国家，使汉、回、满、蒙、藏、夷、苗各种族结合一体，维持共和，以期巩固民权，恢张国力"③，"为中华民族请命"④。同时宣布了"驱除鞑虏，恢复中华，建立民国，平均地权"这一民主主义革命纲领，并声称："有渝此盟，四万万同胞共击之。"⑤稍后，蔡锷通电各省都督，要求"定国体政体为民主立宪"⑥，"建设次第，由军政时代进于约法时代，递进而为民主宪政

---

① 曹锦清编. 民权与国族——孙中山文选. 上海：上海远东出版社，1994：106.
② 曾业英编. 蔡松坡集. 上海：上海人民出版社，1984：87.
③ 曾业英编. 蔡松坡集. 上海：上海人民出版社，1984：97.
④ 曾业英编. 蔡松坡集. 上海：上海人民出版社，1984：89.
⑤ 曾业英编. 蔡松坡集. 上海：上海人民出版社，1984：89.
⑥ 曾业英编. 蔡松坡集. 上海：上海人民出版社，1984：96.

时代”。[1]蔡锷认为，共和国与专制国最本质的区别就在于前者尊重民权，而后者压制民权。他说：“专制国，以君主为神圣不可侵犯，土地视为私产，人民视为奴隶，故挥霍财产有如泥沙，草菅人命有如牛马，恣睢暴戾，听其自为，人民不得而干涉之、拒抗之”，“共和国则不然，人民即一国之主人翁，凡制定宪法、推举总统、票选议员，皆出自一班人民之公意”。[2] 因此，以蔡锷为首的云南军政府重视维护和发展人民的生存权、发展权和政治权，按三权分立的原则建立了临时省议会，“代表民意，发抒谠论”；严禁将士肆入民居官宅搜索骚扰，以安民心；宣布取消随粮路股，以苏民困；废除封建等级称谓和跪拜等有损人格尊严的行为，禁止妇女缠足，提倡剪发剃头，早睡早起，以树文明新风；对云南的财政、军政、民政、教育等社会各方面进行了一系列富有成效的改革，并大力发展实业，从而使得民国初年的云南出现了人民生活安定、社会秩序井然、政局稳定的局面，成为当时全国最安定的省份之一。

三、国权高于民权和人权

在重视发展民权、尊重人权的同时，蔡锷更加关注国权的问题，不仅在借外债问题上主张维护国权，反对列强以借款附加有损中国主权的条件，在主权归属问题上，反对主权在民，主张主权在国，而且在国权、民权、人权的关系上，明确提出了国权高于民权和人权的观点。

蔡锷认为，国权是至高无上的，不论是民权还是人权甚至政

① 曾业英编．蔡松坡集．上海：上海人民出版社，1984：98．
② 曾业英编．蔡松坡集．上海：上海人民出版社，1984：577．

府的权力，都来源于国权并受国权的制约。他说："民权恒视国权为伸缩，必国权巩固而后民权有发展之期。"① 他还说："国权巩固，国力自张，然后有发达民权之可言。"并主张，"民国宪法宜以巩固国权为主义"，"总以使政府能伸张国权，发展国力为要归"，"凡障碍国权发动之制度决不可采"。② 同时，他指出："天赋人权之说，只能有效于强国之人民，吾侪焉得而享受之?"并认为中国在当时内则国穷民贫，外则强邻逼视的情况下，"欲谋人民之自由，须先谋国家之自由，欲谋个人之平等，须先谋国家之平等。国权为拥护人权之保障……苟国家能跻于强盛之林，得与各大国齐驱并驾，虽牺牲一部之利益，忍受暂时之苦痛，亦所非恤。国权大张，何患人权之不伸"。③在蔡锷看来，国权之所以重于或高于民权和人权是因为：第一，对于一个国家而言，没有国权，在国际上就没有独立自主的资格，就失去了对人民各种权利的保障。他曾以巴比伦、叙利亚因灭国而灭种和印度、朝鲜、安南沦为异国奴隶的例子来说明"无主权即无国家，无国家即无人民，纵有人民，亦不能自家其家，身其身，而只供他人脔割戮辱之明证"④的道理。第二，没有国权，也就意味着国家对内就没有统一的治理权。没有统一的治理权，就会省自为谋，国家就会处于争战不已、四分五裂的局面，人民也不能获得真正的权利。因此，他把建设强有力政府视为统一国家治理权、巩固国权之本，不论对孙中山还是袁世凯，都反复强调，要建立强有力的政府，统一全国军事、用人、财政、外交权，以加快民国的建设和发展，使之跻

---

① 曾业英编．蔡松坡集．上海：上海人民出版社，1984：627.
② 曾业英编．蔡松坡集．上海：上海人民出版社，1984：646.
③ 曾业英编．蔡松坡集．上海：上海人民出版社，1984：457.
④ 毛注青等编．蔡锷集．长沙：湖南人民出版社，1983：291.

身于世界强国之林，否则，不仅不能伸张国力，更谈不上保障民权和人权。①

蔡锷国权高于民权和人权思想的形成是有多方面因素的。第一，是受维新派民权思想的影响。中国维新派的民权思想是在外强入侵，中华民族面临亡国灭种的空前危机的刺激下产生的。1840 年鸦片战争的失败，把御侮强国的严峻任务摆到人们面前。这时，一批关心国家命运的志士仁人，开始研究英胜中败的原因。林则徐在对中英鸦片战争反思后指出，“剿夷有八字要言：‘器良、技熟、胆壮、心齐’而已”。② 其中将“器良”置之为首。其后，魏源在《海国图志》中更明确地提出了“师夷长技以制夷”的口号，从而形成了以学习西方“船坚炮利”为主要内容的“师夷制夷”思想。然而，武器的发展是受生产力包括科技水平制约的。要真正学得船坚炮利，就必须把视野扩大到工商科技。因此到 19 世纪 50 年代末、60 年代初，冯桂芬、容闳等人发出兴办外语学校、采西学、制洋器、兴工商的议论，促使了以学西方工商科技，求强求富的洋务运动的兴起。中国在甲午战争中的失败无情地宣告了洋务运动的破产。战后，由早期维新思想家发展而来的一批新式知识分子，在内忧外患的冲击和中西文化的碰撞过程中，开始认识到仿造坚船利炮、取法工商技艺只是学到西方的皮毛，只有学习西方的政治制度，才算学到了根本。于是，为了救国图存，他们提出了以开议院、兴民权为主旨的维新变法思想，从而在神州大地上掀起了轰轰烈烈的维新运动。由此可见，中国近代的民权思想主要是因中国半殖民地化的不断加深，人们出于御侮救国的目的和对于中、西政制认识的深化而产生的。因此，资产阶级

---

① 曾业英编. 蔡松坡集. 上海：上海人民出版社，1984：630.

② 杨国桢编. 林则徐书简. 福州：福建人民出版社，1985：196.

维新派提出“兴民权”并不是终极目的，他们所关心的终极目的是国家独立、自主与富强，“兴民权”只是实现这一目的的手段和工具。蔡锷的民权思想虽然在维新派的基础上有所发展，但在兴民权的根本目的上，仍然是一致的。辛亥革命前，为救国，他争民权，主张开议会，给人民以参政之权利；辛亥革命后，为建设民国，他主张发展民权，实行民主立宪。但在他看来，无论是争民权，还是发展民权，都是为救国强国、发展国权服务的，国家和国权是本，民权是用。没有国权，就没有民权和人权。所以在他那里，国权高于民权和人权，民权和人权从属于国权也就是顺理成章的了。第二，是对民国初年现实反思的结果。中国近代以来渐次沦为半殖民地半封建的国家，帝国主义和中华民族的矛盾，封建主义和人民大众的矛盾，构成了近代中国社会的主要矛盾。对外摆脱西方列强的奴役，恢复国家主权，对内推翻君主专制制度，建立民主共和国，是近代中国革命的两大任务，也是蔡锷追求的政治目标。辛亥革命胜利、民国成立后，蔡锷虽然为中国“不数月而掀翻满清，得与法、美列强相见于廿世纪之大舞台”①而欢欣鼓舞，但他也清醒地认识到“破坏易，收拾难，建设尤难”②，革命尚未最后成功。因此，南京临时政府一成立，他就致电孙中山及各省都督，指出“临时政府成立，内政外交得有主持，无任欢忭。惟造端宏大，正费经营，非集群策群力，一致进行，不足以巩固国基，而恢国势”，并呼吁破除省界，消除党见，统一思想，有计划地建设民国。③在他看来，“和衷共济，为共和国之真精神，譬之肩与舆然，前者唱许，后者唱呀，则进步自促，无中

① 曾业英编．蔡松坡集．上海：上海人民出版社，1984：577.
② 曾业英编．蔡松坡集．上海：上海人民出版社，1984：493.
③ 曾业英编．蔡松坡集．上海：上海人民出版社，1984：166.

途竭蹶之虞"①。然而，民国初年的现实并未向蔡锷的善良愿望方向发展，呈现在蔡锷面前的并不是一派和平建设、欣欣向荣的景象，而是"海内俶扰，民生穷蹙，军队为莠民麕集之薮，兵器将窳，南北一辙。焚劫叛变之惨剧，层出叠见，加以人重私图，党见纷歧，省界加严，争权夺利，置国家问题于不顾，而内政之纷纭，人心之浮动，殆不可以终日"②的局面。对此，蔡锷大失所望，深感忧虑，认为"此皆民国前途之悲观，亦建设维艰之一斑也"③。在他看来，民初所以出现这种"无政府之状态"的局面，其根本原因就是民众对平等、自由主义"每多误解"④。因此，为挽救时局，蔡锷极力鼓吹国家主义，强调主权在国、国权高于民权和人权，希冀借此平息政争、党争，把人们的思想统一到国家的利益上来，加快民国的建设。

由上，我们不难看出，蔡锷在民国初年提出的国权高于民权和人权的思想观点，其目的是为了消除当时的政争、党争，为加快民国建设创造一个和平、稳定的社会政治局面，把中国建成一个统一、强大的新国家。这不仅反映了蔡锷的爱国思想，也在一定程度上符合当时喁喁望治的社会心理。

从理论上看，蔡锷关于国权高于民权和人权的思想在当时也有一定的进步意义。因为，国权相对于民权和人权，并不是对等和平行的关系，其中国权处于主导地位，决定着民权和人权，后者受前者的规定和制约。没有国权，无论是民权还是人权就无从得以确认、实现和保障。尤其是在民国初年，中国仍然没有摆脱

---

① 曾业英编．蔡松坡集．上海：上海人民出版社，1984：580.
② 曾业英编．蔡松坡集．上海：上海人民出版社，1984：456.
③ 曾业英编．蔡松坡集．上海：上海人民出版社，1984：580.
④ 曾业英编．蔡松坡集．上海：上海人民出版社，1984：457.

东西方列强的政治、军事、经济侵略，获得真正的民族独立，因而对内对外都难以有效行使国权的情况下，强调国权更具有其合理性。正如恩格斯曾经指出的那样："一个大民族，只要还没有民族独立，历史地看，就甚至不能严肃地讨论任何内政问题。"① 这充分说明，没有国家、民族的独立，没有真正掌握国权，无论是民权也好，人权也好，都无从谈起。但是，由于时代和思想认识上的局限，蔡锷这一思想观点也不可避免地存在一些缺陷。第一，蔡锷提出的国权高于民权和人权的观点存在着对民初民主政治建设的重要性和紧迫性认识不足的倾向。在蔡锷看来，辛亥革命后，随着民国政府的建立，清朝封建专制统治的被推翻，临时约法的颁布，参议院的建立，中国已"同时达政治、种族革命之两目的"，接下来应当专注于经济建设，使民国迅速强大起来，跻身于世界强国之林。而"进行之方法，惟永矢忠贞，和衷共济而已"。②但是，民初的社会局势却并未朝着蔡锷良好的愿望发展。袁世凯篡夺军政大权后，对内实行了新的专制统治，肆意破坏民主，这说明民初中国的民主政治建设任务远未完成。在这种情况下，资产阶级革命派为维护民主制度领导民众开展的争民主、争自由的斗争就显得十分重要和必要。对于革命派与袁世凯之间的争民主与反民主、争自由与压制自由的斗争，沉溺于强国之梦的蔡锷缺乏应有的分析和判断，却认为这是国人对自由、平等之义的误解，破坏了民国建设的大局，导致了国本动摇，一概予以否定和反对。在这种思想的指导下，蔡锷提出了国家的自由与平等优先于个人的自由与平等，为国权牺牲一部分人权，忍受暂时之苦痛，亦所非恤的观点，其本意是要求国民以国家利益为重，消除派系

① 马克思恩格斯选集：第4卷．北京：人民出版社，1972：427.
② 曾业英编．蔡松坡集．上海：上海人民出版社，1984：580.

之争，共谋民国的建设和发展。但在民初复杂的政治斗争面前，蔡锷的这种想法显得十分幼稚。直到袁世凯解散国会，取消临时约法，帝制自为的活动公开化，蔡锷才恍然猛省，认识到民主政治建设的重要性，毅然投身到反复辟的斗争中，为再造共和英勇奋斗。第二，蔡锷在阐述国权高于民权和人权观点的过程中关于强国人民可以享受充分的人权，而弱国人民则不能或不应享受人权的论点也是不科学的。从西方近代史看，人权思想是近代资产阶级反对封建专制制度的有力思想武器，并对资产阶级民主政治建设和资产阶级共和国的迅速强大产生过积极而重要的作用。中国维新派正是由于看中了西方人权能为国家富强带来好处时，才将之引入中国的。梁启超说："地者积人而成，国者积权而立。故全权之国强，缺权之国殃，无权之国亡。何为全权？国人各行其固有之权；何谓缺权？国人有有权者，有不能自有其权者；何谓无权？不知权之所在也。"①蔡锷本人也是受维新派影响，为了救国图强才拿起民权和人权的武器进行反帝反封建斗争。但民国成立后，在政争面前，蔡锷却又以弱国为由，反对争民权、争人权，这既反映了蔡锷思想上的矛盾性，也说明他的民权和人权思想存在不彻底性。第三，蔡锷国权高于民权和人权思想有把国权与民权、人权绝对对立，片面强调国权的倾向。前面说过，没有国家主权，就没有人民的权利。当一国主权受到别国践踏，或者国家处于生死关头时，人民的各项权利就会失去基本保障。但民主国家的国权最终又要靠广大人民来维护，人民不能享有各项权利就不可能维护好国家主权。近代中国屡遭列强侵略，满清政府成为洋人的朝廷，既说明了没有国权就没有民权、人权的道理，也证

① 吴嘉勋，李华兴编．梁启超选集．上海：上海人民出版社，1984：31．

明了由于封建专制制度剥夺人民权利，广大人民不能维护国权，国权最终惨遭列强侵凌的事实。因此，国权和人权、民权不是绝对对立的，而是既相互依存又相互制约的关系。尤其是在广大人民刚刚摆脱封建专制压迫，人的各项基本权利不仅尚未完全实现，而且又遭袁世凯军阀政府新的压制的情况下，赋予人民应有的权利不仅是中国人民自身发展的需要，也是反袁专制斗争的需要。

第四章　政党思想

蔡锷的政党思想是蔡锷在向西方寻找救国真理的过程中形成的。清末民初，蔡锷对政党经历了一个由向往、追求最后到失望的过程。因此，研究蔡锷的政党思想不仅有助于我们全面认识蔡锷的政治思想，而且也有助于我们从一个侧面认识中国近代先进知识分子在民初政党实践中的困惑。

第一节　对“党”的向往和追求

一、中国古代的“党”

“党”在我国出现较早。《周礼·地官闾胥疏》中载“五家为比，五比为闾，五闾为族，五族为党”。但在这里，“党”指的是古代一种地方政权的组织形式。北魏孝文帝也曾以“党”名组建一级封建基层政权组织，“五里为党，设一党长”。以后，“党”被引申出以类相从，所谓“党，党类”（《论语正义·里仁》），并进而被衍化为指具有共同或相近志趣、利益、目标的一群人。《离骚》、《淮南子》、《汉书》中均有“党人”、“党与”等提法。中国古代的“党”字又常与“朋”字相搭配。朋，原是货币单位。上古以贝壳为货币，大体上是五贝为一串，两串为一朋。大概因为

"朋"含有聚集、串联之意，后来便引申出"群"、"类"的意思来。如《山海经·北山经》中有"群居而朋飞"之语，将"朋"与"群"对举；而《周易·系辞上》中又有"方以类聚，物以群分"之句，将"类"与"群"对举。这说明朋与群、类都成了近义词。后来，朋又演绎出同门、志同道合的意思。孔子曰："有朋自远方来，不亦乐乎！"何注"同门曰朋"（《论语正义·学而》）。《周礼》称"五曰联朋友"，郑注："同师曰朋，同志曰友"（《周礼·地官·大司徒》）。据此，处于同一师门的志同道合者，都可称为"朋"或"朋友"了。由于"朋"与"党"字义相近，战国时，"朋党"一词已广泛使用。这里的朋党其实是指封建朝臣和士大夫内部的少数人，为了个人进退而党同伐异的秘密宗派组织，或者是一些对朝政不满的志士仁人结成的派别。史书上讲，"自三代而下，代有朋党"，意思是夏、商、周之后，历朝历代都有朋党存在。汉代有钩党，曾经有过两次令人心颤的"党锢之祸"，蒙难达数百人。唐代有牛党、李党、清流党，唐文宗曾叹曰："去河北贼（藩镇）非难，去此朋党实难。"（《旧唐书·列传第一百二十六》）宋代有元佑党、元符党、洛党、蜀党、朔党、伪学党、主战党、主和党，南宋秦桧当权时"凡无罪可状者，则曰'立党沽名'"。明代有名噪一时的东林党，还有复社党、阉党、宣苠党、齐党、楚党、浙党、胡党、兰党。清代有鳌拜党、南北党、索额图党、诸王党、帝党、后党等等。有朋党就有党争。封建社会的朋党之争，虽然大多在血雨腥风中进行，表现为同室操戈、宫闱喋血、党同伐异，但也有一些表现为进步与保守、新与旧、改革与反改革的斗争，在一定程度上起到了打击贪官污吏、反对腐败集团、革新朝政，为某个王朝带来新的活力，从而推动历史前进的进步作用。其中一些改革派的代表人物因而也就成为后世崇敬的对象。

在君权至上的封建专制社会，朋党及其纷争，不仅造成官场的极端腐朽，吏治的极端败坏，而且由于彼此倾轧，党同伐异，从而使中国封建统治阶级内部的权、利之争，在更为广阔的空间和时间范围内展开，加剧了统治阶级内部矛盾，使君臣上下勾心斗角，朝廷内外纷争不止，导致社会动荡不安，因此，历来就受到政治家、思想家的谴责和封建统治者的禁绝。孔子在宣传他的政治主张时，就竖起了反对“朋党比周”的大旗，声称“君子矜而不争，群而不党”（《论语·卫灵公》)，就是说君子严谨持重而不与人争，人数虽众而不相私助。孔子还对君子与小人的不同操守作了比较，他说：“君子周而不比，小人比而不周。”（《论语·为政》）即君子以忠信自持，直通而行；小人则结党营私，见利忘义。荀子从不同角度揭露了朋党的罪恶。他说，朋党“是非反易，比周欺上”，即他们互相勾结，是非颠倒，欺骗君主；朋党还施展阴谋诡计，“比周环主党与施，远贤近谗，忠臣蔽塞，主执（势）移”（《荀子·成相》)。韩非把朋党之害提到了关系国家存亡、君主安危的高度。他说：“朋党比周，相与一口，惑主败法，以乱士民，使国家危削，主上劳辱，此大罪矣。”（《韩非子·孤愤》）王船山认为，“朋党兴，而人心国是如乱丝之不可理”；“国家之大患，人臣之巨慝，莫甚于自相朋比”；“朋党立，国不能一日靖矣”；“朋党之争，则上失纲而下生乱，其必然也”。① 顾炎武也曾指出：“天下之患，莫入乎聚五方不相识之人，而教之使为朋党，朋比胶固，牢不可解，其小者足以囊政害民，其大者足以立党倾

① 王夫之. 读通鉴论：卷 26，卷 21，卷 25. 北京：中华书局，1975：2094，2091，1654，2031.

轧，取人主太阿之柄而颠倒之。”①

作为封建国家最高利益的代表者，历代帝王对朋党更是深恶痛绝，视之为不祥之物，必欲置之死地而快。周武王灭商之后，向商朝遗老箕子请教治道。箕子痛定思痛，向武王提出：“凡厥庶民，无有淫朋，人无有比德，惟皇作极。”意思是说，凡是臣民，都不允许结成私党，朋比为奸，要把国家的法度视为最高准则。他还进一步指出：“无偏无党，王道荡荡；无党无偏，王道平平。”（《尚书·洪范》）也就是说，没有偏私，没有朋党，王道的光辉就会普照大地，国家的法度就会得到贯彻。从此，“无偏无党，王道荡荡”就成了统治阶级政治道德的一条重要准则，如果发现大臣相互朋比，援引私党，就会被认为是心怀叵测，背叛朝廷，对皇帝不忠。因此，只要皇帝能够有效地行使皇权，控制国家机器，就会使用最严厉的手段予以制裁。汉武帝曾制定“阿党附益之法”，对结党“阿曲附益王侯者”皆治以重法。北宋丞相蔡京曾“令州县立党人碑”示禁。明代《大明律》规定：“若在朝官员，交结朋党紊乱朝政者皆斩，妻子为奴，财产入官。”清统治者认为，“汉唐宋明四代，皆乱于朋党”。康熙帝说：“至于宦官为害，历代有之……但谓明之亡亡于太监，则朕殊不以为然。明末朋党纷争，在廷诸臣置封疆社稷于度外，惟以门户胜负为念，不待智者知其必亡。”（《清圣祖实录》卷154）于是，他将防止大臣结朋为党作为整顿政治的首要问题之一，对同年门生、相为援引、三五成群、互有交结之类的现象，一经发觉，即予以取缔，禁绝朋党于萌芽之中。康熙晚年，诸皇子为争夺储嗣地位，各结朝臣为党羽，危害了王权专制。对此，雍正皇帝乃亲身经历，深有体会，

---

① 顾炎武. 顾亭林诗文集. 北京：中华书局，1959：24.

于是在雍正二年（1724）七月撰成《御制朋党论》一篇，颁示于宗室贵族及满汉文武大臣，指示“尔等须洗心涤虑，详玩熟体。如自信素不预朋党者，则当益加勉励，如或不能自保，则当痛改前非”（《清世宗实录》卷22）。乾隆帝则认为私家讲学是朋党相攻的祸根，因而连私学也欲行取缔。因此，在封建社会，“党”历来被视为不祥之物，“自古及今，帝王最恶者是朋党”①，社会上也谈党色变，乃至于“贤士大夫，语及党之一字，则蹙额掩耳，如不欲闻”。

与上层社会的朋党相对应，下层社会也有为了某种利益和目的而结成的民间秘密组织——教门和会党。教门有白莲教、八卦教、罗教、混元教等，是以宗教信仰为纽带自发结成的民间秘密结社；会党有天地会、三合会、哥老会、大刀会等，是从异姓结拜弟兄的组织发展而来，以歃血结盟，焚表结拜弟兄的方式构成，以封建伦理道德与江湖义气作为维系内部团结之纽带的民间秘密结社。它们的成员大多来自于下层社会中身无恒业、生活不稳定又不肯向命运屈服的人们。其秘密结社的目的是企图借助宗教信仰和结拜弟兄的形式组织群众，形成一股社会势力，借以达到某种政治或经济方面的要求，使自己的现实地位与处境有所改变。虽然它们拉帮结伙，利用宗教信仰或江湖义气，干了许多危害群众利益的事，但当阶级矛盾激化时，它们又往往成为农民和其他下层群众举行武装起义的工具，有时在历史上掀起了轩然大波，动摇了封建统治的基础。由于它们具有这种反正统、反现实的倾向，因而被历代封建统治者指为“教匪”或“会匪”，受到取缔、严厉的镇压和围剿。《大清律》规定：凡异姓歃血订盟结拜兄弟

① 丁守和等主编．中国历代奏议大典：第2册．哈尔滨：哈尔滨出版社，1994：840.

者，照谋叛未行罪，为首交监候，为从减一等。

中国古代社会中这些出现于上层社会的朋党和活动于下层社会的会党、教门，尽管也是一种政治称谓，尽管有不少确曾在历史上掀起过排空巨浪，但它们既无固定明确的政治主张，又无严密的组织系统，都还不是政党。即便那个“党”字，也只是对立面硬加给的一顶政治帽子，自己一般都不承认是什么党。

二、清末政党的尝试

鸦片战争后，中国一步一步地沦为半殖民地半封建社会，深感有亡国灭种危险的有识之士在“以夷制夷”思想引导下，积极探索西方列强之所以富强之真谛。洋务运动时期，早期维新思想家通过与西方的接触，增进了对西方的了解，看到中国不仅在物质技术方面，而且在政治制度方面都远远落后于西方。少数人在步出国门、走向世界之后，亲眼目睹了西方资本主义国家的社会政治和政党政治，并通过书信、日记等形式，从不同角度披露了西方议会，议会中有各种政党，政党轮流执政等信息。清政府首任驻英公使郭嵩焘在《致李傅相》中就谈到法国的政党情况。他说：“法人君党凡三，民党亦三，议论视他国尤繁。”① 马建忠在上李鸿章书中也涉及美国的政党政治。他说：“美之监国，由民自举，似乎公而无私矣；乃每逢选举之时，贿赂公行，更一监国则更一番人物，凡所官者皆其党羽，欲望其治，得乎？”② 黎庶昌指出：西洋“无论何国，其各部大臣及议院绅士，皆显然判为两党，

① 郭嵩焘．郭嵩焘诗文集．长沙：岳麓书社，1984：215.

② 郑大华编．采西学议——冯桂芬、马建忠集．沈阳：辽宁人民出版社，1994：159.

相习成风；进则俱进，退则俱退，而于国事无伤，与中国党祸绝异。"① 曾任驻美使馆参赞的黄遵宪，亲见美国总统选举情况，对美国政党政治也颇多评论。总之，早期维新思想家对西方资产阶级政党政治的介绍，虽不无溢美之词，具有很大的局限性，但这些介绍表达了中国资产阶级对参政的渴望，客观上向中国社会传播了有关西方政党政治方面的情况，为中国近代政党和政党政治的出现，作了思想上、舆论上的准备。

甲午战争后，中华民族危机空前严重，阶级矛盾日趋尖锐。为了挽救民族危亡，民族资产阶级革命派和资产阶级维新派相继登上了中国政治舞台。为把中国变成资本主义国家，资产阶级革命派根据西方资产阶级组织政党的原理，参照中国会党的秘密组织形式，率先于 1894 年 11 月在美国檀香山创立中国最早带政党性质的政治组织——兴中会。孙中山被选为会长。1895 年 11 月，孙中山联络陆皓东、陈少白等，在香港成立了兴中会总部，并相继在日本的横滨、长崎、神户，南非，越南西贡，新加坡及国内的广州、台湾设立了分会。该会以"驱逐鞑虏，恢复中华，创立合众政府"为政纲，明显地反映了它的反清革命、建立共和的资产阶级性质。其内部组织机构设会长、正副文案、管库、值理、协理，会员入会须填盟书，又基本上保留了会党的一套做法。但其民主选举方式和少数服从多数的组织原则，又扫除了会党那种层层加封、唯首领之命是从的陋习和宗法制度的遗毒。这里既反映了它与会党的联系，同时也显示了与会党的区别。这说明，兴中会已不再是一个中国旧式会党，而是一个具有某些近代政党性质的革命团体。

① 钟叔河. 走向世界. 北京：中华书局，1985：274.

如果说革命派沿用了会党的秘密组织形式建立了自己的政治团体，维新派则是用一种公开的、合法的、带学术团体性质的途径建立自己的政治组织的。19 世纪 90 年代，为了救国图存，康有为、梁启超、谭嗣同等资产阶级维新派组织开展了变法维新运动。维新派对 19 世纪 60 年代以来以“练兵制器”、“求强求富”为内容的洋务运动的失败原因进行了反思，认为洋务派经营数十年，成效甚微，根本原因在于“变事”而不“变法”，不敢触动封建制度，“明知法敝不能不变，而卒不能变者，大率为体制所拘，与天下贤士不接，故不能大变也”。①有鉴于此，他们主张学习西方，变革政制，设立议院。因而，政治革新成了维新派关注的焦点，西方的议院、政党政治开始受到重视，于是，西方政党活动、政党观念通过书刊、译著传播开来。但是，由于当时维新派对西方的政党认识还比较模糊，加之清政府实行严厉的党禁政策以及维新派自身的软弱，他们还不可能也不敢提出建立政党的问题，而是沿袭中国传统学社的方式并借鉴西方学会的做法，提倡组织学会。他们认为，“泰西所以富强之由，皆由学会讲求之力”②，“今欲振中国，在广人才；欲广人才，在兴学会”，只要普遍组织学会，则“一年而豪杰集，三年而诸学备，九年而风气成”，“以雪仇耻，何耻不雪！以修庶政，何政不成！”。③基于这些认识，维新派在报刊发表文章，积极提倡组织学会团体。康有为还专门编写了《日本会党考》，附在《日本变政纪》之后，进呈给光绪帝，企图争取清政府的支持，并在《应诏统筹全局折》中，建议清政府专门设立“社会局”，作为组织学会团体的机构。维新派认为学会团体能起

---

① 梁启超. 戊戌政变记. 北京：中华书局，1958：83.

② 谢遐龄编. 康有为文选. 上海：上海远东出版社，1997：330.

③ 李华兴，吴嘉勋编. 梁启超选集. 上海：上海人民出版社，1984：19－20.

到开风气、联人才、伸民权的重要作用，从而推动变法维新运动的开展。所谓“开风气”，就是通过学会制造舆论，扩大影响，增强变法维新运动的声势。康有为说：“中国风气向来散漫，士夫戒于明世社会之禁，不敢相聚讲求，故转移极难。思开风气，开知识，非合大群不可，且必合大群而后力厚也。合群非开会不可。”① 所谓“联人才”，就是通过学会培养一批通晓西方资产阶级社会科学和自然科学的知识分子，为变法维新事业组织一支骨干队伍。维新派认为培养人才的重要途径就是组织学会。而维新运动的发展迫切地需要“广求同志”。他们还认为学会比学堂有较大的号召力，比报刊有较强的组织力。为此大力提倡在全国普遍设立学会。“一省有一省之会，一府有一府之会，一州县有一州县之会，一乡有一乡之会，虽数十人之寡，数百金之微，亦无害其为会也。积小高大，扩而充之，天下无不成学之人矣。”②这样，就可以把各地的“人才”集中起来，使涣散的个人变成凝聚的社会力量，维新事业有了雄厚的社会基础，改造落后的封建政治和学术就越迅速，祖国的富强就有希望了。所谓“伸民权”，就是通过学会争取和扩大资产阶级的某些政治权利。他们认为，学会普遍建立起来之后，就会改变“君与臣隔，大臣与小臣隔，官与绅隔，绅与士隔，士与民隔”以及“官与官、绅与绅、士与士、民与民又无不自相为隔”的状况③，而出现“凡会悉以其地之绅士领之，分学会各举其绅士入总学会，总学会校其贤智才辩之品第以为之差。官欲举某事，兴某学，先与学会议之，议定而后行。议不合，择其说多者从之；民欲举某事，兴某学，先上于分学会；分学会上总学会。

① 中国史学会编. 戊戌变法：四. 上海：上海书店出版社，2000：133.
② 李华兴，吴嘉勋编. 梁启超选集. 上海：上海人民出版社，1984：20.
③ 谭嗣同全集. 北京：三联书店，1954：94.

总学会可则行之。官询察疾苦，虽远弗阂也；民陈诉利病，虽微弗遏也；一以关捩于学会焉。有大事则上下一心，合群策群力举之”① 的局面。

1895 年，即兴中会建立的第二年，维新派在北京成立了强学会，陈炽为会长，梁启超为书记员。列名会籍的会员 43 人，大部分在翰林院、都察院及各部衙门任职。其中，除了康、梁等维新派占多数外，还有翁同龢、孙家鼐为首的帝党派大官僚，张之洞、刘坤一、王文韶等洋务派大官僚，英美传教士李提摩太、李桂白、林乐知以及英国驻华公使欧格讷等人。参加强学会的成员虽然如此复杂，但它大体上是由资产阶级维新派与帝党派结合的政治团体。梁启超后来谈到强学会性质时也说：“强学会之性质实兼学校与政党而一之焉。”②强学会成立后，康有为将《万国公报》改名为《中外纪闻》，作为学会的机关报，介绍西学，宣传维新变法，并每隔十天举行集会，讨论时势，宣传变法，研究强国之道。北京强学会初具规模后，康有为又在张之洞的支持下在上海成立了上海强学会，成员有康有为、张之洞、龙泽厚、黄遵宪、陈宝琛、岑春煊等 24 人。康有为等人议定了《上海强学会章程》，规定其宗旨是：“本会专为中国自强而立，以中国之弱，由于学之不讲，教之未修，故政法不举。今者鉴万国强盛弱亡之故，以求中国自强之学。”《章程》还规定了四项任务：译印图书、刊布报纸、开大书藏、开博物馆。1896 年 4 月，上海强学会还出版了《强学报》，为宣传机关报。该报大胆地抛弃了皇帝纪年而用孔子纪年，刊录当时未经公开的“廷寄”，并加跋语，阐明变法的必要性，宣传设会办报，倡导维新变法。其政治色彩比《万国公报》、《中外

① 谭嗣同全集. 北京：三联书店，1954：94 - 95.

② 梁启超. 饮冰室合集：专集之二十九. 上海：中华书局，1936：38.

纪闻》更为鲜明。强学会的活动，遭到了顽固守旧势力的破坏。1896 年 1 月，在李鸿章的授意下，广西道监察御史杨崇伊上书，弹劾北京强学会“植党营私”，攻击《中外纪闻》“贩卖西学”，请旨查禁。北京强学会随即被查封，《中外纪闻》也被禁止发行。接着，张之洞下令查禁了上海强学会与《强学报》。至此，北京、上海两地强学会被顽固派扼杀。

尽管北京、上海两地的强学会最终均遭查封，但由于康有为及其同志的提倡呼吁，从此，学会在全国各地蓬勃发展起来，形成“学会如林，万众沸腾”①的局面。维新变法时期，湖南、广东、广西、福建、江苏、浙江、江西、湖北、贵州、陕西、天津等地组织学会达 70 多个。就其性质而言，这些学会团体大致可分为三种类型：一是政治性学会，主要有强学会、保国会、南学会等。它们主要研讨、宣传某种政治学说和政治思想。二是学术性学会，主要有上海农学会、武昌的地质学会、南京的测量学会等。它们主要学习和讲求一门或几门具体的社会学说和自然科学，但也并非脱离现实的政治，他们学习社会、自然科学的目的，就是求得中国之富强。三是社会性团体，主要有不缠足会、戒鸦片烟会、延年会等。它们以改革封建陋俗、提倡社会新风气为目的，实际上也包含着鲜明的政治色彩。

如前所述，维新变法时期的学会是在中国旧式文人结社的基础上接受西方学会的影响发展而来的，所以与旧式文人结社又有许多不同。组织形式上，受西方风尚影响，民主成分多了一些，会中成员平等，章程、规约和活动安排都经过民主讨论，组织也比较严密。组成人员成分上，它们以资产阶级、小资产阶级知识

① 唐才常集. 北京：中华书局，1980：182.

分子为主，不像旧式文人结社那样是封建士大夫的组织。办会宗旨上，政治性学会以近代爱国主义为出发点，而不像清初文人结社一样，从封建伦理纲常出发，以忠于故主、不仕新朝相标榜。活动内容上，它们讲求的是当时的新思想和先进的科学知识，而不像旧式文人结社那样宣扬传统文化和伦理观念。活动方式上，它们除了像旧式文人结社那样聚众讲学和吟诗作文之外，还建立阅览室，发行报刊，创办学堂，一些学术性学会还搞实验、实习，使理论与实践结合起来。这些不同之处，都体现了时代的特点。总的看来，这些学会的创立，促进了民主精神与科学知识的传播，推动了维新变法运动的发展。但是，维新变法时期的学会与西方资产阶级政党还存在着很大的差距。这些学会组织没有明确的政治纲领，维新派没有把变法维新运动中的政纲贯彻到政团组织活动中去，其宗旨只是一些笼统的政治口号，因此既没有具体要求争取实现的政治目标，更没有为达到这种目标而规定的实际步骤。此外，这些学会组织没有严格的入会组织手续，吸收会员比较随便，一般“愿入会者”，“不分畛域，一律延揽”，“来者听之”，同时也没有任何组织纪律约束，是一些松散的团体。尽管如此，维新运动期间的这些学会冲破了“君子群而不党”的传统观念，对于近代中国资产阶级政党的产生起到了积极的作用。

戊戌变法失败后，随着西方民主革命思想和政党观念的深入传播、资产阶级知识分子对西方政党的认识加深，中国近代政党进入一个新的发展阶段。由于资产阶级民主革命思想已逐渐形成一股强劲的潮流蔓延全国，越来越多的资产阶级知识分子趋向革命化，他们不仅积极从事革命的宣传，而且仿效孙中山的兴中会开始组织起革命团体，直接投身于各项反对帝国主义和封建主义的政治斗争中去。在这些革命团体中，影响较大的有 1904 年 2 月成立于长沙的华兴会，1904 年 10 月成立于上海的光复会，1904 年 7 月成立于武昌的科学补习所等。1905 年夏，孙中山从欧洲到达日本，受到中国留日学生和流亡在日本的各革命团体代表的热烈欢迎。革命形势的飞速发展，孙中山深感有必要组织统一的革命组织，以集中革命的力量。经日本友人宫崎寅藏的介绍，孙中山在东京结识了华兴会领导人黄兴等人。不久，孙中山约黄兴等人在留学生办的《二十世纪之支那》杂志社开会，商讨统一革命力量问题，并倡议联合兴中会、华兴会、光复会等团体，成立一个全国规模的革命组织，以便领导全国的民主革命运动。孙中山的提议得到了黄兴和留学生们的赞同。1905 年 7 月 30 日，孙中山、黄兴、宋教仁等 70 余人聚会于东京，正式讨论建立统一组织问题，决定成立中国同盟会。1905 年 8 月 20 日，中国同盟会在东京举行了成立大会，会议讨论通过了《中国同盟会章程》，选举了以孙中山为总理的领导机构。《中国同盟会章程》明确规定，以“驱除鞑虏，恢复中华，创立民国，平均地权”为自己的革命纲领，这不仅从字面上可看出比兴中会时的纲领更为全面，而且孙中山将这 16 字纲领阐发为民族、民权、民生三大主义。除此之外，《章程》还对同盟会内部的组织机构、领导体制和组织原则均作了一系列明确规定。这说明，中国同盟会已是一个完全意义上的近代资产阶级革命政党，它的成立标志着中国第一个近代政党的产生。

在资产阶级革命派成立政党之时，由 19 世纪末的维新派发展而来的立宪派也在谋划组建自己的政党。1906 年，为了欺骗人民，扑灭革命，延长封建专制统治，清政府宣布“预备立宪”，国内外立宪派“大喜欲狂”，认为“立宪救国”的时机已到。在宣传早开国会的同时，他们把政党问题与国会问题紧密联系在一起，认为立宪政治就是国会政治，国会政治就是政党政治，政党的建立和健全是形成健全国会的基本前提。因此，他们着力宣传政党的性质、作用和意义，并加快了组建立宪政团的步伐。1907 年 3 月，经过一系列的筹备，康有为终于在美国纽约组建了具有近代政党意义的改良政党——帝国宪政会。帝国宪政会的纲领有三：（1）尊重皇室；（2）奖励民生；（3）制定宪法，建设有责任之政府。由此可见，帝国宪政会的根本目的，就是希望仿效英国、日本的政体，在承认君主地位的前提下，让他们参与政权。帝国宪政会还制定了一套完整的组织系统和组织原则，设本部于上海，在亚、美、欧、非、澳五洲遍设分会，同时修改了保皇会时期那种旧式会党式的家长制统治方式，领导机构建制形式仿君主立宪国政体模式，虚设总裁、副总裁（拥载沣为总裁，载泽为副总裁），下设干事长和会议长，负责具体党务。与此同时，1907 年 10 月，梁启超等在日本东京也组织了具有近代政党性质的政闻社。与国外的立宪派组党活动相呼应，国内的资产阶级立宪派也积极开展了组党结社的工作，他们在各省谘议局建立起活动舞台和在资政院内赢得了许多合法席位的同时，还建立了宪政预备会、宪政筹备会、请愿国会代表团谈话会、国会速开期成会、速开国会同志会等 30 多个全国性或地区性的立宪团体。立宪派的这些组党结社活动是戊戌年间维新派建立社团组织的继续。所不同的是，前者谋求变法维新救亡图存，后者集中要求实行立宪政体；前者多系官绅所组建，后者则有较多的民族资产阶级及其知识分子参与；前者多是带有政治性的学术团体，后者则基本上是纯粹的政治团体。随后，在接二连三的国会请愿活动中，国内立宪派获得了实际斗争的锻炼，涌现出了一批领袖人物和活动分子，并且加强了社会联系，造成了全国性的联合。这就为在国内组织全国性的立宪政党创造了必要的政治条件、思想条件、干部条件和社会条件。1910

年到 1911 年，国内立宪派在各地立宪团体的基础上相继组建了宪友会、宪政实进会、辛亥俱乐部、政学会等全国性的立宪政党，并利用谘议局、资政院开展了一些类似议会制度的政治活动，对政党政治作了某些尝试。由于立宪派自身的软弱无力，虽然这些政党政治的尝试还只能在清政府允许的范围内进行，并且最后在封建顽固势力突然袭来的时候，迅速地败下阵来，宣告失败，但它毕竟为民初政党的纷起及其政党政治的开展打下了一定的基础。

三、蔡锷政党思想的萌发

蔡锷生逢一个民族危机深重、救亡图存斗争风起云涌的时代。1897 年，15 岁的蔡锷考入湖南时务学堂，受教于梁启超、谭嗣同、唐才常等维新人士。如前所述，梁启超是西方政党制度的积极宣传者。早在 1895 年，为了团结全国维新人士，壮大维新声势，梁启超就曾与康有为、陈炽等人创立了维新派第一个政治团体强学会，并担任该会书记员，主持该会具体事务。虽然不到半年，强学会遭清廷查禁，但反映了康、梁等人组党结社的目的和旨趣。到湖南时务学堂执教后，梁启超积极参与筹建南学会，还特作《南学会叙》一文，对当时中国“躯万也，心万也，力万也”的一盘散沙的状况提出批评，强调在民族危机空前严重的形势下，学习西方、建立学会以挽救危亡的重要性，并引欧洲各国历史上设立各种“会”而洗刷国耻的许多实例加以证明。他说：“昔普之覆于法也，普不国也，时乃有良民会，卒报大仇也；法之覆于普也，法不国也，时乃有纪念会，不数年而法之强若畴昔也；意大利之轭于教皇也，希腊之轭于突厥也，意与希不国也，时乃有保国会、保种会，卒克自立，光复旧物也；日本之劫盟于三国也，日不国也，时乃有萨长门诸藩侯，激励其藩士，畜养其豪杰，汗且喘走国中以倡大义，一啸百吟，一呻百问疾，时乃有尊攘革政改进自由诸会党，继轨并作，遂有明治之政也。”①从而突出了南学会御侮救亡的性质。唐才常也大力宣传西方政党，他在《湘学报》上发表的《各国政教公理总论》中分别介绍了法国和英国的政党，初步指出中国朋党与西方政党的区别。同时，唐才常还与梁启超一道参加南学会的筹备工作。可见，梁启超、唐才常等人筹办南学会也有将其作为政治性团体的意图。南学会成立后，以每周日为讲学日，其讲学内容除强调讲学、办学会的好处与必要性外，更多的是宣扬维新变法的理论和康有为的孔子改制学说，以及如何注重时事、暗求抵制洋人之法等。因南学会讲学日正是时务学堂放假日，所以蔡锷等时务学堂学生均前往听讲。通过参加南学会的学术活动，蔡锷除了在学术与思想方面受益匪浅外，还在梁启超和唐才常的影响和启发下，逐渐萌发了政党思想。1898 年 7 月，他在南学会机关报《湘报》上发表的处女作《〈后汉书·党锢传〉书后》就是一篇反映其政党思想萌芽的重要文章。

在此文中，蔡锷首先总结了中国历史上曾有过的两类不同性质的“党”。他写道：“有以心党，有以气党。无量世界食其赐者，心党也。虽食其赐，不无畛域，气党也。”并指出这两类“党”的不同特点：“汇万流之精，贯百王之英，是谓心党之上。合大群，立大业，救大危，释大难，有所畛域，是谓心党之次。揭大义，号召天下，挺然其独立也，莽然其众适也，万枪不敢逼，万挫不可钝，视人之仇，如人之恨，破身烂肉，以伸大义，是谓气党之上。理不必直，义不必宜，惟以一腔热血，数片横骨，是谓气党之次。”②蔡锷在对中国历史上两类“党”进行归纳和总结的同时

① 梁启超．饮冰室合集：文集之二．北京：中华书局，1989：65.

② 曾业英编．蔡松坡集．上海：上海人民出版社，1984：10.

也表露了对"心党"和"气党"的向往和崇敬之情。值得注意的是，蔡锷曾崇拜过中国历史上的大侠，称曹沫为心侠，孟子为气侠。①很明显，这里的"心党"和"气党"就是由先前的"心侠"和"气侠"发展而来。如果说以前蔡锷崇拜的大侠只是注重个体的话，那么，这里的"心党"和"气党"则无疑具有群体的概念。这表明蔡锷在梁启超和唐才常所宣传的西方会社和政党的影响下，已经朦胧地认识到政党是部分志趣相同的人的集合。其次，肯定了"党"在中外历史上所发挥的重要作用。蔡锷从中外历史上选用了大量的实例说明"党"在历史的关键时刻所发挥的重要作用。"祖龙之鞭笞诸侯也，孟尝、信陵党出，而秦气夺矣，山东党出，而气销矣。吕氏之篡也，朱虚党出，而大乱灭矣。王莽之弑也，白水党出，而中原恢复矣。董卓之劫也，关东党出，而奸首授矣。曹武之逆也，涿郡党出，而瞒魂折矣。符坚之嚣张也，安石党出，而贼破矣。武氏、韦氏之僭也，狄、张、隆基党出，而宗庙宁矣。惇、蔡之弄也，洛、蜀党出，而心志稍苏矣。中兴之乱也，曾、胡党出，而大乱弭矣。美制于英也，华盛顿党出，而大阱出矣。德之灭于法，俾思麦党出，而仇复矣。法之覆于德也，爹亚党出，而国势张矣。日本之劫于俄、英、美也，萨长浪士党出，而维新成矣。"②从上述蔡锷所选取的例子，我们不难看出，蔡锷所欣赏的并不是为了私利而明争暗斗的党争，而是为了拨乱反正、拯救国家和民族命运而进行的斗争。这说明他对历史上的"党"和"党争"有了辩证的看法，已经认识到历史上的"党"和"党争"并不都是一无是处，有的对国家发展和民族的独立有着积极的作用。再次，抨击了历代统治者的党禁政策和社会上对"党"的偏见。

---

① 曾业英编. 蔡松坡集. 上海：上海人民出版社，1984：9.

② 曾业英编. 蔡松坡集. 上海：上海人民出版社，1984：10－11.

蔡锷指出，“心党尚矣，吾不得而见矣。窃汗且喘，揭橥走天下，欲求古人所谓气党者，而亦跫然足音，千载寥廓，罔一遇焉”，其根本原因就是“其在上者，秦政剥之，汉桓、灵剥之，魏武剥之，两晋、南北、五祀、唐、宋、元、明之民贼，靡不出死力剥之；其在下者，汉之训诂剥之，六朝、唐之辞章剥之，宋之章句剥之，自元至今帖括剥之”；“一、二豪杰之士，告之以党术，授之以党权，导之以党路，求所以药其不党之痼疾而起者，而举天下非笑之，戮辱之”，“以至有匈奴之祸，五胡之祸，突厥、吐番之祸，契丹、回回之祸，金、辽、蒙古之祸，今则有无面无祸，无地不祸，无日不祸。其剥愈甚，其受祸更不可拯”。他悲叹道：“嗟夫！中国亦天下之雄国也，初挫于英，不知振；再挫于法，不知振；三挫于日，不知振，以致君无党君，卿无党卿，士无党士，农无党农，工无党工，商无党商，妇无党妇，无气之气，无心之心。”① 在这里，蔡锷把中国积弱不振的原因归结为统治阶级对民众钳制与维新派把中国落后的原因归之于民权不伸有异曲同工之妙。最后，表达了对“党”的向往和追求之意。面对当时空前的民族危机，蔡锷指出，“今之计也，四万万人不足恃，足恃者自一人而已。一可十，十可百，百可千，千可万，万可四万万。不然，秦赖楚，楚赖秦，究无一可赖”。并认为，“国之破，不足虑，种之厄，不足虑。惟教之亡，足虑，心之死，气之销，足为大虑。心不死，气不销，则可望俾思麦生，爹亚生，萨长浪徒生也。”②这说明年轻的蔡锷此时已认识到面对列强的侵略和清政府的无能，中国不能像一盘散沙，必须像德、法、日、美那样将爱国志士组织起来，组成俾思麦党、爹亚党、萨长浪士党、华盛顿党，共同奋

---

① 曾业英编. 蔡松坡集. 上海：上海人民出版社，1984：10－11.

② 曾业英编. 蔡松坡集. 上海：上海人民出版社，1984：11.

斗，才能救国救民，使中国“强哉矫”。

通过《〈后汉书·党锢传〉书后》这篇文章，我们不难看出，时务学堂时期的蔡锷已有政党的意识，对政党有了初步认识，并流露出强烈的向往和追求之情。尽管他此时认识的“党”还不是现代意义上的政党，带有以中国传统观念的党去比附西方政党的痕迹，因而更多地含有中国传统政治学说中的“群”或“合群”的意思，但在当时党禁未开，连维新派和革命派都不以“党”命名自己创建的政团组织之时，他勇于公开地为被中国传统社会视为异端的“党”大唱赞歌，确实是惊世骇俗的。所有这些，都为蔡锷政党思想的形成和以后投身政党的实践奠定了良好的基础。

第二节　投身政党实践

一、组建统一共和党

如果说时务学堂时期是蔡锷政党思想的萌芽时期，那么，从留学日本到民国初年，则是蔡锷政党思想不断成熟，并积极投身政团实践活动时期。到日本后，蔡锷即进入梁启超主持的东京大同高等学校，一边学习日语，一边研究西方近代政治、哲学，比较系统地接受西学资产阶级政治理论的熏陶，对西方国家的政党和政党制度有了更深一层的认识。在此期间，政党问题也成为留日学界关注的重点，《清议报》、《新民丛报》相继发表了《政党说》、《论非立大党不足以救将亡之中国》、《政党论》等文章，或阐述政党精义，或鼓吹建党。在这种氛围之中，随着政党知识的增加和政党意识的增强，蔡锷积极参与一系列的组建政团的实践活动。他先是与刘百刚、吴禄贞等人创办了“励志会”，后又加入了唐才常组织的“自立会”，并回国参加自立会在汉口发动的武装起义。此次起义失败后，蔡锷重返日本横滨，又与郑贯一等人共同组织“开智会”，并与杨笃生、梁鼎甫等旅日湘人创立《游学译编》和湖南编译社。1902 年 4 月，他又与秦力山等人倡议创立留学生会馆，并于成城学校内设立校友会，以联络情谊、交换学识、共谋救国良方为主旨。继而又与湖南、浙江部分留日学生“秘密结社，歃血誓盟，以倾倒清廷，建设新国家为宗旨，以死为期”。“东京留学生之秘密结社，即由斯发轫”。① 1903 年，为抗议沙俄侵占我国东北，蔡锷与黄兴等人组织拒俄义勇队，后改名为军国民教育会，倡导革命，是为留学生以学术团体从事政治秘密活动最早团体之一。总之，在留学日本的 4 年中，随着对西方政治制度的认识进一步加深和实现自己政治理想的需要，蔡锷参加了一系列的组建政团的实践。1912 年在统一共和党云南支部成立会上，蔡锷曾指出：“溯本党之起因，系根据于东京留学同志之旧团体。”并说这些团体“首创之际，取格甚严，非学识品性为同人所共许者，拒不收引，故党基极固，而分子极为健全”②。我们由此不难看出，蔡锷在留日期间进行的组团结会活动已带有明显的组党意识，但由于其政党知识尚不完备，加之一些客观条件的限制，这些政团都未能发展为完全意义上的政党。尽管如此，这些活动对于蔡锷日后投身政党实践和其政党思想的形成具有重要的意义。

1904 年冬，蔡锷离日返国到达上海时，应章士钊与杨笃生之邀，参加了华兴会的外围组织爱国协会。据章士钊回忆，当时蔡

---

① 赵式铭．蔡松坡先生事略//田伏隆主编．忆蔡锷．长沙：岳麓书社，1996：90.

② 曾业英编．蔡松坡集．上海：上海人民出版社，1984：457.

锷“应吾辈之要约，参加斯会。彼戎装莅盟，佩剑锵然，其持态严肃，为吾六十年来永矢勿谖之印象”①。以后，蔡锷先后赴江西、湖南、广西、云南等地主要从事军事教育、培养军事人才。在此期间，由于蔡锷“规久远，以攫取清廷兵权为第一步，不可使满族俊才如良弼等嫉妒陷害，故行动尤其矜慎”，虽“志存颠覆”，但“迹求隐晦，平日谨言词，慎交游，常恐以意外之疏忽，而招开本事之损害”②，因而没有像在留日期间那样公开、积极参与组团建社活动。但尽管环境险恶，情况复杂，蔡锷仍与黄兴以及广西、云南的同盟会会员有秘密联系，并对同盟会的革命活动作了很好的掩护。据李任仁、耿毅、何遂及林虎等人回忆，在此期间，蔡锷经黄兴介绍参加了同盟会，但据王学庄、曾业英反复考证，认为黄兴介绍蔡锷参加的不是同盟会，而是同盟会的外围组织兴汉会。③ 1909 年，蔡锷在南宁任讲武堂和边防巡警学堂堂长时还秘密创立了武德会，后改为秘密组织建国团。有论者认为，“这个组织是联络军人、具有反清性质的会团”④。

辛亥革命后，封建君主专制制度被推翻，封建统治者长期实行的党禁被取消，南京临时政府制定的《中华民国临时约法》明确规定：“人民有言论、著作、刊行及集会、结社之自由。”这在中国历史上第一次以根本法的形式肯定了人民结社组党、参与政治活动的合法性，为政党政治的形成提供了宪法上的依据和保障。于是，神州大地上，“集会结社，犹如疯狂，而政党之名，如青草

---

① 蔡端编．蔡锷集．北京：文史资料出版社，1982：25.

② 蔡端编．蔡锷集．北京：文史资料出版社，1982：24－25.

③ 王学庄，曾业英．蔡锷的同盟会会籍问题．近代史研究，1987（6）.

④ 谢本书．讨袁名将——蔡锷．兰州：兰州大学出版社，1997：51.

怒生为数几至近百”。[①]在这种背景下，对政党素有向往之情的蔡锷更是按捺不住，在领导云南军政府实施建设和改革的繁重事务中，亦有组建政党的打算。他对其秘书长周钟岳说，“吾辈革命，非徒破坏，尤须建设。然建设必须联络意志相同、患难相依之人，共同努力，方能有成”[②]，并亲自动手，自拟团约，邀约周钟岳等10余人发起组织建国团。虽然建国团成立后，由于人数很少，成员又局限于云南一隅，没有开展什么有影响的活动，但从中也不难看出蔡锷对政党的重视和渴求。

建国团由于各种原因，未能成功，蔡锷仍不灰心，继续谋求组建一个全国性大党。1912年2月，蔡锷致电上海的章炳麟、张謇、熊希龄，苏州的庄蕴宽，武昌的黎元洪，长沙的谭延闿等人，指出“民国成立，百度维新，缔造经营，责任尤巨，非合全国军界、政界极有能力及社会上极有学识资望之人，组织一强固有力之政党，借以监督政府，指导国民，鲜克有济”，倡议“联合海内同志，组织共和统一党”，与民国联合会、民社等组织合并为一大团体，并立即在财政十分紧张的情况下筹资10万元，邀约肖堃、袁家普等人入滇研究后又派他们携其亲拟的政纲前往上海等地与章、张、熊等人“筹商一切”。[③] 蔡锷的主张和行动正合章炳麟、张謇、景耀月等人之意。于是组建统一共和党的工作就紧锣密鼓地进行。蔡锷不等统一共和党本部正式成立，便在云南积极开展了筹组支部的活动。他命肖堃、袁家普与当地“政学社”协商合并，“更新组织”，并通过各种方式和途径吸收政学绅商各界百余人参加。在蔡锷的积极推动下，虽因多方原因，与联合会、民社

---

① 善哉．民国一年来之政党．国是，1913（1）．

② 谢本书．讨袁名将——蔡锷．兰州：兰州大学出版社，1997：119．

③ 曾业英编．蔡松坡集．上海：上海人民出版社，1984：305．

的“联合一层，此时尚未其时”①，但国民共进会、政治谈论会、共和统一会实现了三者合一，组建为统一共和党。4 月 11 日，统一共和党本部在南京召开正式成立大会，选举蔡锷、张凤翙、王芝祥等 5 人为总务干事，殷汝丽、袁家普等 5 人为常务干事，景耀月、刘彦等 12 人为参议，褚辅成、李曰垓等 25 人为特派交际员。其总纲是：以巩固全国统一，建设完美共和政治，循世界之趋势，发展国力，力图进步为宗旨。其政纲有：厘订行政区划，以期中央统一；厘订税制，以其负担公平；注重民生，采用社会政策；发达国民商工业，采取保护贸易政策；划一币制，采用虚金本位；整顿金融机关，采用国家银行制度；建设铁路干线及其他交通机关；实行军国民教育，促进专门学术；振兴海陆军备，采用征兵制度；保护海外移民，励行实边开垦；普及文化，融合国内民族；注重邦交，保持国家对等权利等 12 条。② 统一共和党成立后，蔡锷虽以“滇居边远”，力辞总务干事，但对党务却表示“当竭力筹维扩张”③。1912 年 5 月 6 日，统一共和党云南支部正式成立，蔡锷被举为支部长。在成立大会上，蔡锷作了重要演讲，要求统一共和党“鉴世界之趋势，察本国之情形，务择最有利于国计民生，最稳健之政策而采用之”④。之后，为了恢弘党势，他不仅电催云南各府州县迅设支部，使云南各地“入党者已有数千人之多”，成为该党势力最雄厚的省份，而且电请唐继尧、戴戡、李烈钧等人发起组织贵州、江西支部。李烈钧当即电复蔡锷，表示“当纠集

① 曾业英编．蔡松坡集．上海：上海人民出版社，1984：457.
② 李新，曾业英．中华民国史：第 1 卷，上．北京：中华书局，1987：59.
③ 李新，曾业英．中华民国史：第 1 卷，上．北京：中华书局，1987：58.
④ 曾业英编．蔡松坡集．上海：上海人民出版社，1984：457.

同志，奋起疾追。敝省设立支部，以军、政两部同组织之”[1]。经蔡锷等人努力，数月后，该党支部“遍十余省，党员达数万人，参议院议员亦占三分之一之席次”[2]，成为仅次于同盟会和共和党的第三大党，而且该党党员吴景濂当选为北京临时参议院正议长，谷钟秀也取得了仅次于正副议长的全院委员长的席位。对于统一共和党的快速崛起，蔡锷感到十分欣慰，认为其已“于政界颇占优势”。

需要指出的是，尽管蔡锷此时热心、积极地参与统一共和党的组建工作和党务活动，但他没有忘记自己是一名军人，并对军人入党，“窃有隐忧”，认为“虽发起之初，不过藉军人为提倡，然流弊滋大，自应预防”[3]。不久，袁世凯通过黎元洪先后发出侵、筱两电，“备陈军人柄政之害”，并提出军民分治的建议。对此，蔡锷表示坚决反对，主张军民合治（详见第五章第二节）。接着，唐绍仪内阁解体，蔡锷闻讯后感到“五中溃裂”[4]。鉴于“现在政党林立，意见分歧，水火争持，党同伐异……政党之利未收，而害已毕见”，蔡锷对军人入党的“隐忧”随之变成行动，立即通电宣布取消“前与海内同志发起的统一共和党”，并提出“军人不党主义”[5]，表示要“坚守超然主义，期于独伸己见，不至为党约所拘”[6]。因此，当宋教仁等人联合同盟会、统一共和党、国民公党、国民共进会、共和实进会等政团改组成国民党和汤化龙、孙洪伊、刘崇佑、张君劢等立宪派联合共和建设讨论会、国民协会等8个政

---

① 徐辉琪编．李烈钧文集．南昌：江西人民出版社，1988：32.
② 李新，曾业英．中华民国史：第1卷，上．北京：中华书局，1987：58－59.
③ 曾业英编．蔡松坡集．上海：上海人民出版社，1984：462.
④ 曾业英编．蔡松坡集．上海：上海人民出版社，1984：526.
⑤ 曾业英编．蔡松坡集．上海：上海人民出版社，1984：529.
⑥ 曾业英编．蔡松坡集．上海：上海人民出版社，1984：552.

团组建民主党，都表示希望蔡锷参与其中时，蔡锷均以“锷素主张军人不入党，未便自破其藩”为由予以婉拒，并公开声明脱离统一共和党，坚辞国民党云南支部内部议举他担任支部长的职务。“从此蔡对国民党内而会议、外而在社会上一切宣传活动，一概不闻不问……采取比较疏淡的态度。”①

虽然蔡锷退出了统一共和党，主张“军人不党主义”，但他仍关注中国政党的发展和政党制度的建设。同盟会联合统一共和党、国民公党、国民共进会、共和实进会组成国民党之时，蔡锷仍致电宋教仁说：“五党合并，改定政纲，主持大计，拥护民国，国之利，党之福也。弟极表赞成，当即令此间（即云南）两党干事研议，可望融洽。”②国民党云南支部机关报《天南新报》发刊时，他又亲题“大狮子吼”四字为祝。③同时，知悉汤化龙等人拟联合共和建设讨论会、国民协会等党组建新党后，蔡锷又致电汤化龙等人，认为他们“多集健全分子发生新党，于国家前途，关系至巨”，并表示“极望早日成立”。④这些都表明蔡锷对民初的政党现象虽有不满之意，但并未从根本上否认政党和政党政治。他退党而守超然主义只不过是一种面对无法改变的现实而采取的无奈之举罢了。

二、加入进步党

1912年10月8日，梁启超应袁世凯电召由日本回国。早在是

① 詹秉忠，孙天霖．忆蔡锷//田伏隆主编．忆蔡锷．长沙：岳麓书社，1996：99.

② 曾业英编．蔡松坡集．上海：上海人民出版社，1984：583.

③ 詹秉忠，孙天霖．忆蔡锷//田伏隆主编．忆蔡锷．长沙：岳麓书社，1996：99.

④ 曾业英编．蔡松坡集．上海：上海人民出版社，1984：552.

年2月，梁启超曾致书袁世凯就组织政党问题向袁献策。他说："既以共和为政体，则非有多数舆论之拥护，不能成为有力之政治家"，"善为政者，必暗中为舆论之主，而表面自居舆论之仆，夫是以能有成"。为此，梁启超建议联合"旧立宪党与旧革命党中有政治思想者"，组成"健全之大党"，以与国民党作"公正之党争"，使"彼自归于劣败"。①袁世凯对梁启超的建议非常赞赏，复函说："政党一层，所策皆至确不易，心中藏之，何日忘之。"②

回国后，梁启超第一个行动就是积极促成民主、共和两党合并。对此，袁世凯甚为满意，不仅对梁启超"月馈三千"，赠住宅一座，而且许诺为新党建立提供经费20万。10月中下旬，梁启超往来于京津之间，与民主、共和两党要人会晤，或与袁世凯密商。在梁启超的积极活动下，两党很快达成合并协议，准备于"两旬后联合成立"。但是，两党合并没有像梁启超想象的那样顺利实现，而是波折迭起。一方面两党中立宪派之间的历史积怨还难以立即消释；另一方面国会选举在即，同盟会已改组为国民党，正踌躇满志，准备迎接国会竞选。共和、民主两党也都企图利用选举扩张党势，以争取在合并中占有优势，因而对合并热情减低。特别是民主党更为消极，甚至公开否认合并，称合并"皆无稽之谈"。

1913年2月24日，国会众议员选举揭晓，初步统计，国民党获得267席，占领先地位，民主党约得30席，共和党约得240余席。迫于形势，共和、民主两党合并问题再次提出，而且在梁启超的主张下，又吸收了统一党，由两党变为三党。经三党协议，决定以袁世凯为新党总理，黎元洪、梁启超为协理，并初步拟定

① 丁文江，赵丰田. 梁启超年谱长编. 上海：上海人民出版社，1983：617.
② 丁文江，赵丰田. 梁启超年谱长编. 上海：上海人民出版社，1983：620.

了四点政纲。眼看合并将告成，又恰遇宋教仁被刺，全国舆论指向袁世凯，梁启超也备受责难。袁世凯恐他任党魁对三党不利，提出“舍名取实，不居总理地位”[①]。三党中多数人为避国民党之忌，也主张慎重对待党首问题。经重新协议，新党总理改为黎元洪。4月16日，共和、统一、民主三党举行“恳亲会”，各党重要人物到会者七百余人。梁启超在会上发表演讲认为：“三党在国会中联合尚居少数，此种现象极为危险，外界之原因姑不论，内部之团结亦未能巩固。故院内之失败，第一乃由三党分立之故。……三党所持主义足以救国，几为天下公言，而何以危败之象日有所闻，此实由三党之联合近于联军也”，因此必须“乘此机会急谋合并”[②]。会后，经过一番讨价还价的磋商，由孙武、丁世铎、林长民、王赓代表三党正式签订了并党协议。5月3日，为“占领政界上最高之位置，以偿其大希望、大目的于将来”，共和党、统一党、民主党发表了三党合并通电称：“三党政见相同，提携已非一日，国会开幕，审时度势，决议合并，定名进步党，推黎副总统为理事长。党义三条：一、取国家主义，建设强善政府；二、尊人民公意，拥护法赋自由；三、应世界大势，增进平和实利。”[③] 5月15日，三党议员、职员举行特别会议，讨论章程及成立大会筹备事宜。28日，选出新党本部职员。29日，举行三党全体在京党员大会，宣告进步党正式成立。在成立大会上，梁启超发表演讲，指出：“吾党惟一之任务，在以稳健抵制暴烈，而以发扬抵制腐败。一方去腐败政治，而守其老成持重之态度；一方去暴乱行

① 邱钱牧．中国政党史．太原：山西人民出版社，1991：284.
② 朱建华．中国近代政党史．长春：吉林大学出版社，1990：332.
③ 章伯锋，李宗一．北洋军阀：第1卷．武汉：武汉出版社，1990：446.

动，而养其发扬蹈厉之精神。”①会议选举黎元洪为理事长，梁启超、张謇、伍廷芳、孙武、那彦图、汤化龙、王揖唐、蒲殿俊、王印川9人为理事，阿穆尔灵圭、张绍曾、冯国璋、周自齐、熊希龄、阎锡山、胡景伊、尹昌衡、蔡锷、朱瑞、唐继尧、陆荣廷、张镇芳、杨增新、张凤翙、程德全、陈国祥、徐勤、庄蕴宽、汪大燮、陈昭常、齐耀琳、陈炯明等23人为名誉理事。

既然1912年6月蔡锷就宣布脱离了统一共和党并主张“军人不党主义”，为何此时又名列进步党的名誉理事？对于此事，蔡锷后来在给梁启超的电报中作了解释。在该电中，蔡锷说：“前以置身军籍，故于统一共和党合并时宣告脱党。今承吾师指命为（进步党）名誉理事，义又不得辞，惟有勉从诸公之后，为默示之承认而已。”②可见，担任进步党名誉理事蔡锷事前确未预闻，乃梁启超的“指命”，蔡锷碍于师生之“义”，只好“默认”，接受了名誉理事之职。需要指出的是，蔡锷接受进步党名誉理事之职，除了受梁启超“指命”的原因之外，进步党所持的政治主张和所采取的政治路线与蔡锷在民国初年的政治倾向大致相同也是重要原因。在政治主张上，进步党坚持国权主义，主张国家主义，倡导建立强善政府，这与蔡锷在民国初年的政治主张完全相符。在政治策略上，进步党认为，“吾国政治之所以不上轨道者，自有其故。其一，腐败官僚不能上政治轨道者也，其二，人民中少数暴徒不能上政治轨道者也。……是以吾人一方面应设法排除暴徒，而一方面尤当设法排除腐败官僚。”在“暴徒”与腐败官僚之间，进步党又认为前者是“祸国最烈之派”，必须“注全力以与抗”，

---

① 章伯锋，李宗一. 北洋军阀：第1卷. 武汉：武汉出版社，1990：455.

② 曾业英编. 蔡松坡集. 上海：上海人民出版社，1984：711.

对后者则“不得不暂时稍微假借”。[1]这也与蔡锷的看法大体一致，他认为，“今之政界分为二派，一曰暴烈派，一曰官僚派。暴烈派以破坏为事，苟可以达到目的，即牺牲全国而不恤。然其进锐，则其退速，今已一落千丈矣，其剿绝易易也。所最难征伐者，官僚派耳。官僚派之臭味，其进也以渐，其退也实难，根深蒂固，欲图征伐，诚非易事”。“今后所应行做到之事，正须防止暴烈派，而洗涤官僚派”。[2]所以，蔡锷“默认”梁启超的“指命”也是有一定的思想基础的。在此后的宋教仁被刺事件、善后大借款、二次革命以及护国战争中，蔡锷所持主张也与进步党的基本相同。1913 年 10 月，蔡锷在奉调入京前夕，应邀出席进步党云南支部为他举行的欢送会。在会上，蔡锷赞扬进步党“应世界之趋势，为中央所倚重，社会所欢迎，似已立于健全之地位”，并指出“进步党之鼓吹社会扶助政府者，其功亦诚不小”。[3]蔡锷调入北京后，还应进步党湖南支部所请，于是年3 月担任了该支部的部长，并和该支部人员有过一些工作联系。[4] 不过半年后，蔡锷即正式辞去进步党湖南支部部长的职务，并退出了进步党。关于这一点，虽然不见蔡锷的正式宣言，但湖南进步党人刘人熙在 11 月 1 日的日记中有“原部长蔡松坡辞职，松坡军人，例不入党”[5] 的记载。其中的原因可能与黎元洪退党有关。1914 年 10 月 1 日出版的进步党机关刊物《中华杂志》第一卷第十号上的《党务报告》栏中，有一则报道云：“本党开第 35 次议员会……本党黎理事长以军人禁止

---

① 朱建华．中国近代政党史．长春：吉林大学出版社，1990：333．
② 曾业英编．蔡松坡集．上海：上海人民出版社，1984：768．
③ 曾业英编．蔡松坡集．上海：上海人民出版社，1984：768．
④ 徐博东．蔡锷参加过进步党．近代史研究，1982（4）．
⑤ 方早成．蔡锷参加同盟会考．求索，1985（3）．

入党之故，不能不服从命令，首先脱党，以为军人之表率。但黎理事长与本党关系既深且切，则此时脱党，不过为形式上之表示，而精神上仍相默契。”①既然黎元洪以军人不入党之故退了党，素来就坚持“军人不党主义”的蔡锷退出进步党就不难理解了，更何况他加入进步党本来就是受梁启超的“指命”。

三、从希望到失望

由前所述，我们不难看出，在清末民初，蔡锷对政党的态度经历了一个由向往、追求最后到失望的过程。总体上看，从时务学堂时期到民国成立之初，蔡锷对政党的认识是比较理想化的。在学习西方的过程中，他认识到政党在资产阶级革命和资本主义国家民主政治建设中的重要性，希望中国也能通过组建政党，实行政党政治，结联同志，“混天下为一心”②，使“全国思想皆将冶为一炉”③，实现救国图强的目标。因此，他不仅支持，而且亲自发起和参与组党结社。之后，在愈演愈烈的党争面前，蔡锷对民初政党和政党政治逐渐感到失望，以致后来宣布退党，提出“毁党造党”，并表示要超然于各党派之外，“独伸己见”。据分析，这中间既有主观原因，也有客观原因。

就主观而言，南北统一后，蔡锷的注意力转向民国建设，认为“溯自武汉倡义，至南北政府统一之日，相距仅数阅月，同时达政治、种族革命之两目的”④，接下来的任务是和平建设，因为“破坏为建设而破坏，非为破坏而破坏也。破坏而不能建设，不第

---

① 徐博东．蔡锷参加过进步党．近代史研究，1982（4）．

② 曾业英编．蔡松坡集．上海：上海人民出版社，1984：5．

③ 曾业英编．蔡松坡集．上海：上海人民出版社，1984：166．

④ 曾业英编．蔡松坡集．上海：上海人民出版社，1984：580．

不为功之首，直为罪之魁矣”①。在这种思想指导下，南京临时政府成立之初，蔡锷就致电孙中山，认为革命、立宪，君主、民主各党，“虽政见不同，而谋国之心则一”，提出要对各党杰出之才，“皆可引为我用”，“不必过存党见”。②并主张各党各派“宜鉴牛、李之覆辙，学廉、蔺之交欢，戮力同心，安内攘外”③。这说明蔡锷希望民初各党各派和衷共济，齐心合力，共同致力于民国建设。但蔡锷这种善良而又幼稚的愿望不久就被愈演愈烈的党争所打碎。对于当时的党争，蔡锷总体上持反对甚至厌恶态度，认为它不仅没有促进，反而影响了国家政治的进行和民国建设的发展。基于这种认识，为了“巩固政府，张我国威”，“上以纾大总统之长虑，下以固民国之始基”，“怵于党争”的他于是“首倡脱党之议”④，希冀借此消融党争，从而有利于民国建设。

就客观而言，民初兴盛一时的政党现象最后风流云散，除了缺乏相应的政治经济基础和文化氛围以及袁世凯的打压破坏等外部原因外，政党自身的缺陷也是很重要的因素。这方面的主要表现：一是政党林立。据统计，自武昌起义至1913年底，新成立的公开的团体就有682个。其中属政党或政团者有312个。不仅北京、上海、广州、南京、武汉等中心城市的政党政团“不遑枚举”，即如吉林、奉天、热河、云南等边远地区，“自立之政党亦有层出不穷之概”。⑤ 二是政纲不明，各政党的纲领大同小异。有人统计了民初最大的35个政党，将各政党发布的政纲分为20个项

① 曾业英编．蔡松坡集．上海：上海人民出版社，1984：579.
② 曾业英编．蔡松坡集．上海：上海人民出版社，1984：166.
③ 曾业英编．蔡松坡集．上海：上海人民出版社，1984：585.
④ 曾业英编．蔡松坡集．上海：上海人民出版社，1984：585.
⑤ 傅金铎，张连月．中国政党：政党概论．北京：华文出版社，2002：111.

目，发现政党间的纲领十分雷同。大多数政党都以共和、统一、富强、进步、和平等主张作为首要纲领。除此之外，主张振兴实业者13个，主张普及教育者11个，主张种族同化者9个，主张中央集权者7个，主张实行民生主义、征兵制度、政党内阁者各有6个，主张实行社会政策、国家主义、社会主义者各有5个，等等。①三是入党随意性大，跨党现象严重，党员成分复杂。民初的重要政治人物，如黄兴、黎元洪、伍廷芳、汤化龙、张謇等人，少者兼有五六个党籍，多者兼有11个党籍，甚至"跨尽各党者，亦有其人"②。四是政党间的聚散分合变迁剧烈。由于党员志趣不一，素质参差不齐，民初政党的分合现象十分突出。国民党于1912年8月25日由同盟会、统一共和党、国民公党、国民共进会、共和实进会等五党合并而成，但不到一年又先后分裂出国事维持会、相友会、癸丑同志会、政友会、政友俱乐部、超然社、集益社、潜社、宪政公会等社团组织。进步党成立不久，就因权力分配不均，内部发生分裂。原共和党民社派的张伯烈、郑万瞻、刘成禺等人及原统一党的黄云鹏、吴宗慈、王湘等40余人宣布退出进步党，恢复共和党。五是党争无序，大多流于意气之争。民初政党都过于看重党派利益，彼此间缺乏有效的协调，党争激烈，而且这些党争往往不在治国方针，而在党派利益之上。各党为争权夺势，多有阴谋诡计，并使用恶言谩骂，挑拨离间，造谣构陷，人身攻击，甚至使用暗杀、冤杀等卑劣手段，使党争陷于混浊、无序状态。在蔡锷看来，民初政党和政党政治的这些表现都是缺乏"陶养"的反映，与他理想中的政党和政党政治相距甚远。面对林立的政党和无序的党争，蔡锷深感忧虑："今中国会党亦多

① 朱汉国. 中国政党制度史. 合肥：安徽人民出版社，1995：65.
② 朱汉国. 中国政党制度史. 合肥：安徽人民出版社，1995：66.

矣，一党之起，列名者动以数千万人计；一党之机关，月出报章动以数千万纸计。揭橥共和，万窾争鸣。然还而叩之各党中人，懵然不解共和为何谓。亦曰欧美先进国，皆有会党，我亦从而会党之云耳。其然岂其然哉！”① 因而，他发出“欧美各国，用政党以导民；中华民国，用政党以斗民”② 慨叹，产生退党和“先将现时组织之各党自行解散，另行结合政见相同之健全分子，以先立雏形”③的“毁党造党”的念头就不足为奇了。

通过对蔡锷在清末民初的政党活动分析，我们也不难看出，蔡锷的党派关系是复杂而变化的，不能简单地把他归为革命党或立宪党，而应具体情况具体分析。历史地看，辛亥革命前，蔡锷是倾向于革命党的。留日期间，亲身经历了自立军起义失败的痛苦之后，蔡锷决心投笔从戎，走暴力推翻清政府封建专制统治的“流血救民”的道路。这与革命党人的主张是一致的，因此，“所游者皆革命党人，黄兴、陈天华、宋教仁为最契者”。回国后，无论是在江西、湖南，还是在广西、云南期间，都没有发现蔡锷与立宪党有过政治上的直接联系，倒是与革命党人如章士钊、谭人凤、黄兴、赵声、李根源、罗佩金等人却是关系密切，不仅先后参加过华兴会的外围组织爱国协会和同盟会的外围组织兴汉会，而且还支持和掩护了同盟会在广西和云南的革命活动。因此，不仅黄兴先是向同盟会广西支部负责人介绍蔡锷是革命同志，要他们多与蔡锷联系④，后来又在给加拿大同志的一封信中称蔡锷为

① 毛注青等编．蔡锷集．长沙：湖南人民出版社，1983：289－290.
② 毛注青等编．蔡锷集．长沙：湖南人民出版社，1983：290.
③ 曾业英编．蔡松坡集．上海：上海人民出版社，1984：529.
④ 何遂．蔡锷与广西陆小∥田伏隆主编．忆蔡锷．长沙：岳麓书社，1996：153.

"同志"[①]，而且蔡锷本人也曾表示自己是"老资格"的革命党人。[②]更为重要的是，在革命的关键时刻，蔡锷与云南同盟会员一道，断然发动云南重九起义，一举推翻了清朝在云南的封建统治，并在《讨满洲檄》中重申同盟会的革命纲领。所以，虽然没有发现蔡锷加入同盟会的有力佐证，但从蔡锷在这一时期的政治主张和实际行动两个方面看，他的党派关系都是倾向于革命党或者说是同盟会的。辛亥革命后，蔡锷认为中国的政治、种族革命两目的已实现，民主共和政体已确定，破坏任务已完成，接下来的任务是伸张国权、巩固邦基、发展国力、建设民国，使中国"能跻于强盛之林，得与各大国齐驱并驾"，因此，极力主张各党各派要消除成见，同心协力，通过有序的政党政治，维护中央权威和国家统一，加快国家建设。基于此，蔡锷起先对各党各派是均无偏好的。孙中山就任临时政府大总统时，蔡锷认为其"海内仰望"，被推为大总统"固在意中"[③]，并在民国建设问题上，积极为孙中山出谋划策。即使孙中山辞去大总统之职后，蔡锷还致电南京临时政府司法次长吕志伊邀请孙中山"来滇一行"，"以慰渴望"。[④]对于梁启超，蔡锷也以"为国荐贤起见"，多次要求袁世凯"敦请"其回国，并"优予礼遇"[⑤]。蔡锷发起成立的统一共和党中既有同盟会人士也有立宪派人士，更是具体体现了蔡锷不囿于党派关系，但求同心协力、共建民国的思想。但是，不久之后发生的"内阁风波"逐步改变了他对民初政党政治的看法。他认为愈演愈

① 黄兴. 黄兴集. 北京：中华书局，1981：60.
② 何遂. 蔡锷与广西陆小//田伏隆主编. 忆蔡锷. 长沙：岳麓书社，1996：155.
③ 曾业英编. 蔡松坡集. 上海：上海人民出版社，1984：131.
④ 曾业英编. 蔡松坡集. 上海：上海人民出版社，1984：406.
⑤ 曾业英编. 蔡松坡集. 上海：上海人民出版社，1984：505.

烈的党争使国家陷于无政府状态。为了“巩固政府，张我国威”，蔡锷不仅要求统一共和党“顾念大局，拥护政府，以国家为前提，而勿以党见为依违”①，而且提出“军人不党”和“毁党造党”的主张。尽管在后来的党派之争中，他“承认”梁启超的“指命”加入了标榜拥护中央、维护国权的进步党，并将国民党视之为“以破坏为事”的“暴烈派”而加以反对，但对他而言，都是“以国家为前提”的。所以，到袁世凯帝制自为之时，他又突破梁启超为进步党争天下的局限，主张联合各党各派共同反袁，并主动与黄兴等革命党人联络，反映他为捍卫共和而战，为国民争人格而战，不为一党争地盘的高尚品格。因此，在党派关系上，简单地把他归为革命党或者立宪党都是不妥的。

第三节　关于政党和政党政治的主张

在投身组团建党实践的同时，蔡锷还通过演讲、通电、撰文等形式发表了一系列对政党和政党政治的认识、观点和主张。归纳起来看，主要有以下几个方面：

1. 关于政党的概念和作用。如前所述，中国传统社会的“党”不同于西方近代政治制度中的政党。对于中国人而言，政党是一个外来词汇。孙中山说：“今日政党的党字，在英语名词为 party，在中国文字别无与 party 相当之字，只有此党较为近似，并无别字较党字确当者。故此党字，究竟与古时所用之党字大有区别。”②正如孙中山所说，汉语中虽有“政”有“党”，但将它们合成一个

---

① 曾业英编．蔡松坡集．上海：上海人民出版社，1984：541．

② 孙中山全集：第3卷．北京：中华书局，1985：36．

专门的名词却是从日文中的“政党”两字形译而来。至于政党的概念，《时务报》第17期上的《政党论》曾表述为：“盖政党者，本欲藉手于国家政治，以宣发其自愿故，同其意见者相助力以出于一途。”日本进步党党魁板垣退助曾将政党的概念表述为：“政党云者，同主义同目的之人士，相结合而为团体也。”蔡锷认为，“政党者，结合关于政治上抱同一之主义而进行者也。”①由此看来，蔡锷关于政党的概念受上述两种说法的影响。他在留日期间组织政团、辛亥革命后组建政党也基本上是在上述概念的指导下进行的。在考察西方国家的近代政治制度后，蔡锷认为，政党对民主国家的建设有着重要作用，“共和国家不可无政党，政党与国家虽非直接关系，而间接之影响于国家者，关系最为重大”。②政党对于国家有哪些作用呢？在他看来，主要有两个方面：第一，有利于激发人民的参政意识。他认为，“国家进步，政党自然发生”③；清廷之所以失政，根本原因是“虑人民起而干涉也，乃百般箝制，使不得伸；人民亦久困于专制压力之下，不复敢仰首伸眉，论列是非；于是人民参政思想愈薄，则爱国心愈微，险象环生，危症百生”。因此，在他看来，联结同志，结社组党，标帜政纲，有利于激发人民的参政思想，增强人民的爱国心，进而达到“挽回国难，奠安民生”的目的。④第二，有利于国家的政治经济建设。他认为，政党有组织政府（内阁）、监督政府和指导国民的作用，因此，民国成立，百废待举，“借政党运用之，进行速而收

① 曾业英编．蔡松坡集．上海：上海人民出版社，1984：458.
② 曾业英编．蔡松坡集．上海：上海人民出版社，1984：768.
③ 曾业英编．蔡松坡集．上海：上海人民出版社，1984：463.
④ 曾业英编．蔡松坡集．上海：上海人民出版社，1984：456.

效较易”[1]。基于上述认识，他断言，中国“将来政治界之中坚，必视政党为左右”[2]。由上可知，蔡锷对政党的概念和作用的认识虽然未能反映其阶级性的本质特征，但已感知到了政党对于民主政治建设的重要性。

2. 关于政党的自身建设。既然政党有如此重要的意义和作用，那么，如何组建一个坚强有力的政党也就成为蔡锷十分关注的重要问题。首先，蔡锷十分重视党纲。他认为，一个政党必须有明确的党纲，亦即政纲，方能“收声应气求之效”。因此，无论是组织建国团还是统一共和党，他都极为重视其政纲，亲自动手拟定。对于统一共和党，他根据“鉴世界之趋势，察本国之情形，务择最有利于国计民生，最稳健之政策采用之”[3]的原则，为之制定了“巩固全国统一，建设完美共和政治，循世界之趋势发展国力，力图进步”的总纲和“厘定行政区域以谋中央统一”等12条政纲。其次，蔡锷十分注重党员素质，并将党员素质的高低视为党势能否发达的重要因素。他指出，一个政党“欲图党势之发达，政见之贯澈，须内部巩固，乃能有济。欲求内部之巩固，端在党内分子之健全”。因此，在发展党员的问题上，他强调，“与其骛多数之虚名，广为征引，致涉于滥，不如定格稍严，取具有常识，足以为齐民之表率者而结合之，庶足以举国利民福之实，而罔滋流弊，即党事亦无不患无含弘光大之期矣”。[4] 再次，蔡锷十分强调党德。他认为，不论是政党还是党员都要讲究党德。在他看来，党德主要表现在两个方面：一方面要立党为公，不能立党为私，

① 曾业英编．蔡松坡集．上海：上海人民出版社，1984：591.
② 曾业英编．蔡松坡集．上海：上海人民出版社，1984：529.
③ 曾业英编．蔡松坡集．上海：上海人民出版社，1984：457.
④ 曾业英编．蔡松坡集．上海：上海人民出版社，1984：458.

无论一个政党还是一个党员都应“以国家之乐利，人民之幸福为旨归，个人之利益不计焉。其有思藉党势以谋私利，图个人之侥幸，或藉党援以为倾陷排挤之资者是大误也”①。另一方面要通过正常的途径开展有序的党争。有政党必有党争。政党在党争上的表现也是党德的反映。对于党争，蔡锷认为是共和政体下的正常现象，有竞争才会有进步，“政党分立，政见各殊，各出其才力以相雄长，每因竞争而国家愈益进步”②。但他强调，党争必须“以国家为前提，而勿以党见为依违”③，影响国家政治之进行。他主张政党与政党之间“纵主义不同，趋向互异，可以言竞争，而不可以施排挤。尤不可以异党之故，伤及个人相互之友爱”④。最后，他认为，政党的建设是一个长期、艰难的过程。“政党之成，必几经陶养，始达健全，而不能为一时之凑合。”对于民初几乎一夜之间党派林立以及由此而产生的无序党争现象，他认为都是由于缺乏“陶养”的结果。“默察时局，熟审国情”之后，他主张在当时中国国民缺乏政党能力和观念的情况下，应“以讨论为重，而不必强于主张，以培养为先，而无庸急于号召，较为得之。若广召党员，坚持党见，究之利也而不胜其弊，则有也而反不如无”。⑤应当说，蔡锷关于政党建设的思想与同时代人相比，在理论上是比较全面和成熟的，大致反映了政党建设的规律。

3. 关于政党政治。民国成立后，随着民主共和政体的建立，蔡锷也主张像西方资本主义国家那样，实行政党政治，由“一政

---

① 曾业英编．蔡松坡集．上海：上海人民出版社，1984：458.
② 曾业英编．蔡松坡集．上海：上海人民出版社，1984：462.
③ 曾业英编．蔡松坡集．上海：上海人民出版社，1984：541.
④ 曾业英编．蔡松坡集．上海：上海人民出版社，1984：458.
⑤ 曾业英编．蔡松坡集．上海：上海人民出版社，1984：550－551.

党组织内阁，复有他政党监督其旁，政府可收兼听之益，而不致流专断之弊”①。他积极组建统一共和党的目的非常明确，就是要“合全国军界、政界极有能力及社会上极有学识资望之人，组织强固有力之政党，借以监督政府，指导国民”②。因此当统一共和党在“政界颇占优势”时，他为之兴奋。在如何实施政党政治方面，蔡锷也提出了一些主张。第一，国内的政党应当少而精，最好是两到三个。民国初年各种政团纷纷成立，一时间政潮迭起，党争剧烈。面对这种状况，蔡锷一方面认为这是“诚心爱国者，察世界之趋势，欲以政党促国家之进步，用意非不甚善”；但同时也指出，在当时中国一般人士既“乏政党之能力”又“少政党之观念”的情况下，数月之间，“纷纷树政党之帜，以博名高，灞上棘门，皆儿戏耳。一哄而集，无裨国闻，万窍齐鸣，徒乱人意”。③因此他提出了“毁党造党”的建议，主张“将现时组织之各党自行解散，另行结合政见相同之健全分子，以先立雏形”④，逐渐“使之蔚为中华之二三大政党，未始非民国前途之福”⑤。蔡锷联合国民共进会、政治谈话会、共和统一会组建统一共和党的初衷，对同盟会联合其他四党成立国民党一事“极表赞成”和支持共和建设讨论会、国民协会等八个政党联合组建民主党的态度，都是这一思想的具体体现。应当说，蔡锷关于政党少而精的思想既符合议会民主制的原则，又切合民初政党发展的现实。因为政党过多不仅意见难于统一，而且也会使国会席位分散，难以形成法定多数票集

① 曾业英编．蔡松坡集．上海：上海人民出版社，1984：462.
② 曾业英编．蔡松坡集．上海：上海人民出版社，1984：305.
③ 曾业英编．蔡松坡集．上海：上海人民出版社，1984：550.
④ 曾业英编．蔡松坡集．上海：上海人民出版社，1984：529.
⑤ 曾业英编．蔡松坡集．上海：上海人民出版社，1984：456.

中于某一政党的局面，既不利于议会民主制的实施，又易造成政局不稳。孙中山、宋教仁、梁启超等人当时也有类似的看法。第二，政党政治要以国家利益为前提，服从和服务于国家大局。蔡锷是一位真诚的爱国者，在他心目中，国家处于至高无上的地位。辛亥革命前，他抱定“铁血救国”的决心和信念；民国建立后，他将建设强盛、民主立宪国家作为终生奋斗的政治目标。因此，他认为，组建政党，实行政党政治，“无论其主义如何，方针是否稳健，揆其初意，要皆以国利民福为宗旨”。[①] 在组建统一共和党时，他明确提出，“本党主义务以国家为前提”[②]，并把国家和政党的关系，比喻为皮与毛关系，“国之不存，党将焉附”。[③]蔡锷关于政党政治要以国家利益为前提，服从和服务国家大局的思想，体现了他力图将西方的政治运作方式纳入民国政治建设，使中国走上西方发达国家的政治道路的良好愿望。第三，政党政治要根据国家宪法，依法有序地进行。由于社会经济现代化程度低下，资产阶级不成熟，民众文明进化程度低下，法律不健全，加之袁世凯的干扰和破坏，民初党社混沌不清，党争剧烈。蔡锷认为，这些党争“无是非之公，则泾渭莫辨，有门户之见，则冰炭难容”，以致“祸机伏于萧墙，乱象悬于眉睫，驯至强邻伺隙，狡焉思启，犹复争执意见，等国事于弁髦”。[④]因此，他借鉴法国革命的教训，认为“政党者乃运用及维护宪法之物，宪法不可由政党所造而成之”[⑤]，主张以人民公意制定宪法，以宪法规范政党行为，

---

① 曾业英编. 蔡松坡集. 上海：上海人民出版社，1984：456.
② 曾业英编. 蔡松坡集. 上海：上海人民出版社，1984：457.
③ 曾业英编. 蔡松坡集. 上海：上海人民出版社，1984：704.
④ 曾业英编. 蔡松坡集. 上海：上海人民出版社，1984：550.
⑤ 袁家普. 蔡公遗事//田伏隆主编. 忆蔡锷. 长沙：岳麓书社，1996：106.

使政党基于宪法依法、有序地从事政治活动，促进国家政治，避免因无序的党争引起国家政局的动荡。①应当说，蔡锷以宪法规范政党政治的思想虽然还不完善，但在当时是具有超前意义的。因为政党政治是民主政治建设的重要内容，而政党政治法律化不仅可保障而且可规范政党政治的开展，这也是民主政治建设基本完成的重要标志之一。

4. 军人不党主义。蔡锷在对西方资本主义国家的政治制度深入研究的过程中认识到，“集会结社自由，为文明国通例，惟军人入党，各国多有限制”，因此，对民国初年政党勃兴，军人纷纷入会的现象，感有隐忧，认为“政治集会，似不宜以统兵大员为之”。② 那么，既知如此，为什么蔡锷当初又积极倡议组建建国团、统一共和党呢？他的解释是，“值此政党萌芽之候，非鄙人等出而提倡赞助，难观厥成”。因此，他在统一共和党云南支部成立会上演说时，仍不忘特别说明自己的苦衷，并表示，“一俟党务渐有头绪，务恳遂我初心，脱离党事，俾得一意戎行”。③几天后，他即致电袁世凯并各省都督、各报馆，提出“军人不党主义”。在他看来，军人入党有三弊：一是“民初伏莽未靖，国防未固，整军经武，责任尤巨，若军人复为政界分心，军事难期整顿”；二是军人入党“会因政见之争执，或至以武力盾其后，推倒（内阁）恐太易，实足妨碍政治之进行”；三是军人入党，容易使会党与军队混为一途，不利军队的管理和自身建设。因此，他主张政治“宜让政客之经营，而军人无庸羼入”，“以完全军人之责任”。并建议袁

① 曾业英编. 蔡松坡集. 上海：上海人民出版社，1984：551.
② 曾业英编. 蔡松坡集. 上海：上海人民出版社，1984：338.
③ 曾业英编. 蔡松坡集. 上海：上海人民出版社，1984：458.

世凯“明颁禁令，申明条例，以振纲维，而杜流弊”。①蔡锷提出“军人不党主义”是希望实行军队国家化，使军队在政党政治中保持中立，以免武人干政，造成国家政治动荡，这从理论上讲，有一定的道理。军队国家化是西方资本主义国家政党政治制度必须具备的重要条件。没有军队的国家化，就不可能有真正的政党政治，也不可能有真正的资产阶级议会民主。因为多党竞争的议会制是以内阁更替为特点，甲党在议会中获多数席位则甲党执政，乙党获多数席位则乙党执政。如果军队属于个人、某届内阁、某个政党而不属于国家，内阁就可能因武人干政而不可能实现平稳过渡。然而，当时的中国恰恰缺乏这一重要前提条件。中国自清代咸、同时期以来，随着湘、淮军崛起，军权下移，兵为将有，清末则更是形成了地方督抚人员拥兵自重的局面。民国肇始，百事更张，但武人专权的状况并无改观。袁世凯就是以所掌握的北洋军为后盾而攫取民国政权的。可以说，民初政治实质上就是武人政治，而武人政治与政党政治是水火不相容的。后来袁世凯杀害宋教仁、下令解散国民党、取消国民党籍议员资格乃至解散国会就充分说明了这一点。因此，蔡锷从完善民初政党政治制度和避免因党争引发国内战争的角度出发，主张军人不党主义，主观愿望是好的，但是，这种愿望不仅在民初的现实中难以实行，而且在客观上还为袁世凯以此为借口遣散革命党人掌握的军事力量、巩固其专制统治提供了方便。这则是蔡锷始料不及的。

① 曾业英编．蔡松坡集．上海：上海人民出版社，1984：462－463．

第五章 宪政思想

蔡锷的宪政思想也萌芽于湖南时务学堂求学之时。在梁启超、谭嗣同、唐才常等维新人士的教育和影响下，蔡锷开始接触西学，对西方近代政制发生了兴趣。经过对中西政制的比较，蔡锷对君有权而民无权的封建专制制度感到不满，认为这是造成社会动荡不安的根本原因。他希望中国改行“西人之法”。所谓西法，就是“议院之制也”。①

如果说时务学堂时期蔡锷对宪政还只是处于感性认识阶段的话，那么留学日本时期蔡锷通过对日本宪政现实的身历亲见和对西方政治学说的研究而对宪政逐步达到了理性认识的阶段。1900年，蔡锷东渡日本留学后，看到明治维新后的日本“道路修夷，市廛雅洁，邮旅妥便，法制改良，电讯、铁轨纵横通国，警察严密，游盗绝踪，学校会社，公德商情，农工实业，军备重要，日懋月上，不可轨量”，而反观中国则是“以我四百州之土地，五百兆众之人民，势利社会，国体精神，一切授人以包办，任人以奴肉”。②中日两国强烈的对比，使蔡锷感到“几无地以自容”。为什么30年以前，中日两国相差无几，而30年以后，中日两国差别如此之大呢？经过分析，蔡锷认为，根本原因就是日本“纯用西法，

---

① 曾业英编．蔡松坡集．上海：上海人民出版社，1984：4.
② 曾业英编．蔡松坡集．上海：上海人民出版社，1984：36.

而判断决定，勉强蹈厉，稽合国情已耳”①。而中国则不思进取，“自足过甚，自信太深”。② 也就是说，其根本原因就在于一立宪，一专制。经过对西方发达国家强盛之因的研究，蔡锷指出，“近百年来，为一切政治之原动，而国制组织之根本者，则立宪制度是也”。③ 辛亥革命成功后，蔡锷主张“定国体政体为民主立宪”④，“设立民主立宪政府”⑤。南北议和期间，蔡锷坚决反对君主立宪，多次致电孙中山及独立各省都督，进一步明确表示民主立宪的要求。之后，蔡锷积极投身民国宪政实践，并提出了一系列有关的观点和主张，形成了以宪法为基础、以分权为主要内容、以强有力政府为保障的宪政思想。

第一节 三权分立思想

一、思想的来源

分权学说是西方资产阶级政治学说的组成部分，也是西方资产阶级国家立宪制度借以建立的重要理论指导之一。

早在古希腊、古罗马时期的政治思想家那里就已有分权思想的萌芽。古希腊思想家亚里士多德在《政治学》中认为，一切政体都有议事机能、行政机能和审判机能三个要素作为构成的基础。

---

① 曾业英编. 蔡松坡集. 上海：上海人民出版社，1984：37.

② 曾业英编. 蔡松坡集. 上海：上海人民出版社，1984：39.

③ 曾业英编. 蔡松坡集. 上海：上海人民出版社，1984：1278.

④ 曾业英编. 蔡松坡集. 上海：上海人民出版社，1984：83.

⑤ 曾业英编. 蔡松坡集. 上海：上海人民出版社，1984：80.

这三个要素的组织不同，构成的政体也不一样，而要使整个政体成为健全的机构，各要素就必须有良好的组织。亚里士多德关于政体三要素的论述，第一次说明了实现国家权力的三种机能的分工，可说是一种萌芽形态的分权理论。继亚里士多德之后，希腊人波里比阿吸取亚里士多德的分权思想，以罗马共和时代的分权制度为研究对象，在《罗马史》中进一步论述了有关分权的理论。他指出，罗马之所以能够长期保持强大的国家组织，是因为其中存在君立制因素（执政官）、贵族因素（元老院）、民主因素（平民议会），这三种因素相互牵制、相互均衡，构成一种“混合政体”。在亚里士多德所主张的政体三要素中，实际上是议事机能高踞于行政、审判两机能之上，他的分权理论没有涉及制衡原则，而波里比阿称道的混合政体中，三个部门之间存在着一定的互相牵制的关系。所以在他的分权理论里，包含着某些制衡原则的因素。虽然古希腊、古罗马时期关于分权思想和具体的政体形式比较原始和朴素，但它对近代资产阶级分权理论的创立产生了极大的影响。

17 世纪，英国唯物主义哲学家洛克在《政府论》中提出了与封建专制相抗衡的分权学说。他认为，国家有三种权力，即立法权、行政权（执行权）和对外权。所谓立法权，是指“享有权利来指导如何运用国家的力量以保障这个社会及其成员的权力”；所谓行政权（执行权），是指经常存在的“负责执行被制定和继续有效的法律的权力”；所谓对外权，是指决定“战争与和平、联合与联盟以及同国外的一切人士和社会进行一切事务的权力”①。他主张，这三种权力应由不同的部门执掌，立法权由民选的议会掌握，

① 洛克. 政府论. 北京：商务印书馆，1964：89－90.

行政权（执行权）属于国王，而对外权是和行政权（执行权）联合在一起的，所以也应由国王行使。对于三种权力之间的关系，洛克提出，立法权是最高权力，行政权（执行权）和对外权都从属于立法权。由此可见，洛克的权力分立实际上只是两权分立。而且，他还主张君主除拥有行政权（执行权）、对外权之外还拥有部分立法权和不受立法权控制的特权。这些都反映了他向封建阶级妥协的思想。因而，洛克的分权学说还存在一定的不彻底性。尽管如此，洛克仍不愧为西方近代分权学说的开创者。

到了18世纪，法国启蒙运动的先驱者孟德斯鸠为建立一个能保障公共自由得以实现的合理的政治制度，继承洛克的分权学说，以自己的丰富历史知识和对各国政治制度的考察为基础，以英国的君主立宪的分权制为楷模，在其代表作《论法的精神》一书中提出了著名的三权分立和权力制衡理论。孟德斯鸠指出，每个国家有三种权力，一是立法权，二是关于国际法事项的行政权，三是有关民政法规的行政权（即司法权）。这三种权力若集中于一个机关或某一个人就会被滥用，所以应由不同的国家机关执掌。立法权是制定法律的权力，应由人民选出的代表机关（如英国的下议院）来执行；行政权是宣战媾和、派遣或接受使节，维护公共安全、防御外来侵略等权力，应由君主来行使；司法权是惩罚犯罪或裁决私人讼争的权力，应是独立的、超然的，不应为特定阶级或特定职业人所专有，而应专门由法院和陪审官行使。在提出三权分立的同时，孟德斯鸠还指出，一切有权力的人都容易滥用权力，为了防止权力被滥用，就必须以权力制约权力。他主张从四个方面制约各机关的权力：第一，立法机关由贵族院和平民院构成，两部分各有其意见和利益，分别活动，相互行使否决权，从而在立法机关内部形成相互牵制的关系。第二，行政机关有对立法的否决权，立法机关不能自行集会和闭会，由行政机关决定集会和闭会的时间，从而形成行政机关对立法机关的一种牵制。第三，立法机关对行政机关执行法律的情况进行监督，并享有对行政首脑的违法活动进行弹劾的权力，从而形成立法机关对行政机关的一种制约。第四，司法机关对立法机关的活动是否符合宪法和行政首脑的执行情况有监督权。这样，三种权力通过法律规定的方式，就能既各自独立又相互牵制，保持一种平衡状态，从而为公共自由提供有效的保障。① 此外，孟德斯鸠还认为，不仅君主专制制度应该实行分权，即使是君主立宪制和共和制都应该实行“三权分立”和“制衡”的原则，否则，任何国家都有腐化和倒向专制的可能。这不仅为反对封建专制提供了思想武器，而且为防止从资产阶级民主制度倒退到专制制度增设了一道障碍。由此可见，孟德斯鸠的三权分立的原则比起一般意义上的“分权”来说，其含义和意义要广泛得多。因此，孟德斯鸠的三权分立学说较之洛克的分权思想有了很大发展。他明确提出了司法独立的原则，阐述了“以权制权”的原理，从而大大丰富了资产阶级政体的民主形式，为资产阶级共和国设计了一个清晰的蓝图。

西方近代分权学说经洛克的开创和孟德斯鸠最终完成为三权分立、以权制权的理论后，成为资产阶级反对封建专制制度的锐利的思想武器。它首先为美国资产阶级革命的先行者付诸实践。在 1787 年的《美利坚合众国宪法》中，孟德斯鸠的三权分立原则得到了充分的反映和肯定。这部宪法规定：行政权属于总统。总统任期 4 年，不对国会负责，而且有权否决国会的决议，除非国会以 2/3 的多数坚持原议。国会掌握立法权，为最高立法机关。它由

① 王彩波主编．西方政治思想史．北京：中国社会科学出版社，2004：314．

参议院和众议院两院组成。国会有权在一定条件下对总统、副总统及官员进行弹劾。司法权集中在最高法院，法官由总统任命，并经参议院同意。法官如不违宪，任期终身。最高法院有权解释宪法和法律，对它认为不符合宪法精神的法律，可以宣布为“违宪”，而使之失败。这部宪法虽然只有 7 条，但它是资产阶级国家第一部比较完整的成文宪法，迄今仍然是美国的现行宪法。法国资产阶级把孟德斯鸠三权分立的主张作为国家制度方面的最高原则，明文载入 1789 年《人权宣言》。尽管从 1789 年革命到 1870 年第三共和国成立，历经 81 年，其间经过多次复辟和反复辟的斗争，多次修改宪法和制定新宪法，政体交换不已，时而实行君主立宪制时而实行共和制，有时又出现了专制制度等等，但 1789 年《人权宣言》和 1791 年宪法所规定的三权分立原则却为多数宪法所确认。继美、法之后，三权分立作为资产阶级国家政权组织的重要原则和形式，被西方各国资产阶级制定宪法时普遍采用。

二、民初的实践

1840 年鸦片战争后，为适应当时对清王朝封建专制制度改革的需要，一些先进的中国人开始学习西方近代政治制度。于是“三权分立”学说被维新派代表人物传入我国。1877 年，马建忠在《上李伯相言出洋工课书》中就介绍过三权分立之制，说这种制度“定法、执法、审议之权，分而任之，不责于一身，权不相侵。故其政事，纲举目张，粲然可观”①。1898 年，康有为将建立三权分立的君主立宪政体作为维新变法的主要内容，在《上清帝第六书》

① 郑大华编. 采学西议：冯桂芬、马建忠集. 沈阳：辽宁人民出版社，1994：156.

中说："近泰西政论，皆言三权：有议政之官，有行政之官，有司法之官。三权立，然后政体备。"①并认为"立行宪法，大开国会，以庶政与国民共之，行三权鼎立之制，则中国之治强，可计日待也"。② 戊戌变法的失败，粉碎了维新派仿效西方资产阶级的三权分立在中国实行宪政的幻想。尽管如此，中国资产阶级知识分子仍致力宣传和介绍包括三权分立理论在内的西方政治学说。1900年，我国留日学生最早创办的刊物《译书汇编》第1－3期上刊载了孟德斯鸠的《万法精理》（即《论法的精神》）的部分译文。这是孟德斯鸠这一名著最早的中译本。1902年，梁启超在《新民丛报》第4、5号上连续介绍了孟德斯鸠的三权分立学说，认为这是孟氏"千古不朽"的创见，是一个国家"创设自由政治"，保障国民"自由权"的模范政体。在《近代欧洲四大家政治学说》中，梁启超再次介绍了孟德斯鸠的学说。严复于1902年开始译孟德斯鸠的《论法的精神》，1904年以"法意"为书名由商务印书馆出版，使孟德斯鸠的三权分立学说为更多的中国知识分子所了解。

1901年，为了继续取得帝国主义列强的扶植，消弭国内的革命思潮，保住其封建专制统治，内外交困的清政府打起了实行"新政"的旗号，发动了一场为期10年、较大规模的政治改革运动。由于1901—1904年间，清政府所实行的变法、改革始终没有超出戊戌变法的范围，因而改革成效微不足道。1904—1905年间，日、俄两国为了争夺中国东北，在中国土地上交战。最后，战争以"立宪"的日本战胜、"专制"的俄国战败而告终。这一结果对于当时正在寻求民族独立的中国资产阶级人士再次产生了强烈的刺激，尤其是日俄战争后，俄国宣布预备立宪，进一步激起了中

① 谢遐龄编．康有为文选．上海：上海远东出版社，1997：344.
② 谢遐龄编．康有为文选．上海：上海远东出版社，1997：400.

国社会上下要求立宪的舆论。在朝内外强烈呼吁下，慈禧太后终于同意立宪，并于1905年年底派出首批考察大臣分两路前往欧美、日本等国考察，从而拉开了立宪的序幕。1906年4月，考察大臣陆续回国，向慈禧太后报告立宪有“皇位永固”、“外患渐轻”、“内乱可弭”三大好处，并建议诏定国是，仿行宪政。经过御前会议的一番争论之后，清政府于9月1日正式宣布“预备仿行宪政”。谕旨称，立宪的原则是“大权统于朝廷，庶政公诸舆论”，但“目前规制未备，民智未开”，不能立即实行宪政，应先从改革官制入手，逐步厘订法律、广兴教育、清理财政、整顿武备、普设巡警，作为实行宪政的“预备”。其中所谓官制改革的核心内容是仿行三权分立和责任内阁。宪政编查馆在厘定中央和地方各级政府机构的职责权限时，根据西方资本主义国家三权分立的政治原则，实行立法、司法、行政分开。明确规定：中央立法权由议会行使，议会有权对内阁进行监督和弹劾，在议院设立之前，先设资政院作为过渡机构，代行议会职权；中央行政权由内阁行使，执行议会的决议，对皇帝负责；司法权专属法部，以法部为全国最高司法行政机构。地方也仿照中央，实行三权分立。在省一级，以省议会为全省立法机关，负责监督本省地方行政，可以制定本省的地方行政法规，并有权审议地方财政收支及其他有关重大事宜。省议会未成立前，各省先行设立咨议局，为省议会的基础。以督抚衙署为全省最高行政机关，负责管理和执行全省行政事务。以提法司为司法机构，另于省会所在地设立地方最高审判厅，专司审判。各府、州、县的机关也按照三权分立的原则设立。1908年8月，清政府公布了《钦定宪法大纲》，明确规定中国采行“君主立宪政体”，实行“三权分立”的方式进行统治。但这里所谓的三权分立是皇权统治之下的“三权分立”，并非孟德斯鸠所主张的以分权制衡为原则的三权分立。这就充分说明，清政府的官制改革和实行立宪的目的并不是为了真正学习西方的资产阶级民主政制，而是为了强化中央集权，加强君权对行政权的控制，维护清王朝的专制统治。由于清政府在立宪问题上从一开始就没有诚意，这就注定了清末一些资产阶级人士希望依靠皇帝恩赐在中国推行西方三权分立政制而发动的立宪运动只能以失败而告终。

中国资产阶级革命派也受到孟德斯鸠三权分立理论的影响。孙中山曾说："英国宪法所谓三权分立……是从六七百年前由渐而生，成了习惯，但界限还没有清楚。后来法国孟德斯鸠将英国制度作为根本，参合自己的理想，成为一家之学。美国宪法又将孟氏学说作为根本，把那三权界限更分得清楚，在一百年前算是最完善的了。"①因此，同盟会成立时，其本部机构遵循三权分立原则，在总理之下设执行、评议、司法三部。后来，孙中山还在孟德斯鸠三权分立理论的基础上形成了其五权分立的理论。

1911 年 10 月 10 日，武昌首义爆发，革命烈火迅速蔓延。到 11 月，全国有 14 个省相继独立，组建了资产阶级革命政权。但由于各省军政府成立后，基本上是各自为政，政令、军令的不统一，不仅影响了革命的发展，也妨碍了从根本上推翻封建王朝，建立民国大业。因此，组建一个统一的政权机构也就成了各省军政府的共同要求。1911 年 11 月中旬起，根据湖北省军政府的倡议，独立各省军政府派代表成立"各省都督府代表联合会"，先是到上海，后又转到武汉开会，研究组建全国统一的临时政权的问题。为使未来的临时政权有一个法律依据，会议指定雷奋、马君武、王正廷三人起草了《中华民国临时政府组织大纲》，并由代表匆匆

① 孙中山全集：第 1 卷. 北京：中华书局，1981：329 - 330.

签名通过。这个《大纲》主要是规范政府组织的政府组织法大纲。在政权组织上，采取的是美国的总统制，规定临时大总统行使行政权，参议院行使立法权，同时，临时大总统得参议院同意，有设立临时中央审判所之权。这样，《大纲》所规定的实际上只是立法与行政两权分立，而司法权则是从属于立法权和行政权的。《大纲》制定后，会议即着手选举临时大总统，组织临时政府，并于12月29日举行选举会，选举孙中山为中华民国临时大总统。南京临时政府成立后，临时参议院即提出修改《大纲》，并决定由景跃月等五人拟具修正案。景跃月等人于1912年1月5日开始起草，经过50多天的讨论和修改，于3月8日三读通过，并改名为《中华民国临时约法》。3月11日，孙中山以临时大总统的名义正式颁布了《临时约法》。在当时的情形之下，《临时约法》用根本法的形式，肯定了资产阶级共和制度，列举了人民的自由权利，并在三权分立的原则上，规定了"以参议院、临时大总统、国务员、法院行使其统治权"的政权组织形式和权力的行使与制约，这在近代中国宪政史上无疑具有重要的意义。但同《临时政府组织大纲》相比，《临时约法》对有关政权问题的内容作了重大的修改。主要表现为：改原来的总统制为责任内阁制，并大大扩大了参议院的权力，极力限制和制约了总统的权力。根据《临时约法》的有关规定，国家的大政方针都由参议院决定，临时大总统并国务员只是负责执行，行政机关的重大决定均须经参议院同意。如临时大总统及国务员有犯罪行为的，参议院有权对其进行弹劾，并由最高法院组织特别法庭进行审判。国务员受参议院弹劾后，大总统应免其职，但得交参议院复议一次。这样立法权和司法权对行政权的监督制约是强有力的。而对行政机关抗衡立法机关的权力和程序，如解散议会的权力和程序，却没有规定。显而易见，

《临时约法》的这些修正，为的是一个目的，即保障参议院的权力和限制总统的权力。而这一特点，正是《临时约法》产生前特殊的历史背景的反映。

如前所述，武昌首义爆发后，虽然一月之内有14个省先后独立，清王朝控制的地方仅剩下京畿地区及北方几省。但是，作为清政府主要支柱的袁世凯的北洋军，却仍然保持着完好的战斗力，并一举攻占了武汉三镇中的汉口、汉阳。而革命党人声势虽然浩大，但军队的战斗力却比较薄弱。因此，南方革命党人很清楚，只要袁世凯能够反正，赞成共和制度，清王朝便会立即垮台。而此时的袁世凯也想借革命党人之力登上最高权力的宝座。在这种情形下，南北双方开始议和。1912年1月1日，南京临时政府成立，刚从海外归来的孙中山当选为临时大总统。尽管如此，南方革命党人仍希望袁世凯反正。孙中山就职后就给袁世凯发去电报说，自己只是暂居此位，“文虽暂时承乏，而虚位以待之心，终可大白于将来。望早定大计，以慰四万万人之渴望”。[①]袁世凯在得到孙中山的保证后立即采取“逼宫”和政治欺骗两手策略，于2月12日逼迫清帝退位，并于次日公开声明“赞成”共和。这样，为了实践自己的诺言，孙中山于14日向参议院提出辞职，并举荐袁世凯继任。15日，南京临时参议院选举袁世凯为临时大总统。为了防止袁世凯独揽大权，搞独裁专制，孙中山在辞职时申明了三个附加条件，其中之一就是要袁世凯宣誓遵守即将颁布的《临时约法》。正是在这种背景下，以革命派占多数的参议院在《临时约法》的制定和修改工作中，对有关政权问题的内容作了上述修正。虽然，《临时约法》扩大立法权、限制行政权的规定反映了南方革

① 孙中山全集：第1卷．北京：中华书局，1981：576.

命党人既要让位于袁世凯，却又对袁世凯不放心，企图以一纸约法来限制袁世凯专权以保障民国维护革命成果的良苦用心，但这种做法不合符西方民主政治中三权分立制度所蕴含的制衡原则，不利于政治对抗的合法化。尤其是作为一部宪法，因为某个人选的变动而改变根本制度，明显带有因人设法的色彩，表现出了立法的随意性，也暴露了《临时约法》的局限性。

三、蔡锷的观点

蔡锷在学习和研究西方政治理论的过程中，对西方三权分立学说曾进行过比较深入的研究，对孟德斯鸠的三权分立、以权制权的理论尤为推崇。① 蔡锷领导辛亥云南起义成功后，对于云南省乃至全国的政权机构建设进行了认真思考。基于对西方三权分立制度优越性的认识，他认为，清朝封建专制制度废除后，中国应当像西方资产阶级国家那样将国家权力分为立法、行政、司法三个部分，分别由三个不同的机关来行使，实行三权分立，并将之视为推行宪政的重要内容。与此同时，蔡锷还十分注重国家三种权力之间的相互均衡和相互制约的问题。在他看来，一种权力一旦缺乏另一种权力的制约，就会导致滥用，这对宪政的实施是十分有害的。因此，蔡锷在云南省军政府条拟的二十三条中央会议大纲中明确要求中央会议研究三权分立的问题，确定国家“立法行政司法机关之组织”②。

在云南，蔡锷按照西方三权分立的理论初步构建了地方的权力机构，并主张行政权属云南军政府，立法权属于临时省议会，

① 史沫特莱．朱德谈蔡锷、辛亥起义和护国运动//田伏隆主编．忆蔡锷．长沙：岳麓书社，1996：39.

② 曾业英编．蔡松坡集．上海：上海人民出版社，1984：85.

司法权属于检察厅和审判厅。因此，云南军政府成立后，蔡锷就筹设立法机关，他致函赞助共和的旧省咨议局说：“满清专制二百余年于兹矣。锷等不惜牺牲身家性命，誓灭胡虏，为同胞谋幸福，爰于昨晚首先举义。所幸围督署及攻各局、所，义师所向，着着制胜，不崇朝而大局已定。惟是破坏之责，锷等已尽，而建设之任，专在诸公。盖诸公为全省代表，乡望素孚，务祈出而维持，互相赞助。如表同情，请即移至敝司令处，会商善后办法，是所切盼。”[①] 咨议局接函后即回函表示，“顾首先发难在诸公，既不避枪林弹雨之危，同人等责任所在，敢不竭力维持，以勷成功”。[②] 随后，咨议局在与军政府会商后，通电云南各地自治团体，规约十余条，对迅速稳定云南各地局势发挥了一定作用。在蔡锷的重视和支持下，不久对旧省咨议局进行了改组，在旧议员中留 20 余人，从军政府参议院的参议官中挑选 10 余人，组建省临时议会为立法机关，并选举李增为议长，万鸿恩为副议长。[③] 省临时议会成立后，作为云南最高行政首长，蔡锷对省临时议会是尊重的。云南军政府的大政方针和重大举措，如财政预决算、组织北伐军、援藏行动、各州县及省军政府官员公费、筹借外债、发行公债等，都提请临时省议会审议，而且还邀请议员参加军政府政务会议实行民主决策。对于省临时议会提出的议案，军政府极为重视，认真研究，及时回复，对于有益的建议，如杨开源关于任用本省官吏的六条规定等，则予以采纳执行。蔡锷后来说：“滇自反正以还……中间事变百出，深赖临时议会诸君群策群力，隐予维持，大

① 曾业英编. 蔡松坡集. 上海：上海人民出版社，1984：57.
② 毛注青等编. 蔡锷集. 长沙：湖南人民出版社，1983：86.
③ 毛注青等编. 蔡锷集. 长沙：湖南人民出版社，1983：563.

局得以安定。"① 1913 年 2 月，云南省议会正式成立，蔡锷亲往祝贺并致祝词："吾国既由专制而跻于共和，则立法机关之权责至重且巨，在国则曰国会，在省则曰省议会。"他希望省议会"代表民意，发抒谠论，内体社会一般之要需，外应世界潮流之趋势，务尽其机关本能，以定吾滇适用之方策"，并表示军政府要与省议会"连轨并进，冀收福国利民之功，绝隔阂拘牵之弊"。② 总之，蔡锷督滇期间，军政府是有权威的，省议会是有地位的，军政府与省临时议会以及后来的省议会各行其权、各尽其责，共同致力于云南的政治、经济建设。在行政、立法机关建立后，蔡锷又筹设司法机关，先是设审判局为司法机关，隶属于民政司，稍后设立高等审判厅和高等检察厅，并设司法筹备处筹设州县审检机构。后来由于受财力和专门人才的限制，到 1913 年初，"仅云南府设有三级审检厅，其他各属均仍以散州县为第一审，府、直隶厅州为第二审"。③ 尽管这样，但在当时已属不易。

《临时约法》公布后，蔡锷对其扩大参议院的立法权而大大限制行政权的规定是不满意的，认为"《临时约法》之结果，致陷政府于极疲惫之域"④，违反了西方三权分立、权力制衡的根本原则。他曾指出："立法之权，操之议会。故善用之，则福祉可期；不善用之则流弊滋大。"⑤ 如何保证立法权"善用之"，防止其"不善用之"呢？蔡锷主张立法权与行政权相互制约。他认为："就法理论，立法权固当尊重，行政权亦须有严格之保障。若立法部对于

① 曾业英编．蔡松坡集．上海：上海人民出版社，1984：648.
② 曾业英编．蔡松坡集．上海：上海人民出版社，1984：648.
③ 曾业英编．蔡松坡集．上海：上海人民出版社，1984：655.
④ 曾业英编．蔡松坡集．上海：上海人民出版社，1984：652.
⑤ 曾业英编．蔡松坡集．上海：上海人民出版社，1984：649.

行政部为过度之干涉，而无救济之途，则行政权直被立法权侵压束缚而无所施。是国权将只有消极限制之作用，不能有积极活动之能力，势必日即于萎靡。”①基于此，蔡锷多次提出要尽快制定民国正式宪法，真正按照西方三权分立的理论，合理划分立法权和行政权，使“两权得其平均，互相钳制”②，以建立名副其实的三权分立的政权体制。这也是他后来主张扩大总统权力的理论基础。

由于蔡锷从法理角度出发，对《临时约法》扩大立法机构权力，限制总统权力表示不满，那么，在实践中，他对参议院以及后来的国会依据《临时约法》赋予的权力对政府限制的行为多有不满就不难理解了。在1912年6、7月份的唐绍仪内阁垮台和陆征祥组阁风波中，蔡锷通电各省都督指出：“近闻有唐总理引退，内阁势将瓦解之说，滇处边远，不悉内情，而眷念时艰，五中溃裂”。“若因党见轧轹，至令内阁动摇，复陷于无政府之状态，万一祸机乘虚爆发，大局何堪设想?”他希望“国务院诸公忍辱负重，维持危局”，“尤望各政团、党维持劝导，不加牵掣，庶政务得以进行，大局不致牵动，则民国幸甚”。③同时，他还致电袁世凯、国务院、参议院及各省都督，宣布愿先自取消统一共和党，并提出“毁党造党”的主张。在善后大借款风波中，蔡锷亦多次致电参、众两院，对国会否决政府借款提出异议，并指出，“借款条件已得前参议院通过”，“国会为继续机关，断不能自蔑尊严，轻于变易”④，要求国会对政府此举，“当予宽谅”⑤。

① 曾业英编．蔡松坡集．上海：上海人民出版社，1984：646.
② 毛注青等编．蔡锷集．长沙：湖南人民出版社，1983：295.
③ 曾业英编．蔡松坡集．上海：上海人民出版社，1984：526.
④ 曾业英编．蔡松坡集．上海：上海人民出版社，1984：703.
⑤ 曾业英编．蔡松坡集．上海：上海人民出版社，1984：684.

需要指出的是，尽管蔡锷对国会多有不满，但他还是视之为民国共和政治的集中体现。1913年10月6日，袁世凯通过“公民团”的暴力威胁当上了“合法”总统后，就公然下令解散国民党，并借口该党议员在“二次革命”中配合“作乱”，收缴国民党议员的国会证书、徽章，使国会不足法定人数，无法开会。1914年1月，袁世凯通过“政治会议”这一御用组织，停止参、众两院议员职务。2月，又颁布命令停办各省地方自治会和解散省议会。至此，国会这个资产阶级民主政治的象征被袁世凯全部毁灭。对于袁世凯破坏国会、违反三权分立的民主政治原则的行径，蔡锷并不赞同。1914年1月，蔡锷受命审查《救国大计咨询案》和《增修约法程序咨询案》时，虽然迫于袁世凯的淫威不得不同意停止国会议员职务，但他仍然提出，“我民国决不能无国会，国会组织旦暮改定，大总统决不能不仍行召集”。①到5月份，蔡锷见袁世凯非但没有重开国会之意，反而公开宣布废除国务院，设立政事堂，改国务院总理为国务卿后，感到“越看越不对了”，于是和梁启超一道公开号召参政不能“纯粹作政府一留声机器”，对其“不足之处”，应根据民意“立即纠正”，以利国计民生。② 言外之意就是要召集国会，根据民意决定国家的大政方针。护国战争爆发后，蔡锷与唐继尧等人发布的《讨袁檄文》中历数了袁世凯的罪状，其中第三条至第十二条就是声讨袁世凯违反三权分立原则，停止国会议员职务、鸠杀国会、并吞立法、尽灭各级地方议会等罪行。③ 护国战争一结束，蔡锷就提出，“百政待决于国会，亟宜克

---

① 曾业英编. 蔡松坡集. 上海：上海人民出版社，1984：775.

② 刘大洪. 蔡锷与民初制宪之争//郭汉民，严农主编. 蔡锷新论. 长沙：湖南人民出版社，1997：141.

③ 曾业英编. 蔡松坡集. 上海：上海人民出版社，1984：875－876.

期召集”。①这说明他坚持资产阶级三权分立理论的立场并没有改变。

综上所述，建立三权分立的政治体制是蔡锷宪政思想的重要内容。在他看来，没有三权分立就不可能有民主政治，宪政就无从谈起；没有三权之间的均衡和相互制约，宪政就无法实施。因此，蔡锷主张三权分立，特别是坚持权力均等、互相制约，表现了他维护资产阶级民主政治制度的决心。

第二节 建立强有力政府思想

一、思想基础

在主张共和国国家机构实行三权分立的同时，蔡锷对中央政府的组建尤为关注。云南独立后，蔡锷就致电已独立的各省军政府指出：“查目前各国情状，对于各省义军，虽已认为交战团体，暂守中立，并未认为完全政府，列为国际团体。自今以后，非有集中统一之机关，即无对外活动之资格。现在长江以南渐次光复，黄河流域当必陆续反正，统一机关之急宜组织，谅为数万万同胞所共认。武昌居全国中心，交通总汇，联合枢纽，似以此地为宜。”②稍后，他又多次通电各省都督，对中央政府的组织及国家的大政方针提出自己的看法，建议各省速派代表到武昌筹议国家之组织、中央地方之权责，共同组织临时政府。同时，蔡锷明确提

① 曾业英编. 蔡松坡集. 上海：上海人民出版社，1984：1165.
② 曾业英编. 蔡松坡集. 上海：上海人民出版社，1984：69.

出要“建立一强有力之统一政府，俟军政撤消，方为完全立宪”①。孙中山就任南京临时大总统之后，蔡锷也多次致电孙中山，重申自己建设强有力政府的主张，并在用人、财政、军事等方面的统一问题上畅抒己见。②孙中山退位、袁世凯继任大总统后，蔡锷初衷不改，继续要求袁世凯建立强有力之政府。他强调指出：“查吾国情势，非策建强有力之政府不能统一内政，内政不统一，即国防外交必因之废弛失败，此为势所必至者。”③ 与此同时，他还积极建议将建立强有力政府写入民国宪法，作为推行宪政的重要内容和手段。由此可见，建立强有力政府是蔡锷的一贯政治主张和始终不渝的政治追求。

民国初年，蔡锷对强有力政府的追求是有深刻的思想基础的。首先，受中国传统政治思想的影响。前面说过，蔡锷自幼接受中国传统教育，10 岁时，读完了四书、五经，受到中国传统政治思想的熏陶。到时务学堂就读后，蔡锷在梁启超的指导下研习《春秋公羊传》。《春秋》是孔子根据鲁国的史料编纂成的一部编年史，简要地记载了从鲁隐公元年至鲁哀公十四年共 12 君 240 多年的历史大事。《春秋公羊传》则是专以解释《春秋》“微言大义”为主的作品。它所表达的政治思想的主旨，如果用一句话来概括，那就是王权“大一统”。《春秋》开篇就说：“元年春王正月。”《公羊传》对此解释说：“元年者何？君之始年也。春者何？岁之始也。王者孰谓？谓文王也。曷为先言王而后言正月？王正月也。何言乎王正月？大一统也。”春秋时代，王纲解纽，政令混乱，告朔之制久废，各诸侯国正朔也不统一，已出现了依本国历记时的

① 曾业英编．蔡松坡集．上海：上海人民出版社，1984：83．
② 曾业英编．蔡松坡集．上海：上海人民出版社，1984：237－238．
③ 曾业英编．蔡松坡集．上海：上海人民出版社，1984：646．

现象。《春秋》隐公元年的“王正月”表明鲁国记时仍然遵用周王正朔，《公羊传》作者就此阐发其政治主张。传文中的“文王”指的是周文王；“大”，作动词解，是“张大”的意思。“大一统”指天下诸侯统一于周文王。这不仅表明传文作者认为历法应当划一，悉遵周正，而且表达了其以周天子代表的王权政治为摹本，向往实现一个单一权力主宰的一统天下的政治理想。同时，传文作者围绕着“大一统”政治理想还提出了等级原则、君臣关系、君统传延和华夷之辨等政治原则，在理论上解决了国家形式、统治阶级的权力占有与分配，以及如何处理民族关系等问题，从而形成了一种比较完善的政治思想体系。《春秋公羊传》的这种“大一统”思想经西汉的董仲舒和东汉的何休的发挥，自汉代以降就成为一种普遍观念，被历代统治者和思想家们广泛接受，融入了传统政治思想，形成了“人同此心”、“心同此理”的“人心所向”之趋势和心理。中国虽历经三国、两晋、南北朝的分裂以及五代十国的混乱和宋、辽、金、元的纷争，中华民族都没有瓦解，基本上保护了统一的局面。这说明，在一定的政治、经济因素的作用下，“大一统”思想显示了强大的凝聚力。这种凝聚力，在国家统一时，维护统一，防止分裂；在国家分裂时，推动结束分裂，恢复统一。由此可见，中国能以统一的大国屹立于世界之林，“大一统”思想起到了十分重要的作用。在时务学堂研习《春秋公羊传》的过程中，蔡锷对其中的“大一统”思想产生了浓厚的兴趣，但清末以来，清政府权威下降、地方势力兴起、督抚权力扩张的现实又使他感到困惑。因此，有一次，他就“大一统”的问题向梁启超提问：“孔子大一统，所以泯杀机也。今之贤士大夫，欲督其督，郡其郡，邑其邑，无乃与夫子大相刺谬乎?”梁启超批答道：“古今万国，所以强盛之由，莫不由众小国而合为一大国，见之美国、英国、德国、意大利、奥斯马加、日本、瑞士皆是也。前此互争，是以弱，今合为一，是以强。孔子大一统之义，正为此也。见美、日诸国，所办各事，皆有数种大政，提归政府办理，如海军、陆军、刑律、交涉之类，其余地方各公事，则归各地方自理，政府不干预之。此是最善之法。今中国则反是。如海军之类，应归于一者也，而南、北洋各自为政，不相顾焉。一盗案之微，州、县治之足矣，而上劳朝审，皆极可笑。然至今日，方且并此之法而不能整顿，于是，中国不徒变为十八国，并且变为四万万国矣。国权之失，莫过于是。政府现无可望，则不得不至望于督抚、州、县。若能有一省一府一县之整顿，则余省、府、县亦不无万一之望。"①梁启超的回答广征博引，言简意赅，既肯定了合则强、分则弱的"大一统"思想，又提出了在当时清政府无望的情况下，通过"一省一府一县之整顿"，先分后合，实现新的"大一统"途径。这不仅使蔡锷对孔子"大一统"思想有了更深刻的理解和认识，而且为蔡锷探求救国道路指明了方向。1903 年，在日本留学的蔡锷投书湖南士绅，以日本的萨摩喻湖南，吁请湖南士绅改革，"我湖南一变，则中国随之矣"。②到广西练兵时，蔡锷抱着把广西塑成"中国的普鲁士"愿望而去，并希望广西将来成为"把握全国之枢纽"。同样，在领导云南辛亥重九起义成功后，蔡锷也不光想到云南，而是身在云南，心系全国。当他得知有人主张将来中国建立联邦制国家后，立即致电黎元洪等人，指出，"联邦制度于吾国不甚相宜，仍应主张建设一完全统一国家"。③在他看来，民国的结构形式实行单一制，符合中国的历史传

① 曾业英编．蔡松坡集．上海：上海人民出版社，1984：3.
② 曾业英编．蔡松坡集．上海：上海人民出版社，1984：41.
③ 曾业英编．蔡松坡集．上海：上海人民出版社，1984：80.

统，有利于汉、回、满、蒙、藏、夷、苗各种族结合一体。因此，他组织条拟中央会议大纲二十三条征求滇民及在滇各界团体的意见。其中要求全国财政、军政、外交、教育、交通等统一。①同时，他致电孙中山，要求破除省界，实现全国统一，并在此基础上将全国思想“冶为一炉”②。在他看来，唯其如此，才能改变当时国家政治重心移于各省都督，而“中央行政，不及于各省，各部亦备员而已”③的状况；才能使全国各族人民同心同德，共图国家的统一和富强。而要达到这样的目标，就必须建立一个强有力的政府，否则，“政权不统一，则国家永无巩固之期”。④ 也就是说，要统一内政，维持国脉，巩固国基，必须建立强有力政府。

其次，受近代西方国家发展潮流的启发。西方资本主义国家在发展的初期阶段，生产力不很发达，经济活动的自发性很强，不需要政府太多的干预。与此相适应的是，西方国家奉行小政府的主张和自由放任主义，“管得最少的政府便是最好的政府”成了18、19世纪自由主义思想家推崇备至的政治箴言。因此，在此后相当长的时期内，西方国家政府的职能主要局限在维护社会秩序、保护个人财产不受侵犯、保卫国家安全等方面，充当“守夜人”的角色。但是，到了19世纪末、20世纪初，资本主义社会由自由竞争进入垄断阶段之后，由于科技的进步和生产关系的调整导致了社会经济的迅猛发展，而社会经济的发展，又同时导致了大量的社会矛盾和社会问题的产生。为了解决这些不断出现的矛盾和

① 曾业英编．蔡松坡集．上海：上海人民出版社，1984：85－86．

② 曾业英编．蔡松坡集．上海：上海人民出版社，1984：166．

③ 胡春惠．民初的地方主义与联省自治．北京：中国社会科学院出版社，2001：43．

④ 曾业英编．蔡松坡集．上海：上海人民出版社，1984：436．

问题，西方资本主义国家不得不增设大量的行政机构和行政人员，以便对国家的经济生活和社会生活进行干预。例如美国，1790 年联邦政府只有国务院、财政部、陆军部三个部门，但 1798 年以后到 1903 年陆续增加了海军部、内政部、农业部、商务部、劳工部等 5 个部，联邦政府雇员也由最初的 300 多人，增加到 1900 年的 30 多万人。①与此相适应，政府的行政权力大为膨胀，行政职能大为增加，甚至不断侵入立法和司法领域，具有制定法规和规章的“准立法”权和裁判行政纠纷的“准司法权”。这样，政府就逐步成了凌驾于社会之上的组织，全面干预经济、社会事务，成为了保证经济生活、社会生活平稳、协调发展的强有力的“管理者”。1903 年，梁启超考察美国后也认为：“最爱自由之美国，亦不得不骤改其方针，集权中央，扩张政府权力之范围，以竞于外，而他国更何论焉。”②作为梁启超的学生，在探求救国强国途径的过程中，蔡锷受梁启超的影响，对欧美列强近代发展史作了深入的研究，接受了西方的国家主义和国家主权的观点，主张国家至上、主权在国。因此，受西方国家主义思潮和西方资本主义国家加强中央集权趋势的影响，蔡锷主张学习西方，建立强有力的政府。他指出，“默察世界潮流，国家主义之膨胀发达，几有一日千里之势，即共和先进国，如美国者，早已变易其夙昔所抱之孟罗主义”③，“近亦极力倡导国家主义，以图发展。诚以世界竞争潮流日益促进，非集权统一不足以伸张国力，保障民权，非有强有力之政府，又不足以收统一集权之效也”。而民国初立，国基未固，外患方殷，“若不极力扶助政府，假之以实权，而复事事为之限

① 王春英．从守夜人到管理者．中国公务员杂志，1996（8）．

② 吴嘉勋，李华兴编．梁启超选集．上海：上海人民出版社，1984：411．

③ 曾业英编．蔡松坡集．上海：上海人民出版社，1984：457．

制，时时为之动摇，国本不固，则国脉以伤，自保犹且不能，更乌足以对外!”①由此可见，在他看来，建立强有力的政府是顺应近代世界发展潮流，加快民国的建设和发展，使中国跻身世界强国之林的需要。

最后，对在中国推行宪政难度的体认。民国成立后，蔡锷就主张，“（民国）建设次第，由军政时代进于约法时代，递进而为民主宪政时代。”②这说明他是赞同同盟会在《军政府宣言》中所规定的建设资产阶级民主共和国的“措施之次序”的。但他同时认为，在中国这样经历过长期封建专制统治的国家，推行宪政不可能一蹴而就，而是需要一段较长的时间。在军政到宪政之间，必须“建设一强有力之政府，俟军政撤消，方为完全立宪”③。这就是说，在实现完全的宪政之前，必须有一个强有力的政府来组织国家建设，推导民主政治，为最终实现宪政创造条件。基于此，他竭力主张建立强有力政府，并希望各党各派在这个强有力政府的领导下和衷共济建设民国。但时隔半年，他看到的却是“内则乱机尚伏，群情惊疑，外则列强观望，尚未承认，加以蒙、藏两疆，风云日亟”④。对此，他深为不满，焦虑万分，认为：中国出现法国大革命那样的恐怖时代，“虽未见事实，而已露端倪”。若长此以往，“必生二大恶果：一则回复专制。吾国革新，原以求人民幸福，乃革命后之现象，转有人怀自危之心，恐一般人民倚任共和政府之心日薄，反追慕帝制时代尚可以靖乱而平争，而专制淫威可以复活，如拿破仑之已事，即为前车。一则倾服外人。共

① 曾业英编．蔡松坡集．上海：上海人民出版社，1984：630.
② 曾业英编．蔡松坡集．上海：上海人民出版社，1984：98.
③ 曾业英编．蔡松坡集．上海：上海人民出版社，1984：83.
④ 曾业英编．蔡松坡集．上海：上海人民出版社，1984：526.

和立宪足以保障民权，伸张国力，法、美既行之而有效矣。乃输入吾国，转成一无气力之政府，而运掉不灵，全国有分崩离析之形，而不复团结，群将疑吾国人无政治能力，而不能不屈服于外人。由前之说，则必酿二次革命，由后之说，则必自投于奴隶之域，而国以沦亡”。① 在他看来，之所以出现这种情况，根本原因在于“全国省自为谋，未能统一之故”。也就是说，中国缺乏一个强有力的政府来统一全国，推行宪政。因此，在这种情况下，他要求建立强有力政府的愿望更加强烈，致电袁世凯、国务院、参议院及各省都督强调指出，“吾国地广民殷，又当改革之后，非强健有力之政府，不足以巩固邦基。而欲政府之有力，则躬膺国务者，宜有不屈不挠之毅力，尊利于国，生死以之，始足以排大难而决大计。”②之后，他又进一步要求将建立强有力政府写入民国宪法，作为推行宪政的重要内容和手段。总之，在他看来，只有建立强有力政府，才能伸张国力，保障民权，进而顺利实施宪政。否则，宪政就是一句空话。

二、具体主张

如何建立强有力的政府呢？蔡锷根据当时国际国内的局势，提出以下主张：

1. 大权集于中央。蔡锷认为，中央政府能否做到强有力，关键在于中央政府要有权威。而中央政府要有权威，就必须赋予其一定的权力。因此，他提出：“大权所在，不能不收集中央，以图指臂相联之效。”③ 那么，哪些大权应“收集”中央呢？在蔡锷看

---

① 曾业英编．蔡松坡集．上海：上海人民出版社，1984：527.

② 曾业英编．蔡松坡集．上海：上海人民出版社，1984：527.

③ 曾业英编．蔡松坡集．上海：上海人民出版社，1984：436.

来，主要有用人权、军事权、财政权、外交权和解散省议会权。

在用人上，蔡锷看到，各省独立后，上至都督及省军政府官员，下至州、县官吏，都是各省自行推举和任命。他认为，这样一来会导致省自为谋，“非亟图统一之方，恐难免纷歧之虑”，因而主张中央政府在用人问题上“宜由中央参酌各省之现行制度，拟具大纲，颁布通行，以归一律。其上级长官由中央委任，次级长官由本省呈请大总统委任，下级官由本省委任后报明中央政府。至关于外交、财政官应由中央遣派”。他认为，“似此办理，庶可统一事权，将来地方制度颁行，亦不致多窒碍”。①

在军事上，蔡锷看到，“各省自举义后，军队骤增，未经训练，以尊严之军界，而变为匪徒麕集之薮，偶一睚眦，操戈相向，加以饷糈日绌，哗变时闻，将亢兵骄，皆有不戢自焚之虑。虽旋经镇定，而风声传播，军心浮动，海内汹汹，乱机四伏”。②为此，蔡锷建议：“陆军部体察各省情形，酌定应编镇数，通令汰弱留强，勤加训练，已成之镇，悉听中央调遣，庶全国军队联为一气，可以相互策应。”③

在财政上，南京临时政府成立之后，便面临十分严重的危机。以前清政府所课征的许多苛捐杂税已宣布废除，各省财政收入因而较前大减；海关及部分常关、盐厘的税收被帝国主义者把持，拒绝交付临时政府；各地的田赋和其他税款也被各省军政府截留，不上缴中央。由于军需紧急而款项没有着落，各地要钱的电报接踵而来，致使陆军总长黄兴寝食俱废，应付不暇，以致吐血。蔡锷也曾从发展云南经济、巩固边防出发多次请求中央拨款，但每

① 曾业英编．蔡松坡集．上海：上海人民出版社，1984：237．
② 曾业英编．蔡松坡集．上海：上海人民出版社，1984：435．
③ 曾业英编．蔡松坡集．上海：上海人民出版社，1984：238．

每都是石沉大海，再无下文。面对此种状况，他认为，“各省财政旧制，散无可稽，在平时已为国病，若犹一味放任，则目前既苦艰窘，急何能择？不能不歧出纷乱，以后积重难返，终酿成不可收拾之势”①。同时，“我国各省，区域不同，丰瘠互异，往往省自为政，痛痒漠不相关。即以目前而论，有为边要者，有当敌冲者，若专视一二省之财力以为支持，虽反正者十数行省，而实则力分而不厚”。因此，蔡锷建议统一全国财政，各省财政长官由中央委派，并主张中央加强对财政的调控，“宜将各省岁入悉报中央，由中央视各省缓急情形，量为分配，庶可得酌济盈虚之益，不致以一部分而妨害全局”。②

在外交上，由于仇视具有资产阶级民主共和国性质的南京临时政府，帝国主义列强在政治上拒绝承认南京临时政府；在财政上，对南京临时政府进行封锁和扼杀；在军事上，调兵遣将，对南京临时政府实行军事恫吓；在舆论上，恶毒攻击孙中山和临时政府，企图通过各种途径，运用各种手段，把南京临时政府扼杀在摇篮之中。在这种“国际团体尚未加入，外人徘徊观望”的情况下，蔡锷认为，“若国际交涉，省自为谋，易多枝节，尤碍外人观听，于国体大有妨碍”，因而建议中央政府统一全国外交，各省的外交长官也由中央委派。③

在中央政府与省议会的关系上，蔡锷主张中央政府有解散省议会之权。他认为，“中国各省原非若联邦国之各邦，各省行政，中央皆有责任。省议会既无中央议会之权限，可与政府对峙，则谓政府不能解散省议会，理论上已不可通。更就事实而言之，中

① 曾业英编．蔡松坡集．上海：上海人民出版社，1984：436.
② 曾业英编．蔡松坡集．上海：上海人民出版社，1984：237－238.
③ 曾业英编．蔡松坡集．上海：上海人民出版社，1984：436.

央政府若无解散省议会权，设遇省议会之主张与中央政策冲突时，各省行政长官势将无所适从。脱令迁就省议会，则中央统一之计划必将破坏，中央议会更不能以行政统一之责任责备政府。其结果必省自为政，而彼此均有推诿谢过之余地。全国之行政不趋于混乱，必陷于萎靡”。①可见，蔡锷主张中央政府有解散省议会之权，目的是要保证地方政府执行中央政府的政策方针，加强中央政府对地方政府的领导，防止省议会干扰或阻止中央政策在地方的贯彻落实。当然，蔡锷也认为中央解散省议会必须要有法律依据，要有一定的手续和程序。

需要指出的是，为了建立强有力的中央政府，蔡锷虽然主张中央集权，但并非中央高度集权，地方无任何权力。他曾说过：“美之中央政府，仅总揽外交、兵政、用人诸大权，即总统之权限亦仅在于此。至各州之分政府，号有特权，其实不过将关于集权之事间接递之中央。其中坚而饶有势力者，则最下级之自治团体也。如教育、交通、实业以及卫生、慈善诸要政，皆地方自治团体负完全之责任，而无事中央及各州分政府之过问。此稍闻国政者所共知也。自治发达，则内力自然充实，然后可言对外，一旦国际有伤和平，取决武力，亦非难事。”②可见，他只主张中央集中关系到内政统一之权，以维护国家统一和国权的集中。至于地方经济、文化、教育、卫生等权，他则主张由地方负责，以“发达”人民自治能力，达到内力充实的效果。

2. 中央集权于总统。还在南京临时政府成立前夕，同盟会内部对未来政府究竟采行总统制还是责任内阁制就存在分歧。孙中山坚决主张实行总统制，理由是民国初建，国家尚未统一，实行

① 曾业英编. 蔡松坡集. 上海：上海人民出版社，1984：607.

② 曾业英编. 蔡松坡集. 上海：上海人民出版社，1984：578.

总统制有利于新政权的巩固。但宋教仁则主张实行责任内阁制，赋予内阁更多的权力。理由是有鉴于中国数千年君主专制独裁统治的教训，若行总统制，给总统过大的权力，日后难免出现变相的独裁。结果，各省都督府代表会议选择了总统制。1912 年 2 月，南北议和告成，孙中山辞去临时大总统，并荐袁世凯自代。由于形势发生了变化，为了将袁世凯置于有名无实的地位，以达到架空袁世凯的目的，由革命党人控制的临时参议院单方面制法、改法，将《临时政府组织大纲》中的总统制匆忙改为《临时约法》的责任内阁制。总统制、责任内阁制都是资产阶级政治制度，在本质上没有区别。只是总统制对于政党政治、选民政治无过高要求，总统只对选民负责，它的最大长处在于它能提供一个稳定而强有力的政府。而责任内阁制则要求选民和政党具有较高的政治经验和民主意识，这在当时“人民之不识字实属大多数，更不知民主为何物”的情况下，是很难做到的。蔡锷从中国历史和当时强有力的中央政府尚未建立的现实出发，在总统制度与责任内阁制之间，更倾向于总统制，并认为，这样有利于建立强有力的政府，以促进国家的统一和政局的稳定。尤其是唐绍仪内阁倒台、陆征祥组阁风潮，更使他在感到“政府现兀臬之形，国本有动摇之象”① 的同时，看到了责任内阁制的不适，因而他主张扩大总统权力，“宜以紧急命令、紧急财用权、解散议会权属之大总统，而任命国务总理及其他国务员，可不必规定（须得参议院之同意）”②。（详见本章第三节）在他看来，要建立强有力的政府，作为最高行政首脑的总统至关重要，一个有权力、有权威的总统是政府强有力的基础和保证。

---

① 曾业英编．蔡松坡集．上海：上海人民出版社，1984：550.

② 毛注青等编．蔡锷集．长沙：湖南人民出版社，1983：294.

3. 军民合治。清初，满清以外族入主中原，对中国本土各省地方制度的设计，原本采取互相监督制衡的精神，力求避免权力汇于一人之手。所以各省的布政使司、按察使司皆直接归于中央，而军队更是直接归于兵部并无地方长官节制兵权的情况。这表明，清初时军民是绝对分治的。但晚清以降，由于督抚权力的演化，以及太平天国之役湘军、淮军的兴起，逐渐形成了兵为将有、地方军队取代中央军队，而将帅又“膺任疆寄”的状况。各省督抚在地方既有兵权，又握民政，终而形成各省权力一元化的局面。到民国成立之后，南方各省都督多为本省光复的领导人，所以在“都督”一词的含义笼罩下，原本就有一元化传统，省的“自成一局”的形象进一步强化，独立各省设官分职，“俨然具一独立国家之形象，以军事而论，则参谋部、军务部，无所不具；以行政机关而论，则外交司、会计检查院，无所不有”。[①]这样，1912 年 4 月前孙中山主持的南京临时政府，固然是“中央行政不及于各省”，即使是袁世凯继任大总统后，其命令也被人戏谑为“无弹之炮”[②]。对此，袁世凯虽然不能不正视现实，正式承认了他们的地位，但是心里很不情愿。临时政府正式迁往北京之前，袁世凯就迫不及待地致电南京参议院，提出军民分治问题，“拟于各省一律暂设民政长，与该省都督分权办事，并声明此为暂拟办法，俟临时政府外官制订后，再行按照定章办理”。[③] 1912 年 4 月 12 日，黎元洪为迎合袁世凯大权独揽的政治野心，在袁世凯心腹袁乃宽的

---

① 胡春惠. 民初的地方主义与联省自治. 北京：中国社会科学院出版社，2001：62－63.

② 胡春惠. 民初的地方主义与联省自治. 北京：中国社会科学院出版社，2001. 63.

③ 电商增设民政长问题. 大公报，1912－03－26.

授意下，通电各省说：“军民并辖，积厚培高，权力之雄，罕与伦匹，夫位高则启争，势重则招轧，一人更动，全局推翻，稍拥重兵，即图反侧。”并历数军民混一之害有十，倡议军民分治。① 对此，蔡锷提出不同意见。他认为：“满清时督抚并设之制，总督主兵政，巡抚主民政，其限权固分明矣，乃复因流弊滋多，而不得不思更易。今一省之中，都督民政长分立，与督抚并设之制何殊?”②接着，他从云南的情况出发，指出：“改革以来，人情惴恐，乃匪徒不得逞志，外人无凭借口者，实赖军政统一之故。现在遣散冗兵，安插羡卒，与夫一切军事计划，尤息息与民政相关。若军民分权，互相推诿，互相掣肘，哗变之事，在在堪虞。滇省自设立都督府以来，凡民政、财政、外交、教育、实业各有专司，都督不加干涉。”因此，他认为，虽然“军务民政，将来必须划分，始足除武人政治之弊。惟目前国本甫定，而边省情形不同，不能不统一事权，以立纲维”。在他看来，实行军民合治“行政甚为敏活，号令不至纷歧”③。为了避免让人因此对他产生拥兵自雄的印象，他还表白，“如得大总统派一文武兼资之员，以承其后，锷即可奉身而退，长揖归田园，不欲久揽政权，并不愿再操兵柄。”④随后，他又多次致电袁世凯、黎元洪、黄兴及各省都督，反复强调，“每省设一都督、一民政长，其制必不能久存。与其多为更张，不如暂行维持现状”。⑤ 然而，当袁世凯强行规定“按照政府计划，以民国二年三月以前为限，一律办齐”，实行军民分治

① 黎副总统为军民分治致袁总统暨各省电．东方杂志，八卷12号．
② 曾业英编．蔡松坡集．上海：上海人民出版社，1984：497．
③ 曾业英编．蔡松坡集．上海：上海人民出版社，1984：459．
④ 曾业英编．蔡松坡集．上海：上海人民出版社，1984：460．
⑤ 曾业英编．蔡松坡集．上海：上海人民出版社，1984：498．

时，蔡锷只得保留自己意见，于4月初将兼任的民政长事移交给罗佩金。尽管如此，蔡锷仍坚持不改初衷。1915年11月，在致张子贞电中，仍明确表示，“军民合治，利多害少，亦弟素所主张”。① 到1916年6月，袁世凯倒台后，继任大总统黎元洪征求其治国方案时，蔡锷仍提出，“军民分治，本图治之正轨，但必待治平之后始有分职程功之可言。现百政杂沓，军民区域又无分别，多设机关，无裨治理，徒增骈枝牵制之病，拟请废去将军、巡按之制，省设省长1人，是即仍各都督统治军民，使政事渐举，再议划分。”② 由上可知，民初，军民合治是蔡锷的一贯主张。他的这一主张与其建立强有力政府思想是一致的，是他关于中央集权思想的一种延续。在他看来，即使中央政府统一了用人、财政、军事、外交大权，但如果地方政府因军民分治而互相推诿、互相掣肘，强有力的政府仍难以建立起来，所以军民合治在当时不仅有利于地方事权统一，而且有利于中央政府的集权，收“指臂相联之效”。

军民分治，从理论上而言，本无可厚非，但在民国初立，旧制全失效力，而新政府威信尚未树立的实际情况下，确实不利于地方的稳定与发展。因此，蔡锷当时反对军民分治是有道理的。需要指出的是，在当时，李烈钧、胡汉民等国民党籍都督也反对军民分治，如李烈钧通电表示：“国本未固，乱机四伏，而欲使军政、民政划然分立，位置相若，不相统属，一有缓急，倚恃何人？”③胡汉民表示：“军民分治在今日断不可行。必强行之，徒惹

① 曾业英编. 蔡松坡集. 上海：上海人民出版社，1984：843.

② 曾业英编. 蔡松坡集. 上海：上海人民出版社，1984：1165－1166.

③ 赣督反对军民分治通电. 民立报，1912－04－22.

起各省之变乱，自损中央之威信。”①但蔡锷与李烈均、胡汉民等人在反对军民分治问题上的出发点和落脚点上是不一样的。前者的出发点是统一地方事权，落脚点是建立强有力的政府，而后者的出发点是地方自治，落脚点是削弱中央集权。

4. 缩小行政区域、扩张国防辖境。早在南京临时政府成立之前，蔡锷就在条拟中央会议大纲中提出了缩小行政区域、扩张国防区域之议。之后，考虑到“此事关系国家经制”，他又多次要求中央从“规久远”出发研究这个问题。他主张，逐步废除省制，“除边疆当别论外，余则行政区域势不能不缩小，将来划分，或为道，或为州，必破行省之制”②。“至军事区域，则当视国防重轻，另为划分，而不必以行省为界限”③。蔡锷之所以主张废省改道，主要基于以下两个方面的考虑：一是当时的省区过大，难于治理。他认为，“吾国省制相沿日久，然幅员太广，治理为难，故前代于州县之上置府道，府道之上复置督抚，层累而上，期于迭相督察。耳目易周，然阶级既多，互相钳制，地方官救过不暇，无余力以考求民间之利弊而谋地方之治安。治窳民疲，实由于此”。如废除省制，缩小行政区域，就会“减少监督官厅，庶无鞭长不及之虞，亦免十羊九牧之害”。④ 二是省自为谋，难于统一。他认为，“中国地大人众，而势力未雄，实省界为之梗阻，欲图恢张国力，宜先破此藩篱，若省自为谋，必有分崩离析之祸。”⑤ 基于上述思想，蔡锷在积极向中央建言的同时，对云南地方管理体制进行了一系

① 胡汉民之大文章. 神州日报，1912－08－11.
② 曾业英编. 蔡松坡集. 上海：上海人民出版社，1984：497.
③ 曾业英编. 蔡松坡集. 上海：上海人民出版社，1984：555.
④ 曾业英编. 蔡松坡集. 上海：上海人民出版社，1984：555.
⑤ 曾业英编. 蔡松坡集. 上海：上海人民出版社，1984：217.

列改革。一是地方行政官厅，虽暂沿府、厅、州、县的名称，但对于府、县同城者，则实行撤县而以府兼摄县事，为日后统一县治打下了基础。因而昆明、太和、建水、河阳、楚雄、保山、丽江、南宁、顺宁、文山、宁洱、恩安、会泽、宝宁等 14 个县被裁撤，原县事由所在府兼摄。二是增设县治，缩小行政范围。对一些疆域过大的县进行了区划调整，新设了盐丰、盐兴、漾濞、弥渡、兰坪、阿墩等六县，并于广通、镇南、邓川、腾越、临安等县境内的一些重要地方添设巡检分治。三是在沿边土司及汉夷杂居之地，设十余处行政委员，“先从事于审理诉讼、设立学校、振兴实业、筹办警察诸端，使土司地方渐与内地人民受同等之法治”①，是为建设县治之先导。四是在调整县治的基础上规划全省设四道：滇中道，驻昆明；滇西道，驻大理；滇南道，驻普洱；临开广道，驻蒙自。② 以上措施，为减少行政管理层次、提高行政管理效率以及将来改省为道创造了条件。对于废省的问题，清末就有议论。早在 1895 年，康有为就在《上清帝第二书》和《上清帝第四书》中提出过废省的主张。梁启超曾于 1910 年在其《外官制私议》一文中也提出过“改省为道”的主张，以解决地方与中央抗衡的现象。辛亥革命后，地方与中央抗衡的现象并未因清王朝的灭亡而有所改变。地方各自为政，中央与地方权力的纠葛，无疑是影响国家统一和中央集权的主要因素。因此，民国初年蔡锷主张缩小行政区域也是其反对省自为谋，加强中央对地方的领导，以建立强有力政府的思想的反映。

① 毛注青等编．蔡锷集．长沙：湖南人民出版社，1983：537．
② 曾业英编．蔡松坡集．上海：上海人民出版社，1984：654．

三、历史意义

民国初年，蔡锷主张中央集权、建立强有力政府的思想具有重要的理论价值和现实意义。

首先，反映了国家的本质。恩格斯曾指出："集权是国家的本质、国家的生命基础，而集权之不无道理正在于此。每个国家必然要力求实现集权，每个国家，从专制君主政体起到共和政体止，都是集权的。美国是这样，俄国也是这样。没有一个国家可以不要集权，联邦制国家需要集权，丝毫不亚于已经发达的集权国家。只要存在着国家，每个国家就会有自己的中央，每个公民只是因为有集权才履行自己的公民职责。"① 可见，中央集权制具有普遍性，是国家本质的外在反映。蔡锷主张中央集权，建立强有力政府的思想反映了国家的本质。恩格斯还指出："既然集权是集中在一个中心，既然这里的一切都是汇集在一个点上，那么，集权的活动必然应当是有普遍意义的，它的管辖范围和职权就应当包括一切被认为是有普遍意义的事情，而涉及这个或那个人的事情则不在内。由此就产生了国家的中央政权有权颁布法律，统率管理机关，任命国家官吏，等等；同时也就产生了这样一条原则：司法权绝不应当同中央发生关系，而应当属于人民，属于陪审法庭，而且，如上所述，公共事务不能纳入中央政权管辖范围，等等。"② 这就说明，恩格斯所主张的中央集权是有一定的范围和一定的限度的，绝不是无所不包的中央高度集权。从总体上看，蔡锷所主张的中央集权并非中央高度集权，他只主张关系到国家统一、国

① 马克思恩格斯全集：第41卷. 北京：人民出版社，1982：396.
② 马克思恩格斯全集：第41卷. 北京：人民出版社，1982：396.

权集中的“大权”，如军权、财权、外交权和高级官员的任用权集中于中央，其他关系到地方发展的权，如教育、交通、实业以及卫生、慈善等要政，“皆地方自治团体负完全之责任，而无事中央及各州分政府之过问”。[①] 此外，即便是中央集权，他也只主张行政权的适当集中，而行政权与立法权、司法权三权分立，互相制衡。因此，从理论上说，蔡锷的中央集权、强有力的政府思想不仅反映了国家的本质，而且包含了中央集权与地方分权相结合的合理内核，体现了追求集中与民主统一的愿望，因而具有一定的民主性和相当的真理性。

其次，体现了中国单一制国家的要求。辛亥革命后数月内，独立各省各自为政，相互间无统属关系，但又有联合和统一的要求。它们自然倾向于以地方分权的精神组织新的国家机构，因此，联邦建国的主张一度盛行。但随着南北和谈结束、清帝退位，孙中山将临时大总统之位让予袁世凯，建立单一制国家的愿望迅速占有压倒性优势，就是主张地方自治的党派也是在赞同单一制的前提下，争取由中央政府赋予地方政府更大程度的自治权。从历史和现实而言，实行单一制是符合我国的国情的。这是因为：（1）我国是一个多民族国家，汉族虽占全国总人口的绝大多数，但少数民族分布地区约占全国总面积的50%－60%。长期以来，各民族形成了大杂居、小聚居，交错聚居的局面。即便是少数民族之间也多半插花聚居。汉族分布全国各地，不仅少数民族地区有汉族分布，而且不少地方汉族人口还居于多数。这种状况是我国在长期历史发展过程中，随着各民族的相互交往逐步形成的。它为我国实行单一制提供了客观上的可能与条件。（2）从秦汉时起，我

① 曾业英编．蔡松坡集．上海：上海人民出版社，1984：578．

国就形成了统一的多民族的中央集权制国家。各族人民之间的经济联系和文化交往从未中断过。这种互相依赖、互相支援关系的存在，形成了各民族较强的“内聚力”，在不受外来干涉的情况下，总是“内向”的。各民族的团结和友谊是民族关系的主流。因此，组成单一制国家是我国民族关系历史发展的必然趋势。(3)由于历史的原因，我国各民族的社会发展水平极不平衡。汉族的经济、文化发展水平较高，而少数民族居住的地区则“地大物博”，经济、文化发展水平相对较低，因此，各民族只有组成统一的国家，互相帮助，互相支援，依靠各族人民共同的力量，才能实现各民族的共同发展，共同繁荣，才有利于防御强敌，保卫国家的安全。所以，我国没有实行联邦制的条件和基础。相反，实行单一制既有历史基础，也有现时基础；既有内因，也有外因；既有经济条件，也有政治条件。所以，建立集中统一的单一制国家，有利于各民族间的团结互助，有利于经济的发展和各民族的共同繁荣，也有利于共同抵御外来侵略。一个国家的中央和地方之间的权力分配与国家的结构形式有着密切的联系。一般说来，在国家结构上实行联邦制的国家，多采取地方分权制；在国家结构上实行单一制的国家，多采取中央集权制。如前所述，民国初年，在国家的结构形式上，蔡锷坚决主张单一制，反对联邦制。因此，他主张中央集权，建立强有力政府的思想也就顺理成章，体现了我国单一制国家的要求。

最后，符合民初社会的实际。民初是中国近代历史社会转型的重要阶段。辛亥革命后，虽然清朝封建专制统治被推翻，建立了民国政府，但中国的半殖民地半封建的社会性质并未改变。从国际看，帝国主义列强仇视中国民主革命，不仅不承认新生的革命政权，而且加紧了侵略中国的步伐，使中国面临严重的边疆危机。沙俄不仅在蒙古策动叛乱，导演外蒙“独立”的丑剧，而且还插手新疆地区的反清起义，企图分裂新疆。英帝国主义则支持达赖在西藏叛乱，宣称“独立”，并以“护商”为名派兵侵入拉萨。从国内看，由于帝国主义的侵略和清政府的封建专制统治，国家经济处于崩溃的边缘。辛亥革命后，百废待举，百业待兴，经济建设举步维艰，加之各省纷纷拥兵自重，党争、政争空前激烈，政局动荡不安，整个社会秩序处于一种不稳定的状态之中。因此，在民初这种内忧外患深重、经济落后的情况下，要推行民主制度，实行立宪政治，没有一个强有力的政府来组织领导是不可能的。只有建立一个强有力的政府，加强中央集权，才能有效地集中和调动国家的财力、物力和人力，加快经济建设和发展，增强国民经济实力，提高国民的民主素质，逐步进入宪政的轨道。否则，宪政就是一句空话。从世界现代化进程看，也充分证明了这一点，几乎所有的现代化国家都经历过中央集权的初始阶段。所以，从这个意义上讲，蔡锷主张加强中央集权、建立强有力的政府也是符合民国初年社会实际的，有利于加快民国的经济政治建设。

事实上，民国初年，加强中央集权、建立强有力政府的呼声十分高涨，“非特进步、民主、共和诸党同倡中央集权主义，即素以民党自命之国民党，其大多数亦莫不晓然于为国乃为民之意，而欣然和之”。一时“集权之声直成一般舆论”，而“强有力政府”五字“几如天经地义之不可侵犯”，成为“最有势力之言论”。① 孙中山历来强调集权主义，早在1906年，他在起草《致公党重订新章要义》中，便率先提出“总理”集权思想。1911年

① 吴雁南等．中国近代社会思潮：第2卷．长沙：湖南教育出版社，1998：180.

底，在组建中华民国临时政府时，他力主总统集权。他多次强调总统“是全国的行政首长”，“总揽全国政权”。[①] 他还把国家比作为工厂，“民国的人民，便是股东；民国的总统，便是总办”。“工厂内的事，只有总办能够讲话，股东不过监督总办而已。”[②] 也就是说，作为行政首脑和国家元首的总统便是“总办”，政府内的事，只有总统能够讲话。他还说：“如果在国家之内，所建设的政府只要他发生很小的力量，是没有力的政府，那么这个政府所做的事业当然是很小，所成就的功效当然是很微。若是要他发生很大的力量，是强有力的政府，那么这个政府所做的事业当然是很大，所成就的功效也当然是极大。假设在世界上的最大国家之内，建设一个极强有力的政府，那么，这个国家岂不是驾乎各国之上的国家，这个政府岂不是无敌于天下的政府？……我们中国人口，有了四万万，是世界上人口最多的国家，领土宽阔，物产丰富，都要在美国之上……如果用这种天然的资格，再加以人为的功夫，建设一个很完全、很有力的政府，发生极大力量运动全国，中国便可以和美国马上并驾齐驱。中国有了强有力的政府之后，我们便不要像欧美的人民，怕政府的力量太大，不能够管理。”[③] 黄兴面对当时“内政、外交诸多棘手”的局面，也认识到必须组织一“强力之政府”，“以统治国家财政兵力”，方“可指臂之效”。[④] 甚至笃诚于民主理想的宋教仁，在革命胜利后，“潜观宇内大势，默筹治国方策”，认为“20 世纪之中国，非统一国家、集权政府不足

---

① 孙中山全集：第 8 卷. 北京：中华书局，1984：2.

② 曹锦清编. 民权与国族——孙中山文选. 上海：上海远东出版社，1994：143.

③ 曹锦清编. 民权与国族——孙中山文选. 上海：上海远东出版社，1994：159－160.

④ 黄兴集. 北京：中华书局. 1981：294.

以图存于世界”。[1] 虽然宋教仁为架空袁世凯，所主张的是政党政治、内阁集权，因而与蔡锷和孙中山所主张的总统集权有所区别，但要求中央集权、建立强有力政府的愿望却是一致的。

总之，民国初年，在旧的权威和秩序已被推倒、新的权威和秩序尚未建立，整个社会处于动荡不安的情况下，蔡锷主张中央集权、建立强有力的政府，以安定社会、恢复秩序、抵御列强侵略、组织进行国家建设，稳步推进民主政治进程，既反映了国家的本质，体现了中国单一制国家的要求，又符合加快民初民主政治、经济、文化建设的客观需要，切合当时喁喁望治的社会心理，因而具有合理、进步的积极意义，也充分反映了蔡锷强烈的爱国主义思想。值得注意的是，在民初宪政的实现方式上，蔡锷主张把推行宪政与建立强有力政府联系起来、以强有力政府来保障宪政的顺利实施的思路，与一些革命党人把宪政与地方自治结合起来、通过地方分权来推行宪政的思路是不同的。比较而言，蔡锷的思路似更切合民初的社会政治现实。我们知道，宪政不可能一蹴而就，而是一个长期的过程。正如毛泽东所说：“世界上历来的宪政，不论是英国、法国、美国，或者是苏联，都是在革命成功有了民主事实之后，颁布一个根本大法，去承认它。”[2] 因此，在民初尚未有“民主事实”的情况下，建立一个强有力的政府来恢复社会秩序，统一领导国家建设，推进民主政治是实现“民主事实”的必要阶段和措施，也是宪政的题中之义。

还需要指出的是，有些论者在评述蔡锷有关中央集权、建立强有力的政府思想时，认为蔡锷是在支持袁世凯建立专制独裁统治。在笔者看来，这有悖事实。首先，早在时务学堂，蔡锷就在

---

① 宋教仁集：下册．北京：中华书局，1981：405．

② 毛泽东选集：第2卷．北京：人民出版社，1991：735．

梁启超的影响下形成了“合则强、分则弱”，主张国家统一的思想，加之后来受西方国家主义思想的浸染，又目睹清政府腐败无能，以致国家主权丧失、国家地位沦落的严峻现实，逐步产生了建立强有力的政府以救国救民的政治理念。因此，领导云南反清起义之后，他就多次明确主张建立一个统一、有力的中央政府。以后，无论是孙中山主政还是袁世凯当权，他都反复阐明自己的这一主张。可见，蔡锷提出中央集权、建立强有力政府的主张是从国家利益出发的，是其一以贯之的政治理想，并非是为袁世凯实行专制独裁服务的。其次，蔡锷的中央集权、建立强有力政府的思想与袁世凯的专制独裁行为有着本质的不同。如前所述，蔡锷关于中央集权、建立强有力政府的主张，包含着统一国家、抵御列强侵略、加快民国建设以及集权与分权相结合的进步意义，其出发点和落脚点为的都是国家的公利。而袁世凯则是借统一国家、中央集权之名，行专制独裁之实，以致后来解散国会、撕毁临时约法、复辟帝制，其出发点和落脚点都是为了一己的私利。这一公一私，泾渭分明，不可同日而语。蔡锷后来奋不顾身地反对袁世凯称帝，坚决捍卫民主制度的壮举就以实际行动划清了两者之间的界限。民国初年发生的中央集权与地方分权之争是民初错综复杂政治斗争的反映。南方革命党人在中央政权已为袁世凯集团所把持的情况下，以民权和地方自治为武器，倡导地方分权，是用以扼制袁世凯独裁的一大策略。在这种情况下，蔡锷关于中央集权、建立强有力政府的主张，在客观上为袁世凯利用作为其扩张个人权力的幌子创造条件，这是蔡锷始料未及的，说明他在民初复杂的政治斗争中还不成熟。但蔡锷关于中央集权、建立强有力政府思想本身还是有值得肯定的地方，至今仍不失其可资借鉴之处。

第三节　关于制宪的若干主张

1912年8月，南京临时政府参议院根据南京临时政府颁布的《中华民国临时约法》关于“本约法施行后，限十个月内由临时大总统召集国会。其国会之组织及选举法，由参议院定之”的规定，先后通过了《中华民国国会组织法》和《参议院议员选举法》、《众议院议员选举法》，并于同年10月由临时大总统袁世凯正式公布。随后，全国各地开展了国会议员选举活动。此时，蔡锷认识到，“国会召集，瞬已届期，正式政府，行将成立”，更为重要的是民国的正式宪法也即将编纂。在他看来，“宪法是国家之根本法”，“为国家盛衰强弱之基，关系民国前途甚巨”。① 因此，他对宪法的制定表现出极大的关注，并在这方面提出了一系列的观点和建议，希望制定出一部良宪，为民国宪政的实施奠定良好基础。

1. 反对国会议员制宪。《临时约法》第五十四条明确规定：“中华民国宪法，由国会制定。”但蔡锷却不以为然。在他看来，第一，宪法应先于国会。“宪法者，国会之所以出也，未有宪法，则国会何由发生?”②第二，国会议员基本是各党派成员，代表各党派的意见。若以“国会议员议定宪法，难保不偏重党见，趋于极端，徒为防制行政首长之条规，致失国家活动之能力”。“临时政府之疲茶不振，国本动摇，实临时约法有以使之然，可为前鉴”。③而且，从“法国革命后，以政党制定宪法，因政党迭相起伏，而

① 曾业英编．蔡松坡集．上海：上海人民出版社，1984：627.
② 曾业英编．蔡松坡集．上海：上海人民出版社，1984：631.
③ 曾业英编．蔡松坡集．上海：上海人民出版社，1984：551.

政体之变更者九。北美建国后，以人民公意制定宪法，虽政党时有消长，而政体仍定于一”的经验教训看，“非必由政党之势力可以制定良宪法”。“今吾国宪法未立，党派已繁，正恐编纂不成，已起盈廷之聚讼，他日奉行不力，又作翻案文章。机局转变，轻若弈棋，根本动摇，危于累卵。”①因此，他主张，先由政府确定宪法精神和原则，“然后聚集彻贯通博之才，详审精择，订立条文，编成草案。俟正式国会成立，提出要求通过，字句间或不适，仅有讨论之余地，而绝不可遗失其精神，斯足以利便遵行，范围恰当”。②基于这种考虑，蔡锷早在国会成立前就向袁世凯建议，“密召海内贤达”，如梁启超、杨度等人速将宪法草案拟订，再“联合各省都督先期提出，以资研究而征同意，期收先入为主之效”。将来草案交国会议决时，若议员所提主张，袁世凯“认为滞碍难行者”，即由袁通电各省，他“必与各省都督联合抗争，务期达到拥护中央之目的”。③ 蔡锷的这一主张正合袁世凯心意。因为此时袁世凯已感到将来国会中国民党必占多数，如国会全权制定宪法，必将对其北洋派不利。但由于蔡锷的主张过于直露，袁世凯不敢直接采纳。接着，章士钊提出仿效美国 1787 年费城制宪会议的先例，由各省都督派遣代表组织宪法起草委员会，以制定宪法，并策划由江苏都督程德全出面，征求各省都督的响应。12 月 22 日，程德全通电各省都督，建议“由各省都督联名呈请大总统向参议院提议，仿美国各州推举代表之例，由各省都督各举学高行修，识宏才富之士二人，一本省者，一为非本省者，集为宪法起草委

① 曾业英编．蔡松坡集．上海：上海人民出版社，1984：627.
② 曾业英编．蔡松坡集．上海：上海人民出版社，1984：631.
③ 曾业英编．蔡松坡集．上海：上海人民出版社，1984：627.

员会，草案既立，然后提交国会再行议决”①。对此，蔡锷“极表同情”②。其他各省都督则有的表示赞成，有的提出了异议。后来，程德全在稍为折中各省都督意见的基础上，提出了一个编拟宪法草案委员会大纲，得到蔡锷等多数都督同意后致电北京政府正式提出。袁世凯接到大纲后，立即通电各省都督，要他们“先各推举二员来京，在此案未得参议院通过以前，暂作为研究宪法委员，共同讨论宪法大旨。如将来此案得到参议院通过，即以此项人员作为编拟宪法草案委员”③。袁世凯的如意算盘就是要把宪法起草委员会变成御用的宪法起草机关。袁世凯此举当然遭到国民党的强烈反对。当国务院致函国民党籍议员张耀曾，拟聘其为宪法起草委员时，张耀曾当即毫不客气地指出：“宪法制定全权，约法既付之国会，行政机关已无参事之余地。”国民党代理理事长宋教仁也发表演讲，抨击袁世凯此举。国民党机关报《中华民报》、《民立报》、《国民杂志》等也纷纷发表评论，指责袁世凯设立宪法起草委员会，乃“思攫取国会之宪法起草权”，并强调：“制定宪法为议院唯一之权，无论何人不能干预”，如果袁世凯另立机关起草宪法，“国民必不承认”。④ 1913 年 3 月 3 日，临时参议院开会，审议袁世凯交议的《编拟宪法草案委员会大纲案》时理所当然地否决了此案，打破了袁世凯剥夺国会制宪权的企图。因此，谁来制定宪法不是一个简单的操作问题，而是关系到制宪权控制在谁手就按谁的意志制定宪法、对谁有利的根本问题。在这场北洋派与国民党争夺制宪权的交锋中，蔡锷反对国会议员制定宪法，固

---

① 张学继．民国初年的制宪之争．近代史研究，1994（2）．
② 曾业英编．蔡松坡集．上海：上海人民出版社，1984：630．
③ 张学继．民国初年的制宪之争．近代史研究，1994（2）．
④ 张学继．民国初年的制宪之争．近代史研究，1994（2）．

然有避免因党争而影响宪法顺利制定的考虑，但以此防止国民党党籍议员占多数的国会利用制宪权继续按《临时约法》精神制定限制总统权力宪法的意图却是十分明显的。这违背了蔡锷以人民公意制定宪法的一贯主张，反映了蔡锷思想的矛盾性。

2. 主张宪法以国权为主义。1912 年 12 月 28 日，蔡锷致电袁世凯、黎元洪、国务院及各省都督，就宪法制定的原则提出意见。他认为，“宪法条件，纲维万端，所重不在形式而在精神。精神有所指归，而后其条文字句乃得根据以发挥光大之。”在他看来，“今日吾国宪法精神之所在”有二：第一，必建造强有力之政府。他说：“吾辈诚愤于满清政府之麻木不仁，是以一举而用能廓清之。今者改弦更张，若不极力扶助政府，假之以实权，而复事事为之限制，时时为之动摇，国本不固，则国脉以伤，自保犹且不能，更乌足以对外！然犹曰以专制流毒之所至也。北美为共和先进之国，素守门罗主义者，近亦极力倡导国家主义，以图谋发展。诚以世界竞争潮流日益促进，非集权统一不足以伸张国力，保障民权，非有强有力之政府，又不足以统一收集权之效也。”第二，必适合中国之现情。他指出，“方今醉心共和，几于举国若狂。遇一问题发生，辄援欧美成例，不曰法国已然，即曰美国若是，且变本而加之厉。且无论法、美制度互有短长，固宜遗貌取神，未必尽堪则效。而一国有一国之特点，英国之宪法、惯习，不能遍行于欧洲，美国之天性自由，不能普及于大陆。矧以中国固有特别之历史、民情、习惯，而必求一一吻合于他国，所谓削足适履，有背道而驰耳。”① 他进一步指出，“民国成立，迄于今日，省自为政，中央力薄，不能收指臂之用，以致财政紊乱，政令纷歧，

① 曾业英编. 蔡松坡集. 上海：上海人民出版社，1984：630－631.

外侮内讧，相缘以起。推求其故，则现政府法律上之实力，不能发展国权，实为最大原因。”因此，他建议：“民国宪法宜以巩固国权为主义”，“凡障碍国权发动之制度决不可采”。① 同时针对王宠惠在《中华民国宪法刍议》中提出的共和国之主权，当然属于国民全体，“主权在国民，乃共和国体最要之原理”的观点，蔡锷提出了主权在国的观点（参见第三章第三节），为其国权主义张目。

3. 主张宪法中关于领土的规定不宜列举各地方区域。《临时约法》第三条对民国领土规定为：“中华民国领土，为二十二行省，内外蒙古、西藏、青海。”对此，蔡锷提出了异议。在他看来，这样规定有四弊：第一，不利于国家的统一。“蒙、藏地处边疆，文化草昧，在前清已有置省控驭促进之议，今于宪法上显别其称，是将永别外藩，而不得与内地行省等量齐观耶？无惑蒙、藏之生心也”。第二，不利于今后区划的调整。如前所述，蔡锷一直主张缩小行政区域，减少管理层级，提高管理效能。所以，他认为，“即以内地行省而论，上焉妨害国家之统一，下焉妨害州县之发达，废置之声已盈于耳。而犹列举于宪法，著为定例，便不易于更正，举国家统一之政策，及州县发达之希望，皆为其所牵制而莫之进步。”第三，不利于国会议员的选举。“议员之选举，又以规定领土区域者规定选举区”，而“选举区常须变更，宜另以法律定之，使易于改正。若宪法则为永久而定，且不易于改正者也。以变动不居之选举区，而定于变更不易之宪法，是因宪法之规定，妨碍选举制度之改良。其极也，则必使议员不得其人，而致立法机关之腐败”。第四，不符合中国单一制的国家结构形式。他认

---

① 曾业英编. 蔡松坡集. 上海：上海人民出版社，1984：646.

为，在宪法中列举各地方区域名称，是采用联邦制国家的常用方法，目的是防止各邦分裂。而“中国非联邦国而为单一国，且地方制度，又须应于时势而为变更。宪法为国家之根本法，非可屡事更改；即更改，而其手续亦甚繁难。则以地方区域之名称规定于宪法中，不惟无益，而反有妨于地方制度之改良，即因以妨害国家之发达”。因此，为了避免以上四弊，蔡锷建议，宪法中关于领土的规定应改为“中华共和国继承共和宣布前之领土而统治之”，同时，他又认为，“今中国非能侵略他国扩张领土之时，而患他国侵略割让领土之时”，所以，为了防止随意割让领土情况的发生，他还建议加一条：“中华共和国之领土，非依法律不得变更。”这样，“苟于他国侵略割让领土，而必先交国会之议决，则可引起国民之敌忾心，而使敌国让步，随图补救”。①

宪法中对于领土的规定，有采用列举法，也有采用概括法。《临时约法》采用的是列举法。《临时约法》起草者之一的马君武后来曾说，当时之所以采用列举法，“最大的理由就是要晓得中华民国不仅是二十二行省而已，内外蒙古、青海、西藏亦在其内，因为外人从前看中国国土极不明瞭，现在列举出来使其晓然于吾国国土乃由二十二行省及内外蒙古、西藏、青海等种种组织而成为中华民国。还有一层理由，在从前历史上中国受莫大之损失者，即是中国人对于国土观念尚不明瞭之故”。“既然中国人对于国土观念非常薄弱，所以国土规定即非表明出来不可，使人民知道中华民国是二十二行省、内外蒙古、青海、西藏等部分组织而成。”②因此，《临时约法》关于领土问题的规定，是有针对性、现实性

① 毛注青等编. 蔡锷集. 长沙：湖南人民出版社，1983：292－293.

② 邱远猷，张希坡. 中华民国开国法制史. 北京：首都师范大学出版社，1997：364.

的。它明白地告诉人们：内外蒙古、西藏、青海是中国神圣领土不可分割的组成部分，中国是一个领土完整、主权独立、统一的多民族国家。但这种列举法又确如蔡锷所指出的那样存在一些缺陷，而且对当时的香港、澳门也不好处理。因此，蔡锷主张对领土的规定采用概括法有一定道理。同时，蔡锷建议在领土的变更上加以限制也是必要的，反映了其法制思想和维护国家领土完整思想。在随后制定的宪法中，蔡锷的这些建议得以采纳。

4. 主张扩大总统权力。如前所述，革命派在制定《临时约法》时，为了限制袁世凯的权力，大大扩大了参议院的权力。对于革命派的良苦用心，主张建立强有力政府，借以加快民国建设的蔡锷却不以为然。在他看来，“总统当国家行政之中枢，负人民付托之重任，使因少数人之党见，减削其行使政策之权，恐一事不能为，必致陷国家于不振之地”①。因此，在这方面，他对《临时约法》是不满意的，认为“《临时约法》之结果，致陷政府于极疲惫之域”②。在宪法制定前夕，蔡锷通过致电各省都督和发表文章等方式，反复提出扩大总统权力之议。

要扩大总统的哪些权力呢？蔡锷认为，第一，大总统应有紧急命令权。他认为，“紧急命令者，代法律之命令也。盖其事本应以法律规定，但当变生紧急，公共之安全不保，灾厄甚巨，又值两院闭会，不能召集各议员，若欲必拘守常例，先交国会议决，则惟有束手待毙而已。中国幅员之广，人民之众，难免不发生此种危难；加以交通不便，呼应不灵，虽欲召集各议员而有所不能；苟不与大总统以发此种命令之权，于国利民福实所难保。”因此，他建议民国宪法“直宜采普、日宪法之规定，曰：大总统为保持

① 曾业英编．蔡松坡集．上海：上海人民出版社，1984：627－628.
② 曾业英编．蔡松坡集．上海：上海人民出版社，1984：652.

公共之安全及避其灾危，视为紧急必要，于两院闭会不能召集，得发不反于宪法代法律之命令，但于次会期必提出于国会，求其承诺；若不承诺，政府须公布其对于将来无效力”。①

第二，大总统应有紧急财用权。他认为：“紧急财用之权，其不可不归之大总统者，盖当紧急之时，既可宣告戒严，且可发代法律之命令。苟适值财政支绌，欲商之国会而国会且不能召集，欲遵预算而预算实不敷用，将坐以待毙乎？无是理也。惟以筹措权归之大总统，而后能得财用之活动，不至枯竭以死。其精神实与宣告戒严及发紧急命令之权相一贯，而为事实上所不可缺者。”因此，他建议“采用日本宪法之规定，曰：大总统为保全公共之安全，有紧急需用，因内外情形不能召集国会，得发命令为必要之处分；但应于次会期提出于国会，求其承诺”。②

第三，大总统应有解散议会之权。蔡锷指出：总统如果无解散议会之权，必将导致难以克服的弊端：其一，难以处置国家紧急大事。“当国家紧急之际，政府有所主张，而议会不为赞成，大总统恐违宪，不敢解散议会，以贯彻政府之所主张，则国事之危，有不堪问者。”其二，难以保证内阁正常行使职权。“内阁对于议会负责任，议会有强迫内阁去位之权，使大总统而无解散议会之权，则内阁辞职，即可望和平解决，若不能慨然辞职，而又不能安于其位，难免不阿谀取容，仰承议会鼻息，以固其禄位。二者皆非国家之福。”其三，难以平息两院之间的冲突。“在采两院制度之国，其各院职权大致相同，则当两院意见不相容之时，而大总统又无解散一院以取决国民之权，其势必两院冲突，而致治不能进行。”其四，易于造成议会专制。“议会之议事，于院内取决

① 毛注青等编. 蔡锷集. 长沙：湖南人民出版社，1983：294.

② 毛注青等编. 蔡锷集. 长沙：湖南人民出版社，1983：295.

议员多数，于院外尤非国民全体所能参加。苟此少数议员之所持，而实有关国民全体之利害，设大总统而无解散议会以取决国民之权，则国民之蒙不利者大矣。”① 他认为，“就法理论，立法权固当尊重，行政权亦须有严格之保障。若立法部对于行政部为过度之干涉，而无救济之途，则行政权直被立法权侵压束缚而无所施。是国权将只有消极限制之作用，不能有积极活动之能力，势必日即于萎靡。且议会若有违反国民利害之事，不能解散，以诉讼多数之国民，亦与共和精神相背。就事实论，解散权与责任制关系极切，议会无宪法上之制裁，易流专横，使政府不能自行其政策，必将以议会为诿卸责任地，责任不明确，何能得强有力之政府？更何能发展国权？故法理、事实两面，解散权均决不可无。但使解散有一定手续，自不患有侵犯立法权之弊。”② 因此，他建议采用比利时宪法有关规定，“宜规定一条曰：大总统于国家安宁幸福认为必要，得解散国会之一院或两院；但解散后，须于三月内行新选举，选举终结后二月内开会”。③ 在他看来，如此则“议会有弹劾政府之权，即政府亦宜有解散议会之权，而后两权得其平均，互相钳制，则行政部不至压迫立法部，以肆专横；立法部不至阻碍行政部，以图破坏”④；从宪法学角度而言，责任内阁制有两项权力：一是不信任案的通过权，二是解散国会的权力。前者是国会借以监督行政的手段，后者则是内阁抵制国会以求人民公断的途径，目的是为了保持行政权与立法权的平衡合作，这也是宪法关于责任内阁制的一项重要内容，体现责任内阁制的精神。而

① 毛注青等编．蔡锷集．长沙：湖南人民出版社，1983：295.
② 曾业英编．蔡松坡集．上海：上海人民出版社，1984：646.
③ 毛注青等编．蔡锷集．长沙：湖南人民出版社，1983：295.
④ 毛注青等编．蔡锷集．长沙：湖南人民出版社，1983：295.

《临时约法》既采内阁制，但又只强调参议院监督行政的权力，而未规定行政对参议院的解散权，不能不说是一大缺陷。这可能有两个原因：其一是起草者对西方政制了解不全面，其二是为了限制总统权力有意回避这个问题。因此，蔡锷建议总统有解散议会权是有依据和理由的，也是符合西方三权分立的基本原则的。

第四，大总统任命国务员不必求国会之同意。蔡锷对《临时约法》第三十四条“临时大总统任免文武职员，但任命国务员及外交大使公使，须得参议院之同意”的规定不满。他指出，如果总统任命政府官员必须经过议会同意，也将损害国家主权和国家利益：其一，难以保证内阁成员的独立地位。“一阁员非先博议员之欢心，不能进身其位；受任以后，议员操有质问弹劾之权，又非事事仰承议会意志，不能久于其任，而失其独立之地位。夫既失其独立地位，又安有责任之可言？势惟仰承议会意旨，趋避责任而已。”其二，难以保证内阁的顺利成立。“一国人才能胜任国务员之责者，实寥寥不可多得。而臧否人物，则又各有所见。集数人于一室，而谈当世之人才，犹不能强使之同，岂能强数百议员一致决定不可多得之人才乎？则内阁之难于成立，又事实上所不能免者。”其三，难以保证内阁与议会之间的和谐。“就令议员以内阁之不可久悬，当表决国务员之时，抑其所见，曲为通过，然通过以后，议员必常存鄙薄轻视之心，否则必鉴于久悬之危，势必存投鼠忌器之心，事事以姑隐忍为主义，对于内阁之所设施，欲望其能实心信任而倚为后援，又岂事之所能得者。”① 因此，他认为，“国会监督政府，其要点在有弹劾权。事前之同意，实属赘疣。况弹劾权以连带责任制为因，国务员有连带责任，即不能不

① 毛注青等编. 蔡锷集. 长沙：湖南人民出版社，1983：296.

持同一之政策。设组织时同政策者不能得国会同意，得同意者又不同其政策，势将迁就调停，旷日持久，始能勉强成立。然政策互异，莫能连带负责。连带负责制一破，更何有强有力政府及巩固国权之可言乎?”① 基于此，他建议未来的宪法对大总统任命文武百官，乃至国务院总理及其国务员，“不附以何等之制限”。②

蔡锷上述扩大总统权力的建议，有的确实出于政府应对突发性公共事件的需要，为政府有效管理国家必需之手段；有的则是希望立法权与行政权均衡，以达到两权相互制约的目的，并以此“矫正”《临时约法》过于扩张立法权偏差，这没有超出当时一般共和制国家宪法有关规定的范围，与后来袁记约法中极力扩大总统权力而削减国会应有的权力的做法有着本质的不同。因此，他的这些建议是有道理的，也符合民初实际，不能简单地把它看成是为袁世凯专制服务的。

---

① 曾业英编. 蔡松坡集. 上海：上海人民出版社，1984：647.

② 毛注青等编. 蔡锷集. 长沙：湖南人民出版社，1983：296.

第六章　军事思想

蔡锷不仅是民初的著名政治家，而且还是一位杰出的军事家。少年时代，勤奋好学的蔡锷在熟读四书五经之余，就曾涉猎“孙、吴、穰苴诸书”①，表现出对兵学的强烈兴趣。经历戊戌变法和自立军起义失败之后，为了拯救灾难深重的祖国和人民，蔡锷毅然投笔从戎，走上军事救国之路，先后领导和发动了云南重九起义和护国战争，为中国民主革命事业做出了不可磨灭的贡献。与此同时，蔡锷注重研究东西方军事理论，并结合中国人民反对帝国主义列强侵略的斗争实践，先后写出了《军国民篇》、《曾胡治兵语录》、《五省边防计画草案》、《军事计画》等军事著作。这些军事著作集中地反映了蔡锷对军事近代化的追求，是中国近代军事理论宝库中不可忽视的遗产。

第一节　军国民思想

一、问题的提出

鸦片战争后，随着帝国主义侵略的不断加深，中国逐渐沦为

① 曾业英编. 蔡松坡集. 上海：上海人民出版社，1984：781.

半殖民地半封建社会。中国人民身受帝国主义和封建主义的双重压迫。帝国主义和中华民族的矛盾、封建主义和人民大众的矛盾，成为中国社会的主要矛盾。而帝国主义和中华民族的矛盾，乃是各种矛盾中最主要的矛盾。经过中法战争、中日甲午战争和八国联军侵华战争，清政府逐步沦为“洋人的朝廷”，中国社会的民族危机日益加深，社会矛盾日趋激化。

1897 年底，15 岁的蔡锷考入湖南时务学堂。这是他人生旅途中十分重要的一环。在时务学堂，蔡锷关心时事政治，师从梁启超研究中外政治、历史，并深受梁启超变法维新思想的熏陶，认识到中华民族面临的严峻形势，激发了反帝爱国思想。是年 7 月，蔡锷在读《后汉书·党锢传》后，联系当时现实，为清政府“初挫于英，不知振；再挫于法，不知振；三挫于日，不知振”而感到失望和激愤，盼望中国能产生俾思麦、华盛顿、爹亚式的领袖人物，带领人民大众驱逐帝国主义，取得国家的独立和民族的解放。①

赴日留学后，蔡锷刻苦钻研哲学、政治、法律和中外历史，视野更加开阔，对帝国主义列强瓜分中国的形势，有了更深刻的观察和认识。他沉痛地指出：“今日之中国，万国之公敌也。或羡其土地之广大，则思剥削之；或畏其人民之众多，则思鱼肉之；或畏其智慧之发达，则思愚弱之；或忌其膨胀力之伟大，则思抑压之；或惊其富力之盈实，则思吸竭之；或用温和手段；或取强硬方针。要之，皆吾人生存竞争之大敌而已。四千余岁之中国，国难外患之深钜，盖于今日始达其极点也。”② 并于 1900 年 2 月编

① 曾业英编．蔡松坡集．上海：上海人民出版社，1984：11.

② 曾业英．关于蔡锷研究中的几个问题//郭汉民，严农主编．蔡锷新论．长沙：湖南人民出版社，1997：26.

译了《支那现世论》在梁启超创办的《清议报》上发表，揭露帝国主义列强对中国的侵略。1900 年 8 月，他回国参加唐才常组织的自立军起义失败的亲身经历给他以新的刺激。经过痛苦的反思，蔡锷认识到，“今日而言救国，拿枪杆比拿笔杆子更重要”①，遂决定投笔从戎，改学军事，立志“流血救民”。在梁启超的帮助下，蔡锷如愿进入日本军事学校学习。当时西方近代军事思想已基本统治日本军事的各个领域，因此蔡锷在日本军校所接受的是全盘西化的军事教育。在努力学习军事技术的同时，蔡锷还如饥似渴地阅读拿破仑、伯卢麦、毛奇、克劳塞维茨、哥尔紫（今译为戈尔茨——引者）等人的军事著作和西方列强的军事资料，对西方近代军事思想及其实践有了比较全面的了解。在研究西方和日本军事发展史的过程中，斯巴达之“尚武精神”、德国之“铁血主义”以及日本之“武士道”给他留下了深刻的印象。尤其是日本在明治维新中实行“全民皆兵”，培养军国民使国家由弱变强、崛起于亚洲的事实，深深触动了他。1902 年，蔡锷以“奋翮生”的笔名，在梁启超主编的《新民丛报》第 1、3、7、11 号的“兵事”栏目上连载发表了《军国民篇》，比较系统地提出了其反帝救国的军国民思想。

在此文中，蔡锷首先对近代中国爱国志士为反帝救国而奔走呼号、英勇献身精神给予了充分的肯定：“甲午一役以后，中国人士不欲为亡国之民者，群起以呼啸叫号，发鼓击钲，声撼大地。或主张变法自强之议，或吹煽开智之说，或立危词以警国民之心，或故自尊大以鼓舞国民之志。未几而薄海内外，风靡响应，皆惧为亡国之民，皆耻为丧家之狗。未几有戊戌变法自强之举，此振

---

① 陶菊隐．筹安会“六君子”传．北京：中华书局，1981：131．

兴之自上者也；逾年有长江一带之骚动，此奋起之自下者也；同时有北方诸省之乱，此受外族之凭陵，忍之无可忍，乃轰然而爆发者也。”与此同时，蔡锷也清醒地看到，虽然爱国志士先后发动了戊戌变法运动、义和团运动和自立军起义，但中国被列强欺凌的局面不仅没有丝毫改变，清政府反而逐渐沦为“洋人的朝廷”，在“毒蛇、猛兽、大盗、小窃环而伺之”的危机之中仍“昏愦于睡梦之中”，以致“国力孱弱，生气销沉，扶之不能止其颠，肩之不能止其坠”。而反观日本，“区区三岛，其面积与人口，遥不及我四川一省。而国内山岳纵横，无大川长河，故交通之道绝。举全国财力，仅及百二十万万，其民之贫乏无状，可以概见。然而能出精兵五十万，拥舰队二十五万吨，得以睥睨东洋”，以致“独获为亚洲之独立国”①。

两个邻国之间，何以有如此大的差别？经过分析研究，蔡锷认为，根本原因就是一个“尚武”，一个“尚文”。他指出，日本之所以成为近代军事强国，是因为“其国人之脑质中，含有一种特别之天性”，这种“特别之天性”就是“尚武”。他认为：“日本之国制，昔为封建，战争之风，世世相承，刚武不屈之气，弥满三岛，蓄蕴既久，乃铸成一种天性，虽其国之儿童走卒，亦莫不以‘大和魂’三字自矜。”所谓大和魂，就是日本的尚武精神。进入近代之后，由于受西方的影响，日本的尚武精神进而演化为军国民主义。何谓军国民主义？蔡锷认为：“军国民主义，昔滥觞于希腊之斯巴达，汪洋于近世诸大强国。欧西人士，即妇孺之脑质中，亦莫不深受此义。盖其国家以此为全国国民之普通教育，国民以奉斯主义为终身莫大之义务。帝国主义，实由军国民主义

① 曾业英编．蔡松坡集．上海：上海人民出版社，1984：15－16.

胎化而出者也，盖内力既充，自不得不盈溢而外奔耳。”因此，他认为，日本“独获为亚洲之独立国”的原因就在于它把固有的尚武精神与西方的军国民主义思想结合起来，普及军事教育，使“军人之智识，军人之精神，军人之本领，不独限之从戎者，凡全国国民皆宜具有之”，从而形成了强大的军事实力，“得以睥睨东洋”。而中国之所以落后挨打，以致国不成国，根本原因就是缺乏尚武精神和具有军事知识的人民。他说：“汉族之驯良懦弱，冠绝他族，伈伈伣伣，俯首帖耳，呻吟于异族之下，奴颜隶面，恬不为耻。周之于西戎，汉之于匈奴，晋之于五胡，唐之于突厥，宋之于金、辽，明之于今清，今之于俄、于英、于法、于德、于日本、于意、奥、于美利坚，二千余年以来，鲜不为异族所践踏。铁蹄遍中原，而中原为墟，羶风所及，如瓦之解，如冰之判，黄河以北之地，俨为蛮族一大游牧场。呜呼！举国皆如嗜鸦片之学究，若罹癞病之老妇，而与犷悍无前之壮夫相斗，亦无怪其败矣！”他还指出，日本前文部大臣尾崎行雄在《支那处分案》一文中所说的“支那人系尚文之民，而非尚武之民，系好利之民，而非好战之民。今日支那之连战连败者，其近因虽多，而其远因实在支那人之性情也。……如斯民族，处今日战争最剧之世界，而欲保全其独立也能乎不能?!”这一段话语，“最能探汉民族致弱之病根”。①

与此同时，蔡锷还看到，当时的世界列强仍在竞相扩充武力、扩大军备，“俄之短于海也，乃汲汲以整顿海军，修筑军港为事矣。英之短于陆也，自南非战事以来，乃遽增多额之军团矣。美则飞越重洋，据吕宋以为染指大陆之根基，孜孜以扩充海军为国

① 曾业英编．蔡松坡集．上海：上海人民出版社，1984：16－17．

家唯一之大计矣。德国当与法人构衅之日，仅有炮舰一只，而今则艨艟巨舰，竟达四十万吨矣。日本当黄海之役，军舰仅五六万吨，而今则达二十五万吨以上矣”①。面对如此严峻的形势，蔡锷指出：“今日之世界，武装平和之时代。昔则有化干戈为玉帛之语，今日干戈即玉帛也。一国的外交胜败，视武力之强弱，武力既驰，虽聚仪（张仪）、秦（苏秦）、毕（毕斯马克）、加（加富尔）诸人组织一外务部，而不为功也。……今日世界列强，莫不曰维持平和局面，而莫不以扩张军备为国是，其嗜武好战之最甚者，则日以维持平和自号于众也。”②他进而强调指出：“居今日而不以军国民主义普及四万万，则中国其真亡矣。”③ 因而，他大声呼唤，“军国民兮，盍归乎来！”④

二、深刻的反思

为什么中华民族缺乏尚武精神呢？经过考察古今和反省思考，蔡锷提出了以下几方面的原因：

一是教育方面的原因。蔡锷指出，教育是国家之基础，社会之精神。人种之强弱、世界风潮之变迁流动，皆决定于教育。故东西各强国都极端重视教育，莫不以教育为斡旋全国国民之枢纽。除了推行义务教育制度外，还使学生所践之课程，“皆足发扬其雄武活泼之气，铸成其独立不羁之精神”。而中国封建社会的科举教育制度，则“授以仁义礼智，三纲五常之高义，强以龟行鼋步之礼节，或读以靡靡无谓之章词，不数年遂使英颖之老年化为八十

① 曾业英编. 蔡松坡集. 上海：上海人民出版社，1984：31.
② 曾业英编. 蔡松坡集. 上海：上海人民出版社，1984：30－31.
③ 曾业英编. 蔡松坡集. 上海：上海人民出版社，1984：15.
④ 曾业英编. 蔡松坡集. 上海：上海人民出版社，1984：32.

老翁，形同槁木，心如死灰”。通过强烈的对比，蔡锷沉痛疾呼："欧美诸邦之教育，在陶铸青年之才力，使之将来足备一军国民之资格。中国之教育，在摧残青年之才力，使之将来足备一奴隶之资格，以腐坏不堪之奴隶，战彼勇悍不羁之国民，乌见其不败耶！"①

二是学派方面的原因。蔡锷认为，宗教对一个民族的精神影响至巨。"奉摩哈默德教之于民，则有轻死好战之风；奉耶稣教之民，则有博爱坚强之风；奉佛教之民，则有勘破生死，屏绝利欲之风。以上诸教，皆与军国民有绝大之影响。故苟奉以上诸教之邦，其国民之性质，未有不弘毅尚武，得以凌制他族者焉。"而中国无宗教则以学派代之，故一国之风尚，皆学派之熏染力所造。中国的学派可析为孔派和老派。孔派主动、主进取、主群、主刚、主争竞、主责任；老派主静、主保守、主分、主柔、主退让、主放弃。因而，孔派含尚武之精神，老派含贱武之精神。但由于历代封建统治者为维护其统治的需要，对孔派精神做了篡改，使之名孔实老，并加以推崇，"则孔派之精神愈泯，老派势力，遂得以泛滥天下，流毒万代，根深柢固，牢不可破"。因此，他悲叹道："中国之孔派，非孔派也，张孔派之旗鼓，而为敌派之内应耳。"②

三是文学方面的原因。蔡锷认为，中国历代诗词，大都"模写从军之苦与战争之惨，从未有谓从军乐者"，"不斩楼兰终不还"之句，则如凤毛麟角之不可多得。这样的作品使中国的烈士壮夫读之"垂首丧气，黯然销魂"。而中国之小说，非佳人则才子，非狐则妖，非鬼则神，或离奇怪诞，或淫亵鄙俚，其思想皆不出野蛮时代之范围，使中国中上以下之社会，莫不为其魔力所摄引。

---

① 曾业英编. 蔡松坡集. 上海：上海人民出版社，1984：18－19.

② 曾业英编. 蔡松坡集. 上海：上海人民出版社，1984：19－20.

“此中国廉耻之所以扫地，而聪明才力所以不能进步”的重要原因之一。①

四是风俗方面的原因。蔡锷指出，“兵者国家之干城，国民之牺牲，天下之可尊、可敬、可馨香而祝者，莫兵若也”。而中国素有“好汉不当兵，好铁不打钉”之谚，“穷乡僻野之愚夫愚妇，亦常道之，而长者每持此以为警励后生之格言”。反观日本，“社会上之于军人也，敬之礼之，惟恐不及。其入营也，亲族邻里醵资以馈之，交树长帜以祝之，厚宴以飨之，赠言以励之；子弟之从军也，父母以为荣，兄长以为乐；游幸登临之地，军人可半额而入之，饮食衣服之肆，于军人则稍廉其值；其行军于野也，则乡人曲意优待之如宾；苟临战而遁逃避慝，或作非行以损全军之名誉，一经屏斥，则父母兄弟邻里亲族引为深耻奇辱。生者有生之辱，无死之荣，是以从军者有从军之乐，而有玷名辱国之畏。故当出乡之日，诀别于其亲曰：此身已非父母有矣”。相比之下，他慨叹：“以吾国之贱丈夫，而与彼劲悍无前之国民兵战，是犹投卵于石，热雪于炉而已。”②

五是体魄方面的原因。蔡锷认为：“野蛮者，人所深恶之词，然灵魂贵文明，而体魄则贵野蛮。以野蛮之体魄，复文明其灵魂，则文明种族必败，罗马人之不能御日耳曼林中之蛮族，汉种之常败于蒙古，条顿、拉丁二人种之难以抗斯拉夫（俄罗斯民族），德军之优于法，日军之优于欧美，皆职此之由也。”他指出，注重国民体育是东西方列强的立国之本。“昔斯巴达雄霸希腊，罗马之峙立欧洲，蒙古鞑靼人之横行东方，日耳曼蛮族之战退罗马人种，非有所谓绝伦之智慧也，不过体力强悍，烈寒剧暑，风雨饥饿，

① 曾业英编．蔡松坡集．上海：上海人民出版社，1984：20．

② 曾业英编．蔡松坡集．上海：上海人民出版社，1984：20－21．

皆足毅然耐之而不觉其苦而已。盖有坚壮不拔之体魄，而后能有百折不屈之精神，有百折不屈之精神，而后能有鬼神莫测之智略，故能负重荷远而开拓世界也……近顷以降，欧美民族，日趋文明，体质渐就孱弱，江河日下，靡有已时。具眼之士，窃然忧之，于是进种改良之念生焉。故体操一端，各国莫不视为衣服饮食之切要，凡关系体育之事，奖励之方，无微不至。曰竞漕，曰击剑，曰竞走，曰击球，曰游泳，曰打靶，曰相扑，曰竞马，曰竞射，曰竞轮（以足踏车竞走也），优者争以重资赠之，或奖以宝星，甚至显职硕儒，亦有逐队竞争，欲博此名誉者。习染既久，乃成为风俗。试观西国之丈夫，有蝼其背，龟其首，气息奄奄者乎？无有也。观其妇女，有鬼气淫淫，迎风欲坠者乎？无有也。欧人体育既盛，复以医学之昌明，卫生之适宜，无怪其魄力雄大，足以气吞五洲，力压他种而有余地”。“日本自甲午战胜中国以后，因扩张海陆军备，益知国民之体力为国力之基础，强国民之体力为强国民之基础，于是热心国事之俦，思以斯巴达之国制，陶铸大八洲四千万之民众”。反观中国，“古之庠序学校，抑何尝忘武事哉？壶勺之典，射御之教，皆所以练其筋骨而强其体力者也。自一统以后，天下一家，外鲜强敌，内无凶寇，承平日多，乃文弱之气日深一日。洎乎中世，而妇女缠足之风起，迨本朝而鸦片之毒遍洒中夏，茫茫大地，几无完人。二者之外，尚有八股试帖等之耗散精神，销磨骨髓，以致病苦零丁，形如傀儡者，此又其次也”。而且“父母羸弱，必不能生健儿，且疾病嗜癖，亦流传悠远，祖及其父，父及其子，子及其孙，孙及其玄孙以及耳孙，代代相承，靡有已时”。因此，虽然“人称四万万，而身体不具之妇女居十之五，嗜鸦片者居十之一二，埋头窗下久事呻吟，龙钟惫甚而若废人者居十之一，其他如跛者、聋者、盲者、哑者、疾病零丁者，以及老者、少者，合而计之，又居十分之一二。综而核之，其所谓完全无缺之人，不过十之一而已。此十分之一之中，复难保其人人孔武可恃。以此观之，即欧美各强弃弹战而取拳斗，亦将悉为所格杀矣”。因此，蔡锷强调指出，中国若不迅速改变这种情况，“则恐不待异种之摧挫逼迫，亦将颓然自灭矣”。①

六是武器方面的原因。蔡锷认为：“武器者，国民战斗力中之一大原质也。德何以胜于法？美何以胜于西？国初之八旗何以胜于汉兵？中日之役，海陆二战，（日本）何以皆胜于中国？此中胜败之机，武器之良窳，未必绝无关系也”。而中国武器的落后，实在惊人，时至今日，“犹不出斧、钺、剑、戟、矛、弓、箭之类”。此等武器，正如尾崎行雄所说“非杀人之具，而威吓人之具”。蔡锷进一步指出，虽然近30年来，清政府派人出洋学习洋人制器之技，国内制兵之局相继林立，但绝无成效可睹。为此，他伤心地叹息：“中国无尚武之精神，是以无可恃之武器，无可恃之武器，故尚武之精神为之摧抑销磨而不可振也。”②

七是音乐方面的原因。蔡锷认为，音乐对陶冶人的意志关系重大，正如司马迁所言：“音乐者，所以动荡血脉，流通精神，而和正心也。”他指出，“军人之于音乐，尤为关切深巨”。“刘越石被胡骑困围数重，乃终夜奏胡笳，群胡解围而走。斯巴达败于麦斯埒，求援于雅典，雅典遣一善笛者应之，斯人军气，为之大振，卒获胜而归”。因此，“日本自维新以来，一切音乐皆模法泰西，而唱歌则为学校功课之一。然即非军歌军乐，亦莫不含有爱国尚武之意，听闻之余，自可奋发精神于不知不觉之中”。而“中国则惟有拉叭金鼓，以为号令指挥之具，而无所谓军乐。兵卒之所歌

① 曾业英编. 蔡松坡集. 上海：上海人民出版社，1984：21－24.
② 曾业英编. 蔡松坡集. 上海：上海人民出版社，1984：25－26.

唱，不过俚曲淫词，而无所谓军歌。至海军则尤为可笑，闻当休息暇闲之际，则互摇胡琴高唱以自娱，此诚可为喷饭者矣”。在这种氛围之中，哪有刚毅沉雄之国民和尚武好战之军人?!①

八是国势方面的原因。蔡锷认为，“天下一家，则安逸而绝争竞，当四分五裂之局，则人人有自危之念，故争竞心重，而团结以拒外之心生焉，自立以侵人之念生焉。当是之时，团体以内之人民，不得不勇悍轻死，不得不耐劳茹痛，不得不研究争竞，以求自存之道。故风浪疾，则‘同船共性命’之念切矣”。而中国“自秦一统以后，车书混同，而国家之观念潜销。自唐以后，乃专用募兵，民兵之制既废，而国民之义务愈薄。民惟纳租税以供朝廷之诛求，朝廷惟工聚敛以肆一家族之挥霍，其他则非所问”。一旦外寇侵来，“只有箪食壶浆，高举顺民旗以屈膝马前”。他指出，“吾闻物理学者曰：凡物之无自动性者，始则难使其动，既动则难冀其静。中国国情始类乎兹。”②

最后，蔡锷指出：“军国民之乏于中国也，原因万端，不克悉举，其原因中之原因，则不外以上八端。然而足使举国若痴若醉，伈伈伣伣，朝为秦奴，暮为楚妾，恬不为怪者，抑职此八端之故而已。”③

蔡锷以上对中国缺乏尚武精神原因的反思和分析，虽然不无愤激和偏颇之处，但总体而言，颇具见地，切中时弊，发人深省。

三、具体的措施

在深入分析中国缺乏尚武精神的原因的基础上，蔡锷指出：

① 曾业英编. 蔡松坡集. 上海：上海人民出版社，1984：26.
② 曾业英编. 蔡松坡集. 上海：上海人民出版社，1984：27.
③ 曾业英编. 蔡松坡集. 上海：上海人民出版社，1984：27.

“自汽机兴而交通盛已，交通盛而竞争烈已，各国有自危之心，于是互相竭精殚神，争求所以相攻相守之道，而‘铁血主义’遂成立国之大本，世界列强，无不奉为神训，一若背之即足以亡国者然。此军国民主义之所以逐日以达咸弘光大之域也。”①面对“今日世界列强，莫不曰维持平和局面，而莫不以扩张军备为国是”②的局势，蔡锷主张借鉴欧美和日本的做法，造就中国的军国民，这样“即国家不置一卒，而外虏无越境之虞。偶有外衅，举国皆干城之选矣”③。如何造就中国的军国民呢？蔡锷提出以下建议：

第一，改革教育。废除科举制度，举办新式学堂，改良教学内容，加强对学生的爱国尚武教育，并发扬其雄武活泼之气，铸成其独立不羁之精神，使之“养成其军人性质于不知不觉之中”。④

第二，改革学派。“安得一路德其人，推翻伪孔而使真孔重睹天日”⑤。即推翻在学界中占统治地位、含贱武精神的老派，弘扬含尚武精神的孔派，使人们在思想观念上形成尚武精神。

第三，移风易俗。破除“好汉不当兵，好铁不打钉”的旧观念、旧风俗，在社会上形成从军为荣、从军为乐的风尚，从而提高军人的社会地位，使军人成为社会上可尊、可敬的对象。

第四，发展体育。向西方学习，将“体操一端”，“视为衣服饮食之切要，凡关系体育之事，奖励之方，无微不至”，以增强国民的体质。⑥

第五，改良文艺。创作含有爱国尚武思想、激励士气、振奋

---

① 曾业英编. 蔡松坡集. 上海：上海人民出版社，1984：28.
② 曾业英编. 蔡松坡集. 上海：上海人民出版社，1984：30.
③ 曾业英编. 蔡松坡集. 上海：上海人民出版社，1984：32.
④ 曾业英编. 蔡松坡集. 上海：上海人民出版社，1984：18.
⑤ 曾业英编. 蔡松坡集. 上海：上海人民出版社，1984：20.
⑥ 曾业英编. 蔡松坡集. 上海：上海人民出版社，1984：21－23.

军威的文学作品和军歌军乐，增强国民的忧患意识与竞争心。“自斯以往，其或感欧风美雨之震荡，知生存之惟难，乃发畏惧心、捍卫心、团结心，与一切勇猛精进心，则中国之前途，庶有望乎”。①

第六，扩充军备。蔡锷指出，近半个世纪以来是世界列强竞相增加军费开支、扩大军备的时期。例如，俄国元帅毛尔克提出，“今日之形势，非巩固军备，则国家不能安宁一日。苟吝国帑而忽大计，一旦开衅，敌人长驱入境，其祸盍可胜言！”英国首相哈弥董则主张，“英国之海军，须常保有匹敌二国联合舰队之势力，多靡国帑，所不顾也。”② 通过人均法的分析，蔡锷得出世界列强的“国民各人之负担军费”，“在英六角五分，在法四元八角有奇，在德三元一角有奇，在意为二元四角，在俄为一元四角有奇，在奥为一元八角有奇，在日为四角四分”。他认为，即使“以负担最微之日本揆之吾国，每岁军费当在一百七十兆元以上”。③

第七，改革军制。蔡锷认为，殷周“除老弱不任事之外，人人皆兵”的“民兵制度”，“与今日欧美诸强国，殆无以异”。汉代的调兵制和北齐的“二十充兵，六十免役”的军制，“与斯巴达之国制颇相仿佛”，而“唐宋以降，始专用募兵，而国民皆兵之制扫地矣。民既不负捍卫国家之义务，于是外虏内寇，而中夏为墟，数千年神器，遂屡为异族所据”。④ 他指出，“自南非之战起，英人乃始知募兵之不足恃，于是改革军制之议，骚动全国，而英军不足畏之名，亦致暴露于天下。美国常备兵员为数虽寡，而当与

① 曾业英编. 蔡松坡集. 上海：上海人民出版社，1984：27.
② 曾业英编. 蔡松坡集. 上海：上海人民出版社，1984：31.
③ 曾业英编. 蔡松坡集. 上海：上海人民出版社，1984：29.
④ 曾业英编. 蔡松坡集. 上海：上海人民出版社，1984：29.

西班牙构衅之际，英年子弟，争附军籍以临阵者，不可胜计。募兵与民兵之优劣，不待智者而知之也。”①在比较德、法、俄、意、奥、日、美等世界列强的全国人口数、现役陆军数额和战时人员数之后，蔡锷认为，“以中国人口之数而计，则现役陆军员额应为四百万，战时人员应在二千万以上。”因此，他主张改变募兵制，实行义务兵役制。“苟如斯，则虽倾欧美日本全国之师以加吾，自足以从容排御而有余裕。即使排闼外向，步成吉思之旧轨，横冲直闯，以与他族为难，恐巨狮爪牙之下，必无完躯者矣”。②

第八，陶铸国魂。蔡锷特别指出，“欲建造军国民，必先陶铸国魂。”他认为，国魂对民族的强盛、国家的发达至关重要。“国魂者，国家建立之大纲，国民自尊自立之种子。其于国民之关系也，如战阵中之司令官，如航海之指南针，如枪炮之照星，如星辰之北斗，夜光不足喻其珍，干将不足喻其锐，日月不足喻其光明，海岳不足喻其伟大，聚数千年之训诂家而不足以释其字义，聚凌云雕龙之词人骚客，而不足以形容其状貌，聚千百之理化学士，而不足以剖化其原质。孟子之所谓浩然之气，老子之所谓道，其殆与之相类似乎”。同时他也认为，国魂不可能凭空产生，它“渊源于历史，发生于时势，有哲人以鼓铸之，有英杰以保护之，有时代以涵养之”。在他看来，日本的国魂是充满尚武精神的武士道，这种精神是促使日本“独获为亚洲之独立国”的动力；德国的国魂是祖国主义，它是促使德国反抗外来入侵、突飞急跃的泉源；美国的国魂是“美洲之局，他国不得而干涉之”的门罗主义，它是美国凛然不可侵犯的原因；俄国的国魂则是“约翰郭拉所唱之斯拉夫人种统一主义”，它是促使俄国逐渐发达强大的原因。至

① 曾业英编．蔡松坡集．上海：上海人民出版社，1984：30.
② 曾业英编．蔡松坡集．上海：上海人民出版社，1984：28.

于中国的国魂是什么，蔡锷“沉沉以思，举目而观，欲于四千年汉族历史，搜索一吾种绝无仅有之特色，以认为吾族国魂，盖杳乎其不可得也矣”。尽管如此，但在文章末尾，他果断地作了肯定性的回答：“然而吾脑质中有一国魂在。”① 虽然蔡锷对中国的国魂没有明确地表述出来，但从字里行间，我们不难看出，他所希望的国魂是一种抵御列强侵略的尚武爱国和勇于为国捐躯的精神。

四、深远的影响

由前所述，我们不难看出，蔡锷所倡导的军国民主义是对中国传统战争观念的一种反动，也是对帝国主义的兴起所造成的空前战争危机的一种积极回应。它明确地告诉人们，在帝国主义不断发动殖民战争的历史条件下，中国人所长期信奉的从价值观念上否定战争的态度已经过时，必须变轻武为尚武，以武力对武力，以战争反战争。这样才能抵御列强的侵略，实现救国图存的目标。需要指出的是，蔡锷的军国民思想虽然源于日本的“军国主义”，但其目的在呼唤中国人在“武装平和之时代”大力弘扬尚武主义，以改革军事、富国强兵、抵御外侮、拯救中华。因而，它包含了明确的爱国主义思想。这与以穷兵黩武、对外扩张为目的的日本军国主义是有根本区别的，显然具有反帝爱国的积极、进步的意义。因此，蔡锷的《军国民篇》发表后，在留日学生界立即产生了强烈的共鸣，日本人下河边五郎曾将此文与蒋方震所写《军国民之教育》合编为《军事篇》，先后印行了七版，足见其影响之大。有论者说：“吾国‘军国民主义’之输入，以此为嚆矢。”②可

---

① 曾业英编．蔡松坡集．上海：上海人民出版社，1984：32－35．

② 李文汉．蔡松坡年谱．1900 年条．

以说，提出“军国民主义”以抵御列强入侵、拯救中国的主张，蔡锷是第一人。蔡锷《军国民篇》的发表，对于20世纪初年中国社会产生了深刻的影响。

首先，它提出了一种新的战争观念。我们知道，中国传统政治思想强调以道德立国，以仁义化育天下，因而对战争和暴力素来持谨慎乃至厌恶的态度。孔子强调仁义，主张“为国以礼”，自称“军旅之事，未之学也”（《论语·卫灵公》）。孟子认为“以德行仁者王”，主张“善战者服上刑”（《孟子·离娄上》）。墨子主张“兼爱”，提倡“非攻”。老子则说：“兵者，不祥之器，非君子之器”，“故有道者不处”，只是“不得已而用之”（《老子》第三十一章）。庄子及其后学倡导“无功”、“无名”，以保养真性、顺应自然为宗旨，对战争亦持反对态度。即使是兵家、法家，虽然对战争抱积极态度，但对暴力因素的发挥亦留有余地。《孙子》重视“主孰有道”，强调“上兵伐谋”；《商君书》则指出，战争的目的是“以战止战”，“以杀止杀”；《韩非子》反对轻易发动战争，告诫人们“主多怒而好用兵，简本教而轻战攻者，可亡也”（《韩非子·亡征》）。秦汉以降，随着儒家思想在社会意识形态和人们心理观念中的统治地位的确立，再加上道家精神、佛教教义的侵淫，中国人对战争暴力愈加反感。儒、道都强调阴阳和谐互补，讲求对立面的统一与平衡。这种观念折射到社会生活中，在儒家便是尚仁贵中，以道德治天下；在道家则贵柔主静，强调宽容，推崇清静无为；在佛家则讲因果报应，教导人们对动物、对自己的同类要仁慈，认为屠杀是不仁道的。魏晋玄学、宋明理学兼融儒、道、佛，其观念不仅普遍左右着历代士大夫，就是普通百姓亦受这种观念的支配。“和为贵”、“和气生财”、“家和万事兴”、“协和万邦”等等，都是中国人最熟悉、最常用的词汇。中国传统政治文化中对战争暴力带否定倾向的价值判断对于中国古代军事发展所产生的消极影响是十分明显的。首先，导致社会的主体文化缺乏尚武的精神，不论是士大夫还是老百姓多以武勇为耻，这就使中国人大多变得比较文弱。其次，影响各朝代军事建设的指导方针，其中最为明显的便是军队的军政、军令权皆由文官控制的“以文制武”政策的推行和将当兵作为对罪犯一种惩罚方式的“谪兵制”的实施，加之科举制度的推行，社会心理愈益重文轻武。这就使中国军人备受鄙视，社会地位低下，必然挫伤了人们从军的积极性，进而限制了军队战斗力的发挥。最后，影响军事科学技术的发展。中国人虽然最早发明了火药，但却长时期内将之主要应用于和平用途。到清初，火器专家戴梓发明了“连珠炮”，威力颇大，但立刻便有人站出来反对这种武器的推广应用，致使这一发明样品早已失传。明代时从西方引进的一些洋炮制造技术，也由于社会上的反对和封建统治者的不重视至清中叶以后亦失传。明末清初以后，中国的火器技术迅速落后于西方，原因固然是多方面的，但中国厌恶战争的传统观念的消极影响也是其中的一个重要方面。由此可见，厌恶战争、热爱和平既是中华民族的一种传统美德，但它同时也使得中国在古代和近代军事建设和发展中进取精神不足，消极保守有余。尤其是在以强权主义为主导的近代世界政治格局中，这种消极落后的影响更加明显。鸦片战争之后，中国屡败于世界列强，备受欺凌就充分说明了这一点。洋务派虽然致力于制器、练兵，但在蔡锷看来，这些并没有触及到问题的根本，不仅“经营三十余年，绝无成效可睹”①，相反却因国人“无用之之资格”，制造出来的武器“不惟无用，转

① 曾业英编. 蔡松坡集. 上海：上海人民出版社，1984：25.

以资敌”[1]。维新变法期间，维新派虽然从强国入手，提出了建立一支“内可弭乱，外可御侮”的近代军队；废止已为“博物院之古物”的“弓刀步石之武试，及旗兵习弓矢”；“广设武备学校”，采用西法训练[2]；“裁汰绿营，选改营勇为巡警，更仿照东西国兵制，大练新军”[3]；“整顿水师、陆军，延西将，练洋操，购船炮”等军事改革的主张，但由于受传统观念的影响，他们又普遍认为“泰西之所以强，不在炮械军兵，而在穷理劝学”[4]，“兵战不如商战，商战不如学战”[5]，因而，转向致力办报刊、办学校、办学会，对于军事改革，却没有深入研究。因此，蔡锷《军国民篇》的发表及其对军国民主义的宣传和对中国重文轻武的传统观念的批判，对于促使国人在“强权即是公理”的世界大势之下，变革传统落后的战争观念，培育尚武精神以抵御列强侵略，起到了积极的作用。随后，鼓吹尚武，推崇武力受到知识界的重视，形成一股尚武思潮。杨度在《〈游学译编〉叙》中指出：中国要自强，“必须人人有军国民之资格”，“非全国皆兵，人自为战，无能济者”。[6]陈天华在《警世钟》中指出：“只要我全国皆兵，他就四面受敌，即有枪炮，也是寡不敌众。”[7]梁启超也在《新民丛报》上发表《论尚武》专文，全面系统地论述了尚武精神，并以《中国之武士道》为标题，辑录了自春秋至汉代间 70 位“好气任侠”人士事

---

① 曾业英编. 蔡松坡集. 上海：上海人民出版社，1984：32.

② 康有为政论集：上册. 北京：中华书局，1981：272－274.

③ 康有为政论集：上册. 北京：中华书局，1981：318.

④ 康有为政论集：上册. 北京：中华书局，1981：130.

⑤ 舒新城编. 中国近代教育史料：下册. 北京：人民教育出版社，1981：935.

⑥ 王忍之编. 辛亥革命前十年间时论选集：第 1 卷. 北京：三联书店，1960：247－261.

⑦ 陈天华集. 长沙：湖南人民出版社，1982：71.

迹，以激励国人的任侠精神。同时，一些爱国青年还要求铸造新的国魂，并大声疾呼："魂兮归来，吾祖国之魂兮，盍归乎来！"①在这种尚武爱国主义思潮的影响下，大批有文化的青年投笔从戎，涌入军队，习兵练武，以救国图存，在一定程度上促进了20世纪初年中国军人社会地位的提升、官兵素质的改善、军事制度的改革和军事学术的繁荣。

其次，它代表了一种新的救国思路。鸦片战争以来，为了救亡图存，中国有识之士纷纷探索救国之道。地主阶级改革派提出"师夷长技以制夷"的救国主张，把练兵、制器和筹设海防作为"自强"的主要内容，开展了"求强"、"求富"的洋务运动。甲午战败，宣告了洋务运动的破产。接着，资产阶级维新派在批评洋务派变事不变法的同时，运用进化论的观点，提出了采西法，改变中国政治、经济制度的变法维新主张，掀起了轰轰烈烈的维新变法运动。"戊戌六君子"喋血菜市口，粉碎了维新派变法的迷梦。戊戌变法失败之后，中国一部分流亡到日本的知识分子，在西方学术思想的影响和日本明治维新后快速发展的刺激下，对鸦片战争以来中国人民反抗帝国主义侵略的历程进行了深刻的反思。他们逐渐认识到，要救亡图存，仅靠引进西方的科学技术和政治制度是不够的，还必须注重对国人自身的改造。他们认为，国民素质的优劣与国家的强弱关系十分密切，"民质者，国家之要素，社会之基础，兴亡之根源，强弱之种子"②，"民弱者国弱，民强者国强"③。梁启超还提出了著名的"新民说"。在他看来，"苟有新民，何患无新制度？无新政府？无新国家？非尔者，则虽今日

① 论尚武主义．东方杂志，1905（5）．
② 论尚武主义．东方杂志，1905（5）．
③ 梁启超．新民说．郑州：中州古籍出版社，1998：56．

变一法，明日易一人，东涂西抹，学步效颦，吾未见其能济也。夫吾国言新法数十年而效不睹者，何也？则于新民之道未有留意焉者也。”① 在这种思想的主导下，他们认识到，教育、习俗、文学、音乐等对国民素质的培养和提高至关重要，因而进一步提出了教育救国、习俗救国、文学救国、音乐救国、小说救国等主张，其目的就是要通过这些手段唤醒国人、改造国民，提高国人的素质，以塑造一个具备近代文明素质和健壮体魄的国民群体，最终实现救亡图存。这种改造国人、塑造新民的救亡图存的新思路与以往的“师夷长技以制夷”、“中体西用”、“维新变法”等思路的不同之处就在于，它从注重和强调器物文化与制度文化的物化形态转向注重和强调精神文化的观念形态。因此，可以说它是中国有识之士在原有认识上的一种进步，使中国人民救亡图存的方案更趋完善。蔡锷的军国民思想以鼓吹尚武精神为主调，批判了重文轻武的传统观念，呼吁国人培养尚武精神，就是当时注重国人自身的改造这种救国新思路的反映。它对于20世纪初年中国社会“军国民主义”思潮的形成以及尚武主义思潮的产生，无疑起到了积极的推动作用。

再次，它催发了一股新的教育思潮。蔡锷的《军国民篇》发表后不久，蒋百里发表《军国民之教育》一文，具体提出了军人精神教育的大纲及在学校、社会、家庭实施军国民教育的方法。留日学生创办的《游学译编》、《湖北学生界》、《浙江潮》、《云南》等刊物也纷纷鼓吹军国民教育，进一步丰富了军国民教育的内容，从而对20世纪初年“军国民教育”思潮的勃兴也起到了积极的推动作用。1903年，留日学生在东京发起组织“拒俄义勇队”

① 梁启超. 新民说. 郑州：中州古籍出版社，1998：48.

（即学生军），后改名为“军国民教育会”，确定了“养成尚武精神，实行民族主义”的宗旨，“分射击班、讲习所和体操科，进行军事训练”。随后，资产阶级革命派为了发展革命势力，组织和训练武装力量，还借军国民教育思潮盛行体育之机，积极创办体育会，开办体育学堂，以体育为掩护，实行严格的军事训练，培训了大批革命军事人才。1903 年，在社会各界的强烈呼吁下，清政府为了推行“新政”，对旧教育体制也进行了改革，公布了中国第一个经正式颁布并在全国范围内实际推行过的“癸卯学制”，其中规定：各级各类学堂均开设体操课作为必修科，小学堂每周三学时，中学堂每周两学时，高等学堂每周三学时，另有兵学一学时，内容有军制学、战术学、战史等。同时，学制还规定，高等小学以上的学校体操课宜以兵式体操为主。[①] 张百熙、荣庆、张之洞等人还提出，“各学堂一体练习兵式体操以肄武事，并于文高等学堂中讲授军制、战史、战术等要义。大学堂政治学门添讲各国海陆军政学，俾文科学生稍娴戎略。”[②] 这一时期，体操一般分为普通体操和兵式体操两种，而学校的体操课多以兵式体操为主，其主要内容就是军队的整队、队列等，此外还有射击打靶、兵学战史之类，基本上是军事训练。1906 年，清政府第一次颁布了教育宗旨，第一次把“尚武”作为一项教育方针明确规定下来，促进了军国民教育的实施。清学部还向光绪帝奏议：“凡中小学堂各种教科书，必寓军国民主义，俾儿童熟见而习闻之。国文、历史、地理等科，宜详述海陆战争之事迹，绘画炮台兵舰旗帜之图形，叙

---

① 舒新城编. 中国近代教育史资料：第 2 卷. 北京：人民教育出版社，1981：431.

② 舒新城编. 中国近代教育史资料：第 1 卷. 北京：人民教育出版社，1981：210.

列成穷边使绝域之勋业；于音乐一科，则恭辑国朝之武功战事演为诗歌，其后先死绥诸臣尤宜鼓吹扢扬，以励其百折不回视死如归之志；体操一科，幼稚者以游戏体操发育其身体，稍长者以兵式体操严整其纪律，而尤时时助以守秩序，养威重，以造成完全之人格。”①辛亥革命后，军国民教育思想逐步深入人心，南京临时政府把军国民教育列为教育宗旨之一，并明确规定，军国民教育应占学校教育的10%。总之，军国民教育思潮的兴起对于在各级各类学校中开展军事知识教育和军事技能训练起到了重要的推动作用，从一个侧面反映了中国有识之士振奋民族精神，抵御列强入侵的强烈愿望。作为首倡者之一，蔡锷对于清末民初军国民教育的勃兴功不可没。

《军国民篇》作为蔡锷的首篇军事理论论著，系统地反映了他军事救国的爱国主义思想，在中国近代军事思想史上具有重要的地位和价值。但由于思想的局限，在《军国民篇》中，蔡锷只是提出以反帝为主旨的军国民主义并试图以此改革中国的军事是不够的，在清政府已经成为“洋人的朝廷”状况下，不推翻清王朝的封建专制统治，彻底铲除导致中国落后的祸根，不仅其军国民主义的军事改革方案无法实现，而且要战胜帝国主义更是不可能的。当然，随着民主革命思想的形成，后来蔡锷逐步把抵御帝国主义列强入侵与武装颠覆清政府结合起来，并通过革命实践，最终成为中国近代史上著名的资产阶级民主革命家和军事家。

① 舒新城编．中国近代教育史资料：第1卷．北京：人民教育出版社，1981：220.

第二节　军队建设思想

一、兵役制度思想

早在日本留学期间，蔡锷在涉猎西方近代战争史的过程中，就认识到兵役制度对战争的胜负具有重大的影响和作用。为此，他对中西的兵役制度进行了比较研究。他认为，班固的《汉书》上记载的殷周以井田制为基础，“有税有赋，税足以食，赋足以兵”，“是以除老弱不任事之外，人人皆兵”的民兵制，“与今日欧美诸强国，殆无以异”。而汉代、北齐的征兵制也“与斯巴达之国制颇相仿佛”。但中国自“唐宋以降，始专用募兵，而国民皆兵之制扫地矣。民既不负捍卫国家之义务，于是外虏内寇，而中夏为墟，数千年神器，遂屡为异族所据”。①

民国初年，蔡锷从加强国家军事建设的实际出发，深入研究了兵役制度问题。通过对 1793 年法国抗击以英国为首的反法联军战争、1813 年普法战争等近代西方战争实例的分析，蔡锷指出，“近百年来，为一切政治之原动，而国制组织之根本者，则立宪制度是也。为一切军事之原动，而国军组织之根本者，则义务兵役制也。新国家之有是二者也，犹车之有两轮，鸟之有两翼。而二者之间，尤有至深至密切之关系。自国家言，则立宪制度者，求其个性之发达，故自由者，义取诸分，对内者也。义务兵役者，求其团体之坚固，故强制者，义取诸合，对外者也。自人民言，

---

① 曾业英编．蔡松坡集．上海：上海人民出版社，1984：29.

则既有与闻政治之权利，即当然有保卫国家之义务，是故宪法兄也，征兵令弟也，而双生焉”。义务兵役制“孕育于法国之革命，自由主义其先声也。成长于普鲁士之行政改革，民族主义其中坚也。结果于今日之战争，帝国主义其尾声也”。[①] 从反对帝国主义侵略战争的需要出发，蔡锷积极主张融合西方近代兵役制度长处和中国古代民兵制、征兵制的精华实行义务兵役制。在他看来，与当时中国实行的募兵制相比，义务兵役制至少有两大好处：其一，“义务兵役者，聚国民而为一大团体”[②]，使人人都有保卫国家之义务。这样一旦发生战争，就有充足的后备兵员予以补充。其二，是解决国家军费有限而又要训练出大量有水准的军事人员这一两难问题的有效途径。因为实行义务兵役制，可以用“养一兵之费，更番而训练之，能者归之野，更易时新，以二年为期，则四年而倍，十年而五倍之矣”。这样就能“以少数之经费，得多数之军队，而又能不失其精度是已”。所以，“佣兵者以十年练一人而不足，征兵者以一费得数兵而有余也”。[③] 如何在中国实行义务兵役制呢？蔡锷参照近代西方各国的做法，提出三方面建议：

第一，国家要颁布有关法律，对兵役的种类和服役的期限作出明确的规定，并予以强制实施。他认为，“民非强迫不肯服兵役，国亦非强迫不能行征兵”，因此建议国家制定有关法律，具体规定为：“凡国之男子，除处重罪之刑者和残废者之外，自十七岁迄四十七岁，皆有服兵役之义务。兵役分为常备兵役、后备兵役、补充兵役和国民军役四种。常备役七年，其中前三年为现役，后四年为预备役。现役者，自满二十岁者服之，征集于军队中受正

① 曾业英编．蔡松坡集．上海：上海人民出版社，1984：1278.
② 曾业英编．蔡松坡集．上海：上海人民出版社，1984：1285.
③ 曾业英编．蔡松坡集．上海：上海人民出版社，1984：1281.

规军事教育，三年后退归预备役，返之乡里，每间一年于农隙后召集复习，以备战时之召集。后备役十年，以满预备役者充之，战时在后方从事修铁路、占领地、守护兵站线、护送武器弹药、镇压土匪等工作。补充役十二年，以未能服兵役之壮丁充之，于农隙时征集并施以短期军事教育，战时视其年龄之大小，或编入守备队，用之于后方，或编入补充队，以为第一线伤亡病失之预备。国民兵役分为第一国民军，第二国民军。第一国民军，以满后备役及补充役者充之。第二国民军以其他未受军事教育者充之，当国家处于危急存亡之际，兵力不敷之时召集之。”①

第二，国家要设立各级专门行政组织机构，从事征兵工作。他建议，全国征兵机构自上而下分为中央、军区、旅区、征募区四级，其中中央征兵官由陆军及内务之行政长官兼之，军区以下的各征兵区域与地方行政区域相同，征兵工作负责人以当地的军事长官与行政长官担任。蔡锷认为，这样既有利于密切军民关系，又有利征兵工作开展，还有利于士兵之间的团结。②

第三，国家要明确征兵行政机构应从事的事务，确保征兵工作顺利进行。蔡锷认为，征兵具体分为征集事务、召集事务和监视事务。

征集事务细分为准备、分配、检查、征集等四项。所谓准备，就是全国自上而下摸清适龄青年人数；所谓分配，就是国家根据年度征兵计划和各地适龄青年人数，确定各地应征人数；所谓检查，就是对应征对象进行体检，挑选出符合条件的人员。所谓征集，就是确定可以服役的人员，编入相应的部队，并予以公布，定期到征募区集中，由各部队派员迎接。

---

① 曾业英编．蔡松坡集．上海：上海人民出版社，1984：1280－1281．
② 曾业英编．蔡松坡集．上海：上海人民出版社，1984：1282．

召集事务分平时之准备和战时之实施两类。所谓平时之准备，就是“政府示其召集之要纲，以颁诸军，军长准之，定其召集之人员，以颁诸征募区司令官，区司令官乃订成各县之召集名簿及召集令，以送之县，县别存之。召集令者，一人一纸，记其姓名、住址、召集之地点，惟时日则空之，以待填也。而凡交通之关系，旅行之时日，集合之地点，监督指挥之人员，无一不预为计画，以免临时之周章也”。所谓战时之实施，就是“元首以动员令行之，政府以颁诸军，军以颁诸：（一）地方长官，（二）各宪兵、警察队长，（三）各部队长，（四）征募区司令官。区司令官以达诸县，县记载其时日以颁诸村，村以达诸各人。各人之受令也，乃按照令内所规定之时日、地点、道路，以至于召集事务所。各部队先期派员迎之，率以归于队，而地方官吏及警察、宪兵同时布监视网，以监督之，防逃役”。

监视事务分为入伍前之监视和退伍后之监视。所谓入伍前之监视，就是“人民自十七岁起，即有受监视之义务，如迁移必须报告本区，旅行则必得许可”。所谓退伍后之监视，一为复习，将退伍人员复召之入伍，进行训练，以期不忘。训练时间在预备役中至少两次，后备役中至少三次，每次必于农隙期自三周至六周不等；一为点名。就本地征集之兵役，检查其体格及执业，以验其适于军事之程度。“此皆所以为战时召征之准备也。”此外，为了使义务兵役制达到征之能来、来之能教、教之能归、归之能安、临战召之即至的效果，蔡锷还提出：国家要相应整理地方行政机关、改良军队教育和注重发展国民经济。①

在中国军制发展史上，蔡锷是较早全面阐述义务兵役制度的

① 曾业英编．蔡松坡集．上海：上海人民出版社，1984：1282－1285．

军事家和政治家。1840年鸦片战争后，清政府中一些头脑清醒的王公大臣发起了一场以促进中国军事近代化为主要目的的洋务运动。但在“中体西用”思想的指导下，洋务派所进行的军事改革仅限于引进西方枪炮和进行某些西式操练等方面，而对作为军事改革不可缺少的重要方面的兵制改革却没有给予应有的重视，因而未能建立起适应近代战争需要的新兵制。正当清军兵制发展停滞不前之际，日本却出于对外扩张的需要，在考察学习西方兵制的基础上，于19世纪70年代颁布了《征兵法令》，进行了全面的兵制改革，大大增强了军队的实力，为发动侵华战争并在甲午战争中获胜奠定了强大的军力基础。就某种意义而言，甲午战争是一场先进的义务兵役制度必然战胜落后的募兵制度的战争。因此，蔡锷主张改革中国兵役制，实行义务兵役制度，对于中国国防和军队建设适应近代战争发展的需要，对于中国在未来反对帝国主义侵略战争中立于不败之地具有十分重要的意义。

二、军队编制思想

军队的编制关乎军队的强弱，是军队建设的重要方面。对此，蔡锷十分重视。他认为，军队建设“人至众也，事至烦也”。在这种情况下，要实现军队“统率于一人意志之下，若身之使臂，臂之使指”的功效，必须讲求组织之法。“所谓军事之组织者，编制是也。”① 他以木燧为例，形象地道出了编制的重要性。他说：“一木燧，至微也，至轻也，至便于取携也，置百万燧于此，而欲以一手携之，将何道之从？于此有术焉：每百竿，则篋之以匣，每百匣，则包之以纸，每百包，则匡之以箱，而系之以索，一手

① 曾业英编．蔡松坡集．上海：上海人民出版社，1984：1297．

举之耳。"① 因此，他认为，军队编制的目的，就是通过"众以部分，事以类合，分合得宜"，达到"人与器合"、"兵与兵合"、"军与军合"、"军与国合"。从西方近代军队编制的发展和中国军队适应近代战争的需要出发，蔡锷主张全国军事力量应由五个方面组成：一是以常备役为主体的野战军。这是"国中之最良之质，负最重之任，以从事于野战者"。二是以后备役为主体的守备军，"所以守卫国内及占领地。若野战军不敷用，则以守备军助之"。三是以补充役及开战年度之新兵为主体的补充军，"所以备野战军、守备军之死伤疾病，欲维持其兵力不少衰者也"。四是以民兵役为主体的国民军，"当存亡危急之时，则召集以当国内守卫之任者"。五是以常备军为主体的特种队，"所以任技术上之专门任务"。蔡锷认为，国家有此五种军事力量，"于是有战于外者，有守于内者，有维持于后方者，有应变于临时者，而国乃可言战"。②

与此同时，蔡锷以"部分"和"类分"两种方式详细阐述了野战军的编制大纲。以部分，野战军由军、军团、师、旅、团、营、连自上而下组成。"军"是"一战役中能独立，专任一方面之战事"的军事组织。其所统军团之数，至多不得过六个，由军司令部、野战军团（两个以上）、骑兵师（一个以上）、兵站部和铁道队、电信队、飞机、要塞、炮队组成。"军团"是"能独立作战之最小单位"。其组织编制，平时即定之，非若军之编制，临战而始有。军团各有补充之区域（即军区制），故名之曰战略单位，其人数以三万人为准，由军团司令部、步兵师（两个以上）、骑兵或炮兵之一部、工程队一营和辎重组成。"师"是"能终始一战斗的军事组织"，"其要在使各种兵（步、骑、炮）能互相为用，而发

① 曾业英编．蔡松坡集．上海：上海人民出版社，1984：1308．
② 曾业英编．蔡松坡集．上海：上海人民出版社，1984：1298．

扬其最大之威力”，由司令部、两个步兵旅、一个骑兵旅、一个炮兵旅、一个工程连和轻便辎重组成。“旅”则是各兵种之最大团结，有步兵旅、骑兵旅、炮兵旅等。

以类分，野战军由司令部（指挥作战）、战列队（实行战斗）、辎重队（接济军需）和兵站（联络后方）四个部分组成。蔡锷指出：司令部是军队之神经系统，军队按其小大等级，各置司令部。其编制上的原则，一是部中不得置两首长，即进言于首长之前者，只准一人；二是司令部之幕僚，以愈少愈妙。“人少则下忙而上闲，责任专而分业定也，人多则下闲而上忙，议论杂而人事烦”；三是司令官以闲静为治事为要则，“闲静者，不亲小节之谓”。战列队是实际担负战斗之任务的军事组织，以各兵种能各竭其能、互相为用为编制的原则。步兵之长，在用其广而富于独立性，能远战（火器），能近战（白刃），能攻能守，能不受地势天时之限制。最后胜负之决，首在步兵。其编制之最大者曰旅。一旅二团，一团三营，一营四连。连以二百至二百五十人为率，图使用之便利，分为三或四排，各以将校长之。骑兵之长在其速力，然能攻不能守，虽负枪能远战，而非其本能也。故除袭击外，则于侦探、通信诸勤务最为适宜。其最大之编制为旅。一旅二团乃至四团，一团三连乃至五连。一连以五十骑为率，为便利计，分为四排，以将校长之。炮兵之长，在其大炮之远射力，及其弹丸之破坏力。然能远战不能近战，故不能决最后之胜负，而最适于为决战之准备。运动困难是其一短，各国近日则交通日便，技术日精，而火炮之威力亦放大。其最大之编制亦为旅。一旅二团，一团二营或三营，一营三连，一连之炮兵，以六门或四门为率。凡计兵力，步以营计，以千人为标准。骑兵、炮兵以连计，骑兵以骑计，炮以门计。此外则各种技术队，如工程、电信等类，从事架桥、造路、筑垒、通信等勤务，其最大编制以营计。辎重部队是随作战部队运动，并为其提供弹药、粮秣、医药和器具等军用物资的团体。每一军团辎重部队的编制为一弹药纵列，辖两个弹药营；一辎重纵列，辖两个粮秣营、三个卫生队、十二个野战医院、一个马厂和两个炊具纵列；一架桥纵列。兵站是军队与本国之联络机关，主要承担输送野战军一切需用物品及人马于战地，还运送一切不用物品及伤病兵于本国，为往来于兵站之间的军事人员提供医疗、食宿、物资等方面的服务，保护、修理、建设本区内之交通线和管理本区内之地方行政事宜等工作。兵站的编制分为兵站监部、兵站司令部、兵站诸队、兵站诸厂、兵站诸纵列等五个系列，每个系列又根据其任务细分成若干部或队。如兵站监部辖本部、兵站宪兵部、兵站军需部、兵站军医部、兵站兽医部、兵站法官部、兵站电信部等七部；兵站各队分兵站守备队、兵站铁路队、兵站通信队；兵站各厂分野战兵器厂、卫生材料预备厂、野战被服厂和预备马厂；兵站各纵列分为兵站车辆纵列、兵站仓库纵列、兵站粮食纵列、兵站炊具纵列和兵站弹药纵列，等等。

在提出军队编制方案的同时，蔡锷认为，“军制与国制之关系有若唇齿”，“军事之组织有恃乎国家之行政能力”，因而主张根据军制与国制相一致的原则，依国家行政区域设立军区，实行军区制，使行政官与军政官同心协力，军队与地方互相结合。这样，“司令官及军需官于战务一定之制限内，有自由处分之权利，不必仰中央之指挥”，“军队乃有其根据，可以生生不绝焉”。①

① 曾业英编. 蔡松坡集. 上海：上海人民出版社，1984：1297－1308.

三、军队教育思想

蔡锷认为："练兵之主旨，以能效命于疆场为归宿。欲其效命于疆场，尤宜于平时竭尽手段，以修养其精神，锻炼其体魄，娴熟其技艺，临事之际，乃能有恃以不恐。"① 他还说："军人者国民之精华也，故教育之适否，即足以左右乡党里闾之风尚，与国民精神上以伟大影响。盖在军队所修得之无形上资质，足以改进社会之风潮，而为国民之仪表。挚实则刚健之风盛，则国家即由之而兴。故负军队教官之任者，当知造良兵，即所以造良民，军队之教育，即所以陶冶国民之模型也。"②因此，对于军队的教育和训练，蔡锷历来十分重视。怎样加强军队教育训练，使之成为国防的"干城"？蔡锷认为必须以兵与器一致、兵与兵一致、军与军一致、军与国一致等四个"一致"为军队教育之纲领。

所谓兵与器一致，就是通过教练使兵卒有娴熟的军事技艺，达到心、身与武器的一致，以提高单兵的军事素质。蔡锷认为，"一艺之微，其能成功而名世者，必有藉乎精神、身体、器用三者之一致。"兵与器一致的教育也是如此。他说："书家之至者，能用其全身之力于毫端，而力透纸背。军人之执器以御敌，无以异于文人执笔而作书也，方法虽不同，其所求至乎一致者一也。兵卒之来自民间也，其体格之发达，各随其艺以为偏，身与心尤未易习为一致，故必先授以徒手教练及体操，以发达之。体与神交养焉，然后授以器，使朝夕相习焉。以至简之方法，为至多之练习，久久而心、身、器三者一致乃可言也。故夫步兵之于枪也，

① 曾业英编. 蔡松坡集. 上海：上海人民出版社，1984：1249.
② 曾业英编. 蔡松坡集. 上海：上海人民出版社，1984：1309.

则曰托之稳、执之坚、发之自然。骑兵之于马也，则曰鞍上无人，鞍下无马，皆极言其身与器之一致也。”①他指出：“学问之道本无穷期，况军事日新，苟非勤于操练，则昔之所学者，不免随得随失，今所未知者尤属愈离愈远。”因此，他要求部队“戒满戒盈”，不断加强军事训练，使“技艺日练日精”。②

所谓兵与兵一致，就是要教育官与兵、兵与兵坦诚相待，精诚团结，苦乐与共，生死相依，形成一坚强有力的战斗集体。中国兵家所希望达到的治军境界就是建立父子式的官兵关系。《孙子兵法·地形篇》中称：“视卒如婴儿，故可与之赴深溪；视卒如爱子，故可与之死。”《吴子·治兵第三》中说：“所谓治者，居则有礼，动则有威，进不可当，退不可追，前却有节，左右应麾，虽绝成阵，虽散成行。与之安，与之危，其众可合而不可离，可用而不可疲。投之所往，天下莫当，名曰父子之兵。”到近代，曾国藩、胡林翼等人创建湘军，特别强调发挥中国古代父子兵的传统，坚持以“仁爱”治军，为把湘军建设成为一支“仁义之师”煞费苦心。曾国藩说：“吾辈带兵，如父兄之带子弟一般，无银钱，无保举，尚是小事。切不可使之因之扰民而坏品行，因嫖赌、洋烟而坏身体。个个学好，人人成才，则兵勇感恩，兵勇之父母亦感恩矣。”③ 对此，蔡锷深有同感。他认为，曾国藩“带兵如父兄之带子弟一语，最为慈仁贴切。能以此存心，则古今带兵格言，千言万语，皆可付之一炬。父兄之待子弟，虑其愚蒙无知也，则教之诲之；虑其饥寒苦痛也，则爱之护之；虑其放荡无行也，则惩责之；虑其不克发达也，则培养之。无论为宽为严，为爱为憎，

① 曾业英编. 蔡松坡集. 上海：上海人民出版社，1984：1310.
② 曾业英编. 蔡松坡集. 上海：上海人民出版社，1984：1374.
③ 毛注青等编. 蔡锷集. 长沙：湖南人民出版社，1983：73.

为好为恶，为赏为罚，均出之以至诚无伪，行之以至公无私。如此则弁兵爱戴长上，亦必如子弟之爱其父兄矣。”在此基础上，蔡锷还结合自己治军的体会，提出了军营为军人第二家庭的观点。他认为，“此第二家庭，较之固有之家庭，其关系之密切，殆将过之”。因为在这第二家庭中，“长上之教育部下也，如师友，其约束督责爱护之也，如父兄；部下之对长上也，其恪恭将事，与子弟之对于师友父兄，殆无以异耳”。这样一来，官兵之间的关系一定会和睦融洽，一旦他们共同对敌的时候，就会“同患难，共死生，休戚无不相关，利害靡不与共”，给敌人以最有力的打击。①蔡锷还认为，在义务兵役制下，更要注意发挥这种军营之军人第二家庭的作用。这样，当兵的一经从戎，不管是常备还是续备、后备，都不能脱离这第二家庭的关系，一旦有战事，均可“荷戈以出，为国宣劳”②。如何进行这种兵与兵一致的教育呢？蔡锷认为：“人心至不齐也，将欲一之，其道何由？曰有术焉，则逆流而入是也。逆流云者，自外及内，自形式而及于精神是也。以颜子之圣，询孔子以仁，而其入手则在视、听、言、动。军队教育之道，其若是已。是故步伐之有规定也，服装之必整齐也，号令之必严明也，整饬其训练于外，所以一其心于内也；器具之有一定位置也，起居之有一定时刻也，严肃其内务于外，所以一其心于内也。虽然，亦更有其精神者存焉，则人格之影响，情分之交感是也。惟人格有影响，而上下间之关系以深，惟情分有交感，而彼此间之协同以著。此种一致之基础，成于战术单位之连。连者军队之家庭也，其长则父也，连之官长，成年之弟兄也，弁目之长，曰司务长者，则其母也。是数人者，于兵卒一身之起居、饮

① 曾业英编. 蔡松坡集. 上海：上海人民出版社，1984：1247－1248.
② 曾业英编. 蔡松坡集. 上海：上海人民出版社，1984：1247－1248.

食、寒暑、疾病，无不息息焉管理之，监视之，苦乐与共，而其情足以相死，夫而后一致之精神立焉。此一连教育之主旨也。”①

所谓军与军一致，就是教育各部队之间要协同配合，“使各知其联合之要领”。蔡锷指出：“自征兵制行，而兵之数量日以增，技术发达，而兵之种类日以繁，文明进步，而将校之知识日以高，于是军与军之一致，其事愈难，而其要益甚。自其纵者言之，则将将之道有视乎天才。自其横者言之，则和衷共济有视乎各人之修养。此种一致，盖与国家存在之源同。其根据历史之传统一也，伟人之人格势力二也，智识锻炼之一致三也，人事系统之整齐四也。而每年秋操，图各兵种使用上之一致，使各知其联合之要领，则犹其浅焉者耳。”②值得注意的是，蔡锷十分重视将官在军队中的骨干作用，视之为保证实现军与军一致的关键。他对曾国藩关于“天下强兵在将”、“兵易募而将难求”的观点深表赞同。他录胡林翼关于“营官不得人，一营皆成废物；哨官不得人，一哨皆成废物；什长不得人，十人皆成废物。滥取充数，有兵如无兵也”的论述说明各级将官的重要性。他主张练兵要先选好将官，认为如果先招兵而不择将，就正如胡林翼所说的“振衣者，不提其领而挈其纲，是棼之也，将自毙矣”③。

所谓军与国一致，就是要教育军队热爱祖国，使之具有为国家英勇献身的精神。蔡锷认为，在列强环伺、中华民族处于亡国灭种的空前危机面前，救国图存是第一位的。去广西练兵，他目的十分明确，就是“为求中国独立自由，必须战胜至少一个帝国主义的国家”。在他看来，建设军队，“厉兵秣马”就是为了他日

---

① 曾业英编．蔡松坡集．上海：上海人民出版社，1984：1310－1311.
② 曾业英编．蔡松坡集．上海：上海人民出版社，1984：1311.
③ 毛注青等编．蔡锷集．长沙：湖南人民出版社，1983：59.

与强邻一相角逐，效一割之用。[1]因此，在《曾胡治兵语录》的“尚志”一章中，蔡锷就为什么当兵、为什么打仗的问题提出了自己的见解。他认为，将校“以跻高位享厚禄安富尊荣为志”，目兵“以希虚誉得饷糈为志”，是“人心之陷弱”、“志节之不振”的表现。他指出，“今日时局之危殆，祸机之剧烈，殆十倍于咸、同之世。吾侪身膺军职，非大发志愿，以救国为目的，以死为归宿，不足渡同胞于苦海，置国家于坦途。须以耿耿精忠于衷，献之骨岳血渊之间，毫不返顾，始能有济。”[2] 可见，“渡同胞于苦海，置国家于坦途”就是蔡锷所倡导的建军目的和宗旨。因此，加强军队的爱国主义教育也就成了蔡锷军队教育思想的重要内容。如何对军队进行爱国主义教育呢？蔡锷认为：“爱也者，情之根于心，而丽于物始显者也。无我而有物，则爱之源不生，无物而有我，则爱之义不著，物我有对待之缘，而爱之义始著。国也者，名词之综合而兼抽象者也。说其义，既更仆不能尽。而民之于国也，则犹鱼之于水，人之于气，视之而弗见，听之而不闻，日用而不知者也。虽欲爱之，孰从而爱之？圣人有忧之，则有术焉。使国家有一种美术的人格之表现，而国民乃能以其好好色之诚，而爱其国。是故爱国心之不发达，非民心之无爱根也，表现之术有周不周也。”基于此，蔡锷提出了一种以具象代替抽象的爱国主义教育办法。他说：“人格之表现最显著者，为声音，为笑貌。视之而不见，于是有国旗焉，听之而不闻，于是有国歌焉。闻国歌而起立，岂为其音？见国旗而致敬，岂为其色？夫亦曰是国之声，国之色也。有国旗，有国歌，而国之声音、笑貌见矣。此为第一步之爱国教育最普及者也。人格表现之较深者，为体段，为行动，

---

① 曾业英编．蔡松坡集．上海：上海人民出版社，1984：1251．

② 曾业英编．蔡松坡集．上海：上海人民出版社，1984：1245．

于是有地图焉，则国家之体段见矣，于是有历史焉，则国家之行动现矣。是故读五千年之历史，而横揽昆仑、大江之美者，未有不油然兴起者也。有历史，有地理，而国家之影，乃益状诸思想而不能忘矣。是为爱国教育之第二步。虽然，犹其浅也，犹其形也，而未及乎人格精神也。……故国家于声音、笑貌、体段、行动之外，尤贵有一种民族的传统精神以为其代表，而爱国教育乃可得而言焉。”①因此，爱国教育之第三步，就是要以历史上爱国英雄的典型事例对部队进行民族传统精神的教育。蔡锷这种由浅入深、以具象代抽象的爱国主义教育方法至今仍值得我们学习借鉴。

值得注意的是，蔡锷还提出，兵与兵一致和军与军一致的教育实际上也是军纪方面的教育。蔡锷认为，“军纪者，军队之命脉也。”何谓军纪？日本步兵操典里说：“战线亘数十里，地形既殊，境遇亦异，而使有各种任务几百万之军队，依一定之方针，为一致之行动，所谓合万人之心为一心者，则军纪也。”而德国军事家哥尔紫（今译为戈尔茨——引者）则说，“军纪者，所以使大众能自由运用者也。”蔡锷认为前者“仅就其效用言之”，其意义犹未若后者“深切著明”。他进一步指出：“达尔文著《物种论》，于军纪二字独得至当之解释。曰：有军纪之军队，其较优于野蛮之兵卒者，在各兵对于其战之有信任，此坚确之信任，实为真正军纪之根源也。凡兵卒之有经验者，皆知其将校无论何种时节，必不离其军队以去。一队然，犹若一家然，除共同之利益外，他无所思，虽危险之际，亦不为之稍动，此则达氏之所谓信任之原也。有此信任，故兵卒虽当敌弹如雨，犹泰然有所恃而无恐。”基于此，蔡锷认为，“军纪者，不仅使人不为恶而已。兵卒为克敌之

① 曾业英编. 蔡松坡集. 上海：上海人民出版社，1984：1310－1315.

故，必致其死，军纪者要求此非常之事于兵卒，而使习为自然者也。”所以，“军纪之源在道德者亦非也。”既然军纪来源于军人的道德心，那么，加强军队军纪的关键就靠教育。与此同时，蔡锷还认为，军法不同于军纪，不能用军法代替军纪。他指出：“德国之秩序、态度至严肃矣，而法律之宽，他国无比。历史上有法律愈严，而军纪愈棼者。法国共和政府之成也，背戾者悉处以死刑，而军纪之弛如故也。盖法律之效果发生于事后，故谓军纪发生于法律者非也。”因此，军法只是军纪的一种“补助品”，借以抑制“人欲之炽”，“不过一方法，非其根本也。躬行率先之效力，则有大于法者。故兵卒见官长之服从官长，如彼其恭顺也，则从而效之。且不仅服从已也，尤贵对于职分而起其嗜好心。”①蔡锷还认为，部队要保持良好的军纪，以发挥最有效的战斗力，还必须做到三点：第一，平时编制之单位不可于战时破坏。因为“由各师选拔最精之三营，而组织一团，其能力决不能如平时固定一团之大也”。第二，退役之预备兵，战时应召集于原受教育之部队。因为“预备兵之于本队也，有旧识之僚友，有旧属之官长，常以在其队为自己之光荣，而一队之名誉心生焉”。第三，部队的“将校之出身，首贵一致”，这样，有利于将校智识作用达成一致。“有此智识之军纪，然后主将能信任其部下，部下独断专行之能力发达，而战胜之主因得焉。”倘若一个部队的将校“一部分自队中升入，一部分自学校毕业而杂揉焉，决不能望其行动之一致也”②。

除了提出“四个一致”军队教育纲领之外，蔡锷还根据“学战于战”③ 的原则，结合自己多年从事军队教育的经验，提出了军

① 曾业英编. 蔡松坡集. 上海：上海人民出版社，1984：1311－1312.
② 曾业英编. 蔡松坡集. 上海：上海人民出版社，1984：1313－1314.
③ 曾业英编. 蔡松坡集. 上海：上海人民出版社，1984：1309.

队教育应注意的四个问题。第一，“军事教育之主体在军队，不在学校”。他认为：“平时之军队，以教育为其唯一事业。战争之教育，以军队为其唯一机关。学校者，不过军队中一部分人员之补习机关而已。以教育与学校相联想，则军队教育无进步，而一部分之事业，必将为主体所排斥而后已。”因此，他主张，军队教育不能像普通教育那样，学生由小学到中学再到大学一路读上去，而应当实行分段式教育，一个阶段的学习结束后，到部队实践，实践一定时间后再选拔进高一级学校继续深造，深造完毕后，又到部队实践，如此循环下去。他认为，这样做是因为“将校之真实本领在统驭，其根本事业在军队。惟知识上一部分教育，在军队分别授之则事较不便，则聚之一堂为共同之研究，是则学校教育之目的耳”①。这体现了蔡锷军队教育要注重理论联系实际，不断提高部队作战能力的思想。第二，要根据战争危险、劳苦、情状不明、意外事变的特性，加强对官兵在不畏艰险、吃苦耐劳、机智灵活、临机应变等方面的教育和训练。② 蔡锷认为，“战争之事，或跋涉冰天雪窟之间，或驰驱酷暑恶瘴之乡，或趁雨雪露营，或昼夜趱程行军，寒不得衣，饥不得食，渴不得水，枪林弹雨之中，血肉横飞，极人世不见之惨，受恒人所不经之苦，其精神，其体力，非于平时养之有素，练之有恒，岂能堪此?”因此，他十分赞同曾国藩“治军之道，以勤为先”的观点，并提出培养军队“习劳忍苦”精神“为治军之第一要义”，是驭兵之道的“不二法门”。③ 第三，要保证军事教育的时间，兵卒教育不少于 4 个月，兵役不少于 2 年，使官兵的战术、技术达到“纯粹之境”。第四，

---

① 曾业英编．蔡松坡集．上海：上海人民出版社，1984：1308－1309.
② 曾业英编．蔡松坡集．上海：上海人民出版社，1984：1315－1316.
③ 曾业英编．蔡松坡集．上海：上海人民出版社，1984：1248－1249.

要注意培养军队的优良传统，使之成为习惯势力，在无形中影响官兵。①

由上可知，蔡锷的军队教育训练思想既注重军队的军事技能训练，又注重军队的爱国主义精神和团结一致精神的培养，体现了他努力创建一支忠于祖国、技术精湛、适应近代战争需要、高素质的军队的理想。

四、军队管理思想

军队管理是维护军队内部秩序、提高军队战斗力的重要条件。蔡锷的军队管理思想主要反映在以下四个方面：

1. 要军纪严明。军纪就是对官兵道德和行为的规范。蔡锷治军尤重军纪。他认为："乌合之众决不敌节制之师。所以能为节制师者，明纪律也。"②在广西办陆军小学期间，蔡锷就注重从严治校，制定了一系列严格的校规，违规学生要受到开除、禁闭、留堂察看、禁足（星期日不得外出）等处分。李宗仁考取陆小第二期，但因到学校报到时迟到10分钟，被取消了入学资格。由于要求严格，"陆小的校风极为严肃笃实的，全校上下可说绝无狎猖、赌博事情发生，学生日常言谈行动，都表现得极有纪律"③。1909年初，因龙州讲武堂办理不善，蔡锷调任讲武堂总办。讲武堂担负着培训广西中下级军官的重任，但由于前任吴元泽主持无方，"堂事纷麻"，"丑态怪状，罄竹难书"，"学兵营聚众殴官，围赌杀人之事，层见叠出"。蔡锷到任后，严申纪律，采取断然手段，进行了大刀阔斧的整顿，撤换官长20多人，裁散兵丁200余人。半

---

① 曾业英编．蔡松坡集．上海：上海人民出版社，1984：1315－1316.

② 曾业英编．蔡松坡集．上海：上海人民出版社，1984：1373.

③ 李宗仁．李宗仁回忆录．南宁：广西人民出版社，1988：41.

年后，讲武堂的面貌发生了显著变化，前此各种丑态怪状“不复萌故态矣”，“前此全营出操之士兵，不过数人乃至数十人，今则适成反比例矣”。① 蔡锷不仅强调加强军队的军纪教育，而且就军纪作出一系列明确规定。综而言之，主要有以下几个方面：第一，要仁爱。蔡锷要求官兵之间要讲仁爱，建立官爱兵、兵敬官的父子兵的关系。与此同时，蔡锷还要求军队以仁爱对待民众。他指出，“古今名将用兵，莫不以安民爱民为本。盖用兵原为安民，若扰之害之，是悖用兵之本旨”。因为“兵者民之所出，饷亦出之自民”，而且“休养军队，采办粮秣，征发夫役，探访敌情，带引道路”都得借重于民力。若扰民害民，军队就会成为无源之水、无根之树，不仅得不到民众的支持，反而会“修怨于民，而招其反抗”，这样就会“上干天和，下招怨仇”，自取灭亡。②第二，要勇毅。蔡锷指出：“勇有狭义的、广义的及急遽的、持续的之别。暴虎冯河，死而无悔，临难不苟，义不反顾，此狭义的、急遽的者也。成败利钝，非所逆睹，鞠躬尽瘁，死而后已，此广义的、持续的者也。前者孟子所谓小勇，后者所谓大勇，所谓浩然之气者也。”他要求：“军人之居高位者，除能勇不算外，尤须于毅之一字，痛下功夫。挟一往无前之志，具百折不回之气，毁誉荣辱死生，皆可不必计较，惟求吾良知之所安。以吾之大勇，表率无数之小勇，则其为力也厚，为效也广。至于级居下僚（将校以至目兵），则应以勇为惟一之天性，以各尽其所职。不独勇于战阵也，即平日一切职务，不宜稍示怯弱，以贻军人之羞。”③第三，要诚实。蔡锷认为，“惟诚可以破天下之伪，惟实可以破天下之虚。”

---

① 曾业英编．蔡松坡集．上海：上海人民出版社，1984：50.
② 曾业英编．蔡松坡集．上海：上海人民出版社，1984：1248.
③ 曾业英编．蔡松坡集．上海：上海人民出版社，1984：1246.

他对清末以来军队“上以伪驱下，下以伪事上，同辈以伪交，驯至习惯于伪，只知伪之利，不知伪之害”的腐败状况进行了抨击，并沉痛指出：“吾国人心，断送于伪之一字。吾国人心之伪，足以断送国家及其种族而有余。”他认为，“军队之为用，全恃万众一心，同袍无间，不容有丝毫芥蒂，此尤在有一诚字为之贯串，为之维系。否则，如一盘散沙，必将不战自焚。社会以伪相尚，其祸伏而缓；军队以伪相尚，其祸彰而速且烈。”因此，他反复强调，所有军人都要“将伪之一字排斥之不遗余力，将此种性根拔除净尽，不使稍留萌蘖”。只有这样，“乃可以言治兵，乃可以为将，乃可以当兵”。①第四，要公明。蔡锷赞赏愤争公庭而言欢私室、交哄于平昔而救助于疆场的古人相处之道，认为这是“不以公废私，复不以私而害公”的崇高品质。他指出，虽然“人心之不同如其面，万难强之使同，驱之相合，则睚眦之怨，芥蒂之隙，自所难免”，但若“于公私之界分得清，认得明，使之划然两途，不相混扰，则善矣”。他从近代战争的实际出发，强调指出，部队内部的团结和与兄弟单位的团结对于克敌制胜至关重要。“今后一有战役，用兵必在数十万以上，三十数镇之师，情谊夙不相孚，言语亦多隔阂，统驭调度之难，盖可想见。苟非共矢忠诚，无猜无贰，或难免不蹈既往之覆辙。”② 如何做到和衷共济呢？蔡锷认为要做到，“竞争之心不可无，贪功之心不可有，冒险之心不可缺，侥倖之心不可存”，并要求，“此四语，我军人须谨记不忘”。此外，蔡锷还亲自制订了部队行军、驻军以及战斗期间的纪律，要求各级官长向部下“讲解教授”，“三令五申”，使之“心领神

---

① 曾业英编．蔡松坡集．上海：上海人民出版社，1984：1245．
② 曾业英编．蔡松坡集．上海：上海人民出版社，1984：1249．

会，永记不忘”。①

2. 要赏罚分明。赏与罚是历代治军的重要手段之一。中国古代论兵者除充分肯定赏罚的重要作用外，还就使用赏罚的原则提出过许多主张，其基本精神可以概括为“赏罚严明”四字。受中国传统治军思想的影响，蔡锷十分注重赏罚的作用。他认为，“治军之要，尤在赏罚严明；煦煦为仁，足以隳军纪而误国事。”他指出，“近年军队风气纪纲大驰”，其重要原因就是“赏罚之宽严，每不中程，或姑息以图见好，或故为苛罚以示威，以爱憎为喜怒，凭喜怒以决赏罚，于是赏不知感，罚不知畏”，进而影响了官兵奋勇作战的积极性。因此“非振之以猛，不足以挽回颓风”。如何做到赏罚严明呢？蔡锷认为关键要把握三条：一是要有赏罚制度，并主张这个制度要从严制定，“与其失之宽，不如失之严”，似这样才能“法立然后知恩，威立然后知感，以菩萨心肠，行霹雳手段”。② 二是赏罚要公正，不能出于私利。尤其在提拔荐人等问题上，一定要大公无私，公私分明，唯才是举，做到“内举不避亲，外举不避仇”。蔡锷还列举了曾国藩荐举左宗棠而不计较私嫌，弹劾李元度而不念旧情的实例来加以论证，赞扬曾国藩“不以恩怨而废举劾”，真正是“名臣胸襟，自足千古”。同时，蔡锷还联系当时军队的实际，对各派势力出于私心，为培植亲信，而不讲资格，不讲品行操守，滥保滥提武职人员的风气进行抨击，并指出，这样做，必然导致“赏不必功，惠不必劳，举不必才，劾不必劣”，“未足以激扬清浊”。三是要重赏重罚，以造成贵贱赏罚之间的强烈对比，给人以强有力的震动，进而达到赏罚的最大效果。否则“得之者不为喜，失之者不为歉，所称为操纵人才策励士气

① 曾业英编．蔡松坡集．上海：上海人民出版社，1984：1379.

② 曾业英编．蔡松坡集．上海：上海人民出版社，1984：1246.

之具，其效力竟以全失”。①

3. 要加强人事管理。蔡锷认为，“向上者，人性之自然，然侥幸心不可有，而希望心不可无。人事不得其道，其祸之流于积极方面者，则侥幸心之发达是也。有性属于阳刚者则为傲……有性属于阴柔者则为媚……傲与媚交相为用，是名曰人才之横决，横决不可治也。其祸之流于消极方面者，则希望心之绝灭是也。其见于议论者，则亡国灭种之言也，其发诸行事者，则醇酒妇人之行也，对于职务无兴味，而图一日之安乐也，谋将来之退步也。是名曰人才之自杀，自杀不可救也。综言之，是曰国家之自暴自弃。”基于此，蔡锷指出，“人事者军秩之原，军纪之础，而服从之所由生也。人事不整，而欲求军队之服从，不可得也。”他参照欧洲诸国军队的经验，对中国军队的人事管理提出四个方面的建议：第一，军队的初级军官必须来源于军校的毕业生，并须经一定时间的见习和将校团会议研究后方可任命为少尉。因此，军事学校培养的学生必须与军队的需要相一致，“学校不能舍军队而自招学生，军队不能舍学堂而自辟将校”。否则，军事学校培养的学生，“毕业而无职，社会上无术以自存也。群天下之年少气盛，而奔走南北焉，国之危弱，盖可知矣”。第二，军官的升补要讲资格，“有一定之顺序，而官与职必相联系”。“军有额，职有缺，而官与职必相侔焉。虽以皇帝之大权，不能越级而任人以官，无缺而授人以职，以示国家之进退人才，非私人所得而左右之也。”第三，军官的拔擢要有制度，并有一定的限制，使“权不操诸一人，事不定诸一日”，以达到“励士气，登人才”和“受者无幸得之心，而不受者无不平之念”的效果。因此，蔡锷提出，对军官的

① 曾业英编. 蔡松坡集. 上海：上海人民出版社，1984：1247.

提拔要实行停年制，以示拔擢制之最小限（如少尉非两年不能升中尉之类），并建立自下而上的层层考核上报制度，“皆曰贤也而后用之”。第四，军人的退役要有定时，并“有相当之俸给，以保持其位置；有相当之事业，以利用其精神”。这样，“国家有以报其劳，个人亦有以自处”，国家和个人就“相安于正轨”。①

4. 要重视后勤管理。蔡锷高度重视军队的后勤管理工作。他认为，后勤管理工作融法律、军事、科学于一体，是一门内容详密、范围广阔的“专科之学”。后勤管理工作如果不得其法，“则平时可以掷无限之金钱，而临时军队寸步不能动。当费而不费，则事不举，不当费而费，则财用匮”。因此，他提出，在后勤管理上要讲究“二纲四目”。所谓“二纲”就是：第一，要正确处理国法之要求与战争之要求的关系。“国家行政之事根于法，而军队唯一之目的在乎战胜。公物之运用，国法上之事务也，凡一出一纳，违乎法定之手续者，即谓之为不正当。非好为繁重也，法立则然也。军队以战斗为目的，而其需用贵迅速，贵确实，则时或有立军制于国法之外者矣。调和于二者之间，就国法之范围内而与备战之本旨相合。”也就是说，后勤管理既要有一定规矩，又要能满足军队作战的要求。第二，要正确处理会计与监督的关系。“会计者，即各种经理方法之实行，监督者，即各项事务正确之保证。惟会计有秩序，而监督始有凭藉，监督有方法，而会计乃能征实。会计之事始于预算，终于决算，监督之事慎于事前，结于事后。财政依二者以成立，军实亦依此二者以充足。”也就是说，会计与监督要相互为用。所谓“四目”，一是在金钱管理上，军队应设“金柜委员”和联络中央之金库及地方之分库之间，“有征收、支

---

① 曾业英编. 蔡松坡集. 上海：上海人民出版社，1984：1316－1319.

付命令权之军需处长”。金钱的管理“以二人以上为原则，其出纳以凭证为前提，其授受取与之系统，皆各负责任而互为监视”。二是在被服管理上，中央机关主要负责供给原料，规定制式及监督，其余事务交给军队自行管理，自行周转。三是在粮秣管理上，由中央根据军事、卫生、经济的状况制定人马配备规定，具体事务则由军队设专门人员进行管理。四是在营缮管理上，军事上所使用之土地，房屋之建筑、修理、利用由陆军部负统辖、监督之责，各部队设委员管理平日之保存、修理事务，并进行技术上的审查和设计。①总之，在军队后勤的管理上，蔡锷主张要有规章制度，并逐级落实责任，所谓“治法尤贵于治人之说也”。这充分表明蔡锷希望用现代管理模式改革军队的后勤管理，以提高军队的作战能力。

由上可见，蔡锷的军队建设思想涉及军队建设的方方面面，其中不乏真知灼见，为中国军队建设近代化指明了方向。

第三节　国防思想

一、巩固边防思想

蔡锷的国防思想萌芽于广西练兵时期，发展于任云南军政府都督时期，成熟于北京任职时期。

在广西练兵期间，为了应对法国通过越南入侵广西地区，蔡锷在编练新军、从事军事教育的同时还关注广西的边防建设，曾

① 曾业英编．蔡松坡集．上海：上海人民出版社，1984：1319－1320.

陪同巡抚张鸣岐视察沿边各地，短衣匹马巡行四千余里考察边疆地区山川地势和风土人情，并派人分赴南宁、龙州测绘边关地图，潜入越南侦察法军情况及各要塞的分布状况，先后撰写了《越南重塞图说》（亦名《越南用兵计划》）及《桂边要塞图说》，并向巡抚张鸣岐建议“修筑邕铁路，分别修撤沿边炮台，改良对汛，整顿边防军备”①。蔡锷到云南任职之时，正值“片马问题纠葛方殷，瓜分之谣诼忽起，风鹤频惊，海内骚然”之际。他坚决反对英帝国主义的侵略行径，表示“吾侪武夫，惟厉兵秣马，赴机待死耳。”② 并编《曾胡治兵语录》，教育官兵“大发志愿，以救国为目的，以死为归宿……置国家于坦途”③。辛亥革命后，帝国主义各国对具有资产阶级民主共和国性质的中华民国口里喊着“中立”，但仍通过各种途径，运用各种手段，力图把新生的民主共和国扼杀在摇篮之中。在政治上他们拒不承认南京临时政府，在财政上他们对南京临时政府进行封锁和扼杀，在军事上他们调兵遣将，继续加紧分裂中国的活动。沙俄在蒙古、新疆策动“独立”，英国支持达赖组织藏军在西藏叛乱，企图制造西藏“独立”，并在云南边境不断制造事端。对于当时的国际国内形势，尤其是对帝国主义分裂和侵略我国的图谋，蔡锷有着较清醒的认识和高度的警惕。1912 年 4 月 30 日，蔡锷致电北京政府，揭露英国在西藏的分裂活动，指出“西藏为我国雄藩，外人垂涎已久，非亟早规划，终非我有。西藩一撤，后患何穷？应请大总统早为布置，以固边

① 赵式铭等. 蔡松坡先生事略//田伏隆主编. 忆蔡锷. 长沙：岳麓书社，1996：90.

② 曾业英编. 蔡松坡集. 上海：上海人民出版社，1984：1243.

③ 曾业英编. 蔡松坡集. 上海：上海人民出版社，1984：1245.

圉，而惩后患”①。几天后，蔡锷再电北京政府，指出“藏、卫西藩，关系大局，一有破裂，则滇、川有唇亡之虞。现藏事危急至此，不能不早为之图”②。同时，明确表示云南军政府愿出兵援藏，平息西藏叛乱，维护国家领土的完整。在蔡锷的再三要求下，北京政府乃正式同意滇军出川，与四川方面联合进藏平叛。在任云南军政府都督两年的时间里，作为新生共和国边疆的地方军政长官，蔡锷的国防意识进一步增强。为巩固边疆，抵御外来侵略，他根据云南乃至整个西南地区的实际，提出了一系列的建议和主张，并注重理论与实践相结合，在自己力所能及的范围内加以实施。主要有：

1. 主张发展边疆经济和文化，推行强边固防战略。云南地处祖国西南边陲，与越南、老挝、缅甸接壤，在国防上有重要意义。对此，蔡锷有较深刻的认识。云南光复后，蔡锷极为重视云南的边防建设，并于1912年9月亲自到个旧、蒙自等地“巡阅南防”。他深刻认识到，“滇省接壤强邻，前清时代已有朝不保夕之虞，一有不慎，动贻外人以口实，而祸患随之”③，而个旧、蒙自作为云南的门户，在国防上尤为重要，其安危“直接则一省之关系，间接则一国之关系也”④。如何巩固云南的边防？蔡锷认为，除了军事、外交之外，更重要的是走经济、文化强边之路。“滇地南山富于矿产，能多方开采，货不弃地，外人无从垂涎。交通不便，能广兴路政，使铁道、电车、马路次第发达，即可既戢列强铁道政策之野心，而已失之路、矿权，亦可徐图收回，作亡羊补牢之计。

① 曾业英编．蔡松坡集．上海：上海人民出版社，1984：442.
② 曾业英编．蔡松坡集．上海：上海人民出版社，1984：454.
③ 曾业英编．蔡松坡集．上海：上海人民出版社，1984：575.
④ 曾业英编．蔡松坡集．上海：上海人民出版社，1984：579.

再进而广兴学校，以谋教育之普及，改良警察，以保地方之治安，岂第自治之能事已毕，即折冲御侮之宏谟具于是矣。虽逼处强邻，夫何畏哉。”① 基于这种认识，主政云南期间，在改革政治的同时，蔡锷主张发展云南经济，扩张实业，并采取有效措施，发展云南农牧业，开发云南矿产，兴修道路，改良通讯，振兴教育，使云南经济和文化教育事业迅速恢复和发展，出现了政局稳定、经济回升、人民安定的局面。与此同时，蔡锷还关注沿边地区的稳定与发展。由于历史的原因，云南沿边地区长期保留土司制度，有大小土司五十余处。这些土司历来割据自雄，凌虐土民，“内足为文化之梗，外足为边境之忧”②，是一支不可忽视的政治力量。云南光复后，蔡锷认为，“现全国同享共和，而土族犹沉黑暗，为大局计，为国防计，不能不筹议改流”。因此，除了在土司地区设弹压委员维护稳定外，蔡锷还指示在滇西的李根源对土司实行渐进主义的改土归流政策，“以振兴教育，收揽法权，代清财政为主，济之以平治道路，奖励开垦，试办警察，提倡实业”，然后，再在此基础上发展边境地区的经济和文化，加强边境与内地的交流，巩固边防③，从而“使土司地方与内地人民受同等之法治，以故沿边土司皆四面内向，无复于前清时代，嫉视汉官矣”④。

蔡锷这种通过发展边疆经济和文化以强边固防的思想，在当时无疑是一种治边的新思路。清代以来，由于统治者的腐败无能一直推行限制边疆经济开发，以弱边求边安的治边战略。在东西方列强的侵逼下，这种弱边战略使中国边防根本无法抵御列强的

---

① 曾业英编．蔡松坡集．上海：上海人民出版社，1984：578.
② 毛注青等编．蔡锷集．长沙：湖南人民出版社，1983：537.
③ 曾业英编．蔡松坡集．上海：上海人民出版社，1984：405.
④ 毛注青等编．蔡锷集．长沙：湖南人民出版社，1983：537.

入侵，加之境外势力所进行的分裂主义煽惑，又导致边疆内部长期动荡不安。蔡锷的治边思想把抵御列强侵略与发展边疆经济文化、维护边疆内部安定结合起来，有利于提高边疆人民的物质和文化生活水平，在物质文化生活条件改善的情况下产生向心力，抵御境外势力的拉拢和诱惑；有利于边疆地区具有足够的人力、物力和财力资源用以进行边疆的军事建设，从而实现安内攘外，因此，是对传统治边战略思想的突破。

2. 主张勘定边界，捍卫领土。云南地处我国西南边疆，与缅甸、老挝、越南三国交界。由于历史的原因，中缅、中老、中越之间的边界一直纠纷不断，交涉不绝于史。英占缅、法占越之后，英、法分别以缅、越为基地开始入侵中国，中缅、中越的边界之争于是更趋激烈。1894 年，中国驻英公使薛福成同英国外交大臣罗斯伯里签订《中英续议滇缅界务商务条款》，大致确定了尖高山以南一段中缅边界，而尖高山以北的一段中缅边界并未划定。甲午战争后，英、法争夺云南的斗争日趋剧烈，英国加紧推行将中缅北段边界划在云南境内、侵占片马等地的计划。之后，中英虽多次查勘、商谈中缅北段边界问题，但均因中方拒绝接受英方的方案而未有结果。英国见通过外交途径难以达到目的，于是诉诸武力，派兵侵占中国片马地区，企图迫使清政府承认英国占领片马。清政府走投无路，一度动摇，打算将片马永远租借给英国，但因云南人民强烈反对，未能实现。不久，辛亥革命爆发，英国侵略者乘中国政局动荡，进一步加强对片马地区的控制，“私竖界石，展修道路，宽可行军，并于他戛、官寨、把仰、赧雾、茨竹林及沿小江、恩梅、开江等处驻扎多兵，以规取浪狝、猓夷等地”。面对英帝国主义在云南边境的侵扰活动，蔡锷致电袁世凯及各省都督指出：英人“似此节节进步，势不至尽蚀成腾、永、丽、维之边疆，上穷里塘、打箭炉，直拊卫、藏之背，挈四川之领不止，后患何堪设想”①！他要求北京政府“遴选声望素著，熟悉滇、缅边务之员，先充云南外交司，俟片马事发生，即以为勘界专员，庶可先事筹维，不至临机仓卒”②。同时，他一面“派员赴京钞界务及外交重要档案地图，预备将来严与交涉”③；一面派员“周流狱江流域，搜集属我之证据”，并“循高黎贡山脉，北至藏境，绘图备用”④，以利通过外交途径，签订条约，划清边界，平息边界纠纷；一面指示迤西镇守使李根源由国民军内抽拨人员组织殖边队，到英国远征队尚未到达的愸、狱西北部殖边，以“早为地步”，“稍戢（英人）野心”⑤，从而挫败列强借边界纠纷入侵我国的企图。

尤其值得指出的是，深谙国际法的蔡锷还主张屯垦西藏门隅、珞瑜和察隅地区，在当时归属尚为模糊的喜马拉雅山南麓形成屯垦的事实，为以后明确国界争取主动，防止英帝国主义侵略。如前所述，1912 年春，藏乱发生后，蔡锷即反复请求袁世凯政府派滇军援藏。直到 5 月 18 日，袁世凯政府才同意云南出兵与川军联合入藏平乱。蔡锷立即任命参谋厅总长殷承瓛为司令官组织西征军援藏。但在滇军入藏路线上，蔡锷与袁世凯政府发生了重大分歧。5 月 29 日，蔡锷致电袁世凯指出：滇军入藏路线“关系国防，亟应通盘筹计，早定成算”。接着，他就此事提出了建议。他说：“滇兵入藏，向有两路：一取道宁远（今四川省西昌市）、雅州

① 曾业英编．蔡松坡集．上海：上海人民出版社，1984：397 - 398．
② 曾业英编．蔡松坡集．上海：上海人民出版社，1984：414．
③ 曾业英编．蔡松坡集．上海：上海人民出版社，1984：434．
④ 曾业英编．蔡松坡集．上海：上海人民出版社，1984：692．
⑤ 曾业英编．蔡松坡集．上海：上海人民出版社，1984：434，524．

（今四川省雅安市）转入巴塘，一取道（云南）中甸经阿墩子（今云南省德钦县）由（四川）巴塘入藏，两路皆苦绕越，而后一路沿途荒瘠，行军尤极困难，且川既派兵，若滇与（川军）会师巴塘，既苦后时，又嫌技指。锷意宜分途并进，川循巴塘大道而西，滇则特辟新路，由维西、茶硁、马必立之间出口，经珞瑜野人地方，向西北作一直线，以拉萨为目的点，期于必达而后已。此路辟出，滇藏间之交通，略可省千数里，而国防上尤有莫大之益。”蔡锷的理由是：“滇缅界务，自尖高山以北，英已自由行动，前岁侵占我小江以南片马等地，今小江以北之浪粟又见告急，骎骎北进，恐五年后席卷怒猓夷，直捣巴、里塘，不惟藏危，而川亦危。今趁彼力难骤入，以此路预占地步，则将来国界在怒猓夷珞瑜地方，勿论如何伸缩，而巴里塘、前藏犹为内地。”最后他认为，“近筹藏事，远顾界务，此为最要胜着。惟事属特创，缒幽凿险，用力实多，先之以侦探队，继之以工程队，然后大队节节前进，约计兵力至少亦须有一混成协，始可敷用；兵行时，饷糈军械亟须筹备，而后路之架电线，办兵站，移民招商，布置民政，尤属必不可少。统计各项费用，就第一年而论，似非二百万金不可。滇财艰窘，力难胜此，事关全局，应请设法筹拨，俾便成行。”① 显然，蔡锷上述建议是经过了深思熟虑的，不仅考虑了当时滇军入藏平叛的近期需要，而且对于厘定西南地区及西藏地区的国界、加强这些地区的边防具有重要的战略意义。然而，6 月 18 日，袁世凯政府却否定了蔡锷的意见：“惟三路内，除取道宁、雅至巴塘一路，绕越过多，毋庸置议外，其拟由维西出口，取道珞瑜野人径至拉萨一路，则工艰费巨，非急切所能济事，只可渐次

① 曾业英编．蔡松坡集．上海：上海人民出版社，1984：1401－1402.

经营。为将来自固地步，惟中甸北至巴塘一路，不过千余里，且有可以通车之处，现议救藏之急，仍以取此路为最宜”①，因此，命令蔡锷“先援巴塘，再救藏急”②。对此，蔡锷仍坚持己见，再电袁世凯，进一步阐述自己的意见。他认为，取中甸北至巴塘一路有四弊：“一、滇军北趋巴塘转察木多（今西藏之昌都县），绕越太多，蹈兵家疲远之忌；二、援川同趋一路，重兵云集，粮秣转运，供难给求；三、援川之役，疑谤滋多，川军人众，或不能悉捐芥蒂，长途逼处，易滋误会；四、巴塘近在川边，川督率师出关，不难指日荡平，无俟重烦滇力”。如果滇军由中甸经擦瓦龙、洛隆转察木多，“路虽较捷，相去究亦无多，且向无台站，番族中梗，转饷尤艰，步步为营，费更无算，一交冬令，则大雪封山，无路可入”。因此，他认为，“以上两路，均不宜于滇军”，而由维西出口，经珞瑜野人地方直抵拉萨，则有利颇多：“由维西出口，经珞瑜地方向西北进至亚巴尔，即入藏境，溯雅鲁藏布江而上转西北至甲穆达，与川藏大道汇合，计程当省千数百里。其利一。中经猓猔、珞瑜野人地方，气候较温，出产亦富，间有平原，可资屯垦。其利二。此路凿通，则滇犄其南，川捣其东，首尾策应，形势都归掌握。其利三。早占地步，使将来国界远在猓猔、珞瑜野人之间，不致近逼川西、前藏。其利四。不宁惟是，吾国之于西藏，向取羁縻主义，虽由于不勤远略，而亦地势悬绝，有以限之，以后强邻日逼，若仍虚与委婉，不为之所，西藏庸可保乎？故实力经营，刻不少缓。其从入之路，东北由青海，北由新疆，两路皆苦不易，惟东由四川为正道，然前清边务大臣糜款千万，穷数年之力，其范围仍不出巴里坡一带，察木多以西尚不与焉，

---

① 曾业英编．蔡松坡集．上海：上海人民出版社，1984：1402．

② 曾业英编．蔡松坡集．上海：上海人民出版社，1984：535．

此亦由于荒寒穹远之故。若滇藏间之便道凿成，省程途，因地利，勤屯垦，储军实，一气衔接，西藏经营可得而言矣。”最后，蔡锷强调指出，由维西经珞瑜至拉萨一路，“工费虽巨，计实中肯。以后藏乱之平，若主力悉在川军，则此路可以缓议，倘必须滇军与闻藏事，则滇军即不能不由此路入手”。① 尽管蔡锷多次就滇军入藏路线问题上书进言，但终因没有袁世凯政府的支持，又无力单独经营，只好下令滇军西征军远赴巴塘。然而，事情的结果不幸被蔡锷言中。川都尹昌衡唯恐滇军占了他的地盘，又恐滇军在平叛斗争中功居榜首，三次电阻滇军，致使滇军收复盐井后难以再进。而袁世凯在英国不向其提供贷款，不承认其政权的威胁下，命令川、滇停止军事行动。驻守拉萨的新军在粮尽援绝的情况下，也只得放下武器，分批离开西藏，经印度回国。蔡锷在扼腕长叹之余，只得电令殷承瓛，“酌留陆军一大队，防军一二营”，“经营野人山珞瑜一带，从事改流，一以固滇藏之边隅，一以防英人之侵轶”，“余悉撤还”。② 但事情至此并未真正完结。滇军撤还一年后，即1913年10月6日，中、英、藏三方在印度召开西姆拉会议，讨论内外藏划界问题。会议期间，英国代表、印度政府外事秘书亨利·麦克马洪爵士以赠给西藏枪支弹药、支持西藏“独立”、帮助西藏赶走汉军等条件为诱饵，诱惑西藏地方政府代表夏扎，背着中国中央政府代表在德里私下秘密交易。并通过1914年3月24和25日的秘密换文，私自划定了一条印藏边界线，西起不丹边境，向东延伸至西藏察隅，其范围包括了西藏东南部之门隅、珞瑜和下察隅三大地区，将中印传统习惯之边界线北移至喜马拉雅山顶，侵占中国9万多平方公里的领土。这就是非法的“麦克

① 曾业英编. 蔡松坡集. 上海：上海人民出版社，1984：1403－1404.
② 曾业英编. 蔡松坡集. 上海：上海人民出版社，1984：1411.

马洪线”。麦克马洪线的提出虽然未得到英国政府的允许，但它却是英印政府针对所谓的中国“前进政策”，希望采取构建“战略边界”，保障英印帝国“安全”这种思想、政策的反映与延续。英国政府知道炮制这条“麦克马洪线”的非正义性，所以长期对此保密，不敢公开。直至24年后，即1938年，英印殖民政府才在其公开出版的地图中，改变过去同中国主张的传统习惯边界线相同的划法，用“未经标定”的符号，画出了“麦克马洪线”。“麦克马洪线”抛出后，尽管遭到了中国政府的坚决抵制，但1943年春，英国利用中国抗日战争和国内战争的时机，悍然占领了“麦克马洪线”以南的大片领土。1943年3月，英印殖民政府正式宣告成立“东北边境行政特区”，负责掌管麦克马洪线以南地区的各项行政事务，这也是英印殖民政府自1914年以来，首次将这块主权归属仍备受争议的地区纳入其正式管辖范围之内。随后，英印殖民政府先后在察隅地区的重要据点瓦隆、珞瑜地区的里嘎，以及门隅地区提朗宗以南的卢帕等地分别设立了军事要塞。1947年印度独立，英政府将非法占领的中国领土移交给了印度政府，为中印两国留下了至今尚未解决的边界争端。这说明蔡锷当时提出的滇军援藏路线和“早占地步，使将来国界远在猺獞、珞瑜野人之间，不致近逼川西、前藏”的设想具有非凡的远见卓识，充分反映了蔡锷坚决捍卫祖国疆土的赤子之心。

3. 主张兴修滇桂铁路，增强西南国防实力。为了增强云南的国防能力，发展云南经济，蔡锷主政云南期间，多次向袁世凯及广东、广西、贵州都督建言，积极主张兴修云南曲靖至广西南宁的滇桂（一说滇邕）铁路。在他看来，修这条铁路有六利：“一则路线较短，成功较易，需费较省；一则滇、粤交通互相策应，可固国防；一则与滇越路不平行，免资外人口实，且离越较远，利于兵事；一则经滇、黔、桂三省之地，可扩商业，可辟荒土；一则滇川、滇黔两线将来便于延长；一则东昭矿产便于转运，且此路一通，则滇越一线之势力顿失，既可以阻其伸张之势，并可以徐图赎还之机。”同时他还进一步建议将滇桂线延长至龙门岛。因为“此岛屿环抱，为泊船最良之海湾，而风浪不惊，较北海为尤”，既可辟为商港，又可并营军港，使铁路军港首尾衔接，这样，“滇、桂不至坐困，庶可巩固国防”。①蔡锷离滇赴京时仍念念不忘滇桂铁路一事，临行前还对部下说：“云南最重要的还是交通问题。在国防上万应与广西交为一气，如有缓急，才能应援。我到京，当向中央建议，赶速修成滇邕铁道，以为西南国防初步基础。”② 这些都反映了蔡锷对西南边防的深谋远虑。

4. 主张国防经费由中央统筹，切实增加对边防的投入。从云南边防的实际出发，蔡锷认为，“滇系山国，又逼强邻，伏莽既多，外患尤迫，思患预防，非屯驻重兵不可”③。基于此，主政云南期间，他注重加强云南军事建设，将原新军第十九镇改编为第一师，并增募新兵编为第二师，每师下各编两旅，旅以下照通章改联队为团、大队为营、中队为连、小队为排，使云南陆军由光复前的1.1万人发展到1.5万余人。同时，将原机器局改为兵工厂，增加工人，扩大枪弹、炮弹和手榴弹生产，并设军服厂、制革厂等，生产军用物资，以满足军备之需。随着兵额的扩大和军械的增加，军费开支逐渐增大。云南财政素来靠他省协济，辛亥革命之后，各省对云南的协饷遽停，致使云南经费所需，万分支

---

① 曾业英编．蔡松坡集．上海：上海人民出版社，1984：411－412.

② 李文汉．我对蔡锷的回忆//田伏隆主编．忆蔡锷．长沙：岳麓书社，1996：205.

③ 曾业英编．蔡松坡集．上海：上海人民出版社，1984：466.

绌。这使蔡锷感到“以穷边而捍卫中原，实以气尽力索”[①]。为了巩固边疆，他多次向袁世凯及国务院建议，边疆地区的军费由中央统筹解决。具体方法是“将内治国防经费划分为二，其内治经费由本省自行担负，至国防经费，须中央派人主持”[②]。他认为，这样既可固国家之防，又可纾边省之力。

5. 积极倡导西南五省联防，共同抵抗列强入侵。南京临时政府成立后，它虽然在名义上是一个全国性的中央政府，但无论是孙中山在位时期，还是袁世凯继任时期，“中央行政，不及于各省，各部亦备员而已”[③]，而且“大都省自为制，但事内争，几忘外竞，中央既有鞭长莫及之患，各省益增感情睽隔之虞”[④]。在此“内讧未靖，外患斯乘”之际，蔡锷清醒地认识到，民国虽然建立，但东西方列强侵略中国的野心和企图并未改变，“英窥西藏，法窥滇黔桂粤之谋日迫，边陲多故，危机四伏，若屏藩不固，国将不国”[⑤]。从反对帝国主义对中国西南地区的侵略战争、巩固民国国防的高度出发，蔡锷积极倡导滇、桂、粤、川、黔五省联合边防，并主持制定《五省边防计画草案》。该《草案》分为10章，3.7万余字，分别对西南五省联合军的兵力编成、各省作战区域和协同方法、军队的集中展开和作战步骤，以及战前的准备、兵站的设置、战场的建设等重大军事问题，作了详细的阐述和具体的规划。

关于《草案》编制的目的，蔡锷指出，“环球列强，其因人道

① 曾业英编．蔡松坡集．上海：上海人民出版社，1984：466.

② 曾业英编．蔡松坡集．上海：上海人民出版社，1984：394.

③ 胡春惠．民初的地方主义与联省自治．北京：中国社会科学院出版社，2001：43.

④ 曾业英编．蔡松坡集．上海：上海人民出版社，1984：1269.

⑤ 蔡锷．五省边防计画草案．南京：陆军大学铅印本，1933：1.

主义求世界之平和者，则赞助兴国之盛业。其怀狼子野心，但谋自国之权利者，则阴乘鹬蚌之机势。乃者蒙事发难，藏事继起，片马告警，越地增兵，四郊多垒，全国震惊。夫前此列强之恫疑虚喝，高跃而不敢进者，以共趋于均势之途，无发难之戎首故也。兹则英、俄肇端，他国协从，相率而来，实逼处此。”①他表示，“吾侪忝列军籍，承乏戎行，拥护国家，捍卫疆围，权责所在，戚休系之”，“敢为通力合作之谋，爰为五省军事联合，以图补救于万一。”同时希望，“虽发端于一隅，冀收效于全国”。②

关于五省联防的必要性和重要性，蔡锷从政略和兵略两个方面分别作了详细的阐述。他认为，从政略上而言，五省联合边防之必要有三：第一，“民国初立，国基未固，疮痍未复，民生凋疲。居今日欲为实际上国际之战争，恐不免为理想之谈。俄蒙问题之迁就，亦固其所然。强硬之宣言，亦为外交手段之一端。故联合足以间接为对俄外交之后盾。”第二，“英窥三藏、滇、蜀，法窥滇、桂、黔、粤。交涉日益纠纷，增兵既已见告。故联合足以直接为对英、对法外交之后盾。”第三，联合对外凶，有利于减内争，中央自收统一之效。从兵略上而言，五省联合边防之必要有四：第一，从敌情来看，滇当两大敌之冲：“英伺于西，将以缅、印十倍于我之兵力，一方侵入腾冲、缅宁，略取迤西一带地，一方侵入亚东关杂瑜，略取三藏、川边，以求达其侵略全蜀，雄据扬子江上游之目的；法伺于南，以欧、越五倍于我之兵力，一方侵入开、临、广，略取迤南、迤东一带地，并规贵阳，一方侵入龙州、上思、防城，略取南宁、钦、廉一带地，以割两广”。因此，五省联合边防有利于挫败英法之阴谋。第二，从形势看，“滇

① 曾业英编．蔡松坡集．上海：上海人民出版社，1984：1268.
② 曾业英编．蔡松坡集．上海：上海人民出版社，1984：1269.

为山国，三邻于边，山势绵亘，雄关百二，为川、黔之屏蔽，而桂、粤之辅车也。无滇则川、黔无屏障之益，桂、粤失相依之利，无川、黔、桂、粤，则滇无策源之望，而有后顾之忧”。第三，从作战任务看，一旦有事，对英作战，滇、黔两军可出腾冲、缅宁，以为主攻，川军出藏边，以为助攻；对法作战，则桂、粤两军出镇南关、谅山、高平、海宁，以为主攻，滇、黔两军出老开、河阳，以为助攻。第四，从给养看，滇、桂、黔贫瘠，有强大兵力，无雄厚饷源；而川、粤物资丰富，加以交通较便。五省联合边防则可取长补短，负担自均。通过以上分析，蔡锷认为，“联合为滇、川、黔、桂、粤生死之关键，而民国安危存亡之问题也。”如能联合，“救亡图存事或可期。不然，则省制划分，畛域见存，各拥集权力，据其提封，画地而不犯，列郡不相亲，万室不相救，亡而已矣！”所以他大声疾呼，西南五省必须精诚联合，“无联合则西南固亡，联合而不坚则西南亦亡”。①

最后，为了保证五省联合计划的实施，蔡锷建议在昆明召开五省军事联合会议，请中央参谋部、陆军部和五省都督府派遣重要人员参加，进行具体的商议和部署，并成立一“西南协会”作为固定机关，以协调各省军事。

虽然蔡锷关于五省联防的设想由于其他四省都督各怀心思而未能付诸实施，但通过这份周密而详实的《五省边防计画草案》，我们不难看出，蔡锷为保卫西南边疆、维护新生民国的安全，呕心沥血，殚精竭虑。

总之，在任云南都督时期，蔡锷的国防思想从中国抵御列强入侵出发，结合云南乃至西南地区的实际，突破了传统的边防观

---

① 曾业英编．蔡松坡集．上海：上海人民出版社，1984：1269－1271．

念，体现了他爱国赤诚和务实精神。但他大力加强边防军事建设，特别是五省联防主张，却不能不引起独裁者袁世凯的猜忌，时刻担心生出“西南割据”的事端。这或许是蔡锷后来被调离云南、北任虚职的重要原因之一。

二、国防建设思想

1913年底，蔡锷调入北京，就任陆军部编译处副总裁、海陆军大元帅统率办事处办事员等职。到京后，蔡锷致力军事研究，尤其热心军事改革、探讨国防建设方略等。他不仅与阎锡山、张绍曾、尹昌衡、蒋百里等青年军官组织研究会，讨论各种军事问题和国防问题，还专门邀请外国军事家讲演，以提高军事学术水平。在此基础上，蔡锷的国防思想趋于成熟。他根据自己对中国国防问题的新的认识和研究，与蒋方震共同起草了《军事计画》一书，作为国防建设的纲要，呈送袁世凯，希望在加强中国国防方面有所裨益。1914年秋，日本侵占青岛。蔡锷闻讯后即在参政院会议上发表慷慨激昂的演说，愤怒指出，“此次青岛之役，日本所持之态度，亦尽人所知，其无非欲施行其近二十年之大陆政策”，“质而言之，即吞并我中国之政策也。”他还大声疾呼，“中国处此时代，较庚子、甲午及光复之际，尤加十倍危险。如处今日之中国，欲谋国家之保存，外交既不可恃，惟有全仗己国”，“当此国家存亡危急之秋，非合全国之力以谋之不可，必须上下一心”①，并要求政府迅速研究应对之策。当日本向袁世凯提出“二十一条”时，蔡锷即表示坚决反对，并又在参政会议上发表演说，要求拒绝“二十一条”，主张下定最后作战的决心。与此同时，蔡

① 曾业英编. 蔡松坡集. 上海：上海人民出版社，1984：779－780.

锷还制订了秘密的对日作战计划，以防不测，并把这个作战计划报告了袁世凯，希望其采纳。① 虽然蔡锷关于加强国防建设、坚决抗击帝国主义侵略的主张和建议未能被正在做皇帝梦的袁世凯所重视和采纳，但他在《军事计画》中所表达出来的国防建设思想却具有时代开拓性，不仅将蔡锷的国防军事思想的发展推向高峰，而且对后世中国国防理论的建设产生了重大的影响。

蔡锷的《军事计画》计有绪论、练兵之目的，国力与武力与兵力、义务兵役制、兵器要纲、编制、教育、人事与经理等八章，几乎涉及了军事和国防建设的方方面面。如果说《五省边防计画草案》是从西南地区这一局部出发，仅仅考虑边防问题的话，那么,《军事计画》则是从全局着眼，研究了全国国防的一系列重要问题。在这部著作中，蔡锷运用近代西方军事理论，结合中国古代军事思想精华，对中国国防建设提出了一系列重要的观点和主张，从而构建了中国军事思想发展史上的第一个国防理论体系，揭开中国近代国防理论研究的新时代。蔡锷在《军事计画》中提出的有关国防军队建设的观点和主张已在本章第二节介绍，这里着重论述蔡锷国防建设其他方面的思想。

1. 国家政略是决定国防战略的重要因素。德国近代军事家克劳塞维茨在《战争论》中通过考察战争与政治的内在联系，明确地提出了“战争无非是政治通过另一种手段的继续”的论断。他认为，“社会共同体（整个民族）的战争，特别是文明民族的战争，总是在某种政治形势下产生的，而且只能是某种政治动机引起的。”“政治贯穿在整个战争行为中，在战争中起作用的各种力量所允许的范围内对战争不断发生影响。”并强调指出：“我们在

① 李文汉. 蔡松坡年谱. 1915 年条.

任何情况下，都不应该把战争看作是独立的东西，而应该把它看作是政治的工具，只有从这种观点出发，才有可能不致和全部战史发生矛盾，才有可能对它有深刻的理解。"①受克劳塞维茨政治决定军事思想的影响，蔡锷认为，国防战略来源于国家政略，并为国家政略服务。他说："国于世界必有所以自存之道，是曰国本。国本者，根诸民族、历史、地理之特性而成。本是国本，而应之于内外周围之形势，以策其自存者，是曰国是。国是者，政略之所从出也。战争者，政略冲突之结果也。军队者，战争之具所用以实行其政略也，所用以贯彻其国是者也，所用以维持其国之生存者也。故政略定而战略生焉，战略定而军队生焉。"他指出，日俄战争，其实质就是"俄罗斯之远东政略与日本相冲突"，因而"彼此各以威力相迫，各欲屈其敌之志以从我"。在这里，蔡锷运用德国军事理论家克劳塞维茨有关战争与政治的辩证关系，精辟论述了国是、政略、战争、战略和军队等五者之间的关系，并从战争为政略冲突之结果这一近世西方战争的特性，推理出政治决定军事、国家政略决定国防战略的结论。这一认识跳出了近代中国传统的"圣兵"、"圣朝"的怪圈，是一种比较正确的新型战争观与国防观。他还认为，"军者国之华，而未有不培养其根本，而能华能实者也。"②也就是说，一个国家军事力量的兴衰是国家政治兴衰的反映，要振兴中国的军事与国防，就必须以实行政治改革、振兴政治为先导和基础。

2. 正确选择假想敌国是国防建设的基本前提。蔡锷认为，"政者战之原；敌者兵之母。"也就是说，政略为战略之源，政略一旦确定就要根据它制定国防建设的目标。而国防建设目标的重要内

---

① 克劳塞维茨. 战争论. 北京：商务印书馆，1978：42－45.

② 曾业英编. 蔡松坡集. 上海：上海人民出版社，1984：1272.

容就是正确选择假想敌国。因此，正确确定对我国国防威胁最大的敌国，是制订国防战略的首要问题。他指出，日本之所以在中日甲午战争中胜中国，在日俄战争中胜俄国，就是因为明治七八年之后“处心积虑以中国为敌，二十年而后济”；甲午之后又“卧薪尝胆，以俄罗斯为敌，十年而后济”。普鲁士之所以战胜法国，就是因为它“定报法之志，六年而小成（滑铁卢之役），六十年而大成（普法之役）”。在分析以上近代战争胜败原因的基础上，蔡锷认为，练兵的目的在于求战，“故先求敌而后练兵者，其兵强；先练兵而后求敌者，其兵弱”。“凡治兵于四面楚歌之地，欲突起以成功者，其事较难，而成功者独多。制兵于天下升平之日，欲维持于不敝者，其事较易，而成功者绝无也”。在这里，蔡锷指出了国防建设与择敌之间的关系。在他看来，只有正确选择了假想敌国，国防建设才有方向。所以，他又说：“无敌国外患者国恒亡。”①

既然“择敌”对于国防建设如此重要，那么如何“择敌”呢？蔡锷认为，有两种方法：一是直接以至强为敌，即所谓“擒贼擒王之说也”。一是“先择一易与者为敌，而间接以达其抗拒至强之目的”，即所谓“偏败众携之说是也”。至于具体采用哪种方法，则要根据本国的实际情况综合考虑。从近代西方战史上的经验出发，蔡锷主张“政令修、财力足、民气强”的国家采用前种方法；若“国家当积弱之余，威信未立，则当用后策”。在择敌方面，蔡锷还强调指出要力戒两种倾向：“一则甲可战，乙可战，乃既欲战甲，又欲战乙，则大不可。备多者力分也；一则甲可战，乙可战，乃今日欲战甲，明日复欲战乙，则大不可，心不专力不举也。”②

---

① 曾业英编. 蔡松坡集. 上海：上海人民出版社，1984：1274.

② 曾业英编. 蔡松坡集. 上海：上海人民出版社，1984：1275.

从列强对中国领土和主权的危害程度，蔡锷认为，对于全国而言，俄国策动外蒙独立，企图谋取全蒙，又增兵于新疆边境，谋图新疆，应列为中国的第一假想敌国；英国霸占印度，窥伺西藏、滇边，煽动达赖独立，并派兵入藏，插手川边事务，应列为第二假想敌国。对于西南五省而言，蔡锷则认为，应以英国为第一假想敌国，作第一战争准备；以法国为第二假想敌国，作第二战争准备。同时，也要以英法同时入侵为假想，作第三战争准备。①

值得指出的是，蔡锷还认为，在确定假想敌国，实施国防战略过程中，还必须立必战之志，策必胜之道。他说："所谓立必战之志者，道在不自馁。夫强弱无定衡，英、俄、德、法今之所谓强国也，然入其国，觇其言行，何其危亡警惕不自安之甚也？此见强者之未必终强也。五十年前之日本，百年前之德国，战败及革命后之法国，彼惟不以现状自堕其志气而有今日耳！此言弱者之未必终弱也。惟志不立，万事皆休。夫怵于外患者，退一步即为苟安。故古人必刺之以耻，而觉醒之。故曰知耻近乎勇。又曰明耻教战。耻者馁之针志之砭也。所谓策必胜之道者，道在不自满。昔普之覆于法，盖为墨守菲烈德之遗制，而拿翁三世之亡，则在轻视普人之军制。盖兵也者，与敌而互为因缘者也。人得其一，我得其二，虽少亦强，人得其十，我得其五，虽多亦弱。故彼此之不相师者，正以其彼此互为最后之标准也。夫习于自满者，进一步即为虚骄，故必戒之以惧而收索之。故曰临事而惧，好谋而成。惧而谋，谋而成，所谓策必胜之道也。惧者满之药，而谋之基也。"②基于此，他认为，清政府在甲午战争后练兵 20 年却到

---

① 毛振发．蔡锷．北京：军事科学出版社，1988：48.

② 曾业英编．蔡松坡集．上海：上海人民出版社，1984：1274.

头来“适以自累”，根本原因就是“本不正也，政不举也，志不立也”。[1] 这里，蔡锷辩证地处理了“立志”与“策胜”的关系。即面对强敌首先要敢于立必战之志，但光立必战之志还不够，还要周密研究部署，这样才能取得反对列强侵略的胜利。

3. 综合国力是国防建设的基础和源泉。蔡锷认为，国防能力是综合国力的反映，国防能力的大小取决于综合国力的强弱。为了说明这个道理，蔡锷提出了国力、武力、兵力三个概念，并精辟论述了三者之间的关系。他认为：所谓兵力，就是“武力之主体”，指国防军的实际作战能力，不仅指人、马、材料之数量，还包括人、马教育之程度和材料品质之精粗程度。所谓武力，就是“国家所用以贯彻其国是之具也。就广义言，武力即国力也。就狭义言，则国力而加以军事的组织锻炼者，是曰武力”。所谓国力，则是人、地、经济、交通和政治机能等五个要素的综合反映。蔡锷指出，兵力并非就是武力。“武力者，就其用而言也；兵力者，就其体而言也”。兵力的大小固然与武力的大小有关，但兵力越大并非就是武力也越大。这里有个“度”的问题。一般而言，“现役之兵数，以人口百分之一为准，每年之军费，以国费三分之一为准。准者言其极度不可再逾者也。由是范围，而加以精密之编制法，运用而周转之，则有事之日，皆能倾其全国之力以从事于战争，可谓极人间之能事矣。然亦有以野心及恐怖心之故，养过大之兵力，而卒至财政穷乏，不能一战者，则又以兵力过大之故，而武力转因之而小者焉”。[2] 他进一步指出：兵力之源在武力，武力之源在国力。也就是说，兵力、武力是国力的反映，均受国力的制约。接着，蔡锷具体作了如下分析：第一，“国力者人力之集

① 曾业英编．蔡松坡集．上海：上海人民出版社，1984：1275.
② 曾业英编．蔡松坡集．上海：上海人民出版社，1984：1277.

也，国力之要素，以国民之体力、智力、道德力为主，而道德力之左右武力则尤大，即节俭、忍苦、果敢、坚毅、富于爱国心而重义务之国民，较之流于安逸、习为骄奢、陷于怯懦者，其数虽有天渊之差，而武力则有过之无不及者。故曰国民之价值，当战争之难，而上下悉显其真。在上者流于逸乐，则武力之节度缺；在下者习于固陋，则武力之锋芒钝”。① 重视人的因素是蔡锷国防建设思想的主要特色之一，这种既见物又见人的国防观，表现了蔡锷朴素的辩证法思想。第二，经济和财政作为国力的重要内容，也是国防建设的重要基础。蔡锷指出：“近世之战，其准备极于一针一线之微，其影响及于一草一木之故，其困苦迄于一饮一食而有限制，其反动入于国民之生计者至深且巨。”他认为，国家的经济中，农业为军队提供粮食，工业为军队生产武器，矿业为武器生产提供钢铁和煤，畜牧业为军队提供运送军用物资的工具即马和驴。而以上四者中“为之主者”，“则国民之经济，国家之财政是也”。因此，“经济财政之整理法，亦为武力之最要原质”。在这里，蔡锷不仅指出了国民经济与国防建设有着重要关系，而且强调国防建设必须注意发展国民经济，讲求理财之道。否则，国防建设就是无本之木，无源之水。这说明国民经济是国防建设的重要基础。值得注意的是，蔡锷还提出，“材用以求之本国为原则”的思想。这就是说，国防经济建设必须在自力更生、自给自足的基础上进行，不能依靠外国提供军火、供应粮食。没有国家自己的经济实力的国防，只是建筑在沙滩上的楼阁。② 所以，蔡锷以本国经济为主体构建国防经济体系的思想是十分可贵的。第三，国境的形状和国内的地势与国防能力“至有关系”，也是国力转化国

---

① 曾业英编．蔡松坡集．上海：上海人民出版社，1984：1276.

② 曾业英编．蔡松坡集．上海：上海人民出版社，1984：1276.

防能力的重要条件。蔡锷认为，战争中“地大而人疏者易于守，地小而人多者利于攻”，而国境的形状如海、沙漠、山等，也能“皆于战争时显其效”。因此，国防建设要认真考虑国境形状和国内地势的因素，充分利用地理上的优势，发挥其在反对帝国主义侵略战争中的重要作用。第四，交通与国防能力有着密切的联系。蔡锷认为，交通状况的好坏直接决定国防力的大小，因为战争中“各材用集合之迟速，军队运动之难易”，皆取决于交通。“便者以一作二而有余；难者则以十当一而不足也”。① 他还以日俄战争为例，来说明交通在战争中的重要性。他说：“日、俄之役，俄军以交通线仅恃一单轨铁道，运输不继，遂屡为优势之日军所制。”②第五，国家政治机能（政治力）与国防能力关系至巨，“为国家存在之源，即为武力发生之本”。③ 国家的政治机能包括国家的政体、兵役制度和行政能力。土地愈大，人口愈众，国家的政治机能与武力关系就愈加密切。在行政能力方面，“必其元首公明而有定力，其政府勇敢而极敏锐，其各机关又能各竭其能，而互相为用”。如果“主宰无定力，则众说纷拿，而能力蹇滞。建制不完密，则机关不足，而布置乖张。国愈大，事愈难，而武力转有因国力之大而益小者矣”。他主张，在国家政体方面，要实行立宪制度，给全国人民以自由，“农民当解放”，“市民当予以自治权”，“贵族当教”，最终“使各阶级平等于法律之下”。在兵役制度方面，要推行义务兵役制。④ 需要指出的是，蔡锷关于综合国力是国防建设的基础和源泉的论述有相当的理论深度的，尤其是他在论

① 曾业英编. 蔡松坡集. 上海：上海人民出版社，1984：1276.
② 曾业英编. 蔡松坡集. 上海：上海人民出版社，1984：1251.
③ 曾业英编. 蔡松坡集. 上海：上海人民出版社，1984：1276.
④ 曾业英编. 蔡松坡集. 上海：上海人民出版社，1984：1277－1278.

述兵力、武力、国力及其关系时，不仅注意到其物质方面的内容，而且还注意到了人的道德精神因素，以及制度方面的内容，因而比较深刻地揭示了国防能力的实质，符合国防建设的实际，具有一定的正确性。

4. 武器装备近代化是国防建设的重要内容。作为军人，蔡锷深知武器的重要性。在他看来，武器是构成军队不可或缺的重要组成部分。“人授以器，使身与器相习，而能为一致之行动者，是曰兵。兵集为群，使兵与力相习，而能为一致之行动者，是曰军队。”① 通过对欧洲诸国武器装备近代化历史的考察和对中国国防武器装备现状的分析，蔡锷指出，“进步者物质，所以进步者，非物质而精神也。”② 中国“器之不良，非器之过也，非财之绌也，人谋之不臧也。精神不进步，而求其效果于物质，不可得也，虽得之必失之”③。他认为，面对欧洲近代武器装备，中国要克服三种不正确的思想认识：第一，要克服“不可敌”的思想，充分认识到，各国兵器之发达，虽月异而岁不同，但是由于受财力的限制，兵器之制式则不能朝令而暮改。制式一定，至少必有 10 年到 20 年的经过。他说：“飞机也、潜艇也、机关枪也，其成功虽在近日，其端绪实发明于数十年以前。平日漫不加察，一见人之成功，则骇然却走，或坐而长叹曰：彼非吾之所及也。天下之愚有过于此者乎？故谓欧人之制器，非吾人所可敌者非也。”第二，要克服“不能及”的思想，充分认识到，欧洲新发明各器，其效用虽神奇，而“其进路乃极平实”。他说：“飞机奇矣，然理则极简。夫左右则犹上下也，舵左则舟可右，尾下则机乃上矣。所难者，则

① 曾业英编．蔡松坡集．上海：上海人民出版社，1984：1286.
② 曾业英编．蔡松坡集．上海：上海人民出版社，1984：1287.
③ 曾业英编．蔡松坡集．上海：上海人民出版社，1984：1297.

有藉夫至轻之质，能生至大之动力者耳。自汽油之制明，而飞机之成功乃定，理之当然，无足怪也。蒸气（汽）机为近世器械进步之祖，而水热则盖动，人人能见之，人人能言之也，所患者人不能于平实处用功耳。故谓今日欧人之器，非吾人所能及者亦非也。”第三，要克服重购进或仿造西方武器，轻自行研制的盲目自满的思想，充分认识到，“一器之成，有见于形者，有藏诸质者，皆根于正确之学理，积甚久之研究而始成。望诸空想，不可得也；求诸手艺，不能成也；强为形似，尤不可以自满也”。他认为，用人之钢，购人之药，而曰我能制炮；用人之（飞）机，购人之油，而曰我能制机，“供平时之记载则有余，为战时之实用则不足”。因此，如果不走自行研制开发之路，“不能平心静气以求其本，惊乎其用，而茫乎其源，谓器可购而得，可仿而成即不然。其能一蹴而及者亦非也”。①

基于此，蔡锷就中国国防武器装备近代化提出四个方面的建议：第一，中国武器装备近代化要走科研领先、后起追及之路。所谓科研领先，就是要加强对先进武器装备的科研和储备。所谓后起追及，就是在武器的制式上“取待敌主义”。“新式（武器）虽定，则备其器材不急易，以待敌之先改，敌改而后起而追及之”。蔡锷认为，“后改较先改者为利”，不仅能保证武器不落后于敌，而且又能节省大量的财力。② 蔡锷这一思想，既突出了科研在武器装备近代化方面的重要作用，又较好地解决了武器装备近代化与国家财力不支的矛盾，为中国国防武器装备近代化指明了方向。第二，设立专门的技术委员会，在“察敌我之情，审将来之势”的基础上，研究制定各种武器的制式，统一原料、形状、尺

---

① 曾业英编．蔡松坡集．上海：上海人民出版社，1984：1287.

② 曾业英编．蔡松坡集．上海：上海人民出版社，1984：1286.

寸和重量，并加强质量检查，对合格者“烙印于其上，注册入籍，夫而后始可用焉”。第三，制订武器出纳、交换、修理、防险、废弃等管理方面的规定，使各类武器来源有履历，发放有记载，保存有方法，检查有时期，报告有定时。这样，“精良之器乃能发生其效用，不至于徒费也”。第四，提高士兵对武器性能的认识和对武器使用的能力。蔡锷认为，“器贵精，尤贵能用”。“一枪炮一精巧之机械也，其效力十倍于古昔，而其使用与处置，亦有待乎复杂之理解力”。倘若士兵不能正确使用武器，不仅不能杀敌，反而会伤害自己。因此，随着兵器的进步，使用难度的增加，必须加强对士兵进行武器使用方面的教育和训练，使之熟练掌握武器的使用，“虽指挥官不在，而犹能使用其器，乃为成功”。①

由此可见，蔡锷上述思想涉及武器装备的研制、管理和使用等方面，对于中国武器装备近代化具有十分重要的指导作用。

三、国防战略思想

蔡锷在重视国防建设的同时，十分注重国防战略问题，认为“惧而谋，谋而成，所谓策必胜之道也”。他对曾、胡有关战略战术的论述评价很高，在《曾胡治兵语录》中列“兵机”和“战守”两部分，并把曾、胡战略战术思想与近代西方军事理论进行了比较。他认为，曾、胡的战略战术思想“皆从实行后经验中得来，与近世各国兵家所论若合符节”②。在总结、阐述和吸收曾、胡战略战术思想的基础上，蔡锷结合当时中国的国情和军情，对中国在未来反对帝国主义侵略战争中应遵循的战略战术作出了精

① 曾业英编. 蔡松坡集. 上海：上海人民出版社，1984：1296－1297.

② 曾业英编. 蔡松坡集. 上海：上海人民出版社，1984：1250.

辟的论述。

1. 要进行充分的准备。蔡锷认识到，反侵略战争是一场全国性的战争，牵涉到方方面面，没有周密、充分、完备的准备是难以取胜的。他非常赞同曾国藩关于“出师前之准备，宜十分周到。谓一械不精，不可轻出，势力不厚，不可成行”的观点，认为这种重视战前准备的思想，与近代欧洲军事家们重视国防动员、进行积极备战的思想，“用意相合”。① 因此，在《五省边防计画草案》中，蔡锷以大量篇幅对战前准备工作，包括：战前动员，举办乡兵，开展初级将校及军士教育，添购新式武器装备及改造兵工厂，测绘兵要地图，修筑军路，派遣侦察，以及对沿边各民族土司的管理等作了比较周到的安排。

2. 实行积极防御战略。蔡锷指出，虽然近代“各国兵学家，举凡战略、战术，皆极端主张攻击。苟非兵力较弱，或地势敌情，有特别之关系，无复有以防守为计者矣。然战略战术，须因时以制宜，审势以求当，未可稍事拘滞。若不揣其本，徒思仿效于人，势将如跛者之竞走，鲜不蹶矣”。他认为，取攻势“必须兵力雄厚，士马精练，军资（军需、器械）完善，交通利便，四者均有可恃，乃足以操胜算”。普法战役中法军之所以陷于防守地位，是由于兵力不能集中，军资缺乏。日俄战役中俄军之所以迭试攻势终归无效，是由于运输不继。对照取攻势所必备的四个条件，蔡锷分析了当时中国军队的状况并指出，中国军队从数量上而论虽“有二十余镇之多，然续备后备之制，尚未实行，每镇临战，至多不过得战兵五千，须有兵力三镇以上，方足与他一镇之兵相抗衡。且一有伤亡，无从补充。是兵力一层，决难如邻邦之雄厚”；从质

① 曾业英编．蔡松坡集．上海：上海人民出版社，1984：1250.

量上而论，“能否说到精练二字。此稍知军事者，自能辨之。他日与强邻一相角逐，能否效一割之用，似又难作侥幸万一之想”。“至于军资、交通两端，更瞠乎人后”。基于上述分析，蔡锷认为，在今后数年的反对帝国主义侵略战争中，中国在战略上取攻势是不可能的，应当实行积极防御的战略。“与其为孤注一掷之举，不如采用波亚战术，据险以守，节节为防，以全军而老敌师为主。俟其深入无继，乃一举歼除之。”① 应当说，在敌强我弱的客观情况下，蔡锷所主张的积极防御的战略思想是符合中国反侵略战争的实际的。需要指出的是，蔡锷虽然主张中国反侵略战争总体上应采用积极防御战略，但也不排除在一定的条件下实行进攻战略。例如，对于西南边防战略，蔡锷通过对双方所能动员的兵力和西南五省地形地貌等分析，认为对英作战的战略方针“宜取攻势防御”，对法作战“宜纯取攻势”，而同时对英法作战，其基本战略方针与单独对英对法作战的战略相同，只是由于分兵迎敌，我军更居劣势，故对英“宜纯取守势”，对法则“宜取攻势”。② 这反映了蔡锷一切从实际出发，实事求是的战略战术思想。

3. 坚持持久战。持久作战，就是用较长的时间，逐步削弱敌人，壮大自己，变劣势为优势，最后战胜敌人。这是小国打败大国、弱国战胜强国的一个重要的战略指导原则。在主张中国反侵略战争要实行积极防御战略的同时，蔡锷还深刻认识到：在敌强我弱，并且我军又不可能很快发展的情况下，要在短时期内战胜敌人是不可能的。只有通过与敌人长期作战，不断地消耗敌人，消磨敌人的意志，逐步转化敌我力量对比，才能争取最后的胜利。如何进行持久战？在深入研究曾国藩、胡林翼的战略思想后，蔡

---

① 曾业英编．蔡松坡集．上海：上海人民出版社，1984：1251．

② 毛振发．蔡锷．北京：军事科学出版社，1988：51．

锷认为：曾、胡关于攻战、守战、遭遇战、局地战以及防边、攻战的作战原则和方法“意括而言赅”，“无不独具卓识”，“虽以近世战术之日新月异，而大旨亦不外是”。在总结曾国藩、胡林翼有关战略战术的基础上，蔡锷对打持久战提出了以下原则：首先，以主待客，后发制人。战争双方的主客是指后发制人还是先发制人的问题。关于主客，曾国藩说：“守城者为主，攻城者为客；守营垒者为主，攻者为客；两军相遇，先到战地者为主，后到者为客；两军相持，先呐喊放枪者为客，后呐喊放枪者为主；两人持矛格斗，先动手戳第一下者为客，后动手即格开而即戳者为主。”曾国藩用兵极重主客，主张以主治客、以静待动、以逸待劳、后发制人。他曾叮嘱部下：“凡出队，有宜速者，有宜迟者。宜速者，我去寻敌，先发制人者也。宜迟者，敌来寻我，以主待客者也。主气常静，客气常动。客气先盛而后衰，主气先微而后壮。故善用兵者，每喜为主，不喜作客。”他还以自己在皖南被太平军围困于祁门、休宁，屡濒于危的教训来说明以主待客、后发制人的重要性。“休、祁诸军，但知先发制人一层，不知以主待客一层，加之探报不实，地势不审，敌情不明，徒能先发而不能制人”①。胡林翼用兵也主张以静制动、以逸待劳、以主待客。他说：“先安排以待敌之求战，然后起而应之，乃必胜之道，盖敌求战，而我以静制动，以逸待劳，以整御散，必胜之道也。”②《孙子兵法》中说：“昔之善战者，先为不可胜，以待敌之可胜”，“胜兵先胜而后求战，败兵先战而后求胜。善用兵者，修道而保法，故能为胜败之政”。这里，所谓“先为不可胜，以待敌之可胜”，就是创造条件，使自己不被敌方战胜，等待时机成熟，然后发起进攻，

① 毛注青等编．蔡锷集．长沙：湖南人民出版社，1983：81－82.
② 毛注青等编．蔡锷集．长沙：湖南人民出版社，1983：79.

将对方击溃。所以，曾、胡关于主客的用兵方法是孙子上述原则的运用。蔡锷对曾、胡主客的用兵力方法极为赞同，认为，“曾、胡之论兵，极主主客之说。谓守者为主，攻者为客，主逸而客劳，主胜而客败。尤戒攻坚围城。其说与普法战争前法国兵学家所主张者殆同”。他进一步指出，“曾、胡论兵极重主客之见。只知守则为主之利，不知守反为客之害。盖因其时所对之敌，并非节制之师，精练之卒，且其人数常倍于我，其兵器未如今日之发达，又无骑、炮两兵之编制，耳目不灵，攻击力复甚薄弱……故战术偏重于攻势防御，盖亦因时制宜之法。”①其次，以消灭敌人有生力量为主要目的。胡林翼说：“用兵之道，全军为上策，得土地次之；破敌为上策，得城池次之。”又说：“一年不得一城，只要大局无碍，并不为过。一月而得数城，敌来转不能战，则不可为功。”②蔡锷认为，胡林翼以上所见“尤为精到卓越，与东西各国兵学家所唱道（倡导）者，如出一辙”③。这反映了蔡锷以歼灭敌人有生力量为主，不以夺取城市和地方为主；以打运动之敌为主，力避攻坚扒城的歼灭战思想。再次，集中优势兵力打歼灭战。在如何用兵的问题上，胡林翼主张“临阵分枝，不嫌其散；先期合力，必求其厚”④。也就是说，既要集中尽可能多的兵力投入战役之中，又要按部署把兵力分而用之，执行不同的战斗任务，依各自的任务合力歼灭敌人。对此，蔡锷深以为然，认为“尤足以赅括战略战术之精妙处”，并运用西方近代军事理论作了进一步的解释：“临阵分枝者，即分主攻助攻之军，及散兵、援兵、预备队之

① 曾业英编．蔡松坡集．上海：上海人民出版社，1984：1250－1251.
② 毛注青等编．蔡锷集．长沙：湖南人民出版社，1983：80.
③ 曾业英编．蔡松坡集．上海：上海人民出版社，1984：1250－1250.
④ 毛注青等编．蔡锷集．长沙：湖南人民出版社，1983：80.

配置等是也。先期合力者，即战略上之聚中、展开，及战术上之开进等是也。”①这反映了蔡锷集中优势兵力，力求歼灭一部分敌人，将小的战果积累成大的战略胜利，最终使敌强我弱的形势向相反方向转化的战略思想。最后，扎兵紧要，垒高濠深。曾国藩、胡林翼十分讲究防守之法。曾国藩说：“扎营宜深沟高垒。虽仅一宿，亦须为坚不可拔之计。但使能守我营垒安如泰山，纵不能进攻，亦无损于大局。”胡林翼也说：“防边之要，不可处处设防。处处设防，兵力必分，不能战，亦不能守。惟择其紧要必争之地，厚集兵力以守之，便是稳固。”②蔡锷对此尤加赞赏，认为其“防御之紧严，立意之稳健，尤为近世兵家所不及道者也”③。

总之，蔡锷的国防思想从中国人民反对帝国主义侵略的实际需要出发，汲取了西方近代军事理论的重要成果和中国传统军事思想精华，突破了鸦片战争以来清廷朝野有识之士的“海防”、“塞防”的狭隘国防观念，并参照中外战史和欧洲强国的军备情况，全面系统地提出了中国军事改革和国防军事建设的理论和主张，集中地反映了其反帝爱国的思想，为国人描绘了一幅富国强兵、振兴国防的蓝图。尽管在以袁世凯为首的北洋军阀统治下，蔡锷的国防思想无法实现，但它无疑是中国近代军事思想发展史上第一个比较完整的国防理论体系，为其后蒋百里、杨杰等人的国防思想的崛起开辟了道路。

---

① 曾业英编．蔡松坡集．上海：上海人民出版社，1984：1250.
② 毛注青等编．蔡锷集．长沙：湖南人民出版社，1983：82－83.
③ 曾业英编．蔡松坡集．上海：上海人民出版社，1984：1250.

第七章 经济思想

蔡锷没有专门论述经济问题的著作。但是，作为一个政治家和军事家，蔡锷在研究政治、军事问题和投身政治、军事实践时，不可避免地涉及和遇到经济方面的问题。民国成立后，为了解决财政危机，巩固民主革命政权，蔡锷积极向中央建言，同时根据云南的实际，研究提出并组织实施了一系列有效的经济措施，有力地促进了民初云南的经济发展和社会安定，从中我们不难勾勒出蔡锷经济思想的概貌。

第一节 财政思想

一、开源思想

中华民国从成立之日起，就面临着十分严重的财政危机。一方面，以前清政府所课征的许多苛捐杂税已宣布废除，海关及部分常关、盐厘的税收被帝国主义者把持，拒绝交付临时政府，各地的田赋和其他税收也被各省军政府截留，不上缴中央；另一方面，由于南京临时政府成立时就对外宣言，中国以前与各国缔结的条约继续有效，应偿还的外债照旧偿还，列强又因此趁机逼债。因此，无论是南京临时政府还是后来的北京政府始终无法摆脱财政危机的困扰。与全国当时的情况一样，云南军政府成立后也面临着严峻的财政困难：其一，云南为山国，向来贫瘠。清朝时，云南岁入不过300余万两，而岁出却需600余万两。除每年由清户部拨款及各省协济160余万两外，尚不敷100余万两。云南辛亥起义后，省内的公私币藏虽未损失，但由于各省独立后，全国局势混乱，协款骤停，中央亦无力拨济，因此财政收入方面的缺口共达300余万两，占全省财政总收入的一半以上。其二，为支援武昌首义，迅速稳定西南，云南军政府应黄兴、黎元洪和谭延闿的要求，先后组织援川、援黔，又主动要求援藏，参与平叛，军费开支在百万以上。其三，云南重九起义后，百废待兴，急需组织进行经济建设，据测算，发展实业就需投入资金5000余万。其四，为巩固边疆，蔡锷十分注意边境土司地区的治理，决定持渐进主义，先从振兴教育，提倡实业，收揽法权，试办警察数端入手，但这也急需有大量的资金投入。因此，当时有人曾指出，云南"财政困难，达于极点"。

有鉴于此，蔡锷认识到，新生共和国政权的稳固与否取决于财政状况。因而，从巩固新生革命政权出发，蔡锷极为重视财政问题。在分析研究云南乃至全国当时的财政状况后，蔡锷多次分别致电孙中山和袁世凯强调指出，"军兴而后，用度浩繁，财源枯竭，各省一辄，挹注既属无方，而支销不能稍待，于是有募集公债，发行纸币之举，以暂济眉急。剜肉医疮，得过且过，深恐捉襟见肘，经济恐慌之象，即在目前。各省不能支撑，中央亦无从提挈，财政紊乱，斯国体分裂，不知所届矣"①。"民国初立，建造改革，非财莫办，尤非中央有稳实计划，财政决难就理"②。蔡

① 曾业英编. 蔡松坡集. 上海：上海人民出版社，1984：435.

② 毛注青等编. 蔡锷集. 长沙：湖南人民出版社，1983：567.

锷认为，要迅速解决财政危机的问题，首先必须开源，以增加财政收入。于是，政局甫定，蔡锷就在云南推行了一系列开源措施：

（1）筹办公债。蔡锷认为，云南财力困难，“非扩张实业、交通，不能发达，非借外债亦不能举办”①。因此，为了发展云南地方经济，蔡锷曾与英、法领事及外商接触希望能筹借外债。但由于外商要求有抵押，蔡锷恐有碍国权，终未敢遽行决办。稍后袁世凯政府欲借外债。蔡锷闻讯后认为外国夙昔所持主义，欲以财力亡我国家，为扼吭捣穴之计，因而也反对中央政府举借外债。②借外债不成，如何解决财政困难？蔡锷认为，“此时惟有筹办救国公债，可以救亡。”③ 因此，他决定举办国民捐，因而拟订了云南爱国公债章程，其大概办法是公债总额500万元，发行额面分为1元、5元、10元、50元、100元五种，以本省钱粮地丁银担保，自民国元年起，十年以内分年偿还，不给利息。公债统由富滇银行经理，其用途由省议会监督稽查。1912年6月9日，昆明各界为发行爱国公债举行国民大会，蔡锷为大会主席并发表演说词，号召民众踊跃认购。此后又筹办女子爱国富签公债，专收女子首饰，填给公债票。两种公债推行结果，“计先后所入十余万，虽未能骤集巨款，而财力得以稍纾”④。

（2）整顿税收。税收为财政的主要来源。清末时，税制混乱，官吏中饱私囊，公家所得不得超过十分之二三，而各级官吏和征收人员却扣留十分之七八。云南光复后，蔡锷推行税收征管办法改革，由殷实绅商承办，视每年认解之数先缴一半为保证金，待

---

① 曾业英编．蔡松坡集．上海：上海人民出版社，1984：1256.
② 曾业英编．蔡松坡集．上海：上海人民出版社，1984：513.
③ 毛注青等编．蔡锷集．长沙：湖南人民出版社，1983：538.
④ 毛注青等编．蔡锷集．长沙：湖南人民出版社，1983：538.

年终厘金总额交清后，再将保证金退还。同时，为加强征收管理，还实行监征制度，制订了监征员章程，由议会举定监征员，监视征收，以保证各税征收到位，故而“各属钱粮，除因偏灾豁免外，余悉如数按时完纳”①。与此同时，还开征了契税、烟酒税，“以救目前之急”；“清丈田亩，以裕国课而均负担”②，“故厘税收入较昔年为加旺”③。

（3）革新盐务。盐课及附捐为滇省收入之最大宗，几倍于田赋。为了加强盐税征管，蔡锷采取以下改革措施：一是撤销盐道，盐务改由实业司兼管，同时厘定章程，就原有所征课及附加各数合并计算，改两为元，统名曰盐款；二是新设督煎督销总办，加强监管；三是实行就场征收，杜绝侵挪亏欠各弊端。结果盐务积弊革除，不仅盐款大增，而且盐产量不断增加，“开滇盐济黔之例”④。

（4）开设银行。清末，云南有清朝户部银行分行，但只设于省垣而经理亦多未善，银根之舒急亦难酌剂。清政府被推翻后，该行随之结束。云南军政府成立后，财政司和实业司联合呈文蔡锷，请求成立“云南公钱局”，“专营存放、抵押、汇兑事务，发行银钱纸币，并赶铸银、铜元，所有通省钱粮厘税，均可用此缴纳”。蔡锷则认为“公钱局”规模过小，要求比照外国官办银行之例，成立云南省地方官办银行，以取代大清银行，并建议未来的银行命名为云南富滇银行或云南富国银行。后经两司研究，决定选用云南富滇银行的名称，并拟定章程、筹集资本、呈报蔡锷批

① 曾业英编．蔡松坡集．上海：上海人民出版社，1984：474.
② 毛注青等编．蔡锷集．长沙：湖南人民出版社，1983：565.
③ 毛注青等编．蔡锷集．长沙：湖南人民出版社，1983：539.
④ 毛注青等编．蔡锷集．长沙：湖南人民出版社，1983：558.

准后，于1912年2月正式成立开始营业，同时设分行于下关、昭通、个旧等处，开办存放、抵押、汇兑等业务，还发行纸币与银元，一律通行。富滇银行建立后，基金充足，“民间之信用既坚，故财政亦不至竭蹶”①。据当时的外交部驻云南特派员调查，该行主要贷款对象为各商号，仅1913年就放贷302万元，对于促进民初云南商业的发展，稳定市场物价和安定社会起到了积极的作用。②

（5）发展实业。对于发展实业的问题，蔡锷早年就曾有涉及。留日期间，蔡锷对于日本工业的近代化有初步的了解和亲身的感受，并以日本为参照物，对中国自洋务运动以来，清政府所创办的军事工业进行过分析，提出过批评，认为虽然“制兵之局相继林立”，“然而经营三十余年，绝无成效可睹”。③ 但由于此时蔡锷所关注的是军事救国事业，对于发展实业的问题没有也不可能进行深入的研究。辛亥革命后，蔡锷认为，他所追求的军事救国任务已经完成，“溯自武汉倡义，至南北政府统一之日，相距仅数阅月，同时达政治、种族革命之两目的”，接下来应当致力于发展经济。他曾多次强调，“破坏为建设而破坏，非为破坏而破坏。破坏而不能建设，不第不为功之首，直为罪之魁矣。”④在这种思想推动下，辛亥革命之后，蔡锷开始关注发展实业问题，希望通过发展中国的实业，迅速实现民富国强。在云南军政府都督任上，蔡锷在推行各项财政改革的同时还认识到：云南财政困难，民生凋敝，

---

① 毛注青等编．蔡锷集．长沙：湖南人民出版社，1983：539．
② 云南省经济研究所编．云南近代经济史．昆明：云南民族出版社，1995：389．
③ 曾业英编．蔡松坡集．上海：上海人民出版社，1984：25．
④ 曾业英编．蔡松坡集．上海：上海人民出版社，1984：579－580．

“非急振兴实业无以为自立之地”[①]。基于此，蔡锷在军政府内设实业司主管发展实业事务，并采取了一系列措施，促进云南实业发展，从而使民国初年的云南出现了经济繁荣的良好局面（详见本章第二节）。

二、节流思想

在努力开源的同时，蔡锷认识到，在财政收入短期内不可能有大的增加的情况下，如果“只求收入之方，而不谋节流之法，则随集随散，来日方长，恐竭吾民之脂膏，仍不足以填无底之谿壑”[②]。基于此，蔡锷又主张中央和地方大力采取支出节缩的措施。

1912 年 5 月，一直关注财政问题的蔡锷致电袁世凯及各省都督，对中央政府一些浪费钱财的现象提出了严厉批评。他在电文中说：“前阅南京临时政府决算，一月军费几至九百万元，又接黄留守（即黄兴）咼电，留守府直属各军队饷银每月约需款五百万元以外。以前者计之，年需一万万元以外，以后者计之，亦需六千万元以外，而南北十余省之军费，尚不在内，国何以支？且闻孙中山先生因邀一己之名，以耗国家之费者，亦至数十万元。今袁总统受国民之托，建设新猷，或不至如南京政府时之财政紊乱。然唐总理一南行，而消费至二十余万元，今交通部又复纷纷派洋员赴各省勘电线。电线之宜修固不待言，然不先询各省何处应修，而即派员分头查勘。况云南至（贵州）毕（节）一路，前已由滇修通，曾经电明，何以复派洋员往勘？此等费用，宁非虚耗！”因此，他认为，“民国非刻意节流，则财政万无整理之日。”[③]在这

① 毛注青等编．蔡锷集．长沙：湖南人民出版社，1983：540.
② 曾业英编．蔡松坡集．上海：上海人民出版社，1984：486.
③ 曾业英编．蔡松坡集．上海：上海人民出版社，1984：486－487.

里，蔡锷指名道姓，对南京临时政府和北京政府都提出了批评，而且言辞激烈，不讲情面，反映了他对当时财政危机的焦虑和对共和国前途的担忧。

如何节流呢？蔡锷建议中央政府从以下七个方面入手：第一，要裁兵，缩小军备，全国以25师为限，裁腹省都督，裁绿防各营，而专注充裕军实，储养将校。海军只能维持现状，不可扩张。第二，外交方面所需的经费要严格审核，杜绝浪费。第三，要严格控制行政编制，减少行政开支，各省除繁盛通商处所委设专员外，余均委地方行政官管理。司法只可具雏形，为将来扩张地步，现宜裁筹备处，只于省会设三级厅，各道设地方厅，各县以知事兼行初级职务，而扩大初级权限。第四，教育宜划分全国高等以上学校区域，由部直办，不必省皆设校，绝对不设速成科，而多派留学生，严予甄选。第五，要严厉核计交通部所管理的经费，减少浮费。第六，内务宜注重设警、修路二端，除最繁之都会市埠外，不设岗警，经费皆就地筹取。外官制除酌设民政长外，名目可改归一律，内容仍暂其旧，其余不急之务，一概缓办。第七，减少全国公务员薪俸，并使之一律。应当说，在当时情况下，蔡锷上述节流的建议是十分中肯的。在积极建议中央政府节约财政支出的同时，蔡锷在云南推行了一系列节流的措施：

（1）汰除浮冗。云南军政府成立后，蔡锷即主持召开军政府政务会议，专题研究军政府机关编制问题，并提议将三井督销局、电报局、电话局并入实业司，将邮政局并入外交司，将提、镇、参、游归入参谋厅，从而撤销了清朝时一些重复设置的地方机构，减少了闲散人员，节省了政务开支。①

---

① 曾业英编．蔡松坡集．上海：上海人民出版社，1984：1255.

（2）裁撤军队。云南光复前清政府不仅在云南编练新军一镇（师），还有巡防队，每年军费开支约310余万，占云南财政总支出的一半以上。“反正之初，迤西、迤南皆自添招募，又因援黔、援蜀添练一师，兵额骤增，饷糈益浩”①。蔡锷认为，“各省自反正后，任意添招，兵额浮滥，财力竭蹶，此为大端”。因此，“此时节费之道，首在裁兵”。基于此，援蜀、援黔一结束，蔡锷即令裁兵30余营，而且“上下帖然，毫无他故”。②这与当时一些大肆扩军、拥兵自重的军阀形成鲜明的对比。有人统计，民国元年、二年，云南省因裁兵每年分别节省军费开支104.65万元和178.2万元。③ 此实为节流之一大端。

（3）节俭俸给。云南军政府一成立，蔡锷改革清朝九品制，实行三等九级官阶制，并规定了各等级军官薪俸，上等一级600两、二级400两、三级250两；中等一级200两、二级150两、三级100两；三等一级50两、二级25两、三级20两。1912年1月，蔡锷致电省内各地军政长官指出，“吾滇反正以来，整理内治，扩张军备，经费骤减，入不敷出，深恐财政支绌，不足以促政治之进行。惟有约我同人酌减薪俸，以期略纾民困，渐裕饷源。”④并决定都督的薪俸以二成支发，减至120两，减幅达80%，以下各等级官员依次少减，按三至八成支发，只有“兵士饷银仍照旧额”。半年之后，因中央大借款忽生挫折，财政部通告中央财政支绌情形，并倡全国公务员每月俸金减为60元之议，蔡锷又积极响应，

① 毛注青等编．蔡锷集．长沙：湖南人民出版社，1983：538.

② 曾业英编．蔡松坡集．上海：上海人民出版社，1984：487.

③ 王树槐．蔡锷与云南财政//郭汉民，严农主编．蔡锷新论．长沙：湖南人民出版社，1997：386.

④ 曾业英编．蔡松坡集．上海：上海人民出版社，1984：186.

带头第二次减薪，并发布命令说：本省公务人员薪俸前已“减成发给，最多者不过百二十元。现以国事多艰，再加裁减，凡政军学警各界除分认爱国公债外，其原薪六十元以上者均减为六十元以下迭减，惟目兵暂仍其旧”①。这样，蔡锷的月俸又由120两减为60两，仅为最初薪俸的1/10。结果，作为一省军政最高长官，蔡锷每月的薪俸仅与一个营长的薪俸相等。这在当时是全国罕见的。有人曾作过统计，民国元年、二年，云南因减薪节约开支数分别为32.8万元和50万元，为数不为不多。②

（4）剔厘陋规。在削减薪俸的同时，蔡锷还严格规定了各级政府的行政经费，一等府厅每月的公、杂费为450元，二等府厅州县为350元，三等州县为250元，并对节约行政开支作了许多具体规定，例如：公务员不得侵吞缺额饷银，不得请客送礼，不得受贿和侵吞公款，兼差人员概不兼薪，不得挪用教育经费，以及不准滥行宴会，非星期日不得宴客等。据记载：“蔡邵阳（蔡锷）督滇，崇尚俭朴，非星期（日）不宴客。一席之费，不得过五元。悬为禁例，违者有罚。警察厅长非星期（日）宴客，请蔡首座；请帖入，蔡即于其上批‘违背功令，罚薪半月’。闻者莫不诧异发噱，而奉令唯谨。”③ 民初，云南一些地方官员将省里拨给的公费挪作自己的俸给（实系贪污公款），而在所收的税费中开支政费，还有一些官员领取兼差薪水。蔡锷发现后立即通电各府厅州县重申，各级官员俸给不得从公费中开支，“不得于公费外另有开支，其兼差者不得兼薪。至地方收入如粮税陋规及讼费等项，均应逐

① 曾业英编．蔡松坡集．上海：上海人民出版社，1984：508．

② 王树槐．蔡锷与云南财政//郭汉民，严农主编．蔡锷新论．长沙：湖南人民出版社，1996：385．

③ 谢本书．讨袁名将——蔡锷．兰州：兰州大学出版社，1997：83．

一报解，不得稍有侵蚀”①。经蔡锷大力整顿，云南“行政经费较前锐减”②，“每年政费可节省五十余万”③。朱德后来回忆说，“蔡锷督滇时，廉洁成为一时风尚”④。

蔡锷在财政方面推行的开源和节流措施，收到了显著的成效。1912年3月，蔡锷在致梁启超的信中对云南财政改革给予了充分肯定，他说：“综计节流所入不下百万，开源所入，约计当有二百万之谱。滇省昔年每岁不敷三百余万，经此次改革整理，收支可望相合”，“不必如李合肥（即李经羲——引者）之逢人乞贷，哓哓纠缠也”。⑤ 民国元年云南财政在没有中央和外省协济的情况下，不仅没有发生赤字，反而有所盈余，还主动向中央政府协济20万元，这实在是一个了不起的成绩。同时，云南财政状况的好转，为民初云南政局的稳定奠定了良好的基础。

三、财政管理思想

如前所述，辛亥革命后，以前清政府所课征的许多苛捐杂税已宣布废除，海关及部分常关、盐厘的税收被帝国主义者把持，拒绝交付临时政府，各地的田赋和其他税收也被各省军政府截留，不上缴中央，因此，民国成立后即面临严重的经济危机，只得以对外零星垫款的方式维持运转。对于这种财政状况，蔡锷洞悉其害，十分焦虑。他认为，民初财政之疲惫，其根本原因“非贫之

---

① 曾业英编．蔡松坡集．上海：上海人民出版社，1984：525.
② 曾业英编．蔡松坡集．上海：上海人民出版社，1984：482.
③ 曾业英编．蔡松坡集．上海：上海人民出版社，1984：474.
④ 谢本书．讨袁名将——蔡锷．兰州：兰州大学出版社，1997：83.
⑤ 曾业英编．蔡松坡集．上海：上海人民出版社，1984：310.

为患，而整理非策之为患”①。基于此，蔡锷就加强和改进财政管理问题提出了一系列正确的主张。

1. 统一全国财政。早在云南起义成功后、民国政府建立之前，蔡锷就关注全国财政统一的问题，将其列入云南省军政府提请独立各省都督府代表会议研究的主要问题之一。但是，民国政府成立后，由于各省省自为政，中央政府几无财政可言。这种状况使追求建立强有力政府理想的蔡锷十分不满。在他看来，“中央政府为全国行政之中枢，经纬万端，需款甚巨。……设因政府竭蹶，遂蹈危机，各省岂能独存！”②他认为，要改变这种状况，必须“二者并行，乃能交济”：一方面要实行分税制，划定国家税和地方税，明确中央财政与地方财政的权限和责任；另一方面要努力实现全国财政的统一。③ 因此，蔡锷多次通电各省，支持中央政府分税制改革，大力呼吁统一全国财政，并将之作为建立强有力政府的重要内容之一。他说：“我国各省，区域不同，丰瘠互异，往往省自为政，痛痒漠不相关。即以目前而论，有为边要者，有当敌冲者，若专视一二省之财力以为支持，虽反正者十数行省，而实则力分而不厚。谓宜将各省岁入悉报中央，由中央视各省缓急情形，量为分配，庶可得酌济盈虚之益，不致以一部分而妨害全局”④。否则“以后积重难返，终酿成不可收拾之势”⑤。为使全国财政统一落到实处，蔡锷还建议各省的财政官由中央派遣，并认为，“似此办理，庶可统一事权，将来地方制度颁行，亦不致多窒

---

① 曾业英编．蔡松坡集．上海：上海人民出版社，1984：626.

② 曾业英编．蔡松坡集．上海：上海人民出版社，1984：509.

③ 曾业英编．蔡松坡集．上海：上海人民出版社，1984：626.

④ 曾业英编．蔡松坡集．上海：上海人民出版社，1984：237－238.

⑤ 曾业英编．蔡松坡集．上海：上海人民出版社，1984：436.

碍”①。

2. 加强财政宏观管理。全国财政统一后，如何加强管理，以发挥中央财政的作用呢？针对这个问题，蔡锷也提出了自己的看法。第一，对于全国财政收支问题，蔡锷主张中央要有通盘考虑和统一的收支计划，实行严格的预算管理，保证财政收支大体平衡。具体办法是：由财政部“将一切改革计划，预先筹定，然后准此编全国预算，量入为出，以巩内财基础”。“但使岁入各款不大减于前清预算旧额，岁出当无不敷”。这样，“预算既定，全国盈虚如何调剂，已有把握，则改革计划即可雷厉风行，不患不能统一”。② 在云南，蔡锷具体组织编制了全省五年政纲和财政预算，并确定了“以现时财政为标准定政费之多寡”、“以本省收入维持现状，以本省之外所得如协款，如外债之类以图发展”的预算方针，力求财政收支基本平衡。③所以，蔡锷督滇期间，云南财政不仅没有出现赤字，而且略有节余。这些都反映了蔡锷重视财政预算管理，量入为出，力求收支平衡的理财思想。第二，财政支出的安排要突出重点，统筹兼顾。蔡锷指出：“所谓统一财政，不仅统一收入，并须统一支出。所谓统一支出，不仅以空言责令各机关枝节削减，须确定方针，注重何项政务，减轻何项政费。”④ 他强调，云南财政预算要节裁军事费，重点增加发展实业的经费，以推广实业，增加财源。⑤ 这反映了蔡锷注重发挥财政支出的宏观调控作用，根据具体情况合理安排资金，以提高财政资金使用效

① 曾业英编．蔡松坡集．上海：上海人民出版社，1984：237.
② 毛注青等编．蔡锷集．长沙：湖南人民出版社，1983：568.
③ 曾业英编．蔡松坡集．上海：上海人民出版社，1984：1254.
④ 毛注青等编．蔡锷集．长沙：湖南人民出版社，1983：568.
⑤ 曾业英编．蔡松坡集．上海：上海人民出版社，1984：1254.

益的思想。第三，要正确处理自力更生与借外债的关系，合理使用外债。蔡锷认为，民国初建，百业待举，借外债在所难免，但借外债应坚持有利于“发达国力巩固财政”的原则，“须有一定计划，只能作整理特别计划之基金，未可移挪乱用，至普通行政，仍当尽内力支办”。① 这又反映蔡锷对于借外债的利弊有着比较清醒的认识，注意防止因滥借外债而导致财政危机。

3. 加强对财政预算和执行的监督。为了提高财政经费的使用效益，蔡锷十分重视对财政经费使用的检查监督。他认为：“国家预算应由国会议决，地方预算应由省议会议决。”因此，督滇期间，蔡锷实行了省议会审查军政府年度财政预算的制度，每年由财政司向省议会报告预算情况，接受审查。并规定，省议会批准预算后，如果“各官厅有变更事实，必须增加经营者，应由都督、民政长指令主管官厅会同审计分处、财政司通筹协议，呈核办理”②。此外，对于军政府有关财政方面举措，蔡锷也注意及时向省议会报告，并自觉接受监督。例如，1912 年 6 月，为了筹集援藏平叛经费，在本省财政困难，而中央政府又无拨款的情况下，云南军政府拟“整理税契”，而且“收入尚有把握”，但由于省议会反对，最后“致不果行”。③又如，为了保证军政府所发行的公债的使用效益，蔡锷规定，“其用途得由省议会监督稽查”④。需要指出的是，以蔡锷为首的云南军政府的这种自觉接受议会监督、充分尊重议会意见的情况在当时确不多见。这既体现了蔡锷民主理财的思想，又发挥了省议会对财政收支情况进行监督的作用，

---

① 毛注青等编．蔡锷集．长沙：湖南人民出版社，1983：567－568.
② 曾业英编．蔡松坡集．上海：上海人民出版社，1984：674.
③ 曾业英编．蔡松坡集．上海：上海人民出版社，1984：537.
④ 曾业英编．蔡松坡集．上海：上海人民出版社，1984：533.

有利于调动各方面的积极性。与此同时，蔡锷还要求在云南军政府内部分设了财政司和会计检查厅（后改为审计分处），并明确规定：凡预算、决算皆由财政司编制，而用款之当否则必须经会计检查厅之严格检查和审核。这样就加强了对各部门预算执行情况的监督，从而使“冗费浮支之弊悉以廓除”①。

由上不难看出，蔡锷的财政思想既继承了开源节流等中国传统财政思想，又引入了注重财政预算和加强监督审计的现代财政管理思想，体现了我国财政思想现代化的发展趋势。虽然在当时全国混乱的情况下，蔡锷向中央提出的改革财政管理的措施无法在全国得到实施，但从在云南的实践情况看，他的财政思想是符合客观实际的，并“用之有效”②。

第二节　发展实业思想

一、振兴矿冶业

云南矿种全，储量大，分布广，世界已知140余有用矿种，云南有112种。其中，铅、锌、锡、铜、磷为云南五大优势矿产。因此，云南素有“有色金属王国”和“天然地质宫”的称誉。云南的矿冶业历史悠久，早在商代后期，云南地区就出现了铜冶业。此后，历经周、汉、三国、两晋、南北朝、唐、宋，云南矿冶业发展从未间断。元明时期，由于云南成为全国的省一级行政区划

① 毛注青等编．蔡锷集．长沙：湖南人民出版社，1983：539.
② 毛注青等编．蔡锷集．长沙：湖南人民出版社，1983：569.

之一和内地军民以军屯、民屯等方式大批向云南移民，促使云南的农业、手工业和商业等都获得了很大的发展。随着经济的发展、人口的增多以及云南与内地交流的增加，云南的矿冶业相应得到扩大和发展。清初，虽然清政府实行“矿禁”政策，但鉴于云南矿冶业的发展，既可提供大量的货币（金、银）或货币原料（铜、铅、锡、锌），又可增加税收，还能提供驻滇官兵的兵饷，因此，对云南的矿冶业不仅不禁，反而给予一定的鼓励。在这种背景下，云南的矿冶业在元明两代的基础上得到进一步发展。到乾隆年间，云南每年开采铜矿有三四十处，年均产铜超过1000万斤，最高年产1400多万斤。当时，云南的铜产量占全国产量的95%，银产量占全国的97%，其他如锡、铅等都已达到相当的规模。鸦片战争以后，洋货涌入，白银外溢，银贵（铜）钱贱，洋铜输入中国，加之清政府垄断矿价、采冶技术落后、矿产资源衰竭以及云南汉回民族矛盾激化、互相劫掠等原因，云南矿冶业每况愈下，铜的年产量最高不过百余万斤，通常仅数十万斤，其他矿冶业也元气大伤，萎靡不振。

云南军政府成立后，蔡锷深入分析了云南省情，认为要发展云南经济，“非开矿无以辟利源”。他还认识到，开发矿业对于云南具有双重的意义：一方面可辟利源，通过征收矿冶业税，不仅可增加云南的财政收入，而且还可纾中央之财力；另一方面通过自己组织开采，可免列强之觊觎之心，维护国家利权。① 为此，蔡锷在云南政局趋于稳定之后，即亲带矿师深入个旧、蒙自等地对矿冶业进行调查研究。经过仔细的调研，他简单地算了一笔账：当时，个旧的锡厂每年约出锡1000余万斤，东川铜厂出铜200余

① 曾业英编．蔡松坡集．上海：上海人民出版社，1984：642.

万斤，若增加投资，改进工艺，加强管理，则锡产量可增至2000余万斤，铜产量可增至1000余万斤，达到清朝乾隆年间时的水平，再加上锑矿和金银矿，云南的财政收入每年即可增加数百万。这样，云南不仅不需要中央拨款，而且还可能有节余，支持中央。①同时，蔡锷还认识到，矿业的开发还可带动其他产业的发展。开发铁矿、煤矿，可用铁矿石和煤炭生产出铁轨，有利于铁道的建设；② 由于有铜，云南可建制币厂，利用滇铜制造全国的铜币，既不必从日本购铜，避免利权外溢，又有利于云南工业的发展。③ 基于上述认识，蔡锷高度重视云南矿产的开发，力主把矿业作为云南经济开发的重点，并具体采取了以下主要措施：

一是废除清政府垄断矿产的政策，制定云南矿务暂行章程。清初以来，虽然清政府对云南的矿冶业给予了一定的鼓励，但对主要矿产（如铜），实行“官办、官收”的统制政策，客观上严重地阻碍了云南矿业的发展。辛亥革命后，蔡锷认为，“前清矿章，对于勘矿采矿各节，规律太严”，影响人民开发矿业。于是命实业司拟定云南暂行矿章，经军政府批准后，颁布实施。④ 该矿章“以开放为宗旨，如无窒碍者均一律维护，以辟利源”⑤，因而民间称便，极大调动了民间勘矿采矿的积极性。同时针对当时一些矿区周边治安状况不好的情况，蔡锷还主张筹办矿警，并设游击队，以保护矿主财产，维护厂矿生产、生活秩序。⑥ 所有这些，为辛亥革命后云南矿业的迅速恢复和发展创造了较好的外部条件。

---

① 曾业英编．蔡松坡集．上海：上海人民出版社，1984：636．
② 曾业英编．蔡松坡集．上海：上海人民出版社，1984：644．
③ 曾业英编．蔡松坡集．上海：上海人民出版社，1984：480．
④ 云南省经济研究所．云南近代经济史．昆明：云南民族出版社，1995：317．
⑤ 毛注青等编．蔡锷集．长沙：湖南人民出版社，1983：541．
⑥ 曾业英编．蔡松坡集．上海：上海人民出版社，1984：1262．

二是调查资源，突出重点，促进发展。个旧的锡和东川的铜是云南矿产业的两大主打产品，但由于开采年代久远，矿产资源趋于枯竭，其他矿种的采冶也存在类似问题。基于此，蔡锷在主张重点维持个旧锡厂和东川铜厂的同时，要求实业司组织开展矿产资源调查，“刊发表式，分已开、未开之矿山及已开荒废矿山三种，通令各属地方官暨实业员，悉心调查，分别具报”，摸清矿产底数，以便制定开发规划，组织有计划、有步骤地开采。①

三是积极改进开采方法，提高经济效益。在实地考察云南矿业的过程中，蔡锷看到，当时云南矿产的开采、冶炼多沿用原始的土法生产，技术陈旧落后，劳动生产率极端低下。为增加产量，提高劳动生产率，加快发展云南矿冶业，蔡锷主张“宜渐变土法，广聘矿师，开采冶炼，均用机器”②，并要求实业司派员去日本调查实业，联系购办急需的机器。同时，他还要求设立矿物化验所、地质调查研究所，创办矿业学校，研究和推广先进的开采冶金技术，以提高矿冶业的经济效益。

四是积极提倡资本主义经营方式，鼓励资本家合资经营。工矿企业采用什么样的经营管理方式，中国近代史上曾有过两种不同的主张和实践。洋务派代表人物曾国藩、李鸿章等主张官办、官督。早期维新派代表人物薛福成、郑观应则主张官、商并行。受资产阶级民主、自由思想的影响，蔡锷反对官办、官督，主张官、商平等，自由竞争，尤其提倡办股份制企业，实行合股经营，民主管理。他曾对封建衙门作风盛行、经营效益低下的洋务派所创办的兵工厂提出尖锐的批评，认为在这些工厂中，“官吏负办事

① 毛注青等编．蔡锷集．长沙：湖南人民出版社，1983：541.

② 曾业英编．蔡松坡集．上海：上海人民出版社，1984：576.

之虚名，而不求实效，局内役员工役肥私囊，而不计其优劣利害”①，长此以往，工厂势必破产倒闭。而实行合股经营，则“一资本家之力量不足，则合众资本家以谋之。如此则获利必厚，厂主无倒闭破产之虞”②。1913 年 2 月，蔡锷亲自组织官商集资 60 万，合办东川矿业公司，“宗旨在改良滇省之东川铜、铅诸矿产并扩充它项矿业，以期为全滇矿业之模范”。次年，该公司就产铜 144 万斤，铅 74 万斤，锌 38 万斤。③ 除了鼓励和发动民间创办股份制企业外，蔡锷自己还积极参与其中，成为实际股东。1916 年，在护国战争四川前线，蔡锷还与东川矿业公司负责人黄德润有书信来往，关心公司的发展，并托其垫款增加东川铜股，足见其对股份制经营管理方式的重视。④

五是积极争取中央财政拨款和引进外资，解决开发资金严重匮乏的问题。在谋划振兴云南矿冶业的过程中，蔡锷遇到了矛盾。一方面，振兴矿冶业，“须有巨款以培其基”；另一方面，“滇省财政困难，无余资可以助长实业”。⑤ 在严酷的现实面前，蔡锷认识到，解决发展云南矿业资金问题的主要途径是争取中央拨款和引进外资。因此，蔡锷多次上书南京临时政府和北京政府，报告云南财政困难情况，请求中央政府“提挈”⑥，并致书梁启超请其代向美国借款，又频繁与法国驻昆明领事联系，商借法款。但由于当时中央政府几无收入，加之袁世凯无意从事经济建设，中央的拨款根本无法落实。而借外债又因对方要求抵押，蔡锷“恐有碍

① 曾业英编．蔡松坡集．上海：上海人民出版社，1984：25.
② 曾业英编．蔡松坡集．上海：上海人民出版社，1984：576.
③ 云南省经济研究所．云南近代经济史．昆明：云南民族出版社，1995：309.
④ 曾业英编．蔡松坡集．上海：上海人民出版社，1984：1202.
⑤ 曾业英编．蔡松坡集．上海：上海人民出版社，1984：483.
⑥ 曾业英编．蔡松坡集．上海：上海人民出版社，1984：474.

国权，审慎迟回，未敢遽行决办”①。因此，无论是中央拨款还是利用外资均几无成效可言，但蔡锷为之所做出的努力是值得肯定的。

二、发展交通业

云南地处西南边陲，全境万山重叠，交通险阻。境内虽有几条大江，但都水流湍急，不通舟楫。只有蛮耗以南的红河、剥隘以东的西洋江，可通短程水运。所以，交通全靠人力步行，货运则专靠骡马驮运，人挑肩背。历史上形成的云南与内地各省的交通要道，一是川滇大道，从昆明经会泽、昭通、盐津到四川的叙府（宜宾），行程约22日；二是滇黔大道，从昆明经曲靖、平彝到贵州的贵阳，行程约20日，若至汉口，还需20日，共40日；三是滇桂大道，从昆明经广南、剥隘到广西百色，约需24日，若由百色再经南宁到北海，还需31日，共55日。交通的不便，不仅影响了云南经济的发展，而且也阻碍了云南与内地的经济文化联系。1910年，滇越铁路通车后，云南的交通发生了巨大的变化，由昆明乘火车可直达越南的海防港，再由海防港搭轮船至香港，一共只需6~7天。由香港乘船，可至海外各国，也可到上海，到上海后转内地各省就大大方便了。因此，滇越铁路的通车不但大大缩短了云南与国外的距离，密切了云南与东南亚各国和欧、美、日本的联系，也缩短了与国内一些省份的距离。但是，滇越铁路是法国帝国主义插入云南的一条吸血管，路权完全操纵在法帝手中。据有关资料所记载，“滇越铁路运价较国内各铁路为高，且一律以越币核算，故自金价腾贵，其收费亦随之增加数倍，又货物

---

① 曾业英编. 蔡松坡集. 上海：上海人民出版社，1984：483.

过越南时，杂费甚多，不堪苛扰，是皆本省对外贸易之莫大障碍，而输出贸易，受害尤为重大"①。

面对如此的交通条件，在积极组织开发矿产的同时，蔡锷清醒地认识到，光开发矿产还不够，"滇中矿产虽丰，而未收厚利者，虽因开采无法，实亦交通不便为之梗阻"。经过具体调查，蔡锷发现，云南"铁路未通之处，尝有矿苗透露，绅民集资开采，每因销路不畅，运费过多，反遭亏折。至铁路已通之地，又须假道越南，路权在彼，动招挟制"，而且，即使利用滇越铁路运输，由于法国的垄断经营，费用较高。例如，个旧生产的锡板若要输出海外，须经蒙自的碧色寨运至越南的海防，每吨须车费 40 元，而滇越铁路公司还在请求河内总督同意每吨再加 5 元，这样算下来，就会进一步增加成本，既影响销路，又减少收入。② 同时，蔡锷看到"东川之铜则须陆运至蜀，始能改由水运，艰险万状，窒碍孔多，故目下存铜至百数十万斤，行销极滞"③。有鉴于此，蔡锷提出，在开发矿产的同时，还必须改善云南的交通条件，建立"以铁道为主，以马路为辅"的现代交通网络，以"筹（矿产品的）畅销之路"。这样，"输出之品，滇越铁道公司不至垄断其利，价愈廉则销路愈广。输入之品，源源接济，不至米珠薪桂"。④ 1912 年，个旧、石屏、建水、蒙自等地锡矿主李光翰等 48 人联名上书蔡锷，提出由民间集资，兴建一条由个旧到蒙自、建水、石屏的民营铁路与滇越铁路相连接，以使个旧一带的矿产品可直接通过铁路直达越南的海防港，省去由个旧陆运到蒙自的碧色寨，

① 云南省志编纂委员会办公室. 续云南通志长编：中册. 1986：1013.
② 曾业英编. 蔡松坡集. 上海：上海人民出版社，1984：636.
③ 曾业英编. 蔡松坡集. 上海：上海人民出版社，1984：411.
④ 曾业英编. 蔡松坡集. 上海：上海人民出版社，1984：576.

再由此地上铁路的诸多麻烦。蔡锷见书后，当即欣然命笔予以批准："均准照办，在路事未成之前，不准轻议停止。"[1] 并由军政府出面先后向滇蜀铁路公司担借150万元充作股本，个旧锡业各界集股100万元，促成该工程于1913年动工。在支持商民兴修个碧石铁路的同时，蔡锷认识到，要从根本上改变云南的交通条件，不能只是依靠滇越铁路，必须自力更生，自己规划和修建新的铁路，彻底摆脱帝国主义对云南交通的控制。

对于云南的铁路问题，1905年，在全国收回路矿主权运动的鼓舞下，由昆明著名士绅陈荣昌等人领头，上书清政府，呈请由云南省自办滇蜀铁路。清政府在当时全国各地兴起的争回路矿利权运动的震撼下，不得不批准云南自办滇蜀铁路。同年6月以陈荣昌为总办的滇蜀铁路公司宣告成立。1906年，云南又收回了英国人正在测勘的腾越路，由滇蜀铁路公司一并修筑，因此，滇蜀铁路公司又改称为滇蜀腾越铁路公司。铁路公司成立以后，在云南铁路的出省方向问题上引起过一番争论。当时基本的意见有三个，即通蜀、连湘、接桂。从客观地理因素和云南的实际考虑，三条铁路都是应该修的，但从当时财力而言，要凑成修筑其中一条的经费已经十分不易。这时有一个叫做唐璆的人提出了"滇蜀铁路宜改道滇邕"的意见。他认为铁路是"便兵商、致富强"的交通机关，当时云南"居西南边地，当英法交冲，今英之铁路已抵滇边，法之铁路直抵滇省"，要想自修铁路来谋求抵制，就应该"审地理之形势，道路之远近，必使路线易于成功而便于兵商"，这样方可以设法"保滇"。基于这一思想，他具体分析云南"北通四川，中由贵州而通湖南，东通广西"的三路线优劣之后提出："滇

① 李平，朱毅．云南铁路百年．铁道知识，2001（2）．

湘、滇蜀、滇桂，除滇湘路远工巨，暂勿庸议外，其比较难易惟滇蜀、滇桂两线。滇蜀除大理至宁远外有三道，一由东川、昭通、叙府至成都二千三四百里；一由威宁、毕节、泸州至成都二千七八百里；一由贵州、重庆至成都三千里。均款巨难成功，且川汉铁路成功无期，即通亦不能绕远三江两湖之兵以救云南之急。滇桂由广西州、广南至百色千余里，再展至南宁近二千里，粤汉铁路已抵英德，成功当在四五年，若通则两湖之兵一二日可至广东。而粤汉路的支路已定义由三水、梧州至南宁，若通则广东之兵可一日至南宁。宁为广西重兵所驻，若滇桂通，广西之兵一日可至云南，其修费则较滇蜀少二千余万之款，若夫商务可夺滇越铁路之利一也，由西江达香港二也，联粤东为一气三也，云南矿产销路四也。且线短而费省，其利一；工成甚速，其利二；便于行军，其利三；商务盛而财政裕，其利四。”从军事、外交、商业利益诸多方面分析后，唐璆得出了云南必须先修滇桂一线的结论。当时的云贵总督李经羲也倾向于唐璆的意见。由于当时云南是极贫瘠的省份，于是积极向清政府建议由中央主持该路的修筑。1910 年，清政府决定将“滇蜀腾越铁路”收归国有，并准备“先修滇桂缓修滇蜀”，命交通部具体负责滇桂一线的踏勘修筑事宜；在筑路经费上，当时决定由清政府及云南、广西、贵州各出一份额。后来，由于辛亥革命爆发、清政府垮台，滇桂铁路就被搁置起来。①

云南军政府成立后，急于解决云南交通问题的蔡锷调阅了清朝时有关铁路问题的档案。在吸收前人合理意见、“熟审边地情形”后，蔡锷再次发动了议修滇桂铁路的活动。他于 1912 年 4 月致电袁世凯及有关省的负责人，提出了兴修由昆明经曲靖、贵州

① 云南档案馆编. 清末民初的云南社会. 昆明：云南人民出版社，2005：23 - 25.

的兴义、广西的百色至南宁的滇桂铁路的建议，指出修建此路在政治、军事、经济等方面有六利，并在前人意见的基础上进一步提出将滇桂线延长到龙门岛，把龙门岛建设成军商两用的港口，既加强云、桂两省在军事、国防上的联系，又为云南矿冶产品出口提供一条出海通道，“以夺滇越铁路之势力”。对于修筑滇桂铁路十分具体的轨距问题，蔡锷也作了考虑。他说：“滇桂路线叠嶂层峦，工程较巨，然为久远计，拟采用广轨，期与粤汉路衔接较便，虽需费较多，亦可不惜。”①当时法人所修滇越铁路为米轨，英国在缅甸所筑铁路也为窄轨，米轨动力有限，这从至今仍在营运的昆河铁路（滇越铁路滇段）来看是十分明显的，可见当时蔡锷的远见卓识。蔡锷的建议引起了各方面的重视。当时身在澳门的孙中山当即致电国务院表示支持：“滇桂铁路于军事、交通、实业均有大利，亟宜修筑，如中央政府力不暇，及请由滇、黔、桂三督自行筹备。”② 孙中山于同年的 9 月接受了“筹划全国铁路全权”，并于 11 月 14 日在上海成立“中国铁路总公司”。1913 年 1、2 月间，为筹修滇桂铁路，蔡锷与孙中山等人密切联系，请孙中山“主持筹措巨款，派员到滇，切实调查，设立铁、煤厂，以炼冶钢轨为大宗，近以备建筑滇邕铁道之用，远以供西南诸省之需”③，并与桂、黔、粤三省都督商议筹款事宜。此后，孙中山还在他的著名的《建国方略》中具体论述了关于这一铁路的若干设想。由于蔡锷的积极倡导，孙中山等人的支持响应，北京政府交通部很快就决定派遣钱世禄、龙高显两人赴滇桂沿线调查清朝时罗国瑞的勘路情况，以备进一步决策。不久，滇桂铁路又继续勘测，将

---

① 曾业英编. 蔡松坡集. 上海：上海人民出版社，1984：411 －412.

② 王耿雄等编. 孙中山集外集. 上海：上海人民出版社，1990：446.

③ 曾业英编. 蔡松坡集. 上海：上海人民出版社，1984：644.

清朝时罗国瑞未测完路段尽数勘测完备，并开始着手具体修筑，设定了路线所经过的大小站目、里程等等。后来，孙中山“近规目前之利益，远企将来之发达”，又对滇桂铁路提出了新的方案。他认为，“广州为南部之中点，商埠已兴，不难与世界竞胜。即于军事上亦属重要之地。滇省货物运送外洋，由此出口未为迂折，而输入腹地各省，则必至广州，而后便于分布。至龙门一口，出洋虽觉较捷，然商埠未开，轮船罕至，倘事经营，非有数千万之巨款不可，实非目前之力所能办。……故桂省一段不如取道柳（州）、庆（远）。……而由柳州至南宁，可建一支线，仍不失滇邕之功用”，因此，他主张兴修一条由云南昆明经广西柳州至广州的滇桂粤铁路。① 尽管如此，蔡锷初衷不改，多次要求北京政府批准云南自行通过利用外资修建滇桂铁路。但由于三省的费用分担问题一直无成议加之意见不一，尤其是以袁世凯为首的北京政府既无心也无力进行经济建设，在云南都督任内，蔡锷的铁路之梦难成现实。尽管如此，蔡锷当时发展铁路以改善云南交通，促进矿产开发、经济发展的思想和为之所做的努力是值得肯定的，体现了其远见卓识。直到新中国成立后，蔡锷的云南铁路之梦才成为现实。1966 年，全长 643 公里的贵（阳）昆（明）铁路建成通车；1970 年，成（都）昆（明）正式通车；1997 年南（宁）昆（明）铁路正式通车。

在筹划铁路的同时，蔡锷还重视马路的修建。他要求各地将辖区内应修道路，先行勘测、核算和筹集修路资金，择要修筑，并支持创设近代水运事业，仿苏杭内河行驶汽船之法，创立轮船公司，新造小轮船行驶于滇池，“开驶以来，商民便之”。与此同

① 曾业英编．蔡松坡集．上海：上海人民出版社，1984：663－664．

时，蔡锷还注重发展通讯、邮政事业，规划架设昆明至昭通、昭通至叙府、东川经会理至宁远、思茅至顺宁和丽江经中甸至巴塘等五路电（话）线，由于财力有限，先修通丽江经中甸至阿墩电线，又与四川合力筹设阿墩至巴塘无线电报，并在威远、镇边、新平、南安、易门等11个未通邮政的县增设邮政机构，使全省各县实现了通邮，于是，“全省消息渐灵通矣”①。

三、发展农林畜牧业和工商业

在筹划发展矿冶业和交通业的同时，蔡锷还重视发展云南的农、林、畜牧业和工商业。他认为，云南虽然多山，但自然条件较好，有利于农业的发展，其“天气温和，尤利于蚕。童山濯濯，可以种植普茶，一经提倡改良，岁入当亦不资”②。因此，军政府成立后，蔡锷在实业司设农林局，内设农、林、蚕等股，“凡农林蚕一切事宜，责令该局实地办理”。并成立省农会，进行一些农事调查、选种试验、踏勘水利、反映农村疾苦等工作。具体而言，以蔡锷为首的军政府在发展农业方面所采取的政策措施有：一是清查荒田，鼓励垦殖。军政府颁行《垦荒规则》，要求各地查清荒田情况，限一年至一年半内垦种，公田逾期，地方官负责，民田逾期，由地方官查收招垦，并规定新垦土地10年后方升科纳粮。二是选育农作物良种。云南军政府还先后颁布《征集籽种令》、《征集稻种八条》、《调查土宜一览表式》、《调查气候一览表式》等，对全省农业生产条件、作物品种等进行了较为系统详尽的调查，并进一步扩充农事试验场，对粮食、蔬菜、林木、花卉等数

① 毛注青等编．蔡锷集．长沙：湖南人民出版社，1983：541－542．

② 曾业英编．蔡松坡集．上海：上海人民出版社，1984：310．

千个品种进行种植试验，在此基础上，结合各地实际，选定优良品种，推广种植，以改良品质、提高产量。三是提倡种桑养蚕。云南军政府颁布了《倡办蚕林实业团章程》，规定每府州厅县设总副团长各 1 人，监督 1 人，每村设分团长一人，在每村颁发《栽桑白话》、《种树图说》各一本，介绍种桑知识，并要求各县设立模范桑园、蚕业实习所，以交流推广种桑养蚕经验，扩大种桑养蚕规模。在此基础上，又在昆明设缫丝厂收茧缫丝运输出口。至 1914 年，全省年产鲜茧 62 万余斤，值银 18.9 万元，于农户经济不无小补。四是积极提倡种棉。由于种棉能当年种植当年见效，又有利于纺纱原料自给，扩大纱厂规模，云南军政府更为重视，不仅专门设立“督办棉业机关”，而且颁行《督办棉业章程》37 条，《督办棉业细则》26 条，拟订三年计划，分步实施，并组织开办了“阿迷棉业试验场”，查考全省气候土宜，试种美国种、通州种、阿迷种等 9 个棉种，写出详尽试验报告以供参考。同时，令各县调查宜棉土地面积及种植情况，要求扩大种棉面积，使棉花产量不断增加，至 1915 年，云南的棉花产量达到了 230 余万斤。五是整修水利。军政府颁发了《调查水利填表规则》，组织调查水利情况，并重点组织整治了嘉丽泽、抚仙湖、星云湖，完成了一批小型水利工程的修复、兴建，变水患为水利。值得一提的是，蔡锷还亲自抓嘉丽泽治理，不仅亲临现场视察，而且具体规划整治工程，从而使嘉丽泽周围的夏秋洪患面积大为减少，数万亩土地可在秋末种植菜籽、麦子等农作物。① 六是减轻农民负担。军政府取消了清末强行征收的“随粮铁路股本”，合并地丁、田赋征收种类，简化征收手续，与民方便，并严令各地官吏认真执行，不得

---

① 谢本书．讨袁名将——蔡锷．兰州：兰州大学出版社，1996：85.

阳奉阴违，从中舞弊，滋扰农民，否则要从严议处。以上措施，虽然不可能根本改变云南农业经济的落后状况，但也给云南农业的发展开辟了一些新路子，使当时的云南农业出现了一些新气象。

与此同时，蔡锷很重视发展工商业。他认为，中国工商业幼稚已极，急需合群力奖劝而提掖。督滇期间，蔡锷积极采取振兴工艺、赞助商业的政策，要求各地设立实业所、建设局兴办实业，通令调查全省工艺产品及全省商业状况，设全省模范工厂，分为金工、化工、染织、纺织、缝纫、陶瓷、图印等几大类，利用本省原材料及固有工艺加工制造轻工业产品，并整顿商品陈列所，筹设劝工厂，以开拓市场。在此期间，云南的手工业得到较快发展，新出现了火柴、肥皂、针织、五金、石印和铅印、瓷器、洋烛等行业和品种，原有的烟丝加工、茶叶加工、玉石加工、爆竹烟火、纺织、糕点食品等行业进一步发展。同时军政府支持创办了富滇银行，主要向商号贷款，对云南商业的发展起了一定的促进作用。再加上蔡锷任期内，全省安谧，秩序如常，商旅通行，进一步促使工业产品的生产、流通、销售兴旺，市场上出现繁荣景象。

总之，在以蔡锷为首的云南军政府的重视和推动下，民国初年的云南出现了一股兴办实业的热潮，刺激了云南经济的发展。1913 年云南的财政收入在没有外省协济的情况下大幅度增加，比上年猛增近 100 万元，增长 14.5%。[①]这在当时确是一个奇迹，对于推进云南近代化建设，巩固云南民主革命政权起到了积极的作用。

---

① 云南省经济研究所．云南近代经济史．昆明：云南民族出版社，1995：359.

第三节 利用外资思想

一、非借外资不能发展实业

蔡锷的利用外资思想是在发展云南实业的实践中产生和发展的。

前面已经谈到，云南财政历来是入不敷出，清代末年每年岁入不过300余万两，而岁出则需600万两以上，除清政府拨款和邻省接济外，还有缺口100余万两。云南重九起义后，由于“秩序如常，公私帑藏，未经损失”，加之蔡锷采取了一系列开源节流的措施，尽管中央拨款和邻省接济都已停止，还能“得以勉力支持，不致遽生险象”。① 但由于援川、援黔、援藏军费开支百余万，蔡锷“诚恐日久未能支持”②。为实现云南长治久安，从云南省情出发，蔡锷认为舍开发矿产，发展实业别无他途。于是，他将发展云南实业作为振兴云南经济的重点，积极组织实施。但是，发展实业要投入，而“滇省财政困难，无余资可以助长实业”③。因此，蔡锷多次致电袁世凯及国务院，报告云南财政困难情况，请求中央政府能给云南拨款，以发展云南经济、巩固国防。他在电文中说：“云南虽属瘠壤，然矿产之丰，罕与伦比。近锡矿虽用土法，而每年输出已至六百余万斤。至铜矿所出，尤可供全国鼓铸铜币之用，苟有实力开发，实中国之奥区，固不必以协济累邻封，而

① 曾业英编. 蔡松坡集. 上海：上海人民出版社，1984：633－634.
② 曾业英编. 蔡松坡集. 上海：上海人民出版社，1984：474.
③ 曾业英编. 蔡松坡集. 上海：上海人民出版社，1984：483.

并可以为国家图发展。乃货弃于地，仰屋嗟贫，罗掘既已无方，惟有望中央之提挈。即在平时固已如此，况现在西藏不靖，缅界时有违言，事机之危，日甚一日。明知国基未固，不能不委曲求全。然思患预防，万难稍弛戒备。惟审时度势，滇力实所难胜，以后国防所关，应请由中央筹备。"①袁世凯复电称："滇系受协省分，兵兴以来，援蜀援黔，滇军甚有名誉。筹兵筹饷，畛域不分，艰困情形，早深廑系。现在边界未靖，正赖得力军队借以建威销萌，所请规复协饷及指拨各饷各节，已交财政、陆军两部从速核办。"②蔡锷似乎看到了希望，又立即致电财政部长熊希龄说："兹幸大总统轸念边疆，凡军事所需，已蒙饬部筹议，将来兵单饷绌之事，自可无虞。然根本之图，则尤在振兴实业，如能由中央筹拨巨款，以为提倡实业之用，则将来滇力日裕，尚可陆续筹还。用特详细缕陈，尚乞鼎力玉成，云南幸甚。"③ 但财政部却复电称："中央财政艰窘，正复相同，借款未成立以前，本部实难担任。"④这无异给蔡锷浇了一盆凉水。结果蔡锷不仅未得一文拨款，后来反而还为应中央财政"急需"，主动"筹解中央二十万元"⑤。指望中央拨款的幻想破灭后，蔡锷又积极响应黄兴倡议，在云南发起国民捐，但由于云南民众本来就贫困，所筹资金不过十余万元，除能稍纾财力外，难以办成大事。

在中央政府无法拨款支持，地方财政匮乏的情况下，蔡锷产生了利用外资的想法。他深刻认识到，"云南非扩张实业、交通，

---

① 曾业英编．蔡松坡集．上海：上海人民出版社，1984：474－475.
② 曾业英编．蔡松坡集．上海：上海人民出版社，1984：482.
③ 曾业英编．蔡松坡集．上海：上海人民出版社，1984：483.
④ 曾业英编．蔡松坡集．上海：上海人民出版社，1984：500.
⑤ 曾业英编．蔡松坡集．上海：上海人民出版社，1984：509.

不能发达，非借外债亦不能举办”。基于此，他多次主持军政府政务会议专题研究借外债事宜，最后议定，“无论多寡，决定借债”。经反复研究和测算，政务会议原则确定，“借款总额以三千万两为率”，用途为“修建滇邕（桂）铁路，整理矿务实业”，年息五厘，折扣九七以下。[①] 随后，蔡锷多管齐下，一方面派肖堃东渡日本，向尚在日本的梁启超求援，请其代为“筹度一切”，向美国借款，“少则五百万，多则五千万”[②]；一方面派唐省吾与法国驻昆明领事联系，商借法款；一方面请求袁世凯任命吕志伊为云南招商使，前往南洋及美、澳各埠，“招致华侨组织公司来滇开矿，并募集华侨公债，为滇省提倡实业之用”[③]。1913 年初，国务院工商部召集各省代表开工商议会，蔡锷派实业司次长华封祝为云南省代表与会，提请由大借款项内拨济云南开矿经费，并致电财政部说：“华代表于工商议会提出振兴滇矿议案暨呈工商部文内所指个旧、东川矿山锡、铜、铅等矿是尤现办之最著效者也。若为扩充计划，即筹拨数千万元以为开办滇矿经费，亦不为过。该代表所请拨济一千万元，系恐此项借款不敷分配，第就最少者言之。然得此一千万元，以为张本，逐渐扩充后当较易。敬祈贵部俯念国计维艰，滇省生计维艰，核准照数拨济。其摊还年限二十年，或二十五年，统候卓裁。如大借款用途已定，万难挹办实业，此项开矿经费即请承认由滇省负完全责任，自借自还，确有把握，决不贻累中央，统祈贵部酌核施行。至该代表所呈请在滇筹设钢铁厂，制造钢轨铁材，以备建筑铁道，暨筹款兴办滇省金矿，以为实行金本位币制之预备，并请通行铸币省份采用滇铜，以塞漏卮，

① 曾业英编．蔡松坡集．上海：上海人民出版社，1984：1259.
② 曾业英编．蔡松坡集．上海：上海人民出版社，1984：310.
③ 曾业英编．蔡松坡集．上海：上海人民出版社，1984：500.

其利益相关，均不止滇省一隅。……敬祈查照工商部转咨贵部华代表呈振兴滇矿议案核准施行。”①

在当时的情况下，虽然几经努力，云南借外债工作终无成效可言，但蔡锷利用外资的思想和实践活动是值得肯定的。

二、利用外资的原则

在利用外资的活动中，蔡锷还根据一些国家和清政府的教训，结合云南利用外资的实践，进一步提出了利用外资应当遵循的一些原则。他认为只有遵循这些原则，才能使利用外资得到成效。否则，就不但不可能利用好外资，而且还会给国家造成损失。

1. 主张利用外资要维护国家主权。蔡锷素来主张对外开放，反对闭关自守。他认为，“近世以来，交通之道逐日进步，故地虽遥隔秦越，而实有一家之感。万国人民互相迁徙，或由晋赴楚，或由楚赴秦，各谋其利而不相害。野蛮国动以闭关自守为立国至计，抑亦陋矣。爰人类互相交通，为天然不易之公理。”②与此同时，他又认为，对外开放不得以损害国家主权和牺牲民族利益为代价。因为“邦国互有独立自主之权，自可窥己国之利害得失而定国是”③。基于此，他对清政府在利用外资中出卖国家路矿权的行径提出过严厉批评，斥之为“开门揖盗”，“引贼入室”（详见第三章第二节）。辛亥革命后，在筹划云南为举办实业而借外债的过程中，蔡锷主张维护国权，坚持借外债不得损害国权这一基本原则。在与英、法领事及外商商谈借债兴办实业时，由于对方均

---

① 曾业英编．蔡松坡集．上海：上海人民出版社，1984：642－643.

② 蔡锷．国际公法志．上海：广智书局，1902：3－4.

③ 蔡锷．国际公法志．上海：广智书局，1902：37.

要求必须有抵押，蔡锷“恐有碍国权，审慎迟回，未敢遽行决办”①。得知六国银行团与袁世凯政府商谈大借款时，提出垄断债权、监督财政、监察兵政等要求后，蔡锷曾坚决反对：“今借债问题，种种要挟，限制我国家之自由，是可忍孰不可忍。”他指出：“远如犹太种类，及非洲之红人，如美洲之黑奴，近如印度，如朝鲜，如安南亡国之惨，受祸之烈，其人种以无国家保护之故，日即于澌灭，对之能无动心者乎？我国而为安南为朝鲜为印度为红人、黑人、犹太，试问我国民能忍令数千年来列祖神宗所经营缔造之祖国，一旦拱手让之外人乎？忍令四万万同胞之神明帝胄，为异族之牛马奴隶乎？……外人夙昔所持主义，欲以财力亡我国家。近因吾国借债问题，协以谋我，为扼吭捣穴之计”②。“债约即成，国权尽失”③。他通电各省，要求阻止政府借债，并提出四点建议：“（一）立将借债念头打断，如有成议，则即取消作废；（二）照黄（兴）留守倡办国民捐，其捐款者乃填给公债票；（三）痛陈借债利害，使军人尽晓大义，自行解散归里，仅由公家酌给川资，将校尤应以身作则；（四）各省于财政应自为谋，不仅不作待哺于中央之想，且应以所余奉之中央，恢复昔年之旧况。”④1912年5月28日，上海《民立报》刊登一则消息，称云南为借法款同意以滇蜀铁路敷设权让与法人，扩张滇越铁路敷设权，并以七府矿山采掘权让与法国。蔡锷闻讯后，立即登报严正声明：“查此三事为滇池存亡所关，岂有轻于一掷之理！况滇中财政尚可支持，亦并无借外债之事。该报所载，不识何人造谣，亟应陈明。

① 曾业英编．蔡松坡集．上海：上海人民出版社，1984：483.
② 曾业英编．蔡松坡集．上海：上海人民出版社，1984：513－514.
③ 曾业英编．蔡松坡集．上海：上海人民出版社，1984：499.
④ 曾业英编．蔡松坡集．上海：上海人民出版社，1984：530.

并望更正，用释疑虑。”① 同年11月，蔡锷得知财政部拟将发行整理金融公债的业务委托外国银行办理的消息后，深恐有失国权，立即致电袁世凯、国务院、财政部及各省都督建议，该项业务“仍应由国家银行办理，既以自保债权，兼树民国信帜”②。

2. 主张借外债、引侨资，不主张中外合办、外资独办。利用外资有多种方式，包括借债、合办、代办、独资、侨资等。在利用外资方式的问题上，近代中国利用外资思想史上曾有过三种不同的观点：第一种观点一方面主张利用外资，另一方面又担心外人借机入侵，进行渗透，因而赞成借洋债，反对招洋股。例如，马建忠、薛福成等人总结国外一些弱国招股办实业而“受其害”的教训，提出了“不准洋人附股”，防止洋人渗透的主张。③ 梁启超则将利用外资形式分为借外债、华洋合股和外人独资三种，并提倡借外债，反对华洋合股，尤其反对外人独资。他认为，“华洋合股之契约，即为外人制吾死命之左券”，外商独资则“最可畏”。④ 第二种观点主张“招引洋股”，反对借洋债。例如，何启、胡礼恒认为借外债时要打折扣，偿还时多付金银差价，都是暗中吃亏，因而“若靠诸外国之助，则为误国之谋”⑤。第三种观点则主张借外债、华洋合股和外人独资等方法并举。张之洞、张謇、孙中山等人就持此种观点。在对外关系中维护国家主权的思想指导下，尤其是鉴于清政府在修建滇越铁路和开发云南矿产方面丧失路矿权的教训，蔡锷在利用外资的方式上，赞同上述第一种观

---

① 曾业英编．蔡松坡集．上海：上海人民出版社，1984：520.

② 曾业英编．蔡松坡集．上海：上海人民出版社，1984：620.

③ 曹均伟．中国近代利用外资思想．上海：立信会计出版社，1996：47.

④ 曹均伟．中国近代利用外资思想．上海：立信会计出版社，1996：128.

⑤ 曹均伟．中国近代利用外资思想．上海：立信会计出版社，1996：49.

点，主张借外债，引侨资，反对中外合办，尤其是外资独办。在他看来，借外债只是与外人在债务上发生关系，只要能按时付还本息，外人无从干涉我国主权；而中外合办或外资独办则易于导致外人侵占我国主权。因此，在筹划振兴云南实业的事宜中，蔡锷一直主张自修铁路，自开矿产，反对中外合办或外资独办，若国内资金不足则通过借外债的方式解决，以防利权外溢。而对于华侨，蔡锷则将他们看成是自家人，认为他们回国投资是支持祖国建设，不存在危及国家主权的问题。基于此，蔡锷对于“华侨来滇投资与力，极为欢迎”，认为应当“特别保护”①，并特订专章派吕志伊赴国外，“招致华侨组织公司来滇开矿，并募集华侨公债，为滇省提倡实业之用”②。

3. 主张借外债只能用于发展生产，不能用于消费。在外债的使用问题上，蔡锷认为，“若用诸生产之途，则利益亦巨。……偿还不至无期，而于国计民生，裨益甚大”③；若借债不能用之于助长实业之地，而徒以耗诸遣散军队之需，或用诸消费，则“危险实多”④。因此，他坚决反对借外债用于军务、政务和其他非生产性开支。在他看来，借外债用于军费等非生产性财政开支，不但加重人民的租税负担，加深人民的艰难困苦，而且作为纯消耗性开支，还要把国民收入的一部分以利息交纳于债权国，却又无任何盈利或收益加以补偿。这就更加促使“国穷财敝”。在强调借外债要用于生产的同时，蔡锷还强调借外债要量力而行，要有统一的计划，绝不可滥行借债，否则，“今日借资，明日告匮，债台日

① 曾业英编. 蔡松坡集. 上海：上海人民出版社，1984：586.
② 曾业英编. 蔡松坡集. 上海：上海人民出版社，1984：500.
③ 曾业英编. 蔡松坡集. 上海：上海人民出版社，1984：637.
④ 曾业英编. 蔡松坡集. 上海：上海人民出版社，1984：487.

筑，何有已时，埃及之祸，即在目前”①；所以，在大借款成立之前，蔡锷就提醒袁世凯：“一年以来，全国注目大借款，一若大债借成，百端政务立可措施如意者，不知大借款之用途，须有一定计划，只能作整理特别计划之基金，未可移挪乱用，至普通行政，仍当尽内力支办。”②

4. 主张加强对外债的管理。前面已谈到，蔡锷十分注重财政管理。对于借外债，蔡锷更是如此，反复强调要加强管理，提高外债的使用效益。在他看来，对于外债的管理关键在三个方面：一是要严格限定外款的用途，绝对投之生利一途；二是要制定严格的规定，具体监督外债的使用，“勿使有一钱之浮滥”；三是要慎选管钱和用钱之人，管好用好借款，充分发挥外债的使用效益。他认为，“有此三端，决不致掷黄金于虚牝，而贻无穷之忧”。③

由上可见，蔡锷提出的利用外资的基本原则涉及利用外资的目的、方式、用途和管理等方面，尽管还有不够完善之处，但具有鲜明的爱国性和一定的理论性，因而在当时有一定的进步意义，有的至今仍有参考价值。

三、对善后大借款的态度

1913 年 4 月 26 日，国务总理赵秉钧、外交总长陆征祥和财政总长周学熙代表袁世凯政府与英、法、德、俄、日五国银行团（美国中途退团）签署了《中国政府善后借款合同》。合同规定：借款总额为 2500 万镑，借款期限为 47 年，年息 5 厘。但实际上经过九折出售，八四实收，只得 2100 万镑，这样，借款合同到期时

---

① 曾业英编．蔡松坡集．上海：上海人民出版社，1984：487.

② 毛注青等编．蔡锷集．长沙：湖南人民出版社，1983：567.

③ 曾业英编．蔡松坡集．上海：上海人民出版社，1984：310.

中国累计要付本息达6785万镑，为实收额的三倍多。借款的用途指定为六项：一是偿还已到期的各种款项，包括1912年和1913年到期的庚子赔款，六国银行团垫款，四国银行团“币制实业借款合同”的垫款，华比银行借款，五国银行团零星小借款，共约570万镑。二是赔偿所谓外国商人在辛亥革命中所受的损失200万镑。三是赎回各省所欠五国旧债287万镑。四是各省裁军费300万镑。五是1913年4至9月份中央政府行政费及工事费550万镑。六是全国盐务整顿费200余万镑。这样一来，所得到的2100万镑，扣除赔款、借款和垫款及盐务整顿费1270余万镑后，实际到手的只有820万镑。合同还规定，中国政府在借款期内不得向五国银行团以外任何银行团借款，该项借款以中国盐税为担保，并承认要在外人襄助下，对中国盐税征收办法实行整顿改良。具体为：（1）在北京设立盐务稽核总所，以中国人为总办，外国人为会办，所有发给引票、款项收支非得洋会办签字不生效力；（2）在产盐各地设立盐务稽核分所，以中国人为经理，外国人为协理，所有称放盐斤和盐税征收存储事宜需得洋协理同意；（3）征收之盐款应存入银行团之银行或其认可之存款处，非有洋会办会同签字，不能提用；（4）稽核分所经协理及总分所其他员司之任免，由总会办共同定夺。① 显而易见，这是一个从垄断借款到指定用途，又从指定用途到监督财政的不合理条约，在一定程度上干涉了中国的经济主权和政治主权。因此，善后大借款合同签字的消息一传出，全国大哗。大借款合同正式签字的当天，参议院议长张继、副议长王正廷即通电各界，认为借款合同未经国会批准，并明确表示反对缔结此监督财政之借款条约。4月29日，参议院召开第四次

① 丁长清．民国盐务史稿．北京：人民出版社，1990：45－49．

会议，讨论大借款问题，争论十分激烈，但最后以表决方式通过的议案称："此次所签订的中国政府善后借款合同，未经临时参议院议决，违法签字，认为当然无效。"①众议院也为此于5月5日特开会议，所通过的反对议案称："对于五国银行团善后借款案，多数否决，谓政府违法签约，咨文本院查照备案，本院决不承认，计是日出席人数376人，赞成者229人，系大多数，特此奉闻。"②黄兴也发出通电，指责政府违法借款，并"深望政府，俯从民意，非得人民代表之画诺，一文不敢苟取"③。

如前所述，对于善后大借款，蔡锷起初是持反对意见的，认为银行团提出的垄断债权、监督财政、监察兵政的条件过于苛刻，"三者若行，吾国此后其有生存之余地"④！因此"通电各省阻止中央借债，如已有成约，即请取消，并建议募集公债"⑤。善后大借款合同正式签订后，远在云南的蔡锷予以高度关注。收到张继、王正廷的通电和借款合同内容后，蔡锷当即致电国务院和财政部询问有关情况，"并询何项抵押，如何用途"⑥。接到财政部就有关情况作出说明的"勘电"后，蔡锷改变了以前对大借款反对的立场，采取了支持的态度，并针对社会舆论，以单独致电和与其他人联电的方式，从多方面为善后大借款辩解。他的理由是：

第一，政府借款并未违法。蔡锷指出，"前准财政部勘电，谓

---

① 南开大学经济研究所编. 中国近代盐务史资料选辑. 天津：南开大学出版社，1985：109.

② 南开大学经济研究所编. 中国近代盐务史资料选辑. 天津：南开大学出版社，1985：110.

③ 南开大学经济研究所编. 中国近代盐务史资料选辑. 天津：南开大学出版社，1985：108.

④ 曾业英编. 蔡松坡集. 上海：上海人民出版社，1984：513.

⑤ 曾业英编. 蔡松坡集. 上海：上海人民出版社，1984：499.

⑥ 曾业英编. 蔡松坡集. 上海：上海人民出版社，1984：684.

已得前参议院（即临时参议院——引者）同意，汤君化龙通电宣告当日议决情形，是此案通过已属信而有征。”①因此，他认为：大借款“条件已经前参议院通过，并非政府违法，无反对理由”②，而“国会为（临时参议院）继续机关，断不能自蔑尊严，轻于变易”③。民国第一届国会是1913年4月8日开幕的，在此之前，一直是由1912年1月创设的临时参议院行使立法权和对政府提交重大事项的审议权。据有关资料反映，1912年初，大借款开始谈判之后，北京政府曾先后两次向临时参议院报告过借款情况。一次是1912年9月17和18日，财政总长周学熙将经国务会议拟定的借款大纲五条向临时参议院报告，并获同意；④ 一次是1912年12月27日，周学熙又将借款合同大义及合同中的五个特别条件草稿提交临时参议院讨论。据临时参议院《议事录》记载，该院确曾“逐条表决特别条款”，而普通条款，则“主席说：‘普通条款毋庸表决’，众赞同”。⑤ 周学熙还说：在讨论聘用洋人稽核盐税的问题时，议员们“已争得个千言万语，明日与银行再争，倘仍做不到，是否即不签字，是否仍须到院报告？议员谓，断不能因此一节耽误大局”⑥。对于政府向临时参议院报告过借款问题的事实，国民党在其《关于反对违法大借款的宣言》中也并不否认，但又认为根据临时约法和参议院法，这并不说明临时参议院通过了此案。其理由是：（1）只有大总统才有提案权，而国务员并无提案

---

① 曾业英编．蔡松坡集．上海：上海人民出版社，1984：689.

② 曾业英编．蔡松坡集．上海：上海人民出版社，1984：696.

③ 曾业英编．蔡松坡集．上海：上海人民出版社，1984：703.

④ 南开大学经济研究所编．中国近代盐务史资料选辑．天津：南开大学出版社，1985：81.

⑤ 北京政府公报，1913－05－18.

⑥ 贺恒祯．民二善后大借款的历史是非．南开大学学报，1989（6）.

权；（2）周学熙报告借款情形说帖，仅附特别五条和一件撮记合同大义，并无全文；（3）周学熙奉大总统命令到院提案，不用书面，而用口头（以上三项皆可证明其除报告外并未提交院议）；（4）由于无全文，未经三读；（5）参议院没有咨由临时大总统公布施行；（6）前参议院所刊之议决案中，没有此借款案（以上三项又可证明其未议决咨行）。① 但政府方面的解释是，"上年十二月二十七日参议院会议系属秘密，政府为郑重起见，故提出方法，不用书面，而用口头，当时还屡经声明，系奉大总统命提案。试思此种重要合同，国务员苟非奉有大总统命令，岂能以私人资格，遽行请求院议，若谓仅止报告，则又何须将合同提出，而参议院，对于报告事项，更无逐条表决之必要，细观当日议事录情形，不辩自明。若谓未经三读，则当日到院报告条文后，先经要求将此案一次通过，以省手续之烦，议长遂先咨询全院，经众赞同，才用逐条表决之法，以实行通过，是实与参议院法第三十八条，政府要求省去三读会原法相符，且表决以后，政府声明签字日期，彼时并无人反对，假使当时银行团绝无变动情事（指美国中途退出、银行团借巴尔干战事后欧洲金融市场紧张而要求增加半厘利息和银行团内部对于雇佣洋员问题发生争执），则上年十二月二十九日早经签字，何待今日？"②由此可见，政府向临时参议院行报告大借款的有关条件并得到其大体同意是不容置疑的。事实上，自大借款开议以来社会上有关争论一直未断。如此大事，倘事前又未经过临时参议院讨论同意，临时参议院也绝不会善罢甘休的。

---

① 程道德等编. 中华民国外交史资料选编：一. 北京：北京大学出版社，1988：73－74.

② 程道德等编. 中华民国外交史资料选编：一. 北京：北京大学出版社，1988：71－72.

至于国民党人指出的有关具体程序或手续不合法则是另一个问题，但这些也都是经过临时参议院认可的，要说不合法，也只能说是临时参议院执法不严。因此，蔡锷认为在大借款问题上政府并无违法之处是言之有据的。

第二，政府借款是不得已而为之。蔡锷指出，“当此公私交困，内外俱穷，舍借债无良方，当为国人所共谅，舍银团无巨款，亦为天下所共知”①，“果能别有治标之方，另筹点金之术，将所欠洋债克日偿还，中央政费，各省能分借若干，切实担认，则喘息已定，原无借债之必要。锷等必随诸公之后，要求政府毁约。若其徒托空言，只有拒款之宣告，绝无救急之方法，则借款不成，可加政府以误国之名，借款成，又可加政府以违法之罪。是使政府左右为难，恐亦非爱国君子所忍出”②。他认为，“诚以我国现势百孔千疮，元气凋敝，止渴固不可饮酖，忍饥亦归于饿毙，政府此举，实属万不得已”③，“当予宽谅”④。有关资料表明，大借款谈判开议于1912年2月，之所以要借款，乃当时中央的财政状况和所面临的特殊情况而决定的。如前所述，民国政府的财政从一开始就是一个仅有支出而无收入的财政，面临着十分严重的财政危机。为缓解财政危机，巩固政权，无论是孙中山的南京临时政府，还是袁世凯的北京临时政府都曾多次实行过小额借款。但由于供求矛盾过大，借款到手即光。不得已又曾议决发行了“爱国公债”和“军需公债”，因时局不定、国信未著，实收总共不过1700余万元；后又照黄兴提出的方案，募集国民捐，“因带有强迫

① 曾业英编．蔡松坡集．上海：上海人民出版社，1984：703.
② 曾业英编．蔡松坡集．上海：上海人民出版社，1984：689－690.
③ 曾业英编．蔡松坡集．上海：上海人民出版社，1984：689.
④ 曾业英编．蔡松坡集．上海：上海人民出版社，1984：684.

性，很难行通"①，结果只收13万元，均无济于事。1912年5月24日，时任财政总长的熊希龄曾通电全国痛陈财政困难状况。他说："南京库储仅余三万，北京倍之，不及六万，东张西借，寅食卯粮，危险之状不敢告人。……而南北两方军饷甚迫，南京来电，兵已食粥；北方各军衣尚着棉。阴历四月初一至初五须放急饷八十万两，哗溃之势，即在目前。而黄留守（黄兴）急之电一日数至，并称二日之内，若无接济，大祸一至，谁当此咎？留守不负责任等语。昨日上海各商会来电，并为沪都督要求速汇欠款三百五十万两，以济急需。此外山、陕、甘、新、皖、浙、鄂、闽等督飞电请款，迫不急待；陕西代表于右任等屡次坐索，应付俱穷，国贷无路，甚至大清银行房地亦不得已而抵押，存亡呼吸，间不容发。"②此外，南京临时政府成立时就宣布以前与各国缔结的条约皆继续有效，因而至大借款合同签字前，全国各种应还之外债也已在1100万镑以上。列强先以不承认中华民国政府为要挟，继而群起开单索款。同时，英国对西藏，沙俄对蒙古，日本对东北都提出了新的侵略要求，法国更提出赔偿辛亥革命中外侨所受损失的无理要求。对此财政部在事后对各省的通电中也作了陈述，并认为倘不能及时还款，"破产之祸，即在目前"③。因此，为了缓解民国财政和外交危机，大借款势在必行。对此，蔡锷既有所了解，而且有切身体会。在为发展云南实业的筹款过程中，蔡锷也曾雄心勃勃，但不久就不仅遇到了募捐的尴尬，而且自行借外债也一无所成。在严酷的现实面前，蔡锷不得不寄希望于善后大借

---

① 李新，曾业英．中华民国史：第二编第一卷．北京：中华书局，1987：242.

② 程道德等编．中华民国外交史资料选编：一．北京：北京大学出版社，1988：50－51.

③ 北京政府公报，1913－05－18.

款，请求财政部俟谈判成功后从中分济云南至少1000万元，“以为张本”①。这说明，在大借款合同签订之前，蔡锷对大借款的态度已逐渐有所转变。因此，他此时认为政府借款“实属万不得已”是有一定的思想基础的，而且也是符合民初的实际情况的。

第三，大借款并不必然导致“亡国灭种”。对于大借款合同中关于“聘用洋人参与稽核盐务”的内容，当时争议较大，反对者认为这是丧权辱国，蔡锷也曾是这样认为的。但此时蔡锷却认为，“用舍之权，仍操诸我，但使将来盐税收入足敷偿还本息，则外人即无从干涉”②，而且，只要中国加强全国盐务的整顿，严格限定借款用途，“使此时无一钱之浮耗，将来收入者有多数之增加，则此款按年归还，不致堕落信用，埃及、印度之覆辙当可幸免”。因此，他提出：“此后政府亟宜负责者二事：一宜整顿全国盐务，使将来盐税收入足敷偿还本息，以免外人干预盐政；一宜确定行政方针，将用途严为限制，以免此款浪掷。”③前面说过，蔡锷在利用外资活动中坚持以不损害国家主权为基本原则。但问题是，这种良好的愿望在当时的情况下行不通。蔡锷为发展云南实业与外商商谈借款结果屡屡因对方要求抵押而作罢的事实也充分说明这一点。本来，银行借款要求担保是商业借贷行为中一种通行的做法，更何况列强银行团向中国政府借款的目的本来就不是出于支持中国发展的友好愿望，而是为了垄断对华贷款权，获取高额垄断利润。正如列宁指出的那样：“输出资本的国家，几乎总有可能获得相当的‘利益’，这种利益的性质也就说明了金融资本和垄断组织的时代特性”。“这就是帝国主义压迫和剥削世界上大多数民族和

① 曾业英编. 蔡松坡集. 上海：上海人民出版社，1984：642.

② 曾业英编. 蔡松坡集. 上海：上海人民出版社，1984：689.

③ 曾业英编. 蔡松坡集. 上海：上海人民出版社，1984：684－685.

国家的坚实基础，这就是极少数最富国家的资本主义寄生性的坚实基础！”①所以，当时资本主义国家银行团借款要求担保，也不奇怪。另一方面，就民初中国各项财政收入而言，可以充当抵押的，除丁赋之外，只有盐务。何况在善后大借款之前，盐款已屡次用以抵押外债，因而此次再用于担保，并不是新鲜事。至于银行团要求派洋员稽核盐务，并将盐税储存银行，规定非有华洋总会办签字，不得挪用，无疑是企图干涉中国盐务主权。但近代中国举借外债，经常担保无效、信用不足也是事实。在与北京政府商谈借款事宜的过程中，银行团代表曾对当时中国盐税收入情况作过一番调查和分析。他们认为，当时中国的盐税收入仍不足以保证6000万英镑借款的还本付息，只有一方面减少借款数额，另一方面“设立一有效率之外人管理制度”，增加盐税收入，才有可能保证将来还本付息。② 所以，银行团后来就将借款额度减为2500万英镑，并提出监督盐务的要求。因此，银行团为保证其借款之担保有效，并能按时还本付息，提出派员监督盐税开支的要求在当时的背景下也不难理解。

对于银行团提出的以盐税担保并派员监督盐税开支等要求，北京政府历任的谈判代表作了抗争，致使谈判曾几度破裂。但由于北京政府需款急切，而列强的银行团又垄断了对华贷款权，最终不得不与银行团重新谈判，接受银行团的苛刻条件。事后，曾参与第二轮谈判的熊希龄发出感叹：“希龄束发读书，稍知廉耻，关于借款及华洋合办之事，向亦主张反对，国人所知。何至一人

---

① 列宁选集：第2卷. 北京：人民出版社，1960：784－786.

② 南开大学经济研究所编. 中国近代盐务史资料选辑. 天津：南开大学出版社，1985：33－34.

政府，即丧天良。无如国势所迫，实逼处此。”① 周学熙也说：“虽合同内稽核盐务审计用途等款，由我聘用洋员，会同华员办理，为从前借款所无，而为九月院议大纲所得同意。且列强干与吾国财政，前清币制借款，已启其机，况值鼎革之后，公私荡然，国信未著，得此结果，实已智能俱竭，笔舌皆穷。”② 这说明，在民初国际国内条件下，利用外资与维护国家主权确是一对难以处理好的矛盾。

事实上，尽管北京政府在大借款条件上被迫承认以盐税担保并雇佣洋人监督盐税开支，也并非意味着中国的盐务主权完全丧失。因为，借款合同第四款规定：盐款收入除偿还借款本利外，“所有盈余之款，如数拨归中国政府，用以办理他项事宜”。第五款规定：“此项借款如本利按期交付，则不得干预以上所详盐政事宜。”从借款合同的规定中，我们还可以看出，盐务署的最高领导权仍掌握在中国财政总长手中，盐务稽核总、分所内华洋人员的聘用与任免“由华洋总会办会同定夺，由财政总长核准”，而且还规定，盐务稽核总、分所的权责仅限于稽查盐款出入。③ 这说明盐务稽核总、分所只是负责盐务的稽核事务，并不具有盐务行政权，而盐务的行政权则在盐务署。正如30年代我国一位盐政史研究者所说：“稽核总分所是中国盐务机关，纵令任用洋员，亦是为中国服务。”④ 而且，洋人监督盐税开支，也是一把双刃剑，虽然在一定程度上干预了中国内政，但在客观上也起到了促使中国整顿盐

① 林增平，周秋光编．熊希龄集：上册．长沙：湖南人民出版社，1985：324．

② 程道德等编．中华民国外交史资料选编：一．北京：北京大学出版社，1988：65．

③ 南开大学经济研究所编．中国近代盐务史资料选辑．天津：南开大学出版社，1985：104－105．

④ 贺恒祯．民二善后大借款的历史是非．南开大学学报，1989（6）．

务，建立一套近代化的税收管理制度，从而使盐税收入逐年增加，保证按期偿还借款本息的作用。据1927年盐务稽核总所的有关资料反映，1913年5月21日至12月31日实收盐款仅为1147多万元，1914年就猛增至6041多万元，除提还外债2110多万元外，拨还政府3130多万元；1915年实收盐款6927多万元，除提还外债3460多万元外，拨还政府2752多万元；1916年实收盐款7244多万元，除提还外债2491多万元外，拨还政府4035多万元……总之，从1913—1927年的15年，稽核所在中国共收盐税10.21亿元，其中偿还外债约为1.73亿元，占17%，交还中国政府（含各省截留款）约8.48亿元，占83%。① 值得指出的是，大借款实行以后的连续两年（1914年、1915年），民国政府的财政出现走出危机、明显好转的现象。除其他方面原因外，“就财政工作的内在规律而言，大借款起到了舒解辛亥革命以来财政危机的‘善后’作用”②。由此可见，蔡锷当时提出的善后大借款并不必然导致“亡国灭种”的观点也不无道理，其有关整顿全国盐务、严格限制借款用途的意见也反映了他的务实精神。

第四，强行取消借款不仅于事无补，还会招致外人的干涉。蔡锷指出：“现在合同已正式签字，无论强行取消其事万难办到，即使隐忍迁就，遵照废约，所有积欠洋赔各款及各省外债信用久失，外人将以武力强迫履行，中外无法应付，势必同时破产，堕入奴籍，尔时谁执其咎?”他呼吁：各省都督、民政长要“疏通意见，一体赞同，以便银行团早日交款，得以赶为建设”；两院要“切实监督（借款）用途，勿使有一钱之浮滥”；政府要“将整顿

---

① 南开大学经济研究所编. 中国近代盐务史资料选辑. 天津：南开大学出版社，1985：450.

② 贺恒祯. 民二善后大借款的历史是非. 南开大学学报，1989（6）.

盐政法案提出，克期实行，以维持异日还款信用”。[①] 这也是蔡锷希望消除争论，加快建设的一贯思想的反映。

综上所述，我们不难看出，蔡锷对于善后大借款由反对到支持并不是出于一时冲动而盲目附合，而是在综合分析民初财政状况和借款本身利弊之后出于有利民国建设和维护国家稳定的考虑所作出的选择。这应该说是在当时国情之下，在理想与现实冲突的情况下，一个两害相权取其轻的选择。值得指出的是，善后大借款成立之时，正值“宋案”发生，革命派与袁世凯之间的斗争十分激烈，“二次革命”即将爆发之际，此时，蔡锷为袁世凯政府借债辩解，客观上起了有利于袁世凯而不利于革命派的作用。

---

① 曾业英编. 蔡松坡集. 上海：上海人民出版社，1984：689－690.

结语　蔡锷思想的特点与意义

前面，笔者从七个方面对蔡锷的思想作了粗浅的分析和研究。最后，笔者想就蔡锷思想的特点及意义谈点浅见，以此作为本书的小结。笔者认为，蔡锷思想的特点及意义主要可以概括为以下四个方面：

首先，始终高扬爱国主义的伟大旗帜，是蔡锷思想最主要的特点。金冲及先生曾指出："蔡锷是一个真诚的爱国者，这是理解他一生所作所为的具有决定意义的出发点。"①事实正是如此。蔡锷自入湖南时务学堂以后就一直以最大的热情关注着国家的前途和民族的命运，抱定了救亡图存、振兴中华的信念，并"决心贡献自己一切力量，以挽救国难"。马克思主义认为，爱国主义是历史的产物，不同的时代，爱国主义有不同的内容。蔡锷生活的时代是东西方列强对中国侵略不断加深、清政府逐步变成"洋人的朝廷"、中国逐渐沦为半殖民地半封建社会的时代。抵御帝国主义侵略，推翻清王朝封建专制统治，建立独立富强的资产阶级民主共和国是这一时期中国亟需完成的历史任务，也是这一时期爱国主义的重要内容。纵观蔡锷的一生，其思想和实践都是围绕这一时期中国的历史任务而形成、发展和变化的。其中，爱国主义思想是促使他的思想从封建守旧转向维新变法，再从维新变法发展到民主革命的强大动力。总的看来，蔡锷的爱国主义思想突出表

① 金冲及. 蔡锷的历史评价. 人民日报，1987－02－17.

现在：

1. 坚决反对帝国主义侵略，积极争取民族独立。早在时务学堂求学期间，蔡锷就对列强入侵、中国“瓜分豆剖”的现实表示强烈的不满，投身旨在振邦兴国、救亡图存的维新变法运动，期望中国产生德国的俾斯麦和美国的华盛顿那样的英雄，带领四万万同胞摆脱受“外人欺伺”的困境，获得独立自由。留日期间，他孜孜探求中国独立自主之道，学习借鉴日本军国民主义，极力鼓吹尚武，大声疾呼：“居今日而不以军国民主义普及四万万，则中国其真亡矣！”并毅然投笔从戎，改学军事，走上了“铁血救民”之路。归国后，抱着“为求中国独立自由，必须战胜至少一个帝国主义的国家”的坚定信念，蔡锷长期身处西南边陲，“厉兵秣马，赴机待死”。民国成立后，蔡锷的反帝思想进一步丰富和深化。为保证新生共和国的安全，蔡锷积极倡导西南联防，主动请缨入藏平乱；当日本向中国提出蛮横的“二十一条”而袁世凯政权也准备接受时，蔡锷不顾袁世凯的淫威，以参政院参政的名义，在参政会议上发表了一个多小时的演说，慷慨激昂，坚决反对接受“二十一条”，主张下最后作战之决心，并殚精竭虑，绘制了一幅旨在抵御帝国主义列强入侵的国防建设宏伟蓝图，甚至临终之前，蔡锷还以“不死于对外作战，不死于疆场马革裹尸，而死于病室，不能为国家作更大的贡献”① 而深感遗憾。蔡锷的反帝爱国思想还表现在坚决维护国家主权和国家利益上。在坚决反对帝国主义列强瓜分中国领土的同时，蔡锷坚决反对帝国主义侵犯中国政治、经济主权的行径，积极宣传国家主权思想，强烈要求收回利权，维护国家主权和国家利益，表现出“宁舍身心，不失片土，

① 陶菊隐．筹安会“六君子”传．北京：中华书局，1981：141．

宁舍性命，不丧主权”的爱国之情、赤子之心。

2. 坚决反对封建专制制度，积极追求民主自由。为改变中国人民“一受列强之压制，一受满人之钳制”的“两层奴隶之势”，他刻苦学习西方近代民主革命理论，深刻认识到“君主专制，久为时势所不容”。自立军起义的失败，促使他从维新变法迅速转向反清革命。在广西练兵，虽然身处清军营垒，但他韬光养晦，暗中培养军事人才，支持反清革命活动，为实现他日登高一呼、救国救民的远大理想打基础。武昌首义后，他因势利导，力倡速举，毅然率部发动辛亥云南重九起义，一举推翻清王朝在云南的封建统治，建立了云南革命政府。南北议和期间，他又坚决反对君主立宪，主张民主立宪，建立资产阶级共和国。

3. 巩固共和国政权，加快共和国建设。民国初年，为了建设好新生的共和国，他始终坚持国家利益高于一切，反复呼吁统一军政、统一财政、统一外交，坚决反对拥兵自重、省自为谋；对于民国初年的党派之争，他主张各党各派都要“以国家为前提，而勿以党见为依违”①；他积极倡导建设强有力政府，以加快国家建设，增强国家实力，维护国家权利。对于“宋案”和“二次革命”，他主张法律解决，认为“于约法规定领土内宣告独立，形同割据，是谓破坏统一”②，即使袁世凯有谋叛行为，只要“民国国体不变，元首更替有期，犹可徐图补救”③。也就是说，可通过法律程序，或罢免他，或不选他。这固然是蔡锷政治上天真幼稚的反映，但也不难看出，他的主要目的在于维护南北统一局面，防止外国干涉，避免人民再次遭受内乱外侵之苦。当袁世凯密谋称

---

① 曾业英编. 蔡松坡集. 上海：上海人民出版社，1984：541.
② 曾业英编. 蔡松坡集. 上海：上海人民出版社，1984：726.
③ 曾业英编. 蔡松坡集. 上海：上海人民出版社，1984：865.

帝，妄图扼杀民国于摇篮之中时，他“定策于恶网四布之中，冒险于海天万里之外”①，毅然决然地举起了“永除帝制，确保共和”的大旗，迅速推翻了袁世凯的洪宪王朝，避免了中国近代历史上的一次大倒退。

4. 公而忘私，一心为国。在蔡锷的心目中，国家是至高无上的象征，任何人都应该毫无条件的为它贡献自己的一切包括生命。那些对国家危难漠不关心、熟视无睹的人，在他看来无异于“凉血动物”。他说：“以我四百余州之土地，五百兆众之人民，势利社会，国体精神，一切授人以包办，任人以奴肉，而我主人全家父子兄弟，犹然日日酣嬉寄傲于水深火热，炮烟弹雨之上，则诚不喻其何衷，而实痛其无睹。”② 因此，他始终坚持“以国家之乐利，人民之幸福为旨归，个人利益不计焉”③。在广西练兵五六年，他一直以“澹泊明志，夙夜在公”④ 严格要求自己，虽然身居要职，但离桂赴滇时，全部积蓄“除盘川外，约留三百金之谱”⑤。在云南都督任上，他处处以身作则，作廉洁奉公的表率，两次下令减薪，自己每月只拿60元，仅相当于营长的工资，并规定都督府用餐每顿不许超过小洋两角；当其弟怀抱一线希望来滇谋职时，蔡锷不仅未满足其要求，而且自筹路费20元，令其徒步返湘；被袁世凯调入京城后，他虽身兼督办、参政、将军等数职，依惯例可得月俸数千元，但他“悉任其事而辞其俸”⑥。护国战争后，蔡锷名满天下，但他多次明确表示决“不争名利于朝”，并反复告诫

① 陶菊隐. 筹安会“六君子”传. 北京：中华书局，1981：138.
② 曾业英编. 蔡松坡集. 上海：上海人民出版社，1984：36.
③ 曾业英编. 蔡松坡集. 上海：上海人民出版社，1984：458.
④ 曾业英编. 蔡松坡集. 上海：上海人民出版社，1984：1239.
⑤ 曾业英编. 蔡松坡集. 上海：上海人民出版社，1984：52.
⑥ 蒋百里. 蔡公行状略//田伏隆主编. 忆蔡锷. 长沙：岳麓书社，1996：75.

唐继尧、刘显世等人，“我辈主张，应始终抱定为国家不为权利之初心，贯彻一致，不为外界所摇惑，不为左右私昵所劫持”①。这充分说明他发动护国战争的目的是为四万万国人争人格，既不同于梁启超为进步党争天下，也迥异于唐继尧等地方实力派争地盘。即使临终前，他还遗电国人“锷以短命，未克尽力民国，应行薄葬”。史载蔡锷逝世时家中不仅没有固定资产，而且还负债三四千元。②

所以，我们可以说，爱国主义是贯穿于蔡锷思想的一根鲜明的红线，也是推动他不断前进的巨大动力。只有把握了爱国主义这个最主要特点，才能准确理解蔡锷一生的所言所行，不至于产生一些错觉甚至误解。

蔡锷的这种强烈的爱国主义思想不仅在当时具有典型意义，即使在今天，如果对其正确地加以分析，汲取其进步、合理的内容，对于我们加强爱国主义教育，建设社会主义精神文明仍有一定的积极意义。

其次，兼采中西，为我所用，是蔡锷思想的又一重要特点。任何一种思想的产生都离不开特定的历史文化土壤和当时的时代背景，可以说都是历史文化传统和时代环境的综合反映。蔡锷的思想也不例外。蔡锷生活在一个中国由传统封建社会向近代资本主义社会转变，中西两种制度、两种文化交锋异常激烈的时代。因此，蔡锷思想的渊源主要是两个方面：中国传统思想与近代西方思想。进入时务学堂以前，蔡锷所接受的基本上是正统的封建教育，四书五经、诸子百家是他的必修课程。对于这些东西，他

① 曾业英编．蔡松坡集．上海：上海人民出版社，1984：1199.

② 蔡端编．蔡锷集．北京：文史资料出版社，1982：66.

学得十分专心，能达到“背诵如流，一字不错”的程度。[①] 古代先贤的“民为邦本”、“经世致用”、“政治一统”、“尚武慎战”以及“实事求是”等思想传统对他产生了很大的影响。进入时务学堂后，蔡锷接触到西学，便立即产生了极大的兴趣。到日本留学后，蔡锷接触西学的范围更广，程度更深，受其影响更大。但是，对于中学与西学、新学与旧学，蔡锷坚持主张兼采并用，为我所用。他提出：“以新国而能输受旧学，扩张新学者罔不兴；以新国而能浸隶旧学，绝弃新学者罔不亡；以旧国而能扩张旧学，输受新学者罔不兴；以旧国而能浸隶旧学，绝弃新学者罔不亡。”[②]所以，蔡锷思想的任何一个方面都不只是单纯接受中国传统思想或者西方近代思想的影响，而是两者综合影响的产物。不论是中国的传统思想，还是西方的近代思想，蔡锷都以救亡图存、强国利民作为唯一的取舍标准，实行彻底的“拿来主义”，兼容并蓄、取长补短，最终达到为我所用的目的。他的国权思想既受到中国传统的大一统思想的影响，也受到近代西方国家主权思想和国家主义思想的影响。他的民主革命思想既包含有西方自由、平等、博爱思想的内核，也不无传统民本思想的因子。他的强有力政府思想，既受到西方国家主义思想的影响，也有中国传统“大一统”思想潜移默化的作用。他的军事思想除了受西方近代军事思想影响外，也明显受到以孙武、吴起、司马穰苴为代表的中国传统军事思想文化和尚武任侠、勇于任事、卓励敢死的湖湘文化精神的影响。总之，蔡锷顺应时代发展趋势，既吸取中国传统文化精华，又大胆借鉴西方近代政治文明的先进成果，使其思想具有杂糅中西、融合古今的复合特征。

---

① 刘再生．蔡松坡的童年//田伏隆主编．忆蔡锷．长沙：岳麓书社，1996：127.

② 曾业英编．蔡松坡集．上海：上海人民出版社，1984：41.

在对待中西文化问题上，中国近代史上有过“中体西用”和“全盘西化”两种不同的主张，而蔡锷对中西文化兼容并蓄、取长补短、为我所用的做法似乎来得更实际一些。这对于我们今天在处理如何正确对待外来文化问题上仍有一定的启迪意义。

再次，所言所行中渗透着浓郁的军人气质，是蔡锷思想的另一个重要特点。从留学日本学习军事时起，蔡锷便与“军”字接下了不解之缘。无论是《军国民篇》的发表，《曾胡治兵语录》的成书，还是《军事计画》的提出；也无论是在清朝军营垒中任职，还是领导和发动云南重九起义与护国战争，他更多是以一名职业军人的形象活跃于中国政治舞台。由于长期从事军事活动，蔡锷的思想观念、思维方式无不受到其军人风格的影响，从而使其思想打上了军人的鲜明烙印。主要表现在：其一，全凭良心血性。一般而言，军人并不等同于政治家，历史上虽然不乏政治家出身于军人的先例，但政治家与职业军人的区别却显而易见。如果说政治家行事更多一些理智，那么军人行事则更多一些血性。蔡锷也不例外，他不仅以良心血性要求自己，而且反复以良心血性教育部队，认为“吾人今日处兹乱世，认定一事于道德良心均无悖逆，则应放胆做去，无所顾怯。以菩萨心肠行霹雳手段，即所谓既要仁慈又要痛快也”①。因此，只要他认为是国利民福的事，他就明确予以坚决支持，百折不回地去做，否则，就旗帜鲜明地坚决予以反对。譬如，在建都问题上，蔡锷认为，“建都燕京，可以控御中外，统一南北”，坚持主张建都北京，反对建都南京。② 又如，在“二次革命”中，孙中山曾“指望蔡锷能带云南兵出武汉，

---

① 蔡端编. 蔡锷集. 北京：文史资料出版社，1982：6.

② 曾业英编. 蔡松坡集. 上海：上海人民出版社，1984：323.

来参加讨袁"①，蔡锷却认为，"我国现势，弱息仅存，邦人君子方将戮力同心，相与救亡之不暇，岂堪同室操戈，自召分裂!"②因而，坚决予以反对，既力劝冯国璋、李烈钧双方罢兵，又恳请谭延闿、胡景伊、陆荣廷、唐继尧等人一致电劝李烈钧罢兵，"以保土安民，巩固统一为第一义"③，并要求袁世凯政府"速自反省，示天下以诚信"④，即使对兴师者也应"以哀矜悱恻之意出之，凡非抵死抗拒，似宜概免诛戮，为国家稍留元气，以免以暴易暴之讥"⑤。嗣后，又坚决反对给镇压"二次革命"的北洋军阀授职给勋，"以蕲激扬一般对外之敌忾，而以内竞为耻"⑥。最能体现蔡锷"良心血性"的是，面对袁世凯悍然复辟帝制，他"明知力量有限，未必抗他得过，但为四万万人争人格起见，非拼着命去干一回不可"，毅然决然地发动反袁护国战争，从而名垂青史，令后人莫不肃然起敬。其二，讲求和衷共济。蔡锷治兵历来讲究上下一心，同患难，共生死，团结一致，共同对敌。受此影响，他在政治上主张将全国思想"冶为一炉"，反复强调团结一切可以团结的人，形成和衷共济、共赴国难的局面，坚决反对因派系之争、政见之争影响国家政治的进行。他不仅建议孙中山对于各派"惟贤是任，不必过存党见，使有弃才，益自树敌"⑦，而且多次上书袁世凯要求其在用人方面"破除畛域，以协群情"⑧。在

① 石陶钧．六十年的我．湖南历史资料：第 2 期．长沙：湖南人民出版社，1981：30.

② 曾业英编．蔡松坡集．上海：上海人民出版社，1984：696.

③ 曾业英编．蔡松坡集．上海：上海人民出版社，1984：716.

④ 曾业英编．蔡松坡集．上海：上海人民出版社，1984：718.

⑤ 曾业英编．蔡松坡集．上海：上海人民出版社，1984：734.

⑥ 曾业英编．蔡松坡集．上海：上海人民出版社，1984：732.

⑦ 曾业英编．蔡松坡集．上海：上海人民出版社，1984：166.

⑧ 曾业英编．蔡松坡集．上海：上海人民出版社，1984：384.

民国初年，每当意见分歧，政局动荡，他都挺身而出，呼吁顾全大局，和衷共济。尤其是为了争取一切进步力量参加反袁护国战争，他反复强调，“但能助我张目，便当引为同志。所有从前党派意见，当然消融，绝无偏倚”①，从而为取得战争的胜利奠定了坚实的基础。其三，以服从为天职。蔡锷强调，“兵者国家之干城，国民之牺牲”②，军队的宗旨就是服从于国家和人民的利益，“渡同胞于苦海，置国家于坦途”。他主张加强军队的爱国主义教育，培养军人的国家意识。民国初年，针对一些地方军队骤增、拥兵自重的现象，他大声呼吁统一全国军政，支持黄兴建立中央军，并主动表示愿意将云南北伐、援川各军队“留备中央”③。他甚至还有改造袁世凯的北洋军的计划，认为“北军朴勇耐劳为全国冠，惜少国家思想与军人智能，得贤将领以董率改造之，确可植国军之基础”，并“欲置身彼中，为此后改良之导线”。④ 蔡锷这种军人服从国家的思想在政治上的表现就是服从中央，服从国家元首。所以，民国初年，无论是最初拥护孙中山，还是后来拥护袁世凯，在他看来都是服从中央，服从国家统一大局。用他自己的话说，即是“有能携五族为一家者，敝省无不服从”⑤。蔡锷这种凭良心血性、讲求和衷共济、绝对服从国家大局的军人气质对其思想的形成和发展是有深刻影响的，也是构成蔡锷思想复杂的重要原因。因此，对于蔡锷倘若按照以人划线、以党派划线的方法或仅凭他表面上的某些言行进行评价，都难以得出令人信服的结论。应该

---

① 曾业英编. 蔡松坡集. 上海：上海人民出版社，1984：895.
② 曾业英编. 蔡松坡集. 上海：上海人民出版社，1984：21.
③ 曾业英编. 蔡松坡集. 上海：上海人民出版社，1984：284.
④ 曾业英编. 蔡松坡集. 上海：上海人民出版社，1984：1205.
⑤ 曾业英编. 蔡松坡集. 上海：上海人民出版社，1984：410.

指出的是，蔡锷凭良心血性行事的军人气质固然值得后人景仰，但在民初革命派与袁世凯的矛盾日趋激烈，袁世凯日渐得势，孙、黄革命派日渐失势之时，蔡锷一味信守服从天职，过于强调和衷共济，忽视与袁世凯的斗争，难免有助纣为虐之误、为虎作伥之嫌。这又说明蔡锷在政治上还不成熟，对民初政治斗争的严酷性、复杂性缺乏深刻的认识。

最后，脚踏实地、求真务实，也是蔡锷思想的一个重要特点。这一点与湖湘文化对他的滋养密切相关。蔡锷出生和成长于湖南，崇尚实干、反对空谈，崇尚真实、反对虚假的湖湘文化对他产生了深刻的影响。早年，他背弃科举而选择新学，是因为认识到科举无补于兴邦救国；后来，他选择学习军事，也是因为认识到在强邻环列的时代只有军事发达才能发挥最直接的救亡图存的作用。因此，他回国后专意从事新军训练和军事教育，从清军内部着手，攫取清廷兵权，积极为武装革命创造条件，时机一旦成熟，便起而发动武装起义，一举成功。督滇期间，蔡锷从云南实际出发，采取革新行政、整顿财政、改土设流、发展实业、改良教育等措施，使云南政局稳定，经济回升。与此同时，蔡锷对国事大胆建言，认为革命和建设既要借鉴西方先进经验，又必须从本国实际出发。他特别强调民国建设要切合本国国情，认为“中国固自有特别之历史、民情、习惯，而必求一一吻合于他国，所谓削足适履，有背道而驰耳”①，只有“外鉴世界之趋势，内察本国之舆情”②，才能进行有步骤的、有成效的建设，否则只会事倍功半。因此，他向孙中山建议，在“新旧递嬗之交，目光固宜高远，而手法即不妨平近”。“若期望过高，变更太骤，恐事实与理想不相

① 曾业英编. 蔡松坡集. 上海：上海人民出版社，1984：631.
② 曾业英编. 蔡松坡集. 上海：上海人民出版社，1984：166.

应，而人民未易奉行，或法令与习惯有相妨，而急切难生效力”①。在建立政党的问题上，蔡锷主张在一般人士还缺乏政党能力，少有政党观念时，应“以讨论为重，而不必强于主张，以培养为先，而无庸急于号召，较为得之”②。而若要组织政党，“尤宜鉴世界之趋势，察本国之情形，务择最有利于国计民生，最稳健之政策而采用之。陈义不求过高，着眼务求远大”③。在宪政问题上，他从民初社会实际出发，主张在民主共和的形式下，实行中央集权，建立强有力的政府，促进国家的独立和稳定，再在此基础上逐步实现宪政。所有这些，都是蔡锷脚踏实地、求真务实思想的反映，不仅在民初有重要的意义，对于我们建设中国特色社会主义仍不无借鉴之处。

当然，由于时代和阶级的局限，蔡锷的思想中也存在明显不足和矛盾之处。譬如，在蔡锷的思想中有比较浓厚的英雄史观。对于中外历史上拨乱救国者，不论是曾国藩、胡林翼，还是华盛顿、俾思麦、西乡隆盛，他都给予肯定和推崇，而对于一般的群众，他既认为革命是为人民争自由、谋幸福，却又看不到人民群众中所蕴藏的巨大革命能量，认为下层人民群众没有参加革命的必要，“革命功成，端赖军人”④。民国初年，蔡锷一度走上拥袁之路，袁世凯垮台后，他又一度推重掌握中央实权的段祺瑞，都是这种英雄史观的反映。又如，为了救国救民他上下求索，表示“非大发志愿，以救国为目的，以死为归宿，不足渡同胞于苦海，置国家于坦途”，并积极投身救国斗争，表现出强烈的入世精神。

---

① 曾业英编．蔡松坡集．上海：上海人民出版社，1984：167.

② 曾业英编．蔡松坡集．上海：上海人民出版社，1984：551.

③ 曾业英编．蔡松坡集．上海：上海人民出版社，1984：457.

④ 曾业英编．蔡松坡集．上海：上海人民出版社，1984：444.

1912年5月，得知黄兴辞去南京留守之职的消息后，蔡锷致电批评黄兴“中流遇风，我独返棹，非惟不勇，抑亦不仁”①。但面对复杂的民初社会现象，后来蔡锷自己也一度流露出“一俟局势略定，即当抽身引退”②的消极淡退、避世隐遁思想，这又不能不说他对革命前途感到迷茫，缺乏革命的坚定性和彻底性。再如，在学习西方的过程中，蔡锷认识到西方政治制度对资本主义国家强盛的重要作用，因而主张中国开议院、立宪法，建立三权分立，实行政党政治，希图以此实现救国强国的理想。但在缺乏相应物质和文化基础的民初社会，他的这些良好的愿望却只有一一落空，这又反映了蔡锷政治理想与当时实际脱节的一面。最后，在反帝问题上，蔡锷极力主张武力抵抗，收回利权，但云南重九起义成功后，蔡锷又宣布清政府与列强签订的条约继续有效，并急于要求列强承认民国，这固然有避免列强干预、营造有利民国建设的外部环境的需要，但也在一定程度上反映出蔡锷反帝思想的不彻底性。蔡锷思想的这些不足，既有当时缺乏科学的革命理论指导的历史原因和其个人性格方面的原因，但主要是由中国民族资产阶级的两面性所决定的。中国民族资产阶级既有反帝反封建的革命性一面，又有与帝国主义、封建主义妥协性的一面。由于看不起人民群众，害怕人民群众，所以主张由少数“中等社会”参与的有秩序的革命；而在革命遭受暂时挫折时，又往往流露出悲观失望的情绪，并因之丧失继续革命的勇气和信心，这是中国当时资产阶级知识分子普遍具有的弱点，蔡锷也不例外。

黑格尔在《历史哲学》中说过：“每一个个人都是他自己民族

① 曾业英编. 蔡松坡集. 上海：上海人民出版社，1984：493.

② 曾业英编. 蔡松坡集. 上海：上海人民出版社，1984：1118.

的儿子，同时也是他自己时代的儿子。”①纵观蔡锷思想的发展和演变过程，我们不难看出，蔡锷站在时代的前列，顺乎时代的潮流，追求救国真理，对变迁的时代所提出的重大历史课题做出了自己的回答。他的思想尽管并不完全成熟，既有进步的一面，也有保守的一面，既有先进的东西，也有落后的东西，但它却是那个时代的产物，反映了清末民初时期中国社会在艰难中前进的步伐，代表了一批具有强烈爱国心的知识分子在探索救国图强过程中的抉择与困惑。正如有的论者所指出的那样：“蔡锷思想发展的曲折映射出近代中国思想史发展的曲折，蔡锷思想的矛盾聚集着近代中国社会矛盾的焦点，蔡锷思想发展的曲折和矛盾，全景式地折射出近代中国人的思想螺旋式上升的心路历程。”② 这大概是历史和人们没有忘记蔡锷的重要原因。

---

① 黑格尔. 历史哲学. 北京：三联书店，1956：93.

② 马洪林，张莉. 打破派系论蔡锷//郭汉民，严农主编. 蔡锷新论. 长沙：湖南人民出版社，1997：43.

参考文献

一、文集

1. 刘达武，石陶钧编．蔡松坡先生遗集．上海：亚东印刷局，1943.
2. 曾业英编．蔡松坡集．上海：上海人民出版社，1984.
3. 毛注青等编．蔡锷集．长沙：湖南人民出版社，1983.
4. 蔡端编．蔡锷集．北京：文史资料出版社，1982.
5. 孙中山．孙中山全集．北京：中华书局，1984.
6. 湖南社科院编．黄兴集．北京：中华书局，1981.
7. 梁启超．饮冰室合集．上海：中华书局，1936.
8. 李华兴，吴嘉勋编．梁启超选集．上海：上海人民出版社，1984.
9. 石方勤编．谭人凤集．长沙：湖南人民出版社，1985.
10. 谭嗣同．谭嗣同全集．北京：三联书店，1954.
11. 唐才常．唐才常集．北京：中华书局，1980.
12. 谢遐龄编．康有为文选．上海：上海远东出版社，1997.

二、著作

1. 谢本书．蔡锷传．天津：天津人民出版社，1983.
2. 李旭．蔡松坡．南京：南京青年出版社，1946.
3. 毛振发．蔡锷．北京：军事科学出版社，1988.

4. 丁凤麟，施宣圆．护国运动主将蔡锷．上海：上海人民出版社，1984.
5. 谢本书.讨袁名将——蔡锷.兰州:兰州大学出版社,1997.
6. 胡绳．从鸦片战争到五四运动．北京：人民出版社，1981.
7. 刘福祥，赵矢元．蔡锷．哈尔滨:黑龙江人民出版社，1984.
8. 董方奎．梁启超与护国战争．重庆：重庆出版社，1986.
9. 李新，李宗一．中华民国史．北京：中华书局，1987.
10. 章开沅，林增平．辛亥革命史．北京：人民出版社，1980.
11. 金冲及，胡绳武．辛亥革命史稿．上海：上海人民出版社，1991.

12. 熊月之．中国近代民主思想史．上海：上海人民出版社，1986.
13. 徐宗勉，张亦工．近代中国对民主的追求．合肥：安徽人民出版社，1996.
14. 谢振民．中华民国立法史．北京：中国政法大学出版社，2000.
15. 胡春惠．民初的地方主义与联省自治．北京：中国社会科学院出版社，2001.
16. 朱英．辛亥革命与近代中国社会变迁．武汉：华中师大出版社，2001.
17. 谢俊美．政治制度与近代中国．上海：上海人民出版社，2000.
18. 殷啸虎．中国近代宪政史．上海：上海人民出版社，1997.
19. 谢本书．护国运动史．贵阳：贵州人民出版社，1984.
20. 吴宗慈．中华民国宪法史．上海：东方印书局，1924.
21. 张连月．中国政党与政党制度．北京：中国工人出版社，1991.

22. 朱汉国．中国政党制度史．合肥：安徽人民出版社，1995.
23. 朱子彦，陈生民．朋党政治研究．上海：华东师大出版社，1992.
24. 云南省经济研究所．云南近代经济史．昆明：云南民族出版社，1995.
25. 吴雁南．中国近代社会思潮．长沙：湖南教育出版社，1998.
26. 丁长清．民国盐务史稿．北京：人民出版社，1990.
27. 刘振岚．戊戌维新运动专题研究．北京：首都师范大学出版社，1999.
28. 邹小站．章士钊社会政治思想研究．长沙：湖南教育出版社，2001.
29. 宋仁．梁启超政治法律思想研究．北京：学苑出版社，1990.
30. 唐文权，罗福惠．章太炎思想研究．武汉：华中师范大学出版社，1986.
31. 林家有．孙中山振兴中华思想研究．广州：广东人民出版社，1996.
32. 王沪宁．国家主权．北京：人民出版社，1987.
33. 孙建中．国家主权：理想与现实．北京：世界知识出版社，2001.
34. 李剑农．戊戌以后三十年中国政治史．北京：中华书局，1961.
35. 朱建华．中国近代政党史．吉林：吉林大学出版社，1990.
36. 林炯如．中华民国政治制度史．上海：华东师大出版社，1995.
37. 蒋碧昆．中国近代宪政宪法史略．北京：法律出版社，1988.
38. 陈茹玄．增订中国宪法史．上海：世界书局，1947.

39. 陶菊隐. 北洋军阀统治时期史话. 北京：三联书店，1983.
40. 马继孔，陆复初. 云南文化史. 昆明：云南民族出版社，1992.
41. 胡绳武. 中国20世纪全史：第1卷. 北京：中国青年出版社，2001.
42. 丁名楠. 帝国主义侵华史：第1卷. 北京：人民出版社，1961.
43. 桑兵. 清末新知识界与社团活动. 北京：三联书店，1995.
44. 云南近代史编写组. 云南近代史. 昆明：云南人民出版社，1993.
45. 云南省历史学会. 云南辛亥革命史. 昆明：云南大学出版社，1991.
46. 刘泽华. 中国古代政治思想史. 修订本. 天津：南开大学出版社，2001.
47. 谭双泉. 中国近代政治思想史. 长沙：湖南师范大学出版社，1995.
48. 邵德门. 中国近代政治思想史. 北京：法律出版社，1983.
49. 施渡桥. 中国近代军事思想史. 北京：国防大学出版社，2000.
50. 刘子明. 中国近代军事思想史. 南昌：江西人民出版社，1997.
51. 章伯锋，李宗一. 北洋军阀. 武汉：武汉出版社，1990.
52. 谢本书等编. 云南辛亥革命资料. 昆明：云南人民出版社，1981.
53. 钟文典主编. 广西通史：第2卷. 南宁：广西人民出版社，1999.

三、综合性资料

1. 柴德赓编. 中国近代史资料丛刊·辛亥革命. 上海：上海人民出版社，2000.
2. 翦伯赞编. 中国近代史资料丛刊·戊戌变法. 上海：上海人民出版社，2000.
3. 全国政协文史资料研究委员会编. 辛亥革命回忆录. 北京：文史资料出版社，1981.
4. 云南省社科院历史研究所编. 护国文献. 贵阳：贵州人民出版社，1985.
5. 云南省政协编. 爱国·团结·胜利. 昆明：云南大学出版社，1996.
6. 护国文集编辑组编. 护国文集. 石家庄：河北教育出版社，1988.
7. 李希泌编. 护国运动资料选编. 北京：中华书局，1984.
8. 郭汉民，严农主编. 蔡锷新论. 长沙：湖南人民出版社，1997.
9. 田伏隆主编. 忆蔡锷. 长沙：岳麓书社，1996.
10. 饶怀民主编. 辛亥人物论集. 兰州：甘肃人民出版社，2001.
11. 南京政治学院历史学系主编. 中国近代史争鸣录. 南京：江苏教育出版社，1986.
12. 程道德等主编. 中华民国外交史资料选编：一. 北京：北京大学出版社，1988.

四、主要论文资料

1. 汪良平. 谈蔡锷从“拥袁”到“讨袁”的转变. 临沧师范高等专科学校学报，2007（2）.
2. 岳玮. 蔡锷军事思想浅析. 南宁师范高等专科学校学报，2006（3）.

3. 吴达德. 论民国初年蔡锷督滇及其改革. 民国档案, 2006（2）.

4. 蒋永星. 从“蔡艮寅分路碑”看蔡锷出生地. 邵阳学院学报：社会科学版, 2006（1）.

5. 刘伟顺. 再谈蔡锷出生地问题——与《也谈蔡锷祖籍与出生地》作者商榷. 邵阳学院学报：社会科学版, 2006（1）.

6. 邓亦武. 论民初蔡锷的政治思想及实践. 江南大学学报：人文社会科学版, 2005（4）.

7. 傅国涌. 蔡锷、唐继尧与护国战争. 文史精华, 2005（10）.

8. 涂玉书. 也谈蔡锷祖籍与出生地. 邵阳学院学报：社会科学版, 2004（1）.

9. 陈邵桂. 论蔡锷的国权观. 船山学刊, 2003（3）.

10. 邓亦武. 蔡锷与云南现代化. 南阳师范学院学报, 2003（4）.

11. 刘伟顺. 蔡锷出生地补证. 邵阳学院学报：社会科学版, 2002（5）.

12. 余子道. 从《军事计划》、《国防论》到《国防新论》——论蔡锷、蒋百里、杨杰的国防思想. 军事历史研究, 2002（4）.

13. 张为民. 从蔡锷三民主义思想观其政治倾向. 黄山学院学报, 2001（4）.

14. 陈忠. 蔡锷与唐继尧谁是护国运动首功. 贵州文史天地, 2001（1）.

15. 包黎. 论蔡锷与云南的特殊情结. 昆明大学学报, 2000（2）.

16. 刘旭. 蔡锷裁减薪俸的比较研究. 湘潭大学学报：哲学社会科学版, 1999（2）.

17. 熊慧群, 刘云波, 郭六云. 民初蔡锷的政治态度初探. 云梦学刊, 1999（1）.

18. 何朝霞. 略谈蔡锷的思想发展. 邵阳学院学报：社会科学版，1998（3）.
19. 陈邵桂. 蔡锷国权理论探析. 邵阳学院学报：社会科学版，1998（1）.
20. 袁泉. 蔡锷与二次革命. 邵阳学院学报：社会科学版，1998（1）.
21. 刘新春. 蔡锷经济思想与孙中山民生主义. 衡阳师范学院学报，1998（1）.
22. 肖海军. 析蔡锷的政党政治观. 邵阳学院学报：社会科学版，1998（1）.
23. 尚明轩. 蔡锷与孙中山. 求索，1997（4）.
24. 陈宇翔，杨光秋. 八十年来的蔡锷研究. 求索，1997（4）.
25. 左双文，张炳辉. 蔡锷“强有力政府论”初探. 广东社会科学，1997（3）.
26. 汤军田. 蔡锷与朱德. 学术论坛，1997（2）.
27. 郭汉民. 杰出的爱国主义者：简论蔡锷一生所走过的道路. 益阳师专学报，1997（2）.
28. 刘伟顺. 从《军国民篇》看蔡锷的爱国尚武思想. 邵阳学院学报：社会科学版，1997（1）.
29. 奚纪荣. 蔡锷军事思想研究（续）. 军事历史研究，1997（1）.
30. 彭书贵. 救国救民是蔡锷一生的最大抱负. 学术探索，1997（1）.
31. 苏全有，张步先. 蔡锷拥袁现象试析. 山西师范大学学报：社会科学版，1997（1）.
32. 李建国，余发良. 广西驱蔡风潮原因浅析. 广西师范大学学报：哲学社会科学版，1996（S2）.
33. 张莉. 蔡锷的人格力量和文化环境. 探索与争鸣，1996（12）.
34. 谢本书. 蔡锷与民初政局. 社会科学战线，1996（6）.
35. 章犹才，欧阳斌. 从蔡锷人格的复杂性看湖湘文化的近代嬗变. 湖南师范大学社会科学学报，1996（6）.
36. 李富轩，李雄. 蔡锷思想之异彩. 华中理工大学学报：社会科学版，1996（4）.
37. 奚纪荣. 蔡锷军事思想研究. 军事历史研究，1996（4）.
38. 周一鸣. 略论蔡锷的军事思想. 邵阳学院学报：社会科学版，1996（4）.
39. 郎万生. 蔡锷的爱国精神和廉洁奉公的品格. 邵阳学院学报：社会科学版，1996（4）.
40. 肖平. 蔡锷将军——邵阳出来的文武全才. 邵阳学院学报：社会科学版，1996（4）.
41. 成晓军. 从《曾胡治兵语录》看蔡锷对曾国藩治军思想的敬重与推崇. 贵州文史丛刊，1996（6）.
42. 陈新宪，李鸿宣. 略论蔡锷的性格特征及主导思想：社会科学版，1996（4）.
43. 艾冰生. 蔡锷和朱德. 邵阳学院学报：社会科学版，1996（4）.
44. 吴忠才. 蔡锷在广西. 广西教育学院学报，1996（2）.
45. 吴达德. 蔡锷与民初云南廉政建设. 自贡师范高等专科学校学报，1996（2）.
46. 刘泱泱. 从戊戌到辛亥：蔡锷事略. 株洲师范高等专科学校学报，1996（1）.
47. 镰田和宏，依闻. 蔡锷与日本. 船山学刊，1996（1）.

48. 赵兴胜. 民初蔡锷入藏平叛的失败. 民国春秋，1993（4）.
49. 安定. 护国主将——蔡锷. 湖南社会科学，1992（2）.
50. 谢本书. 蔡锷的军事经济思想. 云南方志，1991（1）.
51. 杜幼德. 简论蔡锷援藏军路线. 民族论坛，1991（4）.
52. 孙君琪，王建华. 略论蔡锷的军制思想. 军事历史研究，1991（4）.
53. 余子道. 蔡锷《军事计划》和蒋百里《军事常识》两书的军事思想. 复旦学报：社会科学版，1990（6）.
54. 贾同跃. 蔡锷派别析. 云南师范大学学报：哲学社会科学版，1989（2）.
55. 钱家先. 蔡锷与云南护国起义的爆发. 曲靖师范学院学报，1989（2）.
56. 谢本书. 蔡锷与辛亥革命云南的改革. 名人传记，1988（9）.
57. 毛振发. 蔡锷与《五省边防计画》. 军事历史，1988（5）.
58. 卢仲维. 蔡锷在桂始末. 广西师范大学学报：哲学社会科学版，1988（3）.
59. 李恩民，邢丽荃. 蔡锷研究七十年. 贵州社会科学，1987（12）.
60. 丁凤麟，施宣圆. 蔡锷的军事救国思想初探. 求索，1987（5）.
61. 王学庆，曾业英. 蔡锷的同盟会会籍问题. 近代史研究，1987（6）.
62. 李双璧. 论蔡锷的军事思想. 贵州文史丛刊，1987（4）.
63. 董亚文. 浅谈蔡锷的治军思想. 军事历史，1987（4）.
64. 徐博东. 蔡锷对民初政党的态度及其与进步党的关系. 齐鲁学刊，1987（2）.

65. 奚纪荣，李国良．护国战争中蔡锷的战略战术思想述论．军事历史研究，1987（2）．
66. 郑清平．论蔡锷的救国思想．青海师范大学学报：哲学社会科学版，1986（3）．
67. 魏明．蔡锷出京与袁世凯的智斗及史实订正．中州学刊，1986（1）．
68. 方早成．蔡锷参加同盟会考——兼与戴建国同志商榷．求索，1985（3）．
69. 杨念群．蔡锷与梁启超关系初探．云南社会科学，1985（6）．
70. 谢本书．蔡锷与清末广西干部学堂风潮．史学月刊，1984（4）．
71. 徐博东．蔡锷确曾参加过进步党．学术研究，1984（4）．
72. 谢本书．再论蔡锷．求索，1984（2）．
73. 林荃．蔡锷是改良派、立宪党人吗?．云南社会科学，1984（1）．
74. 顾大全．蔡锷与云南护国起义．贵州社会科学，1983（3）．
75. 林建曾．中国资产阶级中间派的一次政治崛起——兼论蔡锷在护国运动中的作用．贵州社会科学，1983（6）．
76. 刘毅翔．也谈蔡锷派滇军援川援黔的动机和责任．贵州社会科学，1983（4）．
77. 吴宝璋 范建华．谈蔡锷的评价．昆明师院学报哲学社会科学版，1983（3）．
78. 谢本书，孙代兴，高光汉．关于蔡锷评价的若干问题．云南社会科学，1983（2）．
79. 杨维骏．蔡锷的政治倾向．云南社会科学，1983（2）．
80. 毛振发．从护国战争看蔡锷的军事思想．学术论坛，1983

(2).
81. 曾业英. 蔡锷与“二次革命”. 历史研究，1983（1）.
82. 金冲及. 蔡锷的历史评价. 人民日报，1982－12－17.
83. 张贡新. 论蔡锷的历史地位及其功过. 民族文化，1982（6）.
84. 谢本书. 蔡锷与辛亥云南起义. 民族文化，1982（6）.
85. 高光汉. 略论蔡锷在护国战争中的作用. 民族文化，1982（6）.
86. 杨维骏. 蔡锷是杰出的资产阶级革命家吗？云南日报，1982－02－19.
87. 徐博东. 蔡锷参加过进步党. 近代史研究，1982（4）.
88. 吴建华. 护国战争中的蔡锷. 黄石师范学院学报：哲学社会科学版，1982（4）.
89. 戴建国. 蔡锷党籍考. 云南社会科学，1982（2）.
90. 谢本书. 蔡锷与黄兴. 云南社会科学，1982（1）.
91. 骆正光. 试评蔡锷. 研究集刊，1981（3－4）.
92. 谢本书. 论蔡锷. 历史研究，1979（11）.

图书在版编目(CIP)数据

蔡锷思想研究 / 邓江祁著 . —长沙:湖南师范大学出版社,2008. 11

ISBN 978 - 7 - 81081 - 973 - 2

Ⅰ. 蔡… Ⅱ. 邓… Ⅲ. 蔡锷(1882 ~ 1916)—思想研究 Ⅳ. K825. 2

中国版本图书馆 CIP 数据核字(2008)第 153428 号

湖湘文库(乙编)

湖湘文库编辑出版委员会

蔡锷思想研究

著　　者　邓江祁
责任编辑　刘苏华
责任校对　蒋旭东　邹水杰
整体设计　郭天民
出版发行　湖南师范大学出版社
网　　址　http://press. hunnu. edu. cn
地　　址　长沙市岳麓山
邮　　编　410081
营销部电话　(0731)8873071
经　　销　湖南省新华书店
印　　刷　长沙化勘印刷有限公司
版　　次　2008 年 11 月第 1 版第 1 次印刷
开　　本　960 × 640　1/16
印　　张　29. 5
字　　数　328000
书　　号　ISBN 978 - 7 - 81081 - 973 - 2
定　　价　96. 00 元

ISBN 978-7-81081-973-2

9 787810 819732 >